KB139810

JAVA SCRIPT

자바스크립트

기초부터 실무 응용까지

마스터북
Master Book

제2판

자바스크립트 기초부터 실무 응용까지 **마스터북** 제2판

초판 1쇄 발행 2017년 8월 16일

지은이 야마다 요시히로
옮긴이 정인식
펴낸이 장성두
펴낸곳 제이펍

출판신고 2009년 11월 10일 제406-2009-000087호
주소 경기도 파주시 회동길 159 3층 3-B호
전화 070-8201-9010 / **팩스** 02-6280-0405
홈페이지 www.jpub.kr / **원고투고** jeipub@gmail.com
독자문의 readers.jpub@gmail.com / **교재문의** jeipubmarketer@gmail.com

편집부 이민숙, 황혜나, 이 슬, 이주원 / **소통·기획팀** 민지환, 현지환 / **회계팀** 김유미
교정·교열 이정화 / **본문디자인** 북아이 / **표지디자인** 미디어픽스
용지 에스에이치페이퍼 / **인쇄** 한승인쇄 / **제본** 광우제책사

ISBN 979-11-85890-97-5 (93000)
값 30,000원

제이펍은 독자 여러분의 아이디어와 원고 투고를 기다리고 있습니다. 책으로 펴내고자 하는 아이디어나 원고가 있으신 분께서는 책의 간단한 개요와 차례, 구성과 저(역)자 약력 등을 메일로 보내주세요. jeipub@gmail.com

JAVA SCRIPT

자바스크립트

기초부터 실무 응용까지

마스터북

Master Book

제2판

야마다 요시히로 지음 | 정인식 옮김

Jpub
제이펍

차 례

CHAPTER 1   소개   1

CHAPTER 4 반복적으로 사용하는 코드를 하나로 정리하기 — 함수 185

CHAPTER 6 HTML과 XML 문서 다루기 — DOM 303

CHAPTER 8 현장에서 바로 대응할 수 있는 지식 459

옮긴이 머리말

최근의 웹 UI 개발에서 JavaScript와 HTML5, CSS는 필수다. 이들은 개발자에게 다양한 가능성을 제시해주고 있으며, 이 언어들을 활용한 여러 시스템은 이를 이용하는 고객들에게 높은 만족도를 주고 있다.

특히, 웹 개발에서 JavaScript는 다른 언어에 비해 사용자들이 쉽게 배울 수 있는데, 이는 다른 언어에 비할 수 없을 정도의 큰 장점으로 작용한다. 이로 인해 많은 사람이 JavaScript를 사용하고 있으며, 그만큼 웹사이트를 통해 많은 정보를 얻을 수도 있다.

이 책은 웹을 개발할 때 반드시 알아두어야 할 JavaScript 언어의 입문서다. 입문서라고 언급했지만, 실제 내용을 살펴보면 이론적인 기술과 코딩 방식 등을 표준화된 사양을 바탕으로 체계적으로 설명하고 있어, 웹 개발과 관련된 IT 부서에서 일하는 신입 엔지니어에게도 이 책을 추천하고 싶다. 물론, JavaScript를 체계적으로 배우고 싶은 사람에게도 좋은 참고서가 될 것이다. 이 책이 더 많은 사람에게 도움이 되길 바란다!

감사의 말

먼저, 이 책을 번역하게 해주신 하나님께 감사드린다. 《자바스크립트 마스터북》은 6년 전에 처음으로 번역했던 책이라 개인적으로 의미가 남다르다. 그런 애착이 있어서인지 이 책의 번역을 맡은 후에는 저자인 야마다 요시히로 님께 직접 연락을 해 감사의 말을 전했다. 그 또한 기뻐하며 제2판도 국내의 독자들이 많이 읽어 주길 바란다고 했다.

이 책의 담당자인 이슬 대리님과 교정을 담당한 이정화 님께도 이 자리를 빌려 미숙한 번역을 교정하시느라 정말 수고 많으셨다는 말과 함께 감사의 인사를 전하고 싶다. 그리고 여러모로 늘 아낌없는 지원을 해주는 장성두 대표님께도 감사의 인사를 전하고 싶다.

마지막으로, 이 책의 출간에 앞서 사랑하는 나의 아내와 하은, 시온과 함께 기쁨을 나누고 싶다. 사랑한다. 우리 가족!

2017년 7월
일본 동경에서
정인식

머리말

JavaScript는 새로운 프로그래밍 언어가 아니라, 초심자들이 배우기 쉬운 프로그래밍 언어로 예전부터 많은 사용자에게 사랑을 받아왔다. 그러나 2000년대에 들어서면서 몇 년간은 '프로그래밍을 처음 접하는 초보자나 사용하는 저속한 언어', '브라우저 간의 호환성이 없어 개발 생산성이 낮은 언어', '시큐리티 홀의 원인이 되는 언어' 등 좋지 못한 인상을 갖게 된 불운의 언어이기도 하다.

이런 JavaScript가 2005년 2월 어댑티브 패스의 제시 제임스 가렛이 한 칼럼(Ajax: A New Approach to Web Applications, http://adaptivepath.org/ideas/ajax-new-approach-web-applications/)을 통해 발표한 Ajax(Asynchronous JavaScript + XML)로 인해 웹 애플리케이션 개발에서 꼭 필요한 언어로 재평가되었다. Ajax 기술의 등장으로 단순히 웹 페이지를 화려하게 장식하는 것으로만 사용되었던 JavaScript가 높은 유저빌리티를 실현하기 위한 중요 수단으로서 재조명된 것이다.

게다가 2000년대 후반에는 HTML5가 순풍을 더했다. HTML5에서는 마크업의 재검토뿐만 아니라 애플리케이션 개발을 위한 JavaScript API를 대폭 강화하였다. HTML5에 의해 브라우저의 기본 기능만으로도 실현 가능한 범위가 크게 확대된 것이다.

이러한 JavaScript의 재등장으로 인해 JavaScript의 프로그래밍 스타일도 많이 변하고 있다. 종래의 간편한 절차적 프로그래밍 기법을 그대로 사용하면서도 대규모 코딩에서는 본격적인 객체지향 방식의 프로그래밍이 계속해서 요구되고 있다. 이런 상황은 일시적인 유행이 아니라 앞으로 한층 강화될 것이다.

이 책은 이러한 시대의 흐름 속에서 JavaScript라는 언어에 대한 이해를 확실히 해두고 싶은 분을 위해 만든 책이다. JavaScript는 좋게 표현하자면 '유연한', 나쁘게 말하자면 '애매하고 어설픈' 언어다. 남이 만든 코드를 대충 흉내 내는 것만으로도 그럭저럭 동작하는 코드를 만들어 낼 수 있지만, 대신에 버그나 보안상의 문제를 일으키기 쉬운 언어이기도 하다. 본격적으로 마스터하려면 기초 단계에 대한 확실한 이해가 필요하다. 이 책은 JavaScript 프로그래밍을 새롭게 시작하려는 분이나 앞으로 실전에서 활용하려는 분들에게 확실한 지식을 습득하기 위한 좋은 참고서가 될 것이다.

마지막으로, 빡빡한 스케줄에도 내 무리한 요구들을 조정해준 기술평론사의 편집장님, 옆에서 원고를 정리하고 교정해준 아내 나미와 부모님, 그리고 관계자 모두에게 진심으로 감사의 뜻을 전하고 싶다.

야마다 요시히로

베타리더 후기

🦅 김예리(링크잇)

Java 같은 다른 언어와 비교하여 설명하는 부분이 많으므로 다른 언어에 익숙했던 분들이 JavaScript 공부를 시작할 때 읽으면 좋을 것 같습니다. 개념 설명과 함께 핵심 예제 코드가 간결하게 실려 있어 지루하지 않게 따라 하기 좋습니다. 전체 코드를 다운로드하거나 공식 문서를 참조하면 더 깊이 공부할 수 있습니다.

🦅 박조은(NBT)

JavaScript의 기초 연산부터 서버 측 스크립트와 테스트 코드 작성 등 기본부터 활용까지 다양한 예제를 통해 익힐 수 있도록 구성되어 있습니다. 입문자뿐만 아니라 JavaScript의 기본기를 다지고자 하는 실무자에게도 도움이 되리라 생각됩니다.

🦅 송재윤(서울대학교)

개인적으로 웹은 JavaScript라는 한 가지 언어만 알아도 80%는 해결되는 세상이 머지않았다고 생각합니다. Canvas, jQuery, React, Angular 등 다양한 프레임워크 및 라이브러리를 끄적이면서 단편적으로 공부했던 JavaScript에 대한 지식이 이 책을 통해 큰 틀 안에서 정리된 느낌입니다.

🦋 이동욱(우아한형제들)

다른 언어를 배우던 분들이 JavaScript로 넘어가려고 할 때 적극적으로 추천할 책입니다. JavaScript의 기본적인 내용에서 ES6까지 전반적으로 이해하기 쉽게 작성되어 있으며, Grunt/Babel(웹 팩이 없는 것은 아쉽지만)이 필요한 이유와 사용법에 대해서도 알차게 담고 있어, 현재의 프론트엔드 스택을 짧게나마 경험할 수 있습니다.

🦋 차준성

JavaScript의 기본 문법을 자세히 설명하고 있어서 입문자에게 좋은 책인 것 같습니다. 특히, 다른 언어를 경험하지 않은 분이나 웹 애플리케이션 개발 경험이 없는 분도 예제를 하나씩 따라하다 보면 웹페이지에서 JavaScript가 어떻게 움직이는지 쉽게 이해할 수 있습니다.

🦋 최승호(Naver)

JavaScript의 기초는 물론, 핵심까지 깨알같이 배울 수 있는 책이라 생각합니다. JavaScript를 써 보지 않았거나 이제 막 웹 개발에 뛰어든 분에게 추천합니다.

🦋 한홍근(서울옥션블루)

이 책은 JavaScript 입문자는 물론, 이미 JavaScript를 배웠더라도 ES6의 변경사항이 궁금한 분까지 폭넓게 읽을 수 있는 책입니다. 쉽고 빠르게 이해할 수 있도록 구성되어 누구라도 어렵지 않게 읽을 수 있습니다. 6년 만에 개정되어 세상에 나온 만큼, 새로 집필된 내용이 충실하여 다시한번 좋은 책이라고 느꼈습니다.

제이펍은 책에 대한 애정과 기술에 대한 열정이 뜨거운 베타리더들로 하여금
출간되는 모든 서적에 사전 검증을 시행하고 있습니다.

이 책에 대하여

동작 확인 환경

이 책의 기술/예제 프로그램은 다음의 환경에서 동작하는 것을 확인하였다.

Windows 10 Pro(64bit)
- Google Chrome 51
- Internet Explorer 11
- Firefox 47
- Microsoft Edge 25
- Opera 38

OS X 10.11.3
- Safari 9.0.3

예제 코드에 대하여

이 책에서 사용하는 예제 코드는 저자가 운용하는 사이트(http://www.wings.msn.to/)에서 다운로드할 수 있다.[1] 예제의 동작을 먼저 확인하고 싶은 경우에 사용하기 바란다.

예제 코드와 그 외 데이터 파일의 문자 코드는 UTF-8이다. 텍스트 편집기 등으로 편집할 때 문자 코드를 수정하면 예제가 제대로 작동하지 않거나 문자가 깨질 수도 있으니 주의해야 한다.

---

1   역주 전체 코드는 도서 앞날개에 소개된 제이펍 Github 사이트에서도 다운로드할 수 있습니다.

예제 코드는 Windows 환경에 최적화되어 있다. 실행 결과도 Windows의 Google Chrome 환경에서 실행한 것을 게재했다. 결과는 환경에 따라 다를 수도 있으므로 주의하길 바란다.

예제 파일은 다음 규칙에 따라 장 단위로 정리하였다.

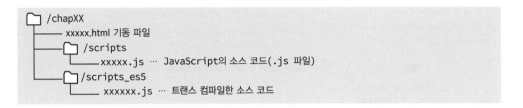

위 예제 코드는 .js 파일의 코드이며, 예제를 실행할 때는 같은 이름을 가진 .html 파일에서 시작하면 된다.

ECMAScript 2015 대응 예제에서는 /scripts 폴더에 원래의 소스 코드를 포함했으며, /scripts_es5 폴더에 Babel(8.4절)로 트랜스 컴파일한 소스 코드를 포함했다(디폴트로 트랜스 컴파일된 코드를 사용했다).

이 책의 구성

1. 아이콘 ·············

이 책은 기본적으로 모던
브라우저(Internet Explorer 9 이상,
Google Chrome, Microsoft Edge,
Firefox)에서의 동작을 전제로 한다.
IE9에서 작동하지 않을 경우
◼◼로 나타냈다.

또한 ECMAScript 2015에서
추가된 기능은 **ES2015**
아이콘으로 표시했다.

2. 코드 리스트 ·······

예제 코드를 나타낸다. 지면상의
이유로 이해에 필요한 최소한의
코드를 발췌해 실었으므로
전체 코드는 다운로드하여 확인하길
바란다. 지면 사정상 줄바꿈이
필요한 경우에는
▼ 아이콘을 표시했다.

3. 구문 ·············

구문은 다음 규칙에 따라 실었다.
[…]로 묶은 인수는 생략 가능한
것임을 나타낸다.

```
reader.readAsText(file[, charset]);
```
메소드/함수명   인수

4. NOTE ·············

본문의 설명 외에 알아두어야 할
주의사항이나 참고, 추가 정보를 나타낸다.

7.5.3 여러 비동기 처리를 병행하여 실행하기 **ES2015**

앞의 절에서는 비동기 처리를 직렬로 연결하는 방법에 대해 배웠다. 여기에서는 여러 비동기 처리를 병렬로 실행하는 방법에 대해 설명하겠다.

◼ 모든 비동기 처리가 성공한 경우에 콜백하기 — all 메소드

Promise.all 메소드를 이용해서 여러 비동기 처리를 병렬로 실행하고, 그것이 모두 성공한 경우 처리를 실행한다.

리스트 7-34 **promise_all.js**

```
Promise.all([
  asyncProcess('토크맨'), ←
  asyncProcess('패널들'), ←        ❸
  asyncProcess('링링') ←
]).then(
  response => {
    console.log(response);         ❶
  },
  error => {
    console.log(`오류: ${error}`);  ❷
  }
);   // 결과: ["입력값: 토크맨", "입력값: 패널들", "입력값: 링링"]
```

Promise.all 메소드의 구문은 다음과 같다.

구문 **Promise.all 메소드**

```
Promise.all (promises)
    promises : 감시할 Promise 객체들(배열)
```

Promise.all 메소드는 인수 promises에 전달된 모든 Promise 객체가 resolve(성공)한 경우에만 then 메소드의 성공 콜백을 실행한다(❶). 그때 인수 response에는 모든 Promise에서 전달된 결과값이 배열로 전달된다는 점에 주목해야 한다.

Promise 객체 중 하나가 reject(실패)한 경우에는 실패 콜백이 호출된다(❷). asyncProcess 함수 호출(❸)의 인수 중 하나를 비워서 '오류 : 입력이 비었다'라는 결과가 반환되는 것도 확인해보자.

NOTE 스레드란?

스레드(thread)는 프로그램을 실행하는 처리의 최소 단위다. '실'이라는 뜻의 영어로 일반적인 프로그램은 이 스레드(실)를 여러 개 합쳐서 하나의 튼튼한 실(기능)을 구현하고 있다고 생각하면 이해하기 쉬울 것이다.

'JavaScript는 싱글 스레드'라는 의미는 이 스레드가 기본적으로 하나밖에 없다(= 1개의 실에서 동작하고 있다는 뜻)이다. 싱글 스레드에 반해 여러 개의 스레드를 실행하는 처리를 멀티 스레드 처리라고 한다. Web Worker는 JavaScript에 의한 처리를 멀티 스레드화 하는 방식이다.

1

소개

1.1 | JavaScript란?

JavaScript는 Netscape Communication이 개발한 브라우저 전용의 스크립트 언어다. 개발 초기에는 LiveScript라는 이름으로 불렸으나 당시 주목받고 있던 Java 언어와 많이 닮아 있어서 나중에 JavaScript라는 이름으로 개명하게 되었다. 이 때문에 많은 사람이 오해를 하기 쉬운데, Java와 JavaScript는 언어 사양이 닮긴 했으나 전혀 다른 별개의 언어이며 호환성도 없다는 점을 염두에 두길 바란다.

JavaScript는 1995년 Netscape Navigator 2.0에 탑재되기 시작해서, 1996년 Internet Explorer 3.0에 탑재된 이후로 브라우저 표준의 스크립트 언어로 정착하게 되었다. 그리고 현재에는 Google Chrome, Firefox, Safari, Microsoft Edge 등 대부분의 주요 브라우저에 탑재되어 있다.

이러한 탄생과정을 거친 JavaScript였으나 그 역사의 굴곡이 평탄했다고만은 할 수 없다. 오히려 고난과 불우한 긴 세월을 거쳐온 언어라 말할 수 있다.

1.1.1 JavaScript의 역사

1990년대 후반은 초기 JavaScript의 전성기라고도 할 수 있었던 시대였다. 아래 세 가지 예를 보자.

- 어떤 요소에 마우스포인터를 갖다 놓을 경우 문자열 점멸시키기
- 상태 바에 문자열 표시하기
- 페이지 전환 시 페이드인/페이드아웃 등의 트렌지션 효과 적용하기

이처럼 여러 가지 시각적인 효과가 JavaScript에 의해 실현되었던 시기였다.

물론 이러한 사용 방식 중 일부분은 아직도 JavaScript의 중요한 용도로 사용되고 있으며, 이를 적절하게 사용하면 페이지의 시각적인 부분과 사용상의 편리성을 향상할 수 있다. 그러나 당시에는 이러한 것들이 지나치게 과열되어 있었다. '일단 동적인 웹 페이지를 만들고 싶다!'라는 욕

구로 인해 많은 사람이 JavaScript를 사용하여 과도하게 웹 페이지를 치장하였다. 그 결과, 사용하기에도 나쁘고 모양새도 안 좋은 웹 페이지가 대량으로 양산되고 말았다.

이러한 과열현상은 그다지 길게 지속되지 못했고 비교적 빠르게 붕괴되었으나 JavaScript는 '모양새가 그다지 안 좋은 웹 페이지를 작성하기 위한 언어', '프로그래밍 초보자나 사용하는 저속한 언어'라는 나쁜 이미지를 갖게 되는 불우한 시대로 진입하게 된다.

또한 그 시기는 각각의 브라우저 벤더가 JavaScript의 기본 장착을 확장했던 시기기도 했다. '보다 눈에 띄고, 보다 멋진 기능을' 이라는 시대의 유행 속에서 사용하는 유저의 입장은 고려하지 않은 채 브라우저 간의 사양 차이(크로스 브라우저 문제)만 커져갔다.

그 결과 유저는 각각의 브라우저에 대응하는 코드를 작성해야 할 처지에 놓이게 되었고, 이러한 불편함은 유저의 발걸음을 JavaScript에서 멀어지게끔 만들었다.

게다가, 때마침 JavaScript의 내부 실정과 관련된 브라우저의 시큐리티 홀(security hole: 안전 취약점) 문제가 이따금씩 발견되었다는 점 또한 JavaScript에 대한 나쁜 이미지를 한층 더 정착시키는 한 가지 요인으로 작용하였다.

▌ 1.1.2 JavaScript 부활 ─ Ajax, 그리고 HTML5의 시대

이러한 상황에서 광명의 빛이 비췄으니 바로 2005년 2월의 일이었다. Ajax(Asynchronous Javascript + XML)라는 기술이 등장한 것이다. Ajax란, 한마디로 브라우저상에서 데스크톱 애플리케이션과 같은 웹 페이지를 작성하기 위한 기술이다. HTML, CSS, JavaScript라고 하는 브라우저의 표준 기술만으로도 리치 콘텐츠(Rich Content)를 작성할 수 있으므로 Ajax 기술은 순식간에 널리 보급되었다.

이 시기에는 브라우저 벤더에 의한 기능 확장 경쟁도 사그라들어 호환성 문제도 줄어들었다. 국제적인 표준화단체인 ECMA(European Computer Manufacturer Association: 유럽 전자계산기 공업회) International(1.2절) 하에서 착실하게 표준화를 진행하여 언어로서의 완성도를 높여 나갔다(표준화된 JavaScript를 ECMAScript라고 부른다). 이러한 배경이 근간이 되어 JavaScript라는 언어가 재평가되는 기회가 마침내 도래한 것이다.

또한 Ajax 기술의 보급으로 JavaScript는 드디어 'HTML이나 CSS의 표현력을 곁에서 보충만 하는 간이 언어'를 벗어날 수 있게 되었다. 'Ajax 기술을 지탱하는 핵심'으로 인정받음으로써, 프로그래밍 기법에도 변화의 조짐이 나타나기 시작했다. 종래와 같이 함수를 조합하는 방식의 간이적인 작성 방식만이 아닌, 대규모 개발에도 견뎌낼 수 있는 객체지향적인 작성법을 요구하게 된 것이다.

또한 2000년대 후반에는 HTML5의 등장으로 이 상황에 순풍을 불어넣었다. HTML5에서는 마크업 언어로서의 충실성과 함께 애플리케이션 개발을 위한 JavaScript API를 강화한 것이 특징이다. HTML5의 권고안 자체는 2014년에 만들어졌지만, 2008년 이후에 릴리즈된 대부분의 브라우저는 이미 HTML5에 단계적으로 대응하고 있었으므로 사실상 이용하고 있던 상황이라고 볼 수 있다.

● **HTML5에서 추가된 주요 JavaScript API**

기능	개요
Geolocation API	사용자의 지리적인 위치를 취득한다
Canvas	JavaScript로 동적인 이미지를 그린다
File API	로컬의 파일 시스템을 읽고 쓴다
Web Storage	로컬 데이터를 저장하기 위한 스토리지
Indexed Database	키/값의 세트로 JavaScript의 객체 관리
Web Workers	백그라운드에서 JavaScript를 병렬 실행
Web Sockets	클라이언트-서버 간의 쌍방향 통신을 실시하기 위한 API

HTML5로 인해 브라우저의 기본적인 기능만으로 실현 가능한 범위가 크게 확대된 것이다. 이와 더불어 스마트폰/태블릿PC의 보급에 의해 RIA기술(Flash/Silverlight등)의 쇠퇴, SPA(Single Page Application)의 유행 등이 브라우저만으로도 실행 가능한 JavaScript의 인기에 박차를 가하게 된다.

SPA(Single Page Application)란 그 이름 그대로 단일 페이지로 구성된 웹 애플리케이션을 말한다. 처음 한 번의 액세스로 우선 웹 페이지 전체를 취득하는데, 이후의 웹 페이지 갱신은 기본적으로 JavaScript로 실시한다. JavaScript만으로 처리를 못하는 경우는 – 예를 들어, 데이터의 취득/갱신 등 – Ajax 등의 비동기 통신을 이용하여 구현한다.

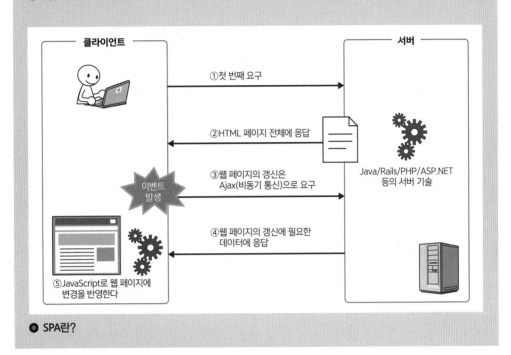

● SPA란?

1.1.3 나쁜 이미지에 대한 오해

본디 JavaScript에 대한 나쁜 이미지는 대부분 선입관에 따른 오해였다.

예를 들어, 'JavaScript는 초급자용으로 간단하고 쉽기만 한 언어다'라고 생각하는 사람들이 많은데 이것은 잘못된 생각 중 하나다. JavaScript는 Java나 C# 등의 프로그래밍 언어와 동일하게 훌륭한 객체지향 언어이기 때문이다. 실제로 JavaScript가 'Ajax 기술의 중요한 핵심을 차지하는 언어'로 재검토됨에 따라, 프로그래밍 스타일 자체에도 여러 가지 변화가 생기고 있다. 종전의 절차적인 프로그래밍 기법에서 본격적인 객체지향 방식의 코딩스타일로 변화가 요구되고 있는 것이다.

그 다음은 'JavaScript에는 시큐리티 홀이 많다'라는 오해다. 이것은 얼핏 보기에는 맞는 것처럼 보이지만, 좀 더 생각해보면 JavaScript의 문제가 아닌 JavaScript를 장착한 브라우저의 문제다. 즉, 언어에 문제가 있는 것이 아니라는 뜻이다. 또한 브라우저의 기본 장착도 오랜 세월에 걸쳐 상당히 안정화되었다. 요즘에는 브라우저 벤더의 시큐리티 의식이 높아져 JavaScript에 관한 시큐리티 홀 문제는 거의 없어진 상황이다.

또한 'JavaScript에는 크로스 브라우저 문제가 있어 개발 생산성이 떨어진다'라는 오해도 있으나 이것은 앞서 말한 문제와 동일하게 브라우저의 문제다. 그리고 반복해서 말하지만 표준화의 흐름 하에서 호환성 문제는 확실히 경감되고 있는 추세다.

이러한 오해들을 제거해보면 JavaScript는 손쉽게 도입할 수 있다는 점과 이미 널리 보급되어 있다는 점에서 초심자가 학습하기에 적합한 언어라고 할 수 있다. 또한 Ajax/HTML5의 보급으로 인해 다시 한번 JavaScript라는 언어에 대한 확실한 이해를 요구하고 있다. 이제 JavaScript는 꼭 알아두어야 할 필수적인 프로그래밍 언어 중 하나가 된 것이다.

▍1.1.4 언어로서의 네 가지 특징

이러한 역사를 거쳐온 JavaScript는 언어로서의 특징으로 크게 아래의 네 가지를 들 수 있다.

(1) 스크립트 언어다

스크립트 언어란 간편한 코딩을 목적으로 만든 프로그래밍 언어를 말한다. 이미 다른 언어를 배운 적이 있는 사람뿐만 아니라, 프로그래밍이 처음인 사람도 단기간에 배울 수 있다. 또 한편으론 객체지향적인 구조도 가지고 있어 재이용성과 유지보수성이 풍부한 코드도 기술하기 쉽게 만들어져 있다.

(2) 인터프리터 언어다

인터프리터 언어란 프로그램을 처음부터 일일이 상세하게 해석해 컴퓨터가 이해할 수 있는 형식으로 번역하면서 실행해나가는 언어를 말한다. 이러한 이유로 이른바 컴파일 언어에 비해 동작이 느리다는 문제점이 있다. 반면 프로그램을 실행하기 위해 컴파일(일괄해석)과 같은 특별한 절차가 필요 없다는 장점을 가지고 있다. 코드를 작성하여 바로 그 자리에서 손쉽게 실행할 수 있다는 점이 매력이다.

(3) 여러 환경에서 이용 가능하다

JavaScript는 처음부터 브라우저상에서 동작하는 것을 고려해 만든 언어다. 그러나 현재에는 브라우저 이외에도 여러 부문에서 사용되고 있다. JavaScript 또는 JavaScript(ECMAScript)를 기반으로 만든 언어가 실제로 여러 환경에서 동작하고 있다.

● **JavaScript(파생) 언어의 주요 실행 환경**

환경	개요
Node.js	서버 측 용도를 중심으로 한 JavaScript 실행 환경
Windows Script Host	Windows 환경의 스크립트 실행 환경
Java Platform, Standard Edition	Java 언어의 실행 환경
Android/iOS(WebView)	웹 페이지를 표시하기 위한 내장형 브라우저

JavaScript를 하나 배워두면 이러한 여러 환경에서도 간단히 그 기능을 이용할 수 있게 된다.

(4) 몇 개의 부분으로 구성되어 있다

이 책에서 배우는 JavaScript는 엄밀하게 몇 개의 부분으로 분류할 수 있다. 제5장까지는 Core JavaScript, 이른바 환경에 의존하지 않는 JavaScript로 언어로서의 표준적인 기능을 제공하는 부분을 다룰 것이다. 브라우저 이외의 환경에서도 JavaScript를 이용하고 싶은 사람은 특히 제5장까지의 내용을 확실하게 이해해야 할 것이다.

또한 제6장에서 다룰 DOM(Document Object Model)은 JavaScript뿐만 아니라 다른 프로그래밍 언어에서도 도큐먼트를 동적으로 조작할 수 있는 범용적인 사양이다. 브라우저상에서는 웹 페이지를 가공/편집하기 위해 자주 이용한다. 제7장에서 취급하는 브라우저 객체는 브라우저상에서의 조작을 JavaScript로부터 실행하기 위한 기능이다. 모두가 JavaScript로 클라이언트 측 개발을 진행하는 데 꼭 필요한 지식이다.

이렇듯 JavaScript는 실제 여러 요소로 구성되어 있다.

1.2 | ECMAScript 2015란?

ECMAScript란 표준화 단체 ECMA International이 표준화한 JavaScript다. 1997년에 만들어진 초판부터 개정이 계속되어 현재의 최신판은 2015년 6월에 채택된 제6판, ECMAScript 2015(ES2015)이다. 에디션 번호를 이용해 ECMAScript 6(ES6)라고도 불린다.

ES2015에서 새롭게 제공되는 사양은 다음과 같다.

- class 명령의 도입으로 Java/C#과 같은 클래스 정의가 가능해졌다
- import/export 명령으로 코드의 모듈화 지원
- 함수 구문의 개선(애로우 함수(Arrow function), 인수의 기본값, 가변길이 인수 등)
- let/const 명령에 의한 블록 스코프의 도입
- for…of 명령에 의한 값의 열거
- 반복자(Iterator)/생성자(Generator)에 의한 열거 가능한 객체의 조작이 가능
- 내장형 객체의 확충(Promise, Map/Set, Proxy 등)
- String/Number/Array 등 기존 내장형 객체도 기능 확장

수많은 신기능 중에서도 특히 class 명령의 도입은 획기적이다. 이로 인해 지금까지 JavaScript에서는 왠지 불편했던 객체지향 프로그래밍이 비로소 직접 가능하게 되었기 때문이다.

단, ES2015에는 큰 변혁이 있었던 만큼 지금까지 익숙했던 JavaScript의 코드와는 확실히 다른 모양의 변화가 있다. 또한 모든 브라우저가 ES2015에 대응하고 있는 것은 아니다. 그러므로 적어도 현시점에서는 현재 사용하는 브라우저가 대응하고 있는 ES5(제5판) 이전의 문법도 배우면서, 차이점으로 ES2015의 새로운 문법을 이해해야 할 것이다. 또한 향후에 이전 문법을 이용할 수 없게 되어도 기존 코드를 잘 이해한다면 그 지식은 분명 가치 있을 것이다.

이 책에서는 ES2015의 기능은 **ES2015** 아이콘으로 표시했다. 특히 크게 변화한 객체지향 구문에 대해서는 절을 분할하여 별도로 해설하였다.

1.2.1 브라우저별 대응 상황

ECMAScript는 단지 언어 사양을 정한 것에 지나지 않는다. 아쉽지만 주요 브라우저가 최신 사양에 완전히 대응하려면 아무래도 시간이 좀 걸릴 것이다.

현시점에서의 대응 상황을 확인하려면 'ECMAScript 6 compatibility table(http://kangax.github.io/compat-table/es6/)'을 추천한다.

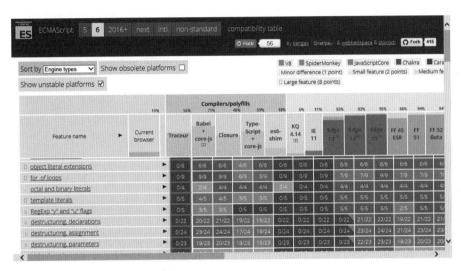

● ECMAScript 6 compatibility table

Firefox, Google Chrome, Microsoft Edge 등의 브라우저는 90% 이상의 대응률이지만, Internet Explorer11에서는 20% 미만, Safari는 50% 이상의 대응률에 머물러 있어 아직 브라우저마다 차이가 있음을 알 수 있다.

이러한 이유로 현시점에서 ES2015를 이용하려면 트랜스 컴파일러의 도움이 필요하다. 트랜스 컴파일러란 ES2015의 코드를 종래의 ES5 사양의 코드로 변환하기 위한 도구다.

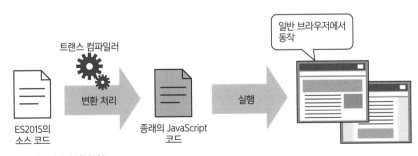

● 트랜스 컴파일러란?

이 책에서 `ES2015` 아이콘이 붙어있는 항목의 코드는 트랜스 컴파일러인 'Babel(https://babeljs.io/)'를 채용하여 ES5 사양으로 변환한 코드로 동작을 검증하였다. Babel의 설치에 대해서는 8.4절에서 다루겠다(배포 예제에서는 변환된 코드를 등록하였으므로 그대로 실행하려면 Babel은 설치하지 않아도 된다).

1.3 브라우저의 개발자 도구

브라우저에 표준으로 탑재되어 있는 개발자 도구는 JavaScript/스타일 시트의 개발에 반드시 필요한 강력한 도구다. 이 책의 학습 진행 과정에서 여러 차례 사용 기회가 있을 것이므로 학습을 진행하기 전에 주요 기능을 대략적으로 살펴보자. 아직 이해할 수 없는 단어들도 있겠지만, 뒷장에서 다시 설명할 것이므로 우선 도구의 개요를 대략적으로 이해한다는 마음으로 맘 편히 읽어 나가길 바란다.

▌1.3.1 개발자 도구 시작하기

우선 주요 브라우저에서 개발자 도구(Developer Tool)를 시작하는 방법부터 설명하겠다.

● 브라우저별 개발자 도구 시작 방법

브라우저	시작 방법
Google Chrome	[Google Chrome의 설정]-[도구 더 보기]-[개발자 도구]
Microsoft Edge	[설정]-[F12 개발자 도구]
Internet Explorer	[도구]-[F12 개발자 도구]
Firefox	[파이어 폭스의 메뉴]-[개발자 도구]-[개발 도구 표시]
Opera	[도구]-[고급 설정]-[개발자 도구]
Safari	[개발자용]-[웹 속성 보기]

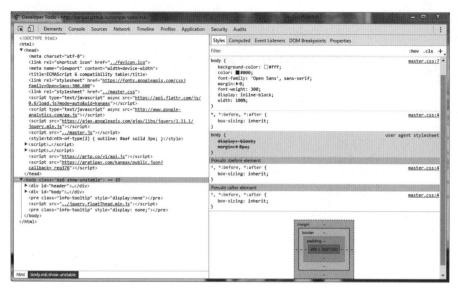

● Google Chrome의 개발자 도구

예를 들어 아래의 표는 Google Chrome의 개발자 도구 메뉴 리스트다.

● Google Chrome 개발자 도구의 메뉴

메뉴	개요
*Elements	HTML/CSS의 상태 확인
*Network	브라우저에서 발생한 통신 추적
*Sources	스크립트의 디버그(브레이크 포인트 설치 및 변수 감시 등)
Timeline	성능 측정
Profiles	JavaScript에서 사용하고 있는 CPU/메모리 등의 정보를 수집
*Application	쿠키/스토리지 등의 내용 확인
Audits	웹 페이지를 분석하여 최적화를 위한 힌트를 리스트로 표시
*Console	콘솔(변수 정보의 확인, 에러 메시지 표시 등)

다양한 기능이 탑재되어 있는데, 그중에서 특별히 JavaScript 개발에 자주 이용하는 항목("*"표시가 되어 있는 것)에 관해 설명하겠다.

참고로 다음의 내용은 Google Chrome을 전제로 하고 있는데, 그 외의 브라우저에도 대체로 동일한 기능이 존재한다. 일반적인 기능으로 이해해서 참고하길 바란다.

1.3.2 HTML/CSS의 소스 확인하기 — [Elements] 탭

[Elements] 탭에서는 HTML의 소스를 트리 구조로 표시할 수 있다. 흔히 사용하는 '페이지 소스 보기'와는 달리, JavaScript로 동적으로 조작한 결과가 반영되어 있기 때문에 스크립트의 실행 결과를 확인할 때 유효하다.

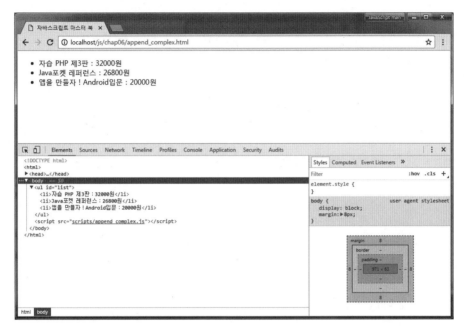

● [Elements] 탭의 소스 확인

▣ (Select an element in the page to inspect it)을 선택하면 웹 페이지의 영역을 선택함으로써 대응하는 소스가 선택 상태가 되며, 오른쪽의 [Styles] 페인(pene)에서는 그 요소에 적용된 스타일을 확인할 수도 있다. 소스나 스타일을 편집하면 브라우저에도 즉시 결과가 반영되므로 최종적인 스타일 조절에도 편리하다.

1.3.3 통신 상황 추적하기 — [Network] 탭

[Network] 탭을 사용함으로써 브라우저상에서 발생한 통신을 확인할 수 있다. 특히 Ajax(7.4절)에 의해 발생한 비동기 통신은 표로 나타내기 어려우므로 좀처럼 문제를 특정하기 어렵다. 그러나 [Network] 탭을 이용하면 올바른 요청을 보내고 있는지, 의도한 데이터를 수신하고 있는지를 확인하기 쉽다.

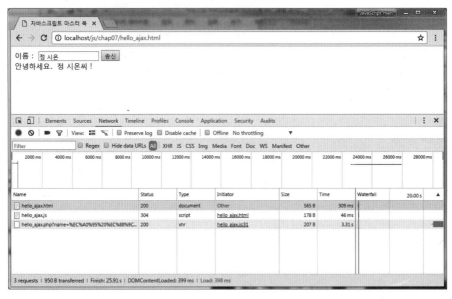

● [Network] 탭에 의한 통신 감시

오른쪽의 Waterfall에서는 다운로드에 걸린 시간도 표시되므로 표시할 때 병목 현상이 발생하는 요소를 찾을 경우에도 이용 가능하다.

상세한 통신 내용은 각 항목을 더블 클릭하면 확인할 수 있다. 비동기 통신에서는 Headers(요청/응답 헤더), Response(응답 본문) 등을 체크하는 경우가 많다.

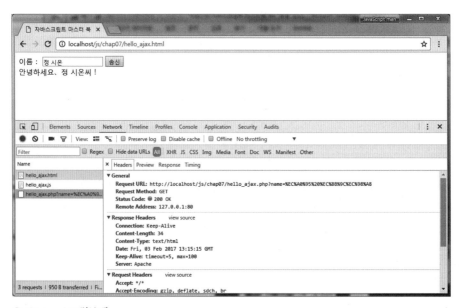

● [Network] 탭(상세)

1.3.4 스크립트 디버그하기 ─ [Sources] 탭

JavaScript를 이용한 개발에서 가장 중요한 것이 [Sources] 탭이다. [Sources] 탭에서는 코드 왼쪽의 행 번호를 클릭하면 브레이크 포인트를 설정할 수 있다. 브레이크 포인트란 실행 중에 스크립트를 일시 정지시키기 위한 기능, 또는 정지시킨 포인트를 말한다. 디버그 시에는 브레이크 포인트로 중단하고 그 시점에서 스크립트의 상태를 확인하는 방식이 기본이다.

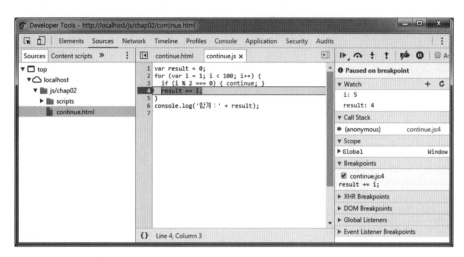

● [Sources] 탭에서 브레이크 포인트 설정

브레이크 포인트에서 처리가 멈추면 위와 같이 해당 행이 반전한다. 이 상태에서 오른쪽 페인의 [Watch]에서는 그 시점의 변수 상태를 확인할 수 있다. 감시하고 싶은 변수/식을 ➕(Add express)로 추가할 수 있다.

브레이크 포인트로는 아래의 표에 있는 버튼을 사용하여 행 단위로 코드를 진행할 수 있다(이것을 스텝 실행이라고 한다). 스텝 실행으로 어디에서 무슨 일이 일어나는지 세세한 흐름을 추적할 수 있다.

● 스텝 실행을 위한 버튼

버튼	개요
⤓	스텝 인(1행 단위로 실행)
⤻	스텝 오버(1행 단위로 실행. 단, 함수가 있는 경우에도 이것을 실행해서 다음 행으로 진행하게 된다)
⤒	스텝 아웃(현재의 함수가 호출된 곳까지 실행)

스텝 실행을 멈추고 일반적인 실행으로 되돌아오려면 ▶(Resume Script execution) 버튼을 클릭한다.

> **N O T E** **압축된 코드를 읽기 쉽게 정형화하기**
>
> 요즘은 다운로드 시간을 절약하기 위해 응답할 때 JavaScript/CSS의 코드를 압축하는 것이 일반적이다 (8.3.1절). 단 압축된 코드는 이해하기 어렵다.
>
> 그럴 때는 [Sources] 탭 아래의 {}(Pretty print) 버튼을 클릭하면 코드의 개행/들여쓰기가 된 알기 쉬운 형식의 코드로 정리해준다.
>
>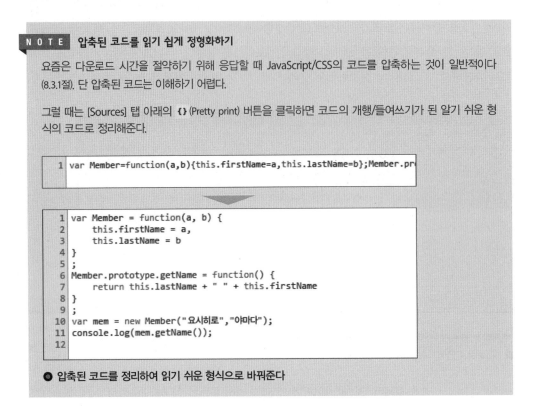
>
> ● 압축된 코드를 정리하여 읽기 쉬운 형식으로 바꿔준다

▌ 1.3.5 스토리지/쿠키 내용 확인하기 ─ [Application] 탭

[Application] 탭에서는 현재의 웹 페이지를 구성하는 파일 이외에도 스토리지(7.3절)/쿠키를 확인할 수 있다. 리스크로부터 값을 추가/편집/삭제하는 것도 가능하다.

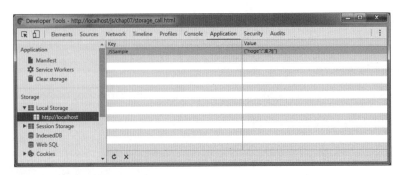

● 쿠키/스토리지의 내용을 리스트 표시

참고로 [Application] 탭은 Chrome51 이전에는 [Resource] 탭이라고 표시되어 있었다. Chrome51 이전 버전을 사용하는 경우에는 적절하게 구분해서 사용하길 바란다.

1.3.6 로그 확인/객체 조작 등의 만능 도구 ― [Console] 탭

[Source] 탭과 마찬가지로 JavaScript의 디버그에 [Console] 탭은 필수적인 기능이다. [Console] 탭에는 크게 두 가지 역할이 있다.

● [Console] 탭

(1) 오류 메시지나 로그 확인하기

첫째, 오류 메시지나 로그의 확인이다. 예제를 동작시킬 때는 무조건 개발자 도구를 열어두는 것이 바람직할 것이다. 도구 오른쪽 위편에 ●1(xx Errors)처럼 표시되어 있다면, 우선 [Console] 탭에서 오류 메시지를 확인해볼 것을 추천한다.

또한, console.log 메소드(7.2.1절)로 출력한 로그 정보도 콘솔로 확인 가능하다. [Sources] 탭을 이용할 필요도 없이 간단한 변수의 확인 등은 이것이 편리하다.

(2) 대화식으로 코드 실행하기

둘째, 콘솔에서는 대화적으로 JavaScript의 코드를 실행할 수 있다. 예를 들어, getElementById 메소드(6.2.1절)로 지정된 요소를 추출하고자 한다면 다음과 같이 하면 된다.

● 콘솔상에서 JavaScript의 코드 실행하기

기본적인 작성법 익히기

2.1 | JavaScript의 기본적인 표기

JavaScript의 발전상을 파악했으니 이번 장부터는 실제 JavaScript를 사용하여 프로그램을 작성해보자.

기본적인 구문을 이해하는 것도 물론 중요하지만 자신의 손으로 직접 해보는 것도 매우 중요하다. 단순히 해설을 읽는 것만 아니라, 직접 코드를 타이핑하여 실제로 브라우저상에서 액세스해보길 바란다. 그 과정을 통해 분명 책을 읽는 것만으로는 얻을 수 없는 다양한 발견을 할 수 있을 것이다.

2.1.1 JavaScript로 "안녕하세요, 자바스크립트!" 표기하기

우선 JavaScript로 아주 기본적인 "안녕하세요, 자바스크립트!" 애플리케이션을 작성해보자. 혹시 '이런 기초적인 걸 왜?'라고 생각하는 사람도 있을지 모르겠다. 하지만 이번 기회에 기본을 탄탄히 다지겠다는 마음으로 아래와 같은 간단한 코드를 가지고 기본 구문과 실행 방법을 확실히 익혀보도록 하자.

(1) 새 코드 작성하기

에디터로 새로운 문서를 작성하여 리스트의 코드를 입력한다.

리스트 2-01 **hello.html**

```html
<!DOCTYPE html>
<html>
<head>
<meta charset="UTF-8" />
<title>자바스크립트 마스터북</title>
</head>
<body>
<script type="text/javascript">  ←
// window.alert은 지정된 문자열을 대화상자로 표시하기 위한 명령이다
window.alert('안녕하세요, 자바스크립트!');  ← 문장 끝에 세미콜론을 넣는다
</script>  ←
```

스크립트 블록

```
<noscript>JavaScript를 이용할 수 없습니다.</noscript> ←── JavaScript를 이용할 수 없는 경우
</body>
</html>
```

사용할 에디터는 무엇이든 상관없다. 이 책에서는 무상으로 이용할 수 있는 Visual Studio Code(https://code.visualstudio.com/)를 이용하고 있지만, 그 외의 Sublime Text(http://www.sublimetext.com/), Atom(https://atom.io/) 등이 유력한 선택지가 될 것이다. 물론 Windows 표준으로 내장되어 있는 '메모장'을 이용해도 상관없다. 중요한 것은 익숙한 에디터(또는 통합 개발 환경)를 이용하면 된다는 점이다.

(2) 작성한 코드 저장하기

작성한 코드는 임의의 폴더에 hello.html이라는 이름으로 저장한다.

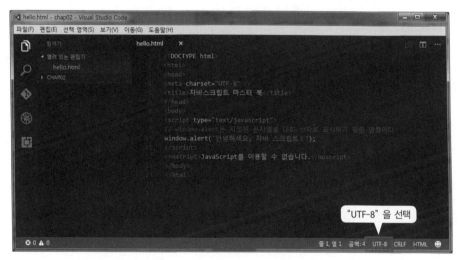

● **Visual Studio Code의 메인 화면**

이 책에서는 .html 파일/.js 파일/.css 파일을 비롯해 일련의 파일에서 문자 코드를 UTF-8로 통일하고 있다. UTF-8은 국제화 대응에도 우수하고 HTML5를 비롯한 여러 기술에서 추천되고 있는 문자 코드다.

다른 문자 코드를 사용하는 것도 가능하지만, 특히 Ajax 통신(7.4절) 등에서 외부 서비스와 연동할 경우에는 예상치 못한 장애와 문자 깨짐의 원인이 되기도 한다. 특별한 이유가 없거나 문자 코드에 대한 충분한 이해가 부족한 상황이라면, 모든 파일을 UTF-8로 통일해둘 것을 강력하게 권고한다.

Visual Studio Code라면 에디터의 오른쪽 아래편의 상태 바에서 문자 코드를 변경할 수 있다.

(3) 브라우저에서 동작 확인하기

탐색기에서 hello.html을 더블 클릭한다. 다음과 같이 대화상자가 표시되면 올바르게 동작한 것이다.

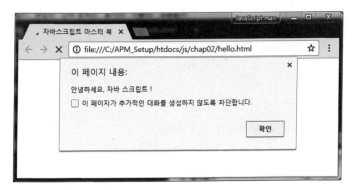

● **hello.html의 실행 결과**

대화상자가 표시되지 않는 경우에는 개발자 도구에서 에러를 확인해보자.

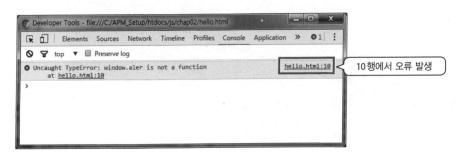

● **개발자 도구에서 오류 표시**

콘솔에서는 문제가 있는 행의 수도 표시되므로 해당 행과 그 전후에 대해서 다음의 관점으로 재확인해보길 바란다.

1. 스펠링에 문제가 없는가(특히 <script> 요소 안에는 주의가 필요)
2. 한국어(여기에서는 "안녕하세요, 자바스크립트!") 이외의 부분은 모두 반각 문자로 기술하고 있는가
3. 파일의 문자 코드가 틀리지는 않았는가

특히 2번과 관련해서는 세미콜론, 쿼트('), 스페이스 등이 전각/반각의 차이를 발견하기 어렵기 때문에 주의가 필요하다.

첫 JavaScript 코드를 올바로 실행할 수 있었는가? 다음에는 지금부터 학습을 진행할 때 최소한으로 알아두어야 할 기본 문법과 규칙에 대해 설명하겠다.

▌2.1.2 JavaScript를 HTML 파일 안에 집어넣기 — <script> 요소

JavaScript 코드를 HTML 파일에 집어넣으려면 <script> 요소를 사용하면 된다.

구문 <script> 요소

```
<script type="text/javascript">
JavaScript코드
</script>
```

type 속성은 스크립트의 종류를 나타낸다. 일반적으로 [text/javascript] 이외를 지정하는 일은 없다. HTML5에서는 [text/javascript]가 기본값으로 되어 있으므로 생략해도 된다.

여기에서는 [window.alert]라는 명령으로 지정된 문자열을 대화상자에 표시한다. 간단한 텍스트를 출력할 때 많이 이용하는 명령이다.

■ <script> 요소를 기술하는 장소

<script> 요소를 기술하는 장소는 크게 아래와 같이 분류할 수 있다.

(1) <body> 요소의 안 (임의의 위치)

<script> 요소에서의 처리 결과를 웹 페이지에 직접 출력하기 위해서 이용한다. 예전에는 자주 찾아볼 수 있는 기술 방식이었지만, 콘텐츠와 코드가 혼재하는 것은 웹 페이지의 가독성/보수성의 관점에서도 바람직하지 않아 현재는 거의 사용하지 않는다. 일부 예외를 제외하고는 사용하지 말아야 한다.

(2) <body> 요소의 안 (</body> 직전)

일반적으로 브라우저에서는 스크립트의 로딩이나 실행이 완료될 때까지 화면 갱신을 실시하지 않는다. 이러한 이유로 로딩이나 실행에 시간이 걸리는 스크립트인 경우, 그만큼 화면 갱신이 지연되고 만다. 특히 거대한 스크립트가 있는 경우에는 더욱 그렇다.

이런 문제점을 고려한 웹 페이지의 고속화 방법으로, 웹 페이지의 말미(</body> 직전)에 <script> 태그를 배치하는 일이 많다. 이로 인해 웹 페이지의 화면 갱신을 끝낸 후 조용히 스크립트를 로딩/실행할 수 있으므로 실제로 보이는 화면 갱신 속도가 개선된다.

일반적으로 JavaScript로 하는 처리는 웹 페이지가 모두 준비된 후에 실시해야 하므로 이에 따른 장애도 거의 없다.

(3) </head> 요소의 안

단, (2)로 처리할 수 없는 케이스도 있다. JavaScript에서는 '함수(제4장)를 호출하기 위한 <script> 요소보다 함수 정의를 위한 <script> 요소를 먼저 기술해야 한다'는 규칙이 있기 때문이다(물론 함수의 정의와 호출이 하나의 <script> 태그에 같이 있어도 무방하다). 예를 들어 <body> 요소 내에서 호출할 필요가 있는 함수는 <head> 요소 내에서 미리 로드해야 할 필요가 있다.

또한 스크립트에서 스타일 시트를 출력해야 하는 상황에서도 본문의 출력보다 미리 <head> 요소 내에서 <script> 요소를 기술해야 한다.

일단은 (2)의 패턴을 기본으로 하고, 그래도 잘 안될 경우에는 (3)을 이용하는 식으로 이해해두라(이 책에서는 이러한 규칙을 따른다). 반복하지만 (1)을 사용하는 상황은 외부에 위젯을 넣을 때와 같이 예외의 상황일 때다. (1)을 사용하고 싶다면 우선 다른 방법이 없는지 검토해야 한다.

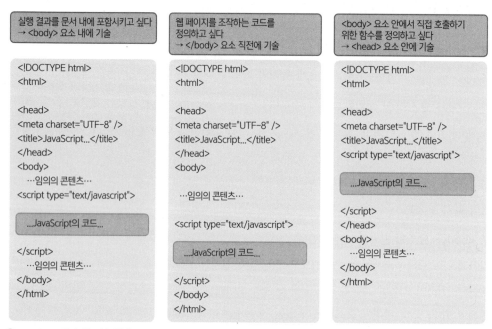

● <script> 요소의 기술 장소

참고로 <script> 요소는 .html 파일 안에서 몇 번이고 기술되어도 상관없다. 이는 웹 페이지를 해석할 때 최종적으로 <script> 태그를 모두 하나로 합쳐서 해석하기 때문이다.

■ 외부 스크립트 임포트하기

JavaScript 코드는 별도의 외부 파일로도 정의가 가능하다.

구문 <script> 요소 (외부 파일화)

```
<script type="text/javascript" src="path" [charset="encoding "]>
</script>
        path : 스크립트 파일의 경로
        encoding : 스크립트 파일에서 이용하고 있는 문자 코드
```

예를 들면 앞의 리스트 2-01은 아래와 같이 바꿔 쓸 수 있다.

리스트 2-02 hello_ex.html

```
<!DOCTYPE html>
<html>
<head>
<meta charset="UTF-8" />
<title>자바스크립트 마스터북</title>
</head>
<body>
<script type="text/javascript" src="scripts/hello_ex.js"></script>
<noscript>JavaScript를 이용할 수 없습니다.</noscript>
</body>
</html>
```

리스트 2-03 hello_ex.js

```
// window.alert는 지정한 문자열을 대화상자로 표시하는 명령이다.
window.alert('안녕하세요, 자바스크립트!');
```

코드의 외부 파일화에는 아래와 같은 장점이 있다.

- 레이아웃과 스크립트를 분할함으로써 코드를 재이용하기 쉽다.
- 스크립트를 외부 파일화함으로써 HTML 파일 자체를 파악하기 쉬워진다.

이러한 이유로 본격적인 애플리케이션 개발에서는 될 수 있는 한 JavaScript를 외부 파일화해야 한다. 단 실제 코드 부분이 매우 짧은 경우에는 외부 파일화하는 편이 오히려 전체 코드를 장황하게 만들 수도 있다(이로 인해 오히려 불편해짐). 그러한 경우에는 앞에서 기술했듯이 페이지 인

라인 표기를 사용하는 등 적절한 상황에 맞춰 사용하는 것이 좋겠다.

◼ 외부 스크립트와 인라인 스크립트를 병용하는 경우에 주의할 점

외부 스크립트와 인라인 스크립트를 병용하는 경우, 아래와 같은 기술은 할 수 없으므로 주의하기 바란다.

```
<script type="text/javascript" src="lib.js">
window.alert('안녕하세요, 자바스크립트!');        // 무시된다
</script>
```

src 속성을 지정한 경우 <script> 요소 안의 콘텐츠는 무시되기 때문이다. 만일 외부 스크립트와 인라인 스크립트를 병용할 경우에는 아래와 같이 <script> 요소를 분리할 필요가 있다.

```
<script type="text/javascript" src="lib.js"></script>
<script type="text/javascript">
window.alert('안녕하세요, 자바스크립트!');
</script>
```

◼ JavaScript 기능이 무효인 환경에서 대체 콘텐츠 표시하게 하기 ─ <noscript> 요소

브라우저에서는 JavaScript의 기능을 유저가 원하는 대로 무효화할 수 있다. 그런 경우 표시해야 할 대체 콘텐츠를 나타내는 것이 <noscript> 요소다.

본래 웹 페이지 개발자는 JavaScript가 동작하지 않는 경우에도 필요로 하는 최소한의 콘텐츠를 볼 수 있도록 웹 페이지를 디자인해야 한다. 그러나 '웹 페이지의 구조상 어떻게 해서라도 Java Script에 의존해야 하는 상황'에서는 JavaScript가 활성화된 상태에서 액세스해 주길 바란다는 취지를 메시지로 표시할 수 있을 것이다. 혹은 대체할 수 있는 웹 페이지의 링크를 표시할 수도 있다.

---

1 역주 전체 코드는 도서의 앞날개에 소개된 제이펍 Github 사이트에서 다운로드할 수 있습니다.

● 리스트 2-01을 JavaScript 무효의 환경에서 실행한 결과

예를 들어 Google Chrome 56 환경에서 JavaScript 기능을 무효로 하려면 ☰(Google Chrome의 설정) 버튼 – [설정]을 선택한다. [설정] 화면을 열었다면 [고급 설정 표시] 링크를 클릭하여 상세 표시한 후 [개인정보]의 [콘텐츠 설정…]을 클릭한다.

그러면 [콘텐츠 설정] 대화상자가 열리므로 자바스크립트의 [모든 사이트에서 자바스크립트 실행 허용 안 함]을 선택한다.

● [콘텐츠 설정] 대화상자

■ Anchor 태그에 스크립트 집어넣기 — JavaScript 의사 프로토콜

<script> 요소에 기술하는 것 이외에도 Anchor 태크의 href 속성에 'JavaScript:~'의 형식으로 스크립트를 집어넣을 수도 있다. 이러한 기법을 JavaScript 의사 프로토콜이라고 한다.

```
<a href="JavaScript:스크립트 코드" > 링크 텍스트</a>
```

예를 들어 '링크 클릭 시, 대화상자를 표시하고 싶은' 경우에는 아래와 같이 기술하면 된다.

리스트 2-04 protocol.html

```
<a href="JavaScript:window.alert('안녕하세요, 자바스크립트!');">
  대화상자 표시</a>
```

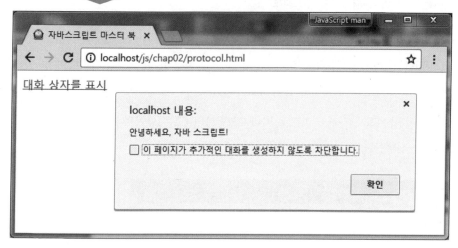

● 링크를 클릭하면 대화상자가 표시된다

이는 어디까지나 그리 크지 않은 스크립트를 집어넣는 기법이지만, 의외로 자주 사용되므로 확실히 기억해두길 바란다.

> **NOTE** 이벤트 핸들러
>
> 이외에도 웹 페이지상의 특정 요소(버튼이나 텍스트 상자, 이미지 등)에 대해 이벤트 핸들러로서 스크립트를 집어넣는 방법이 있다. 이것에 관해서는 제6장에서 기술하겠다.

2.1.3 문장의 규칙

JavaScript의 코드는 일반적으로 하나 이상의 문장(Statement)으로 구성되어 있다. 리스트 2-01을 예로 들면 window.alert('안녕하세요, 자바스크립트!');가 하나의 문장이다.

문장에는 다음과 같은 규칙이 있다.

(1) 문장의 맨 끝에 세미콜론(;)을 붙인다

세미콜론을 생략하는 것도 가능하지만, 이는 문장의 단락이 불명확해지므로 일반적으로 좋은 스타일이라고 말할 수 없다. 특별한 이유가 없는 한 세미콜론은 생략하지 않는 기술 방식을 사용하길 바란다.

```
window.alert('안녕하세요, 자바스크립트!')  ⟵ 에러는 아니지만, 비추천!
```

(2) 문장 도중에 공백이나 개행, 탭을 포함하는 것도 가능

하나의 문장이 긴 경우, 문장 도중에 적절한 개행이나 인덴트(탭/공백)를 넣어서 표현할 수 있다. 예를 들어 아래의 내용은 올바른 JavaScript 코드다.

```
window.
  alert
    ('안녕하세요, 자바스크립트!');
```

물론 위의 경우는 개행을 추가해 오히려 코드가 장황해지기만 했을 뿐 별다른 의미는 없어 보인다. 그러나 좀 더 긴 문장의 경우에는 적당한 부분에서 줄을 바꿔줌으로써 코드를 읽기 쉽게 할 수 있다.

단, 개행할 수 있는 것은 어디까지나 의미가 있는 단어(키워드)나 기호의 뒤에서만 가능하다. 예를 들어 다음의 코드에서는 window라는 단어의 중간에서 줄을 바꾸었으므로 오류가 된다.

```
win
dow.alert('안녕하세요, 자바스크립트!');
```

또한, 문맥에 따라 개행으로 인해 문제가 발생하는 상황도 있다. 이에 대한 상세한 내용은 4.2.1 절을 참고하길 바란다.

(3) 대문자/소문자가 엄밀히 구별된다

JavaScript의 문장은 꽤 유연하게 작성 가능하지만 한 가지 주의할 점이 있다. 바로 대문자와 소문자가 엄밀하게 구별된다는 점이다. 예를 들어 아래와 같은 기술은 불가하다.

```
window.Alert('안녕하세요, 자바스크립트!');
```

[alert]와 [Alert]는 각각 별개의 명령으로 인식되기 때문이다. '스펠링은 틀리지 않았으나 대문자/소문자의 차이로 오류가 된다'라는 것은 자주 발생하는 오류 중 하나이므로 각별히 주의하도록 하자.

■ 참고: 복수의 문장을 단일행으로 작성하는 것도 가능하다(비추천)

세미콜론으로 문장의 종료를 나타낸다는 것은 하나의 행에 복수의 문장을 포함하는 것도 가능하다는 뜻이다. 예를 들면 다음의 소스는 올바른 JavaScript 코드다.

```
window.alert('안녕하세요, 자바스크립트!');window.alert('안녕하세요, 자바스크립트!');
```

단, 이러한 기술법은 사용해서는 안 된다. 왜냐하면 디버거 등에 의한 코드의 추적이 어려워지기 때문이다. 브라우저 부속의 개발자 도구를 비롯하여 일반적인 디버거에서는 코드를 행 단위로 실시하는 스텝 실행이라는 기능이 준비되어 있다. 그러나 1행에 복수의 문장이 포함되어 있으면, 도구에 따라 문장 단위로의 추적할 수 없는 경우도 있다. 문장의 길고 짧음에 상관없이 '1행에는 1문장을 쓴다'라는 것이 철칙이다.

▌2.1.4 주석 삽입하기

주석(Comment)이란, 말 그대로 스크립트의 동작에는 상관없는 메모와 같은 정보를 말한다.

자기 자신이 기술한 코드라고 해도 시간이 경과하면 어떠한 목적을 위해 작성했는지 좀처럼 기억해내지 못하는 경우가 종종 있다. 하물며 다른 사람이 작성한 코드를 이해한다는 것은 대부분 매우 어려운 일이다. 그러나 코드의 요소요소에 주석을 남겨둔다면 그 코드가 무엇을 하고 있으며 무엇을 목적으로 작성되었는지 그 개요를 파악하기 쉬울 것이다. 특히 장기적인 유지보수를 전제로 한 애플리케이션에서는 주석의 기술은 필수다.

JavaScript에서는 주석을 기술하기 위한 세 가지 기법이 준비되어 있다.

● JavaScript의 주석 구문

기법	개요
// comment	단일행 주석. '//'부터 해당 행의 끝까지를 주석으로 본다.
/* comment */	복수행 주석. '/*~*/'으로 둘러싸인 블록을 주석으로 본다.
/** comment */	문서화 주석. '/**~*/'으로 둘러싸인 블록을 주석으로 본다.

문서화 주석은 좀 특수한 주석이므로 8.2.1절에서 다시 설명하겠다. 아래는 남은 2개의 주석 구문을 이용한 예다.

리스트 2-05 **comment.html**

```
// 이것은 주석이다.
/* 복수행에 걸친
   주석이다. */
```

또한 주석은 특정 문장을 무효로 만들 경우에도 이용할 수 있다. 예를 들면 아래의 문장은 주석으로 인식되어 실행되지 않는다.

```
// window.alert('안녕하세요, 자바스크립트!');
/*
window.alert('안녕하세요, 자바스크립트!');
*/
```

이렇게 명령문을 주석화(무효화)하는 것을 코멘트 아웃(Comment Out), 주석 처리를 제거하여 다시 코드를 유효화하는 것을 코멘트 인(Comment In)이라고 한다. 이는 디버깅 시에 유효한 수단이므로 기억해두면 좋다.

■ 단일행 주석인가? 복수행 주석인가?

'//'을 늘어 놓으면 여러 행을 코멘트 아웃할 수 있으며, '/*~*/'로 단일행을 코멘트 아웃하는 것도 물론 가능하다.

리스트 2-06 **comment.html**

```
// 여러 행을
// 코멘트 아웃한다
/* 행을 코멘트 아웃해도 상관없다. */
```

그렇다면 결국 어떤 것을 우선적으로 사용해야 좋을까?

결론부터 말하자면, 원칙적으로 단일행 주석의 '//'을 우선적으로 이용해야 한다. 왜냐하면 /*~*/는 그 성질상 중첩해서 사용할 수 없다. /*~*/를 이미 포함하고 있는 코드를 재차 /*~*/로 코멘트 아웃하는 경우 문법 오류가 된다.

게다가 복수행 주석의 종료를 나타내는 '*/'는 정규 표현 리터럴(3.5.1절) 안에서 발생할 가능성도 있다. 예를 들어 다음 코드라면 파란색의 부분에서 종료했다고 인식해버린다(물론 이것은 의도했던 동작이 아니다).

```
/*
var result = str.match(/[0-9]*/);
*/
```

코드의 의미는 현시점에서 이해하지 못해도 상관없으므로 여기에서는 우선 "주석은 '//'를 우선해서 이용한다"라고 기억해두자.

2.2 | 변수와 상수

변수란 한마디로 말하자면 '데이터를 넣어두는 그릇'이다. 프로그램은 최종적인 해답에 이르기 위한 일련의 '데이터 주고받기'인데, 주고받기를 하는 과정에서 사용하는 데이터를 일시적으로 보존하는 것이 변수의 역할이다.

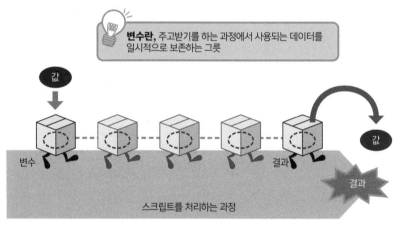

변수란, 주고받기를 하는 과정에서 사용되는 데이터를 일시적으로 보존하는 그릇

값

변수   결과

스크립트를 처리하는 과정

● 변수는 '데이터를 넣어두는 그릇'

2.2.1 변수 선언하기

변수를 이용하기 위해서는 미리 변수를 선언해둘 필요가 있다. 변수의 선언이란, 변수의 이름을 JavaScript에 등록하고 값을 넣어두기 위한 영역을 메모리상에 확보하는 것을 말한다. 변수의 선언에는 아래와 같이 var 명령을 사용한다.

구문 var 명령

```
var 변수명 [= 초깃값],  ...
```

예를 들어, 아래는 msg라는 이름의 변수를 선언하고 있다.

```
var msg;
```

변수가 여러 개 있을 경우에는 아래와 같이 복수의 var 명령을 기술해도 상관없다.

```
var x;
var y;
```

또 아래와 같이 복수의 변수를 콤마로 구분하여 같이 선언하는 것도 가능하다.

```
var  x, y;
```

또한, 변수에는 선언 시 초깃값을 같이 설정할 수도 있다.

```
var msg = '안녕하세요, JavaScript!';
var x = 10;
```

나중에 기술하겠지만 '='는 '우변의 값을 좌변의 변수에 대입하시오'라는 의미의 명령(연산자)이다. 여기에서는 변수 msg에 '안녕하세요, JavaScript!'라는 문자열을, 변수 x에 10이라는 정숫값을 각각 대입한다는 의미다.

값을 변수에 대입

var [msg] =   ' [안녕하세요, JavaScript !] '   ;

● 변수에 대입

참고로, 초깃값을 설정하지 않았을 경우에는 JavaScript에서 디폴트로 정의되지 않은 값을 의미하는 undefined를 변수에 할당한다.

엄밀히 말하자면 JavaScript에서의 변수 선언은 필수가 아니다. 왜냐하면 명시적으로 변수가 선언되지 않아도 처음 값이 대입되는 타이밍에 JavaScript가 암묵적으로 변수의 선언(영역의 확보)을 시행하기 때문이다.

그러므로 아래와 같은 코드도 구문상 틀린 것이 아니다.

리스트 2-07 **msg.js**

```
msg = '안녕하세요, JavaScript!';
console.log(msg);          // 결과: 안녕하세요, JavaScript !
```

여기에서 변수 msg에는 '=' 연산자에 의해 '안녕하세요, JavaScript!'라는 문자열이 대입되고 있다. 단, 값을 대입하는 시점에는 변수 msg가 아직 선언되지 않았으므로 JavaScript에 의해 암묵적으로 변수가 선언되었다고 볼 수 있다.

단 4.3.2절에서 나중에 이유를 언급하겠지만, 선언의 생략은 원칙적으로 하지 않는 것이 좋다. 그러니 여기서는 일단 'JavaScript의 변수는 var 명령으로 선언한다'고만 기억해두자.

■ 변수를 선언하는 다른 하나의 구문 — let 명령 ES2015

ES2015에는 변수를 선언하기 위한 명령으로 새롭게 let 명령이 추가되었다. let 명령은 var 명령과 동일한 구문으로 이용할 수 있다.

리스트 2-08 **let.js**

```
// 기본적인 선언
let msg;
// 복수의 변수를 선언
let x, y;
// 초깃값을 설정
let greeting = '안녕하세요, 자바스크립트!';
```

일단 코드를 보면 var를 let으로 치환한 것처럼 보인다. 그럼 var/let 명령에는 어떠한 차이가 있는 것일까?

(1) 변수의 중복을 허가하지 않는다

let 명령은 동일한 명칭의 변수를 허가하지 않는다. 따라서 아래와 같은 코드는 "Identifier 'msg' has already been declared"(변수 msg는 이미 선언되었다)와 같은 오류가 발생한다.

```
let msg = '뭐냐뭐냐';
let msg = '후후후';
```

한편 var 명령은 중복을 허용하므로 다음과 같은 코드는 문제없이 동작한다(나중의 '후후후'로 덮어 쓰인다).

```
var msg = '뭐냐뭐냐';
var msg = '후후후';
```

(2) 블록 스코프를 인식한다

이 성질에 대해서는 나중에 4.3.5절에서 스코프에 대해 살펴본 후 다시 설명하겠다. 여기서는 'let 명령이 더 세세하게 변수의 유효 범위를 관리할 수 있다'는 것만 이해해두자.

이상의 성질로부터 ES2015를 이용할 수 있는 환경에서는 할 수 있는 한 let 명령을 우선해서 이용할 것을 추천한다.

단, 이 책에서는 종래의 환경과의 호환성을 우선하여 일부 ES2015 대응 코드를 제외한 나머지는 var 명령으로 코드를 작성하였다.

2.2.2 식별자의 명명 규칙

식별자란 스크립트를 구성하는 요소에 붙여진 이름을 말한다. 변수는 물론, 나중에 등장할 함수나 메소드, 레이블, 클래스 등은 모두 서로를 식별하기 위한 특정의 이름을 가지고 있다.

JavaScript에서는 이러한 이름(식별자)을 비교적 자유롭게 결정할 수 있지만, 그렇다고 해도 다음의 네 가지 명명 규칙은 최소한 알아두어야 한다.

No.	규칙	좋은 예	나쁜 예
1	첫 번째 문자는 영문자/언더스코어(_)/달러표시($) 중 하나여야 한다.	_name, $msg	1x
2	두 번째 문자 이후에는 첫 번째에서 사용할 수 있는 문자 또는 숫자이어야 한다.	msg1, _name0	c@c, name-0
3	변수명에 포함된 영문자의 대문자/소문자는 구별되어야 한다.	name, Name	-
4	JavaScript에서 의미를 갖는 예약어가 아니어야 한다.	tiff, forth	for. if

JavaScript에서의 예약어는 다음과 같다.

● JavaScript의 예약어

break	case	catch	class	const	continue	debugger
default	delete	do	else	export	extends	finally
for	function	if	import	implements*	in	instanceof
interface*	new	package*	private*	protected*	public*	return
super	switch	this	throw	try	typeof	var
void	while	with	yield			

또 아래와 같은 상황에서도 식별자로 사용하는 것을 피해야 한다.

· 앞으로 예약어로 채택될 가능성이 있는 키워드(enum, await 등)
· JavaScript에서 이미 정의된 객체나 그 멤버명(String, eval 등)

이러한 것들은 사용해도 오류가 나지는 않지만, 원래 정의되어 있던 기능을 사용할 수 없게 되기 때문이다.

■ 읽기 쉬운 코드를 위해

명명 규칙에는 없으나 더욱 읽기 쉬운 코드를 작성하기 위한 관점에서 다음의 여섯 가지 사항을 유의해두면 좋을 것이다.

● 명명 시 유의점

No.	유의점	좋은 예	나쁜 예
1	이름으로부터 데이터의 내용을 유추하기 쉬울 것	name, title	x1, y1
2	너무 길거나 또는 짧지 않을 것	keyword	kw, keyword_for_site_search
3	보기에 혼동하기 쉽지 않아야 할 것	–	usr/user, name/Name
4	첫 번째 문자의 언더스코어는 특별한 의미를 갖는 경우가 있으므로 사용하지 않을 것	name	_name
5	미리 정해진 기술 방법으로 통일되게 기술할 것	–	lastName, first_name, MiddleName
6	기본적으로 영단어로 할 것	name, weather	namae, tenki

여섯 가지 사항 중 5에서 서술한 기술 방법에는 다음과 같은 것이 있다.

● 식별자의 주요 기술 방법

기술 방법	개요	예
camelCase 기법	앞 단어 첫 문자는 소문자, 그 이후의 단어의 첫 문자는 대문자	lastName
Pascal 기법	모든 단어의 첫 문자는 대문자	LastName
언더스코어 기법	모든 단어의 첫 문자는 소문자, 단어 간은 '_'로 연결	last_name, LAST_NAME

일반적으로는 아래와 같이 나누어 사용한다.

- 변수명이나 함수명 ➡ camelCase 기법
- 상수명 ➡ 언더스코어 기법
- 클래스(생성자)명 ➡ Pascal 기법

무엇보다 이러한 1~6까지의 사항에는 문맥에 따라 예외의 경우도 있다. 예를 들어 for 명령에서 이용하는 카운터 변수(나중에 기술하겠음)와 같은 변수는 'i', 'j'처럼 되도록이면 짧은 이름을 붙이는 것이 일반적이다. 또한 호출의 간편함을 고려해서 빈번하게 호출하는 함수의 이름으로 '$'와 같은 이름을 붙이는 경우도 있다.

이러한 예외 또한 존재한다는 것을 기억해두되, 여기서 다루었던 요점은 요점대로 하나의 기본으로 인식해두면 좋을 것이다.

▌ 2.2.3 상수 선언하기 `ES2015`

앞서 이야기했듯이 변수란 '데이터를 넣어두는 그릇'이다. 그러므로 스크립트의 중간에서 내용물을 바꾸어도 상관없다. 한편 그릇과 내용물이 한 세트로 도중에 내용물을 변경할 수 없는 것을 상수라고 한다. 상수란, 코드 안에 나타나는 의미 있는 값으로 미리 이름을 붙여둔 것을 말한다.

상수의 의미를 이해하려면 상수를 사용하지 않는 예부터 살펴보는 것이 가장 좋다.

```
var price = 100;
console.log(price * 1.08);    // 결과: 108
```

이것은 어떤 상품의 가격(세전) price에 대해 소비세 8%를 더한 가격을 구하는 예다. 그러나 이런 코드에는 몇 가지 문제가 있다.

(1) 단지 숫잣값만으로는 의미를 알 수 없다

우선 1.08은 누가 봐도 이해할 수 있는 숫잣값이 아니다.

이 예라면 비교적 유추하기 쉬울지도 모르겠지만, 더 복잡한 식 안에서는 1.08이 서비스율을 나타내는지, 가격 상승률을 나타내는지, 아니면 전혀 예상할 수 없는 무언가를 나타내는지를 오해 없이 전달하기 곤란하다.

일반적으로는 단순히 숫잣값(리터럴)은 자기 자신 이외에는 의미를 갖고 있지 않은 미혹의 값이라고 생각해야 한다. 그리고 그러한 값을 매직 넘버라고 부른다.

(2) 동일 값이 코드에 산재한다

앞으로는 소비세가 10%, 12%...로 변경될지도 모른다. 그때 코드의 여기 저기에 1.08이라는 리터럴이 산재하고 있다면 어떻게 해야 좋을까? 그러한 리터럴을 남김 없이 검색하고 수정하는 작업이 필요할 것이다. 이것은 귀찮을 뿐만 아니라 수정을 빼먹어 버그의 원인이 되기도 한다.

그래서 1.08이라는 값을 리스트 2-09와 같이 상수로 바꾼다.

리스트 2-09 const.js

```
const TAX = 1.08;
var price = 100;
console.log(price * TAX);      // 결과: 108
```

상수를 선언하려면 var/let 명령 대신에 const 명령을 이용하면 된다. 여기에서는 상수 TAX에 대해 1.08이라는 숫자 리터럴을 할당하고 있다.

구문 const 명령

```
const 상수명 = 값
```

상수의 명령 규칙은 변수의 규칙과 거의 비슷하지만 상수인 것을 식별하기 쉽게 모든 문자를 대문자로, 단어를 언더스코어로 구분하는 것이 일반적이다. 예를 들면 CONSUMPTION_TAX, USER_NAME과 같은 식이다.

리스트 2-09의 경우에도 상수를 이용함으로써 값의 의미가 명확해져 코드의 가독성이 높아지는 것을 알 수 있다. 또한 나중에 TAX의 값을 변경하고 싶을 때도 볼드체로 쓰여진 값만 수정하면 되므로 수정 누락을 미연에 방지할 수 있다.

2.3 | 데이터형

데이터형이란 데이터의 종류를 말한다. JavaScript에서는 'xyz'와 같은 문자열, 1,2,3과 같은 수치, true(참)/false(거짓)과 같은 논리적인 값 등 실로 여러 가지 데이터를 스크립트 안에서 취급할 수 있다.

프로그래밍 언어에는 이 데이터형을 강하게 의식하는 언어와 반대로 거의 의식하지 않는 언어가 있다.

예를 들면, Java나 C#과 같은 언어는 전자에 해당하기 때문에 수치를 대입하기 위해 준비된 변수에 문자열을 대입하는 것을 허락하지 않는다. 이러한 언어에서는 변수와 데이터형이 서로 맞는지 항상 체크한다.

반면에 JavaScript는 후자에 속하는 언어로 데이터형에 대해 관대하다. 문자열을 대입했었던 변수임에도 불구하고 나중에 수치를 대입해도 괜찮고, 그 반대의 처리 또한 가능하다. 즉 JavaScript에서의 변수(그릇)는 대입되는 값에 따라서 데이터형이나 크기가 변환된다는 뜻이다. 따라서 JavaScript에서는 아래의 코드도 올바른 것으로 취급된다.

```
var x = '안녕하세요, JavaScript ! ';
x = 100;
```

그러므로 개발자가 데이터형을 의식해야 하는 상황은 그리 많지 않으나 다만 '전혀 의식하지 않아도 좋다'는 뜻이 아님을 명심해두길 바란다. 엄밀하게 연산이나 비교를 실시하는 상황에서는 데이터형을 염두에 둘 필요가 있다.

2.3.1 JavaScript의 주요 데이터형

우선 JavaScript에서 취급할 수 있는 주요 데이터형을 정리하였다.

● **JavaScript에서의 이용 가능한 데이터형**

분류	데이터형	개요
기본형	숫자형(number)	$\pm4.94065645841246544\times10^{-324}$ ~ $\pm1.79769313486231570\times10^{308}$
	문자열형(string)	작은따옴표/큰따옴표로 감싸인 0개 이상의 문자 집합
	논리형(boolean)	true(참)/false(거짓)
	심벌형(symbol) **ES2015**	심벌을 나타냄(3.2.3절을 참조)
	특수형(null/undefined)	값이 미정의된 것을 나타냄
참조형	배열(array)	데이터의 집합(각 요소에는 인덱스 번호로 접근 가능)
	객체(object)	데이터의 집합(각 요소에는 이름으로 접근 가능)
	함수(function)	일련의 처리(절차)의 집합(제4장 참조)

JavaScript의 데이터형은 크게 기본형과 참조형으로 분류할 수 있다. 이 둘의 차이점은 '값을 변수에 대입하는 방법'에 있다. 우선 기본형의 변수에는 값 그 자체가 직접 보관된다. 그에 반하여 참조형의 변수는 그 참조값(값을 실제로 보관하고 있는 메모리의 어드레스)을 보관한다.

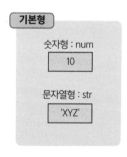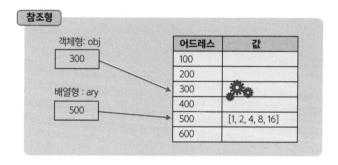

● **기본형과 참조형**

이러한 차이점으로 인해 실은 스크립트의 동작에서도 여러 가지 차이가 발생하고 있으나 여기서는 다루지 않겠다. 각각 관련된 주제에서 자세히 설명할 것이니 여기서는 우선 '기본형과 참조형에 따라 데이터의 취급 방식이 다르다'는 것만 기억해두자.

2.3.2 리터럴

리터럴이란 데이터형에 보관되는 값 그 자체 또는 값의 표현 방법을 말한다. 여기서는 각각의 형에 따른 리터럴의 표현 방법에 대해 설명하겠다.

■ 숫자 리터럴

숫자 리터럴(number)은 정수 리터럴과 부동 소수점 리터럴로 분류할 수 있다.

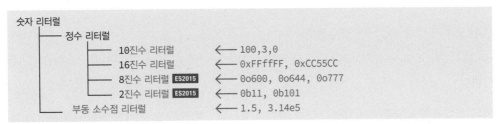

● 숫자 리터럴의 분류

정수에서 일상적으로 사용하는 리터럴은 10진수 리터럴이다. 2진수/8진수/16진수로 표현하고자 한다면 리터럴 앞에 각각 '0b'(제로와 영문자b), '0o'(제로와 영문자o), '0x'(제로와 영문자x)를 붙일 필요가 있다. 2진수에서는 0~1의 값을, 8진수에서는 0~7의 값을, 16진수에서는 0~9의 값과 더불어 A(a)~F(f)까지의 영문자를 사용할 수 있다. 그 이외의 값을 지정한 경우에는 'Invalid or unexpected token'(부정한 문자입니다)와 같이 오류가 되므로 주의가 필요하다.

10진수	0	1	2	3	4	5	6	7	8	9
2진수	0b ~									
	0	1								
8진수	0o ~									
	0	1	2	3	4	5	6	7		
16진수	0x ~									
	0	1	2	3	4	5	6	7	8	9
	A	B	C	D	E	F				

● 숫자 리터럴

부동 소수점 리터럴은 일반 소수점뿐만 아니라 지수 표현을 취할 수도 있다. 예를 들면 '3.14e5'는 '3.14×10^5', '1.02e-8'는 '1.02×10^{-8}'을 나타낸다. 지수를 나타내는 'e'는 대문자와 소문자 모두 가능하다.

위와 같이 숫자 리터럴에는 다양한 표현 방법이 있는데, 본질적으로 이러한 차이는 외관상의 차이일 뿐이다. JavaScript에 있어서 '0b10010'(2진수), '0o22'(8진수), '0x12'(16진수), '1.8e1'(지수)는 모두 동일하게 10진수 18이다. 어떤 표기를 선택할 것인지는 그때마다 이해하기 쉬운 표현으로 결정하면 된다.

■ 문자열 리터럴

문자열 리터럴(string)은 작은따옴표(') 또는 큰따옴표(")로 감쌀 필요가 있다. 예를 들어 아래의 표현은 모두 올바른 문자열 리터럴이다.

```
'안녕하세요, JavaScript ! '
"안녕하세요, JavaScript ! "
```

작은따옴표와 큰따옴표 중 어떤 것을 사용할 것인지는 앞뒤의 대응 관계가 맞기만 하다면, 특별히 의식하지 않아도 상관없다. 문자열 안에 작은따옴표/큰따옴표를 포함할 경우에는 각 문자열에 포함되어 있지 않은 따옴표를 사용하도록 한다.

```
× 'He's Hero!!'   ←  문자열 안에 작은따옴표가 포함되어 있으므로 불가
○ "He's Hero!!"   ←  문자열 안에 작은따옴표가 포함되어 있으나 큰따옴표로 둘러쌌으므로 OK
```

이외에도 문자열 리터럴에는 특수한 의미를 가진 문자(키보드로 직접 작성할 수 없는 문자 등)를 '\ + 문자'의 형식으로 표현할 수 있다. 이러한 문자를 이스케이프 시퀀스(Escape Sequence)라고 부른다. JavaScript에서 이용 가능한 이스케이프 시퀀스에는 다음과 같은 것들이 있다.

● 주요 이스케이프 시퀀스

문자	개요
\b	백 스페이스
\f	새로운 페이지
\n	개행(LF: Line Feed)
\r	복귀(CR: Carriage Return)
\t	탭 문자
\\	\마크
\'	작은따옴표
\"	큰따옴표
\xXX	Latin-1 문자(XX는 16진수) 예: \x61 (a)
\uXXXX	Unicode 문자(XXXX는 16진수) 예: \uC815 (정)
\u{XXXXX} **ES2015**	0xffff (4개의 16진수)을 넘는 Unicode 문자. 예: \u{20b9f} (叱)

앞에서 다루었듯이 작은따옴표로 둘러 쌓인 문자열에 작은따옴표를 포함할 수는 없으나 아래와 같이 이스케이프 시퀀스를 사용하면 표현이 가능하다.

```
console.log('He\'s Hero!!');
```

이렇게 기술함으로써 JavaScript는 (\')를 (문자열의 종료로 판단하는 것이 아니라) 단순히 (')로 인식한다. 이렇게 '어떤 문맥상에서 의미를 갖는 문자를 어떤 규칙에 따라 무효화하는' 것을 이스케이프 처리라고 한다. 동일하게 큰따옴표를 이스케이프하고 싶은 경우는 (\")로 기술한다.

또한 문자열 안에 개행을 포함하고 싶은 경우에는 아래와 같이 기술하면 된다.

리스트 2-10 escape.js

```
window.alert('안녕하세요. JavaScript!\n열심히 공부합시다.');
```

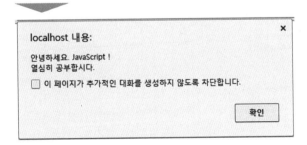

● 대화상자 안의 문자열 개행 처리

■ 템플릿 문자열 `ES2015`

템플릿 문자열(Template Strings)을 이용함으로써 아래와 같은 문자열 표현이 가능해진다.

- 문자열 안에 변수 삽입
- 복수행에 걸친 (=개행 문자를 포함한) 문자열

템플릿 문자열에서는 작은따옴표/큰따옴표 대신에 (`)(백쿼트)로 문자열을 감싼다. 구체적인 예를 살펴보자.

리스트 2-11 template.js

```
let name = '하은';
let str = `안녕하세요, ${name}씨.
오늘도 좋은 날씨네요!`;
console.log(str);
```

```
안녕하세요, 하은씨.
오늘도 좋은 날씨네요!
```

우선 (`), (")로는 (\n)(이스케이프 시퀀스)로 표현했어야 하는 개행 문자를, 템플릿 문자열에서는 그냥 그대로 표현할 수 있다.

또한 ${…}의 형식으로 변수(식)를 문자열로 삽입하는 것도 가능하다. 이 예라면 ${name}에 변수 name을 삽입하고 있다. 이렇게 할 수 있다면 예전에 변수와 리터럴을 '+' 연산자(2.4.1절)로 연결할 수 밖에 없었던 부분의 코드를 확실히 간단하게 표현할 수 있게 된다.

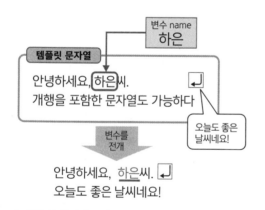

● 템플릿 문자열로 변수 삽입

▪ 배열 리터럴

배열(array)이란 데이터의 집합을 말한다. 지금까지 다룬 변수가 한 개의 변수(그릇)에 대한 하나의 값만을 가졌다면, 배열은 하나의 변수에 대해 복수의 값을 보관할 수 있다. 즉 '구분이 있는 그릇'이라고 생각하는 것이 좋겠다. 그리고 하나씩 나누어진 구분에 보관된 값을 요소라고 한다.

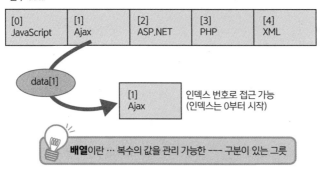

● 배열

배열 리터럴은 아래와 같이 콤마로 구분한 값을 대괄호([…])로 감싼 형태로 표현한다.

```
['JavaScript', 'Ajax', 'ASP.NET']
```

배열 리터럴에는 인덱스 번호를 키로 하여 '배열명[인덱스번호]'의 형식으로 접근 가능하다. 배열에는 선두 요소부터 0,1,2,…순으로 인덱스 번호가 부여된다.

아래는 배열을 이용하는 구체적인 예다.

리스트 2-12 array.js

```
var data = ['JavaScript', 'Ajax', 'ASP.NET'];
console.log(data[0]);   // 결과: JavaScript (첫 번째의 요소를 취득)
```

또한 배열은 그 요소로서 내부에 별도의 배열을 가질 수도 있다.

리스트 2-13 array2.js

```
var data = ['JavaScript', ['jQuery', 'prototype.js'], 'ASP.NET'];
console.log(data[1][0]);        // 결과: jQuery (두 번째의 요소 중 첫 번째 요소를 취득)
```

이렇게 배열 안의 배열인 경우 아래와 같은 형식으로 각각의 요소에 접근한다.

```
배열명[인덱스 번호]  [인덱스 번호]
```

배열 안의 배열에서 다시 배열이 있는 경우에는 아래와 같이 할 수도 있다.

```
배열명[인덱스 번호]  [인덱스 번호]  [인덱스 번호]
```

■ 객체 리터럴

객체(object)란 각 요소에 문자열을 키로 하여 접근할 수 있는 배열이다. 해시, 연상 배열 등으로 불리는 경우도 있다.

일반적인 배열에서는 인덱스 번호만 키가 될 수 있는 것에 반하여, 객체에서는 문자열을 키로 사용해서 접근할 수 있기 때문에 데이터의 가시성이 높은 것이 장점이다.

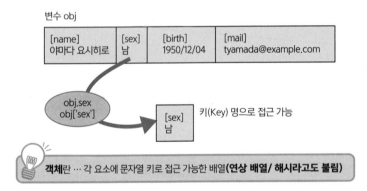

● 객체

배열 내의 개별 데이터는 '요소'라 불리는데 반해, 객체 내의 개별 데이터는 프로퍼티라고 불린다. 프로퍼티에는 문자열이나 수치 등의 정보는 물론, 함수(절차)를 대입하는 것도 가능하다. 함수가 대입된 프로퍼티를 특별히 메소드라고 부른다. 이러한 프로퍼티/메소드에 대해서는 나중에 제3장에서 소개할 것이므로 여기서는 우선 용어만 기억해두자.

객체 리터럴의 기술 방법과 접근 방법은 일반적으로 배열과는 다르다.

리스트 2-14 object.js

```
var obj = { x:1, y:2, z:3 };
console.log(obj.x);          // 결과: 1
console.log(obj['x']);       // 결과: 1
```

우선 기술 방법은 아래와 같다. 리터럴 전체를 감싸고 있는 것은 대괄호가 아니라 중괄호라는 점을 주의하자.

```
{ 키명: 값, 키명: 값, … }
```

또한 객체 리터럴의 개별 프로퍼티에 접근하기 위한 방법으로 닷(.) 연산자에 의한 방법과 괄호 구문에 의한 방법 두 가지가 있다.

```
객체명.프로퍼티명      ←── 닷 연산자
객체명['프로퍼티명']   ←── 괄호 구문
```

둘의 차이점을 이해하기 위해서 아래와 같은 예를 고려해보자.

```
×  obj.123
○  obj['123']
```

닷 연산자에서는 프로퍼티명이 식별자로 인식되므로 식별자의 명명 규칙을 따르지 않는 '123'과 같은 이름은 사용할 수 없다(맨 앞에는 숫자를 사용할 수 없다). 그러나 괄호 구문에서는 프로퍼티명을 어디까지나 문자열로 지정하므로 이러한 제한이 없다.

객체 리터럴(연상 배열)은 실로 여러 가지 용도로 이용할 수 있는 강력한 데이터형이다. 일단 최소한의 기술 방법을 올바르게 기억해두길 바란다.

> **NOTE** 　**연상 배열을 전문으로 취급하는 MAP**
>
> ES2015에서는 연상 배열을 전문으로 취급하는 메커니즘으로 MAP이 추가되었다. 구체적인 사용법과 객체 리터럴과의 차이점에 대해서는 3.3절을 참조하길 바란다.

■ 함수 리터럴

함수(function)란 '어떠한 입력값(인수)이 주어짐에 따라 미리 정해진 처리를 행하여 그 결과(반환값)를 반환해주는 구조'다. 이는 '입출력 창구를 가진 처리의 달인'이라고 바꾸어 말할 수 있다.

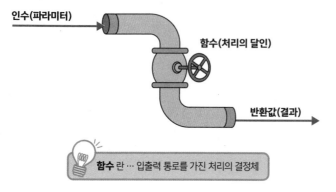

함수 란 … 입출력 통로를 가진 처리의 결정체

● 함수

JavaScript에서는 이러한 함수도 데이터형의 하나로 취급하는 것이 특징이다. 함수 그리고 함수 리터럴에 대해서는 꽤 복잡한 것들이 많으므로 나중에 제4장에서 소개하겠다.

■ 미정의값

미정의값(undefined)은 어떤 변수값이 정의되어 있지 않음을 나타내는 값으로 아래와 같은 경우에 반환된다.

· 어떤 변수가 선언 완료 상태에서 값을 부여하지 않은 경우
· 미정의된 프로퍼티를 참조하려고 하는 경우
· 함수(4.1.1절)에서 값이 반환되지 않았을 경우

구체적인 코드도 보도록 하자.

리스트 2-15 **undefined.js**

```
var x;
var obj = { a: 12345 };
console.log(x);        // undefined (값이 설정되지 않았다.)
console.log(obj.b);    // undefined (프로퍼티가 존재하지 않는다.)
```

■ null(널)

JavaScript에는 또 한 가지, 객체가 존재하지 않는 것을 의미하는 null(널)이라는 값도 준비되어 있다. 그냥 보기에는 undefined와 구별하기 어렵지만 undefined는 '정의되지 않았다 – 본래부터 참조하려는 생각을 하지 않았다'는 상태를 나타내는 것이다. 그에 반하여 null은 '비어 있다'라는 상태를 나타내기 위한 값이다.

예를 들어 문자열을 표시하는 print 함수가 있을 경우, 이 함수는 어디까지나 표시만을 하기 위한 것이므로 결과(값)를 기대하지 않는다. 그래서 그 반환값은 undefined(미정의)다.

반면, 웹 페이지로부터 앵커 태그를 취득하는 getAnchor라는 함수가 있다고 하자. 그런데 앵커 태그가 발견되지 않았다면 무엇을 반환해야 할까? undefined(미정의)는 부자연스럽다. 이번에는 '해당하는 값이 없다(=비어 있다)'라는 값을 의도적으로 전달해야 하므로 null을 반환해야 한다.

하지만 실제로 애플리케이션을 개발하다 보면 undefined와 null의 구분이 애매한 상황도 많다. 일단 의도적으로 비어 있음을 나타낼 때는 null을, 그렇지 않은 경우라면 undefined으로 한다고 이해해두자.

2.4 │ 연산자

연산자(Operator: 오퍼레이터)란 부여된 변수/리터럴에 대하여 미리 결정된 어떠한 처리를 행하기 위한 기호다. 예를 들어, 지금까지 등장한 (=)나 (.), (-) 등은 모두 연산자다. 또한 연산자에 의해 처리되는 변수/리터럴을 오퍼랜드(Operand: 피연산자)라고 부른다.

2.4.1 산술 연산자

표준적인 사칙연산을 시작해서 수치와 관련된 연산을 행하는 것이 산술 연산자의 역할이다. 대수 연산자라고도 불린다.

● 주요 산술 연산자

연산자	개요	예
+	숫자의 덧셈	3 + 5 // 8
-	숫자의 뺄셈	10 - 7 // 3
*	숫자의 곱셈	3 * 5 // 15
/	숫자의 나눗셈	10 / 5 // 2
%	숫자의 나머지 연산	10 % 4 // 2
++	전치 덧셈	x = 3; a = ++x; // a는 4
++	후치 덧셈	x = 3; a = x++; // a는 3
--	전치 뺄셈	x = 3; a = --x; // a는 2
--	후치 뺄셈	x = 3; a = x--; // a는 3

산술 연산자는 보기에도 알기 쉽고 직관적으로 이용할 수 있는 것들이 대부분이지만, 사용할 때 몇 가지 주의해야 할 점이 있다.

■ 가산 연산자(+)

가산 연산자(+)의 동작은 오퍼랜드의 데이터형에 따라 다르므로 주의가 필요하다. 아래의 예제
에서 구체적으로 확인해보자.

리스트 2-16 **plus.js**

```
console.log(10 + 1);      // 결과: 11         ←①
console.log('10'+ 1);     // 결과: 101        ←②
var today = new Date();  ←
console.log(1234 + today); // 결과: 1234Mon Feb 06 2017 21:33:52 GMT+0900 (대한민국 표준시) ←  ③
```

우선 ①과 같이 오퍼랜드가 둘 다 숫자인 경우에는 문제없이 덧셈이 행해진다. 그러나 ②와 같
이 오퍼랜드의 한쪽이 문자열인 경우에는 어떻게 될까? 문자열이 숫자로 변환되어 ①과 같은
결과를 얻을 수 있을 것인가? 아니다. 이 경우에는 '+' 연산자가 연결 연산자로 인식되어 101이라
는 결과를 낳게 된다.

이것은 ③과 같이 오퍼랜드의 한쪽(양쪽 모두라도)이 객체인 경우에도 동일하다. 이러한 경우는
객체를 문자열 형식(어떠한 형식으로 변환되는지는 객체에 따라 다르다)으로 변환한 다음, 문자열이
연결된다. 객체에 관한 자세한 내용은 나중에 제3장에서도 알아볼 것이다.

■ 증가 연산자(++)와 감소 연산자(--)

증가/감소 연산자는 오퍼랜드에 대해서 1을 가산/감산한다. 즉, 아래의 기술 방법은 각각 동일한
연산이다.

```
x++  ⟺  x = x+1
x--  ⟺  x = x-1
```

단, 증가/감소 연산자에서 연산한 결과를 다른 변수에 대입하는 경우에는 주의가 필요하다. 아
래의 리스트에 주목해보자.

리스트 2-17 **increment.js**

```
var  x = 3;  ←
var  y = x++;           ←①
console.log(x);  // 결과: 4
console.log(y);  // 결과: 3  ←

var  x = 3;  ←
var  y = ++x;           ←②
console.log(x);  // 결과: 4
console.log(y);  // 결과: 4  ←
```

이렇게 증가/감소 연산자를 오퍼랜드의 전후에 어느 쪽에 놓는 가에 따라 결과가 다르다.

❶에서는 변수 x를 변수 y에 대입한 후 변수 x의 증가를 실시하였다.

반면, ❷에서는 변수 x를 증가한 후에 그 결과를 변수 y에 대입하고 있다. 이러한 차이를 이해하지 않으면 예기치 못한 동작에 처할 수도 있으므로 특별히 주의해야 한다.

참고로, 오퍼랜드 앞에 증가/감소 연산자를 두는 것을 전치 연산(Pre-Increment/Pre-Decrement), 뒤에 두는 것을 후치 연산(Post-Increment/ Post-Decrement)이라고 한다.

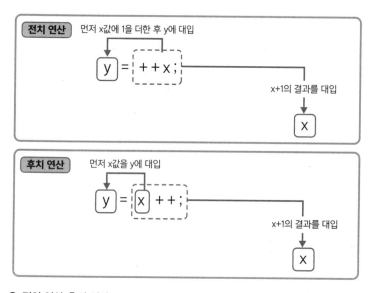

● 전치 연산/후치 연산

■ 소수점을 포함한 계산에는 주의가 필요하다

다음은 아주 당연한 소수 계산임에도 불구하고 올바른 결과를 얻지 못하는 예다.

리스트 2-18 **float.js**

```
console.log(0.2 * 3);   // 결과: 0.6000000000000001
```

이것은 JavaScript가 내부적으로는 수치 계산을 (10진수가 아닌) 2진수로 행하기 때문에 발생하는 오차다. 이 오차는 극히 작지만, 코드의 내용에 따라서는 생각하지 못한 문제를 불러 일으킨다.

예를 들어, 다음 등식은 JavaScript에서는 거짓(false)이 된다('==='은 좌변과 우변의 데이터형과 데이터값이 동일한지 판정하는 연산자다).

```
console.log(0.2 * 3 === 0.6); // 결과: false
```

소수점을 포함한 연산에서 엄밀하게 결과를 얻을 필요가 있는 경우나 값의 비교를 행할 경우에는 다음과 같이 하자.

1. 값을 일단 정수로 바꾼 뒤에 연산을 행한다
2. 위 1의 결과를 다시 소수로 바꾼다.

예를 들어, 리스트 2-18의 예라면 아래와 같이 함으로써 의도한 결과를 얻을 수 있다.

```
console.log(((0.2 * 10) * 3) / 10); // 결과: 0.6
```

비교하는 경우도 동일하다.

```
console.log((0.2 * 10) * 3 === 0.6 * 10); // 결과: true
```

값을 몇 배로 할지는 유효 행수에 따라 결정한다. 예를 들어 0.2351이라는 소수에서 소수점 이하의 2행까지를 확보하고 싶다면 아래와 같이 한다.

1. 100배로 해서 23.51로 만드는 연산을 한다
2. 최종적인 결과를 소수점 이하에서 반올림한다
3. 위 2의 결과를 다시 소수로 바꾼다

2.4.2 대입 연산자

지정된 변수에 값을 설정(대입)하는 연산자다. 앞서 기술한 '=' 연산자는 대표적인 대입 연산자다. 여기서는 산술 연산자나 비트 연산자와 함께 연동된 기능을 제공하는 복합 대입 연산자도 포함되어 있다.

연산자	개요	예
=	변수 등에 값을 대입한다.	x = 1
+=	좌변값에 우변값을 더한 값을 대입한다	x = 3; x += 2 // 5
-=	좌변값에 우변값을 뺀 값을 대입한다	x = 3; x -= 2 // 1
*=	좌변값에 우변값을 곱한 값을 대입한다	x = 3; x *= 2 // 6
/=	좌변값에 우변값을 나눈 값을 대입한다	x = 3; x /= 2 // 1.5
%=	좌변값에 우변값을 나눈 나머지 값을 대입한다	x = 3; x %= 2 // 1
&=	좌변값에 우변값을 비트 AND 연산한 값을 대입한다	x = 10; x &= 5 // 0
|=	좌변값에 우변값을 비트 OR 연산한 값을 대입한다	x = 10; x |= 5 // 15
^=	좌변값에 우변값을 비트 XOR 연산한 값을 대입한다	x = 10; x ^= 5 // 15
<<=	좌변값에 우변값만큼 좌측 시프트한 결과를 대입한다	x = 10; x <<= 1 // 20
>>=	좌변값에 우변값만큼 우측 시프트한 결과를 대입한다	x = 10; x >>= 1 // 5
>>>=	좌변값에 우변값만큼 우측 시프트한 결과를 대입한다 (* Unsigned)	x = 10; x >>>= 2 // 2

복합 대입 연산자란 '좌변과 우변의 값을 연산한 결과를 좌변에 대입하기' 위한 연산자다. 즉 다음의 코드는 의미상 동일하다(●은 복합 연산자로서 이용할 수 있는 임의의 산술 연산자, 비트 연산자를 표시한 것이다).

```
x ●= y ⟷ x = x ● y
```

'변수 자신에 대한 연산의 결과를 원래의 변수에 대입하고 싶다'는 경우, 복합 대입 연산자를 이용하면 식을 간단하게 기술할 수 있다. 각각의 산술 연산자/비트 연산자의 의미는 해당하는 절을 참조하길 바란다.

■ 기본형과 참조형에 따른 대입의 차이 — '=' 연산자

2.3절에서도 기술하였다시피 JavaScript의 데이터형은 크게 기본형과 참조형으로 구별할 수 있으며, 이 두 가지를 취급하는 데 있어 여러 가지 차이가 있었다. 그중 하나가 바로 이 대입이다. 구체적인 예제 코드를 살펴보자.

리스트 2-19 equal.js

```
var x = 1;
var y = x;
```

```
x = 2;
console.log(y);        // 결과: 1 ←— ❶

var  data1 = [0, 1, 2]; // 배열 리터럴을 선언
var  data2 = data1;
data1[0] = 5;
console.log(data2);    // 결과: [5,1,2] ←— ❷
```

우선 ❶의 결과는 납득하기 쉬울 것이다. 기본형의 값은 변수에도 직접 보관되므로 변수 x의 값을 y에 인도할 경우에도 그 값이 복사된다(이러한 값의 전달 방법을 값에 의한 전달이라고 한다). 즉 원래 변수 x의 값을 변경해도 복사한 곳의 변수 y에는 영향을 미치지 못한다.

반면 ❷의 참조형의 경우에는 좀 복잡하다. 여기에서는 참조형의 예로 배열 리터럴을 변수 data1에 넣어두어 그 내용을 변수 data2에 대입하고 있다. 그러나 참조형의 경우, (값 그 자체가 아닌) 값을 보관하고 있는 어드레스가 변수에 보관된다. 즉 'data2 = data1'이라는 것은 변수 data1에 보관되어 있는 어드레스를 변수 data2에 대입하고 있는 것에 불과하다. 이러한 값의 전달 방식을 참조 전달이라고 한다. 즉 이 시점에서 data1과 data2는 쌍방 모두 같은 값을 보고 있게 되는 것이므로 data1의 변경은 그대로 data2에도 영향을 미친다는 뜻이다.

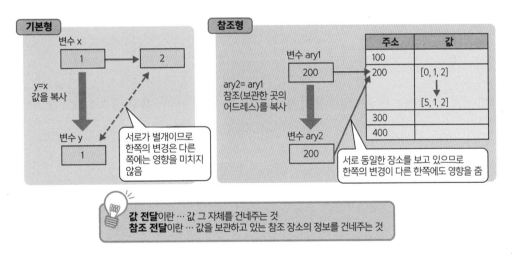

값 전달이란 … 값 그 자체를 건네주는 것
참조 전달이란 … 값을 보관하고 있는 참조 장소의 정보를 건네주는 것

● 값 전달과 참조 전달

JavaScript는 그다지 데이터형을 의식할 필요가 없는 언어지만, 이것이 데이터형을 '전혀 몰라도 좋다라는 뜻은 아니다'라고 말한 이유 중 하나다.

▓ 상수는 '재대입할 수 없다'

2.2.3절에서 설명한 상수에 대해 살펴보자.

'상수'라는 단어를 오해하기 쉬운데, 상수의 제약이란 어디까지나 '다시 대입할 수 없는 변수'이며 반드시 '변경할 수 없다(=읽기 전용)'는 의미는 아니다.

여기에서 다시 기본형과 참조형으로 나누어 동작의 차이를 이해해야 할 필요가 있다.

우선 기본형부터 살펴보자. 이것은 간단하다. 변수에 값을 재대입할 수 없다는 것은 그냥 값을 변경할 수 없다는 의미다. 코드로도 확인해보자.

```
const TAX = 1.08;
TAX = 1.1;        // 오류
```

그런데 참조형에서는 사정이 달라진다. 예를 들어, 다음 코드에서 ❶❷는 모두 오류를 일으킬까?

```
const data = [ 1, 2, 3 ];
data = [ 4, 5, 6 ]; ←── ❶
data[1] = 10; ←── ❷
```

상수라는 어감으로 인해 ❶❷ 모두 오류가 되기를 기대해야 하지만 그렇지는 않다. ❶은 오류가 되지만, ❷는 그대로 동작한다.

이것이 '재대입이 불가하다'는 의미다.

먼저 ❶은 배열 자체를 재대입하고 있기 때문에 const 명령의 규약 위반이다. 그러나 ❷는 원래의 배열은 그대로이고 그 내용만을 고치고 있으므로 이것은 const 위반으로 간주되지 않는다.

이것이 '상수가 변경할 수 없는 것은 아니다'라고 말한 이유다.

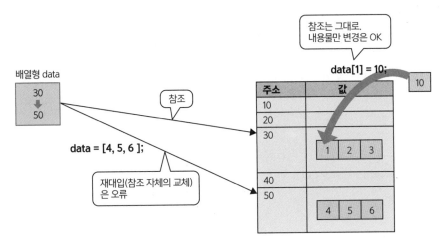

● 상수는 '재대입할 수 없는' 변수

일반적인 코딩에서는 상수의 대부분이 기본형이다. 따라서 실질적인 용도에서 상수는 변경할 수 없는 값으로 취급할 것이다.

■ 분할 대입(배열) `ES2015`

분할 대입(destructuring assignment)이란 배열/객체를 분해하여 안의 요소/프로퍼티값을 개별 변수로 분해하는 구문이다. 예를 들어, 기존 방식이면 배열에서 값을 얻기 위해서 다음과 같이 개별 요소에 액세스해야 했다.

```
var data = [56, 40, 26, 82, 19, 17, 73, 99];
var x0 = data[0];
var x1 = data[1];
var x2 = data[2];
...요소의 개수만큼 열거...
```

그러나 분할 대입을 이용하여 이를 한 줄로 요약할 수 있다.

리스트 2-20 **dest.js**

```
let data = [56, 40, 26, 82, 19, 17, 73, 99];
let [x0, x1, x2, x3, x4, x5, x6, x7] = data

console.log(x0);      // 결과: 56
...중간 생략...
```

```
console.log(x7);      // 결과: 99
```

이에 따라 오른쪽의 배열이 개별 요소로 분해되어 각각 대응하는 변수 x0, x1 …에 대입된다. 대입되는 곳의 변수도 배열과 같이 대괄호([])로 묶어 있는 것이 포인트다.

'…' 연산자(4.5.3절)를 이용함으로써 개별 변수로 분해되지 않은 나머지 요소를 정리해서 배열로 잘라내는 것도 가능해진다.

리스트 2-21 **dest_rest.js**

```
let data = [56, 40, 26, 82, 19, 17, 73, 99];
let [x0, x1, x2, ...other] = data

console.log(x0);      // 결과: 56
console.log(x1);      // 결과: 40
console.log(x2);      // 결과: 26
console.log(other);   // 결과: [82, 19, 17, 73, 99]
```

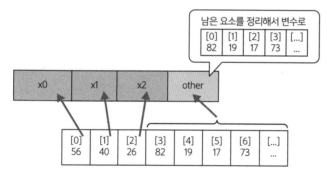

● 분할 대입('…'을 사용한 패턴)

> **N O T E** 변수의 교환(분할 대입의 이용 예)
>
> 분할 대입을 이용하여 변수의 값을 교환할 수 있다. ES2015 이전에는 하나의 변수를 일단 다른 변수에 대피시킬 필요가 있었다.
>
> 리스트 2-22 **dest_replace.js**
>
> ```
> let x = 1;
> let y = 2;
> [x, y] = [y, x];
> console.log(x, y); // 결과: 2, 1
> ```
>
> 분할 대입은 그 외에도 '함수에 명명된 인수를 건네기', '함수에서 여러 반환값을 반환하기'같은 용도로 사용할 수 있다. 자세한 사항은 4.5.4절과 4.6.1절을 참조하기 바란다.

분할 대입(객체) ES2015

마찬가지로 객체의 프로퍼티를 변수로 분해할 수도 있다. 객체의 경우에는 대입할 대상의 변수
도 {...}로 감싼다.

리스트 2-23 dest_obj.js

```
let book = { title: 'Java포켓 레퍼런스', publish: '기술평론사', price: 26800 };
let { price, title, memo = '없음' } = book;

console.log(title); // 결과: Java포켓 레퍼런스
console.log(price); // 결과: 26800
console.log(memo);   // 결과: 없음
```

객체의 경우 배열과 달리 이름으로 프로퍼티를 개별 변수로 분해한다. 따라서 변수의 순서는 프
로퍼티의 정의 순서와 달라도 괜찮으므로 분해하지 않은 프로퍼티(여기에서는 publish)가 있어도
상관없다. 이 경우 왼쪽에 해당하는 변수가 없는 publish 프로퍼티는 무시된다.

또한 원하는 프로퍼티가 존재하지 않는 경우에 대비하여 '변수명 = 디폴트 값'의 형식으로 디폴
트값을 지정할 수도 있다. 이 예라면 변수 memo에 대응하는 memo 프로퍼티가 존재하지 않기
때문에 디폴트값으로 '없음'이 적용된다.

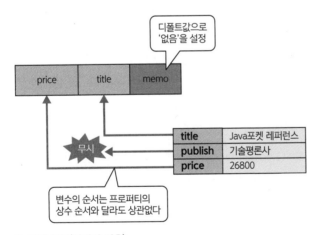

● **분할 대입(객체의 경우)**

또한 객체는 더 복잡한 분해도 가능하다.

(1) 중첩된 객체 분해하기

중첩된 객체를 확장하려면 객체의 중첩 관계를 알 수 있도록 대입할 대상의 변수도 {...}로 중첩
구조를 나타낸다.

```
let book = { title: 'Java포켓 레퍼런스 ', publish: '기술평론사', price: 26800,
  other: { keywd: 'Java SE 8', logo: 'logo.jpg' } };
let { title, other, other: { keywd } } = book;

console.log(title); // 결과: Java포켓 레퍼런스
console.log(other); // 결과: { keywd: 'Java SE 8', logo: 'logo.jpg' }
console.log(keywd); // 결과: Java SE 8
```

단순히 other로 한 경우에는 other 프로퍼티의 내용(객체)이 함께 저장되고, 'other : {keywd}'로
한 경우에는 other-keywd 프로퍼티의 값이 저장된다.

(2) 변수의 별명 지정하기

'변수명: 별명'의 형식으로 프로퍼티와는 다른 이름의 변수에 값을 할당할 수도 있다. 다음 예제
에서는 title/publish 프로퍼티를 각각 변수 name/company에 대입한다.

리스트 2-25 **dest_obj3.js**

```
let book = { title: 'Java포켓 레퍼런스', publish: '기술평론사' };
let { title: name, publish: company } = book;

console.log(name);     // 결과: Java포켓 레퍼런스
console.log(company);  // 결과: 기술평론사
```

NOTE **선언이 없는 대입**

본문에서는 선언과 대입을 함께 한 문장으로 표현하고 있지만 양자를 분리할 수도 있다.

```
let price, title, memo;                        // 변수 선언
({ price, title, memo = '없음' } = book);      // 대입
```

단, 객체 분할 대입은 전후에 소괄호가 필요하다는 점에 주의해야 한다(배열에서는 불필요). 왜냐하면 왼쪽
의 {...}가 블록으로 간주되어 단독으로는 문장으로 간주되지 않기 때문이다.

2.4.3 비교 연산자

좌변/우변의 값을 비교하여 그 결과를 true/false로 반환한다. 나중에 자세히 설명하겠지만 if,
do…while, while과 같은 조건 분기/반복문과 함께 처리의 분기나 종료 조건을 나타내기 위해 이
용하는 것이 일반적이다.

● 주요 비교 연산자

연산자	개요	예
==	좌변과 우변의 값이 같을 경우, true	5 == 5 // true
!=	좌변과 우변의 값이 같지 않을 경우, true	5 != 5 // false
<	좌변이 우변보다 작은 경우, true	5 < 5 // false
<=	좌변이 우변보다 작거나 같을 경우, true	5 <= 5 // true
>	좌변이 우변보다 클 경우, true	5 > 3 // true
>=	좌변이 우변보다 크거나 같을 경우, true	5 >= 3 // true
===	좌변과 우변의 값이 같고 데이터형도 같은 경우, true	5 === 5 // true
!==	좌변과 우변의 값이 같지 않을 경우 또는 데이터형이 다른 경우, true	5 !== 5 // false
?:	'조건식? 식1: 식2'. 조건식이 true인 경우는 식1을, false인 경우는 식2를 취한다	(x==1) ? 1: 0 // 1 또는 0

비교 연산자도 산술 연산자와 동일하게 바로 이해하기 쉬운 것이 대부분이지만 몇 가지 주의해야 할 점이 있다.

등가 연산자(==)

'==' 연산자는 좌변/우변의 값을 비교하여 같은 경우는 true, 같지 않은 경우는 false를 반환한다. 그러나 아래와 같이 오퍼랜드의 데이터형에 따라 비교의 기준이 다르므로 주의가 필요하다.

● 등가 연산자의 평가 기준

좌변과 우변의 형	데이터형	평가 기준
동일	문자열/수치/논리형	단순히 쌍방의 값이 동일한지를 판단
	배열/객체	참조 장소가 동일한지를 판단
	null/undefined	쌍방이 모두 null/undefined, 또는 null과 undefined의 비교는 모두 true
다름	문자열/수치/논리형	문자열/논리형을 수치로 변환한 후에 판단
	객체	기본형으로 변환한 후에 판단

이렇게 보면 복잡하게 느껴질지도 모르겠지만, 등가 연산자는 "오퍼랜드의 데이터형이 다른 경우에도 데이터형을 변환하여 '어떻게든 같다고 보여야겠다'고 시도하는" 연산자라고 생각할 수 있다. 그러므로 예를 들어 다음과 같은 수치형과 논리형의 비교는 등가 연산자에서 true로 인지된다.

```
console.log( 1 == true);        // 결과: true
```

다만, 비교의 대상이 배열이나 객체 등 이른바 참조형인 경우에는 주의가 필요하다. 아래의 코드를 보자.

리스트 2-26 **equal_ref.js**

```
var data1 = ['JavaScript', 'Ajax', 'ASP.NET'];
var data2 = ['JavaScript', 'Ajax', 'ASP.NET'];
console.log(data1 == data2);  // 결과: false
```

지금까지 여러 번 다루었듯이 기본형은 변수에 값을 직접 보관하는 반면, 참조형에서는 그 참조 값(메모리상의 주소)을 보관하였다. 그리고 등가 연산자에서 참조형을 비교하는 경우에는 참조값 – 메모리상의 어드레스가 동일한 경우에만 true가 반환된다. 보기에는 동일한 내용을 포함하고 있는 객체라고 해도 그것이 다른 객체(다른 어드레스로 등록된 것)라면 등가 연산자는 false를 반환한다.

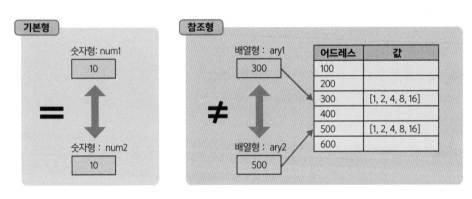

● 기본형과 참조형의 비교

■ 등가 연산자(==)와 동치 연산자(===)

다시 한번 말하지만, '==' 연산자는 오퍼랜드가 '어떻게든 같다고 볼 수 없을까'라고 JavaScript가 이리 저리 노력해주는 (친절한) 연산자다. 이것으로 인해 개발자는 그다지 데이터형을 의식하지 않고 코딩할 수 있다.

단, 이 친철함이 때로는 방해가 되는 경우도 있다. 예를 들어 다음과 같은 경우 어느 쪽이든 true로 판정해버린다.

리스트 2-27 not_strict.js

```
console.log('3.14E2' == 314);
console.log('0x10' == 16);
console.log('1' == 1);
```

3.14E2는 지수 표현, 0x10은 16진수 표현으로 해석되어 버린다. E, x가 의미를 가지지 않은 단순한 알파벳임에도 '==' 연산자는 그렇게 해석하지 않는다.

이러한 경우에 사용하는 것이 '===' 연산자다. '==='는 데이터형을 변환하지 않는다는 점을 빼고는 '==' 연산자와 동일 규칙으로 오퍼랜드를 비교한다.

리스트 2-28 strict.js

```
console.log('3.14E2' === 314);
console.log('0x10' === 16);
console.log('1' === 1);
```

이번에는 모든 결과가 false다. 단 '===' 연산자에서는 '1'과 1처럼 그냥 보기에 동일한 값으로 보이는 리터럴도 서로 다른 것으로 인지해버리므로 주의가 필요하다. 문자열로서의 '1'과 숫자로서의 1은 '===' 연산자에서는 서로 다른 것이다. JavaScript는 데이터형에 관대한 언어지만, '데이터형을 갖고 있지 않은 언어는 아니다'라는 점에 주의하자.

또, 이런 관계는 부등가 연산자(!=)와 비동치 연산자(!==)에서도 동일하다.

■ 조건 연산자(?:)

조건 연산자는 이름 그대로 지정된 조건식의 진위에 따라서 대응하는 식의 값을 서로 다르게 출력하고 싶은 경우에 사용한다. 이는 3항 연산자라고 불리기도 한다.

나중에 기술할 if 명령을 사용해도 동등한 처리를 표현할 수 있지만, '단순히 출력할 값을 조건에 따라 배분하고 싶은 경우'라면 조건 연산자를 이용하여 더욱 간단하게 코드를 기술할 수 있다.

리스트 2-29 condition.js

```
var x = 80;
console.log((x >= 70) ? '합격' : '불합격'); // 결과: 합격
```

2.4.4 논리 연산자

복수의 조건식(또는 논리값)을 논리적으로 결합하여 그 결과를 true/false값으로 반환한다. 일반적으로 앞 절의 비교 연산자와 조합해서 사용하면 더 복잡한 조건식을 표현할 수 있다.

● 주요 논리 연산자

연산자	개요	예
&&	좌우식이 모두 true인 경우, true	100 === 100 && 1000 === 1000 // true
||	좌우식의 어느 쪽이든 true인 경우, true	100 === 100 || 1000 === 500 // true
!	식이 false인 경우, true	!(10 > 100) // true

리스트 2-30 **logical.js**

```
var x = 1;
var y = 2;
console.log(x === 1 && y === 1);  // 결과: false
console.log(x === 1 || y === 1); // 결과: true
```

논리 연산자의 평가 결과는 좌측식/우측식의 논리값에 따라 달라진다. 좌측식/우측식의 값과 구체적인 결과의 대응 관계는 다음의 표와 같다.

● 논리 연산자에 의한 평가 결과

좌측식	우측식	&&	||
true	true	true	true
true	false	false	true
false	true	false	true
false	false	false	false

이러한 규칙을 집합 그림을 사용하여 표현하면 다음과 같다.

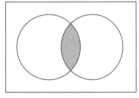
&&(AND)

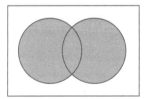
|| (OR)

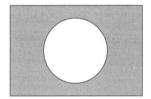
! (NOT)

● 논리 연산자

참고로 JavaScript에서는 아래의 값도 암묵적으로 false로 인정된다(이것을 false와 같은 값이라고 부르는 경우도 있다). 논리 연산자의 오퍼랜드가 반드시 논리형의 true/false일 필요는 없다는 점에 주목하자.

- 빈 문자열("")
- 숫자0, NaN(Not a Number)
- null, undefined

상기의 값 이외는 모두 true로 인식된다.

■ 논리 AND 연산자(&&)와 논리 OR 연산자(||)

논리 AND/OR 연산자를 이용하는 경우, '좌측식만 판정되고 우측식은 판정되지 않는' 케이스가 있다는 점을 주의하지 않으면 안 된다. 예를 들면, '&&' 연산자의 경우 좌측이 false라고 판정된 시점에 조건식 전체가 반드시 false가 되므로 우측식은 판정(실행)되지 않는다. 이러한 평가를 단락 회로 평가(Short Circuit Evaluation)라고 한다[1]. 즉, 아래의 ❶❷는 의미상 동일한 결괏값이다.

리스트 2-31 logical2.js

```
if(x === 1){ console.log('안녕하세요');}} ← ❶
x === 1 && console.log('안녕하세요'); ← ❷
```

If 문에 대해서는 나중에 기술하겠지만, ❶에서는 변수 x가 1인 경우에 메시지를 표시한다.

반면, ❷는 이것을 && 연산자의 특성을 살려서 다시 작성하였다. 앞에서 설명한 것처럼 좌측식이 false인 경우, && 연산자에서는 우측식이 실행되지 않는다. 즉 여기서는 변수 x가 1인 경우에만 우측식의 console.log 명령을 실행한다.

본래 ❷와 같은 기술 방법은 원칙상 피해야 한다. 왜냐하면 '조건 분기라는 것이 한눈에 알아보기 어렵'기 때문이다. 또한 '우측식이 실행될지 어떨지 애매한 상황이므로 예상치 못한 버그의 온상이 되기 쉽다'는 이유도 있다.

기본적으로 논리 연산자의 뒤쪽에는 함수의 호출, 증가/감소 연산자, 대입 연산자 등 값을 실제로 조작하려는 식을 포함하면 안 된다.

---

1 역주 책에서는 숏컷 연산 및 단락 연산이라는 표현을 사용하고 있다. 우리나라에서는 숏컷 연산 및 단락 연산이라는 표현을 사용하지 않으므로 여기서는 단락 회로 평가(Short Circuit Evaluation)라는 표현을 사용하였다.

그리고 이러한 사정은 '||' 연산자에서도 동일하다. '||' 연산자에서는 좌측식이 true인 경우, 조건식 전체가 반드시 true가 되므로 우측식은 실행되지 않는다.

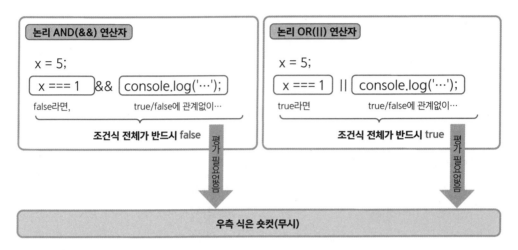

● 단락 회로 평가

📊 단락 회로 평가의 용도

단락 회로 평가를 사용하는 경우가 있는데, 예를 들면 다음과 같은 경우다.

리스트 2-32 shortcut.js

```javascript
var msg = '';
msg = msg || '안녕하세요, 자바스크립트!';
console.log(msg);    // 결과: 안녕하세요, 자바스크립트!
```

변수 msg가 false와 같은 값 – 빈 문자열 등인 경우에 기본값으로서 '안녕하세요, 자바스크립트!'를 대입한다.

> **N O T E** **false와 같은 값에 의미가 있는 경우에는 주의해야 한다**
>
> 단, 빈 문자나 제로 등 false와 같은 값 그 자체에 의미가 있는 경우에는 본문과 같은 이디엄은 이용할 수 없다. 빈 문자나 제로 등의 값이 기본값(여기서는 '안녕하세요, 자바스크립트!')에 의해 덮어 쓰이기 때문이다. 그러한 경우에는 다음과 같은 조건 연산자를 이용하길 바란다.
>
> ```javascript
> msg = (msg === undefined ? '안녕하세요, 자바스크립트!' : msg);
> ```
>
> 이것에 의해 변수 msg가 undefined(미정의)인 경우에만 기본값이 적용된다.

2.4.5 비트 연산자

비트 연산이란 정숫값을 2진수로 나타냈을 경우 각 행에 대해서 (bit단위로) 논리 계산을 실시하는 연산을 말한다. 처음에는 그다지 이용할 기회가 없으니 흥미가 없는 사람은 그냥 넘어가도 좋을 것이다.

● 주요 비트 연산자

연산자	개요	예
&	좌변과 우변의 값 모두에 세트된 비트 (AND 연산)	10&5 → 1010&0101 → 0000 → 0
|	좌변과 우변의 값 중 어느 쪽이든 세트된 비트 (OR 연산)	10|5 → 1010|0101 → 1111 → 15
^	좌변과 우변의 값 중 어느 한쪽에는 세트되었으나 양쪽에는 세트되지 않은 비트(XOR 연산)	10 ^ 12 -> 1010 ^ 1100 -> 0110 -> 6
~	비트를 반전(NOT 연산)	~10 → ~1010 → 0101 → -11
<<	비트를 좌측으로 시프트	10<<1 → 1010<<1 → 10100 → 20
>>	비트를 우측으로 시프트	10>>1 → 1010>>1 → 0101 → 5
>>>	비트를 우측으로 시프트 하되, 좌측을 0으로 채움	10>>>2 → 1010>>>2 → 0010 → 2

이에 덧붙여 비트 연산자는 크게 비트 논리 연산자와 비트 시프트 연산자로 구분된다. 아래는 각각의 구체적인 연산 과정이다.

■ 비트 논리 연산자

예를 들어 다음은 비트 논리 AND 연산 '6&3'의 연산 과정이다.

```
10진수    2진수    10진수
 6     →   0110
 3     →  &0011
         ‾‾‾‾‾‾‾‾
           0010 → 2
```

주어진 정수를 2진수로 표시한 다음, 각각의 행에 대해서 논리 연산을 행한다. 논리 AND 연산은 아래와 같다(논리 연산자의 항목을 참조).

- 양쪽 모두의 비트가 1(true)인 경우 ➡ 1
- 어느 한쪽의 비트가 0(false)인 경우 ➡ 0

비트 연산자는 논리 연산의 결과로 얻어진 2진수를 다시 원래의 10진수 표기로 되돌린다.

이러한 규칙이라면 앞의 표에서의 부정 연산자(~)의 결과를 이상하게 생각하는 사람도 있을지 모르겠다.

```
10진수    2진수    10진수
10      → 1010
        ──────── (부정)
          0101 → -11
```

"주어진 비트를 반전시킨 결과 '1010'은 '0101'이 되기 때문에 결과는 '5'가 아닌가?"- 그렇게 생각하는 사람도 있을 것이다. 그러나 결과는 '-11'이다. 왜냐하면 '~' 연산자는 부호 또한 반전시키기 때문이다.

2진수로 음수를 표현하는 것은 '비트 열을 반전시켜서 1을 더한 것이 그 값의 절댓값이 된다'라는 규칙이 있다[2]. 즉 여기에서는 '0101'을 반전시킨 '1010'에 1을 더한 '1011'(10진수로는 11)이 그 절댓값이 되므로 '0101'은 '-11'이 되는 것이다.

■ 비트 시프트 연산자

다음은 좌측 비트 시프트 연산자를 사용한 연산의 예다.

```
10진수    2진수    10진수
10      → 1010
        ──────── << 1
        10100 → 20
```

비트 시프트 연산이라도 10진수를 2진수로 바꾸어 처리하는 부분은 동일하다. 그리고 그것을 지정된 행만큼 왼쪽으로 시프트한다. 좌측 시프트의 경우 우측의 행은 0으로 채워진다. 즉, 여기에서는 '1010'(10진수의 10)이 좌측 시프트에 의해 '10100'이 되므로 연산의 결과는 이것을 10진수로 변환한 20이 된다.

---

2   역주 여기서의 2진수의 음수 표현 방법은 2의 보수 표현법이다.

2.4.6 그 외의 연산자

다음은 지금까지 소개한 카테고리에서 분류할 수 없었던 연산자다.

● **그 외의 연산자**

연산자	개요
,(콤마)	좌우의 식을 계속해서 실행(2.5.5절 참조)
delete	객체의 프로퍼티나 배열의 요소를 삭제
instanceof	객체가 지정된 클래스의 인스턴스인지를 판정(5.3.3절 참조)
new	새로운 인스턴스를 생성(3.1.2절 참조)
typeof	오퍼랜드의 데이터형을 취득
void	미정의 값을 되돌림(6.5.3절 참조)

그 외의 연산자는 각각 관련된 다른 주제와도 밀접하게 결부되어 있으므로 해당하는 각 항목에서 다시 한번 소개하겠다. 여기서는 delete/typeof 연산자에 대해서 알아보자.

■ **delete 연산자**

delete 연산자는 오퍼랜드에 지정한 변수나 배열 요소, 객체의 프로퍼티를 파기한다. 삭제에 성공했을 경우 delete 연산자는 true를, 실패한 경우에는 false를 되돌린다. 구체적인 예를 보도록 하자.

리스트 2-33 delete.js

```
var ary = ['JavaScript', 'Ajax', 'ASP.NET'];
console.log(delete ary[0]);   // 결과: true
console.log(ary);             // 결과: [1: "Ajax", 2: "ASP.NET"] ← ❶

var obj = {x:1, y:2};
console.log(delete obj.x);    // 결과: true
console.log(obj.x);           // 결과: undefined

var obj2 = {x:obj, y:2};
console.log(delete obj2.x);   // 결과: true
console.log(obj);             // 결과: {y:2} ← ❷

var data1 = 1;
console.log(delete data1);    // 결과: false
console.log(data1);           // 결과: 1 ← ❸

data2 = 10;
console.log(delete data2);    // 결과: true
```

```
console.log(data2);          // 결과: 오류 (data2는 존재하지 않는다)
```

이 결과로부터 몇 가지 중요한 것을 알게 되었다.

❶ 배열 요소를 삭제한 경우, 해당하는 요소가 삭제되기만 할 뿐 뒤의 요소가 앞으로 옮겨지는 것은 아니다(인덱스 번호는 변하지 않는다).

❷ 프로퍼티를 삭제한 경우도 프로퍼티 그 자체가 삭제될 뿐 프로퍼티가 참조하는 객체가 삭제되는 것은 아니다.

❸ 명시적으로 선언된 변수를 삭제할 수 없다.

또한 내장형 객체나 클라이언트 측 JavaScript 표준 객체(나중에 서술)에 포함된 멤버 중에는 delete 연산자로 삭제할 수 없는 프로퍼티도 있다. 이러한 제한(규제)도 확실히 이해해두자.

■ typeof 연산자

typeof 연산자는 오퍼랜드에 지정한 변수/리터럴의 데이터형을 나타내는 문자열을 반환한다. 구체적인 예를 살펴보자.

리스트 2-34 typeof.js

```
var num = 1;
console.log(typeof num);   // 결과: number

var str = '안녕하세요';
console.log(typeof str);   // 결과: string

var flag = true;
console.log(typeof flag);  // 결과: boolean

var ary = ['JavaScript', 'Ajax', 'ASP.NET'];
console.log(typeof ary);   // 결과: object

var obj = {x:1, y:2};
console.log(typeof obj);   // 결과: object
```

결과를 보면 알겠지만 typeof 연산자로는 문자열, 숫자, 논리형과 같은 기본 데이터형은 식별할 수 있으나 배열이나 객체는 어느 쪽이든 똑같이 'object'라고 반환된다는 점에 주의해야 한다. 참고로 문자열, 숫자, 논리형에 대해서도 나중에 언급할 래퍼 객체로서 선언되어 있는 경우 동일하게 'object'라고 인식된다.

만일 객체 중에서 어떤 종류의 객체인지 좀 더 명확히 알고 싶다면 instanceof 연산자나 constructor 프로퍼티(5.3.3절)를 사용하기 바란다.

NOTE **오퍼랜드 수에 따른 분류**

본문에서는 용도에 따라서 연산자를 분류하고 있으나 오퍼랜드 수에 따라서 단항 연산자, 이항 연산자, 삼항 연산자로 분류할 수도 있다.

가장 종류가 많은 것은 '*', '/' 등 연산자의 전후에 오퍼랜드를 지정하는 이항 연산자다. 단항 연산자는 '-', '!', 'delete' 등 우측의 오퍼랜드에 대하여 기호나 논리값의 반전 등을 행한다('-'은 이항 연산자의 뺄셈 연산자이기도 하므로 주의가 필요하다). 그리고 삼항 연산자는 '?:'뿐이다.

2.4.7 연산자의 우선순위와 결합순서

어떤 식 안에 복수의 연산자가 포함되어 있을 경우 '어떠한 순서로 처리할까?'를 판단할 필요가 있다. 이것을 결정하는 것이 연산자의 우선순위와 결합순서. 특히 복잡한 식을 기술하는 경우에는 이것을 잘 이해해두지 않으면 생각지도 못한 곳에서 의도하지 않은 결과가 발생할 수도 있으니 주의가 필요하다.

■ 우선순위

수학에서도 '×', '÷'는 '+', '-'보다 우선처리 된다. 예를 들어 '2 + 4 ÷ 2'의 답이 4가 되는 것은 '2 + 4 ÷ 2 = 6 ÷ 2 = 3'이 아니라 '2 + 4 ÷ 2 = 2 + 2 = 4'이기 때문이다.

이와 동일하게 JavaScript에서도 각각의 연산자는 우선순위를 가지고 있다. 하나의 식 안에 복수의 연산자가 포함되어 있는 경우 JavaScript는 우선순위가 높은 순서대로 연산한다.

● 연산자의 우선순위

우선순위	연산자
높다	배열([]), 괄호(())
	증가 연산자(++), 감소 연산자(--), 단항 뺄셈(-), 반전(~), 부정(!)
	곱셈(*), 나눗셈(/), 나머지(%)
	더하기(+), 뺄셈(-), 문자열 결합(+)
	시프트(<<, >>, <<<)
	비교(< , <=, >=, >)
	등가(==), 부등가(!=), 동치(===), 비동치(!==)
	AND(&)
	XOR(^)
	OR(|)
	논리 AND(&&)
	논리 OR(||)
	조건(?:)
	대입(=), 복합 대입(+=, -= 등)
낮다	콤마(,)

실제로 이렇게나 많은 우선순위를 전부 기억한다는 것은 어려운 일이다. 또한 복잡한 식인 경우에는 '나중에 코드를 이해하고자 할 때 어떤 순서로 연산을 행하는지 그냥 봐서는 한 번에 알기 어렵다'는 문제도 있다.

그래서 복잡한 식을 기술할 경우에는 아래와 같이 될 수 있는 한 괄호를 사용하여 연산의 우선순위를 명시적으로 나타내길 권유한다.

```
3 * 5 + 2 * 2 ➡ (3 * 5) + (2 * 2)
```

물론 위와 같은 단순한 식에서는 괄호를 사용할 필요가 없을지도 모르겠다. 그러나 이것이 좀더 복잡한 식이라면 코드의 가독성은 확실히 향상된다.

■ 결합순서

결합순서는 '연산자를 좌측에서 우측으로 혹은 우측에서 좌측으로 어떤 방향으로 결합할지'를 결정하는 규칙이다. 연산자의 우선순위가 동일할 경우 JavaScript는 이 결합순서를 가지고 좌우어느 쪽부터인지를 결정한다.

● 연산자의 결합순서

결합성	연산자의 종류	연산자
좌 → 우	산술 연산자	+, -, *, /, %
	비교 연산자	< , <=, >, =>, ==, !=, ===, !==
	논리 연산자	&&, ‖
	비트 연산자	<<, >> , >>> , & ,^ , ‖
	그 외	. , [] , (), ,, instanceof, in
우 → 좌	산술 연산자	++, ─
	대입 연산자	=, +=, -=, *=, /=, %=, &=, ^=, ‖=
	논리 연산자	!
	비트 연산자	~
	조건 연산자	?:
	그 외	-(부호반전), + (무연산), delete, typeof, void

예를 들어 아래의 식은 의미상으로는 동일하다.

```
1 + 2 - 3 ⟷ (1 + 2) - 3
```

즉 '+', '-' 연산자는 우선순위로써는 동일하고, 좌 → 우의 결합순서를 갖고 있으므로 왼쪽부터 순서대로 처리되어 간다는 것이다.

반면 우측에서 좌측으로의 결합순서를 갖는 것은 주로 대입 연산자나 단항/삼항 연산자 등이다. 예를 들어 아래의 식은 쌍방이 모두 동일한 의미다.

```
z = x *= 3 ⟷ z = (x *= 3)
```

'=', '*=' 연산자는 우선순위로써는 동일하며, 우측에서 좌측으로의 결합순서를 갖고 있으므로 우측으로부터 순서대로 처리되어 간다. 이 경우는 변수 x를 3배한 결과가 변수 z에 대입된다.

개념만 듣고 있으면 결합순서가 어렵게 느껴질 수도 있겠다. 그러나 구체적인 예를 보면 실은 직관적으로 매우 당연한 규칙을 나타내고 있음을 알게 될 것이다.

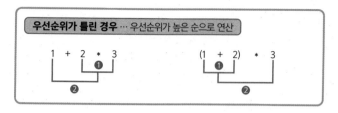

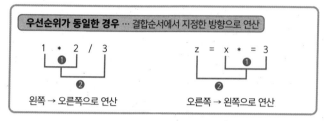

● 연산자의 우선순위와 결합순서

2.5 | 제어 구문

일반적으로 프로그램의 구조는 크게 세 가지로 분류할 수 있다.

1. 기술된 순서대로 처리를 실시하는 순차 구조
2. 조건에 따라 처리를 분기하는 선택 구조
3. 특정의 처리를 반복 실행하는 반복 구조

순차/선택/반복을 조합해서 프로그램을 조립해나가는 방식을 구조화 프로그래밍이라고 부르며, 이것은 거의 대부분의 프로그래밍 언어의 기본적인 사상이기도 하다. 이것은 JavaScript에서도 예외가 아니기에 구조화 프로그래밍에서 이용하는 제어 구문(제어 명령)을 표준으로 제공하고 있다. 본 절에서는 이러한 제어 구문에 대해 설명하겠다.

2.5.1 조건에 따라 분기 처리하기 — if 명령

지금까지의 프로그램은 기술된 순서대로 처리를 실행해가는 것이었다. 그러나 실제 애플리케이션에서는 사용자로부터의 입력값이나 클라이언트 환경 등에 대응하여 처리를 분기해 나갈 필요가 있다.

JavaScript에서는 이러한 분기 처리를 위한 명령으로 if 명령과 switch 명령을 준비하고 있다.

if 명령 ··· 단순 분기

switch 명령 ··· 다수 분기

둘 중 한쪽을 선택하는 **if 명령**과 복수의 선택으로부터 하나를 선택하는 **switch 명령**

● 조건 분기 구문 – if 명령과 switch 명령

우선 if 명령은 이름 그대로 '만일 ~라면…, 아니면…'이라는 구조를 표현하기 위한 명령이다. 주어진 조건식이 true/false 중 어느 쪽인지에 따라 대응하는 명령(군)을 실행한다.

구문 if 명령

```
if (조건식) {
  조건식이 true인 경우에 실행하는 명령
} else {
  조건식이 false인 경우에 실행하는 명령
}
```

구체적인 예제 코드를 보도록 하자.

리스트 2-35 if.js

```
var x = 15;
if (x >= 10) {
 console.log('변수 x는 10 이상이다.');
} else {
 console.log('변수 x는 10 미만이다.');
}       // 결과: 변수 x는 10 이상이다.
```

이 예에서는 다음과 같은 메시지를 표시한다.

· 변수 x값이 10 이상인 경우 ➡ '변수 x는 10 이상이다.'

· 변수 x값이 10 미만인 경우 ➡ '변수 x는 10 미만이다.'

이렇게 if 명령에는 지정된 조건식이 true(참)인 경우에는 그 바로 밑의 블록을, false(거짓)인 경우에는 else 이후의 블록을 각각 실행한다. 블록이란 중괄호({…})로 감싼 부분을 말한다.

여기에서는 else 블록을 지정하고 있지만, '변수 x가 10 이상인 경우만' 처리하고 싶다면, else 블록을 생략해도 무방하다.

리스트 2-36 **if2.js**

```
var x = 15;
if (x >= 10) {
  console.log('변수 x는 10 이상이다.');
}      // 결과: 변수 x는 10 이상이다.
```

■ else if 블록에 의한 다중 분기

else if 블록을 이용함으로써 '변수 x가 10 이상인 경우~, 변수 x가 20 이상인 경우~'와 같이 복수의 분기를 표시하는 것도 가능하다.

구문 **if…else if 명령**

```
if ( 조건식1) {
  조건식1이 true인 경우에 실행하는 명령
} else if (조건식2) {
  조건식2가 true인 경우에 실행하는 명령
}
…

} else {
  모든 조건식이 false인 경우에 실행하는 명령
}
```

else if 블록은 필요로 하는 분기의 수만큼 열거할 수 있다. 구체적인 예도 살펴보자.

리스트 2-37 **if_else.js**

```
var x = 30;
if (x >= 20) {
  console.log('변수 x는 20 이상이다.');
} else if (x >= 10) {
  console.log('변수 x는 10 이상이다.');
} else {
  console.log('변수 x는 10 미만이다.');
}      // 결과: 변수 x는 20 이상이다.
```

이 결과에 의문을 가진 사람이 있을지도 모르겠다. 변수 x(값은 30)는 조건식이 'x >= 20'인 경우뿐만이 아니라 'x >= 10'인 경우에도 true지만, 메시지는 '변수 x는 20 이상이다.'만 출력된다. '변수 x는 10 이상이다.'라는 메시지는 왜 표시되지 않는 걸까?

하지만 이것은 올바른 동작이다. 왜냐하면 if 명령에는 복수의 조건에 들어맞는 경우에도 실행되는 블록은 처음 한 개뿐이기 때문이다. 즉 이 경우라면 최초의 조건식 'x >= 20'의 조건에 들어맞아 첫 번째 블록이 실행되어 버렸기 때문에 두 번째 블록이 실행되는 일은 없다.

따라서 아래와 같은 스크립트는 의도한 대로 동작하지 않는다.

리스트 2-38 **if_else_ng.js**

```javascript
var x = 30;
if (x >= 10) {
 console.log('변수 x는 10 이상이다.');
} else if (x >= 20) {
 console.log('변수 x는 20 이상이다.');
} else {
 console.log('변수 x는 10 미만이다.');
}      // 결과: 변수 x는 10 이상이다.
```

이 경우 처음 조건식 'x >= 10'에 조건이 일치하여 두 번째의 조건식 'x >= 20'은 무시되었다. 이처럼 else if 블록을 이용하는 경우에는 조건식을 기술하는 순서에 매우 주의가 필요하다.

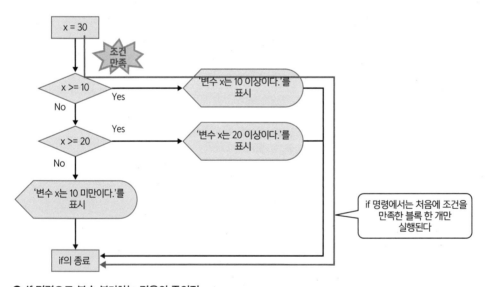

● **if 명령으로 복수 분기하는 경우의 주의점**

■ if 명령은 중첩 구조도 가능

if 명령은 내부에서 if 문을 중첩해서 사용함으로써, 보다 복잡한 조건 분기를 표현할 수도 있다. 예를 들어 아래 그림과 같은 조건 분기를 if 명령으로 표현한 것을 리스트 2-39에서 볼 수 있다.

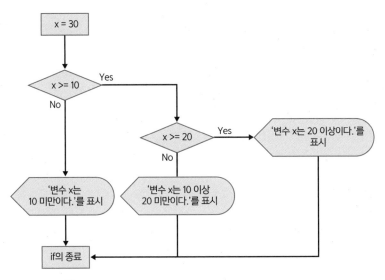

● **if 문의 중첩**

리스트 2-39 **if_nest.js**

```javascript
var x = 30;
if (x >= 10) {
  if (x >= 20) {
    console.log('변수 x는 20 이상이다.');
  } else {
    console.log('변수 x는 10 이상 20 미만이다.');
  }
} else {
  console.log('변수 x는 10 미만이다.');
}        // 결과: 변수 x는 20 이상이다.
```

이렇게 제어 명령을 내부에서 중첩해서 사용하는 것을 네스트(Nest)라고도 한다. 여기에서는 if 명령의 예를 나타내고 있으며, 나중에 기술할 switch/for/do…while/while 등의 제어 명령에도 동일하게 네스트 구조를 취할 수 있다.

코드 가독성의 관점에서 너무 깊은 네스트 구조를 취하는 것은 피하는 것이 좋으나 리스트 2-39와 같이 네스트의 깊이에 따라 인덴트(들여쓰기)를 취함으로써, 시각적으로 코드를 읽기 쉽게 할 수 있다. 유의해서 사용해보길 바란다.

■ 중괄호는 생략 가능 — if 명령의 생략 기법

블록 안에 명령이 한 줄인 경우에는 중괄호({···})를 생략하는 것도 가능하다. 예를 들어 리스트 2-35는 다음과 같이 바꿔 쓸 수 있다.

리스트 2-40 **if_omit.js**

```
var x = 15;
if (x >= 10)
  console.log('변수 x는 10 이상이다.');
else
  console.log('변수 x는 10 미만이다.');          // 결과: 변수 x는 10 이상이다.
```

단, 이러한 기법은 '블록의 범위가 불명확한 관계로 버그의 온상이 되기 쉽다'는 이유 때문에 그다지 추천하고 싶지 않다. 예를 들어 아래와 같은 if 명령을 네스트하는 경우(if 명령 안에 중첩으로 if 명령을 포함하는 경우)를 생각해보자.

리스트 2-41 **if_omit_ng.js**

```
var x = 1;
var y = 2;
if (x === 1)
  if (y === 1) console.log('변수 x, y는 모두 1이다.');
else
  console.log('변수 x는 1이 아니다.');
```

본래의 의도대로 라면 '변수 x, y가 모두 1인 경우', 또는 '변수 x가 1이 아닌 경우'에 각각 대응하는 메시지를 표시하게 하고 싶었다. 따라서 의도한 대로의 동작을 기대한다면 '어떤 것도 표시하지 않는' 것이 올바른 동작이라 할 수 있다.

그러나 결론을 말하자면 리스트 2-41은 '변수 x는 1이 아니다.'라는 메시지가 표시된다. else 블록이 조건식 'x === 1'에 대응하고 있는 것이 아니라 조건식 'y === 1'에 대응하고 있다는 사실이다. 즉 JavaScript에서는 중괄호를 생략할 경우, else 블록은 가장 근접한 if 명령에 대응한다고 여긴다.

물론, 이것은 본래의 의도로 보자면 이상한 동작이다. 이것을 의도하고자 했던 동작의 코드로 수정하기 위해서는 중괄호로 블록 범위를 명시적으로 선언하면 된다.

리스트 2-42 **if_omit_ok.js**

```
var x = 1;
var y = 2;
if (x === 1) {
  if (y === 1) {
```

```
    console.log('변수 x, y는 모두 1이다.');
  }
} else {
  console.log('변수 x는 1이 아니다.');
}
```

어떤가? 이번에는 결과로써 아무것도 표시되지 않았으므로 의도한 대로 동작하는 것을 확인할 수가 있다. 이것은 중괄호를 생략한 경우 '혼동하기 쉬운' 한 가지 예에 불과하지만, 이러한 케이스를 고려하여 '중괄호는 기본적으로 생략하지 않은 채로 작성'하는 것이 무난하다.

2.5.2 식의 값에 따라 분기 처리하기 — switch 명령

지금까지의 예를 봐서 알겠지만 if 명령을 이용함으로써 단순한 분기에서 복잡한 다분기까지 유연하게 표현할 수 있었다. 하지만 다음의 예에서는 어떨까?

리스트 2-43 switch_pre.js

```
var rank = 'B';
if (rank === 'A') {
  console.log('A랭크입니다.');
} else if (rank === 'B') {
  console.log('B랭크입니다.');
} else if (rank === 'C') {
  console.log('C랭크입니다.');
} else {
  console.log('아무 랭크도 아닙니다.');
}
```

'변수 === 값'의 형식으로 동일 조건식이 나열되어 있기 때문에 코드 자체가 상당히 장황하게 보인다. 이러한 경우에는 switch 명령을 이용해야 한다. switch 명령은 '동치 연산자에 의한 다중 분기'에 특화된 조건 분기 명령이다. 같은 조건식을 반복해서 기술하지 않아도 되므로 코드가 깔끔하게 정리돼서 읽기 쉽다.

```
switch (식) {
  case 값1:
     '식 = 값1'인 경우에 실행되는 명령(군)
  case 값2:
     '식 = 값2'인 경우에 실행되는 명령(군)
  …
  default:
     식의 값이 모든 값에 조건상 일치하지 않을 경우에 실행되는 명령(군)
}
```

switch 명령에서는 아래의 순서대로 처리가 실행된다.

1. 선두의 식이 우선 평가된다.

2. 위 1의 값에 일치하는 case 블록을 실행한다.

3. 일치하는 case 블록이 없을 경우에는 마지막의 default 블록을 호출한다.

default 구문은 필수가 아니지만, 어느 case 구문에도 해당하지 않는 경우의 동작을 명확히 처리하기 위해서라도 생략해서는 안 된다.

그럼 switch 명령을 사용한 구체적인 코드를 보도록 하자. 다음은 앞의 리스트 2-43을 switch 명령으로 치환한 것이다.

리스트 2-44 switch.js

```
var rank = 'B';
switch(rank) {
  case 'A' :
    console.log('A랭크입니다.');
    break;
  case 'B' :
    console.log('B랭크입니다.');
    break;
  case 'C' :
    console.log('C랭크입니다.');
    break;
  default :
    console.log('아무 랭크도 아닙니다.');
    break;
}     // 결과: B랭크입니다.
```

여기서 주목해야 할 것은 '각각의 case 구문과 default 구문의 끝에는 반드시 break 명령을 지정하고 있다'는 것이다. break는 현재의 블록으로부터 처리가 빠져 나오기 위한 제어 명령이다.

if 명령과는 다르게 switch 명령은 조건에 일치하는 case 구문으로 처리를 이동할 뿐, 그 구문을 종료한 후에도 자동적으로 switch 블록을 종료하는 구조가 아니다.

break 명령을 지정하지 않을 경우, 다음의 case 블록을 계속해서 실행해버려 본래 의도했던 결과를 얻지 못할 수 있다.

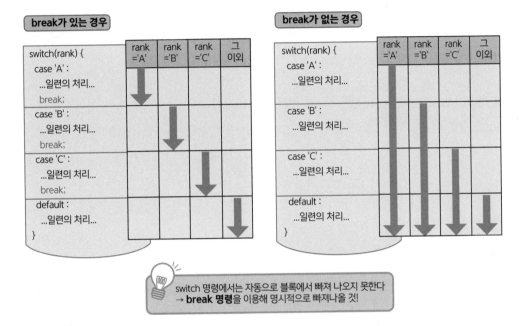

● switch 명령에는 break 명령이 필수

■ 의도한 break 명령의 생략

의도적으로 break 명령을 생략하여 복수의 블록을 계속 실행하는 조건 통과(fall through)라는 작성 방식도 가능하지만, 코드의 흐름을 이해하기 어렵게 만드는 원인이 될 수 있으므로 일반적으로 사용을 피해야 한다.

단, 예외로 아래와 같은 케이스에서는 복수의 블록을 (break 명령을 끼워 넣지 않고) 사용해도 무방하다.

리스트 2-45 switch_fall.js

```javascript
var rank = 'B';
switch(rank) {
  case 'A' :
  case 'B' :
  case 'C' :
```

```
      console.log('합격!');
      break;
  case 'D' :
      console.log('불합격...');
      break;
}            // 결과: 합격 !
```

X, Y, Z의 모든 값에 일치하는 블록을 표현하고 싶은 경우에는 이렇게 빈 case 블록을 열거한다. 이 예에서는 변수 rank가 A, B, C인 경우에 '합격!'이라는 메시지를, D의 경우에는 '불합격...' 이라는 메시지를 각각 표시한다.

■ 주의: switch 식과 case값은 '===' 연산자로 비교한다

switch 명령 선두의 식과 case 구문의 식은 ('==' 연산자가 아니라) '===' 연산자로 비교한다는 점에서 주의가 필요하다.

예를 들어 다음의 코드에서 'case 0' 구문은 실행되지 않는다.

리스트 2-46 switch_ng.js

```
var x = '0';
switch (x) {
  case 0 :
     // 이 부분은 실행되지 않는다
     … 중략 …
}
```

'===' 연산자에서는 문자열로써의 '0'과 숫자로써의 0이 다르기 때문이다. 브라우저로부터의 입력값을 기반으로 처리를 분기하는 상황에서는 문자열과 숫자의 비교가 자주 발생한다. '보이는 값이 같은데도 불구하고 의도한 구문이 호출되지 않는' 경우에는 데이터형의 불일치를 의심해보는 것도 좋을 것이다.

▌ 2.5.3 조건식에 따라 루프 제어하기 ― while/do…while 명령

조건 분기 처리처럼 자주 이용되는 것이 반복 처리다. 반복 처리에는 for, for…in, while, do…while 명령 등 몇 가지 비슷한 명령이 존재한다. 개별 구문뿐만 아니라 각각의 차이에 대해서도 이해하도록 하자.

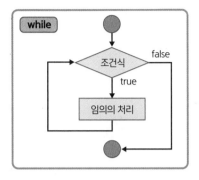
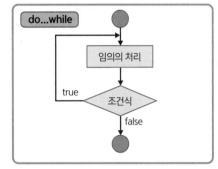

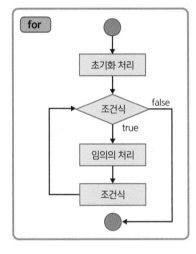
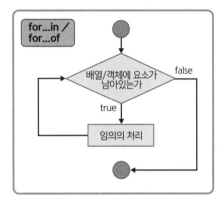

● 반복 구문 – while/do…while/for/for … in/for … of –

우선 while/do…while 명령은 미리 부여된 조건식이 true인 동안은 루프를 반복한다. 구문은 아래와 같다.

구문 while 명령

```
while(조건식) {
    조건식이 true일 때 실행되는 명령(군)
}
```

구문 do…while 명령

```
do {
    조건식이 true일 때 실행되는 명령(군)
} while ( 조건식 );
```

do…while 명령의 끝부분에는 문장의 종료를 나타내는 세미콜론이 필요하다는 점에 주의해야 한다.

각각의 명령을 이용한 코드를 보자.

리스트 2-47 while.js

```
var x = 8;
while(x < 10) {
  console.log('x의 값은 ' + x);
  x++;
}      // 결과: 'x의 값은 8', 'x의 값은 9'를 순서대로 출력
```

리스트 2-48 do.js

```
var x = 8;
do {
  console.log('x의 값은 ' + x);
  x++;
} while(x < 10);    // 결과: 'x의 값은 8', 'x의 값은 9'를 순서대로 출력
```

그냥 보면 while 명령과 do…while이 동일한 동작을 하고 있는 것처럼 보일지도 모르겠다. 그러나 실은 위의 예제 코드만으로는 알 수 없는 중요한 차이가 있다.

시험 삼아 리스트 2-47, 2-48의 변수 x의 초깃값를 10으로 바꿔보자(볼드체 부분). 그렇게 하면 리스트 2-48에서는 'x의 값은 10'이라는 메시지가 한 번 표시되지만, 리스트 2-47에서는 아무것도 표시되지 않는 것을 확인할 수 있다.

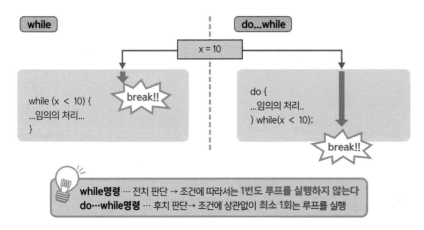

● while와 do…while의 차이

이를 설명하자면 while 명령은 루프를 시작할 때 조건식을 판정(전치 판정)하는 데 반해, do…while 명령은 루프의 마지막에서 조건식을 판정(후치 판정)하기 때문이다.

이러한 차이는 '루프가 시작되기 전부터 조건식이 false인 경우'에 결과로 나타난다. 후치 판정 (do…while 명령)에서는 조건의 참/거짓에 상관없이 반드시 한 번은 루프가 처리되지만, 전치 판정 (while 명령)에서는 조건에 따라 루프가 한 번도 처리되지 않는 경우도 있다.

2.5.4 무한 루프

영원히 종료하지 않는 (=종료 조건이 true가 되지 않는) 루프를 무한 루프라고 한다. 예를 들어 리스트 2-47, 2-48에서 'x++;'라는 기술을 삭제 또는 코멘트 아웃해보자. 'x의 값은 8'이라는 문자열이 계속 표시되어 응답이 없어지게 될 것이 틀림없다.

리스트 2-47, 2-48에서 루프의 종료 조건은 'x < 10'가 false가 되는 것, 즉 변수 x가 10 이상이 되는 것이다. 그러나 'x++;'라는 한 줄을 삭제함으로써 변수 x가 초깃값인 채로 변화가 없는 상태가 되어 루프를 종료할 수 없게 된다.

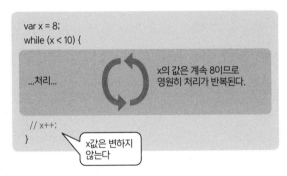

```
var x = 8;
while (x < 10) {

...처리...          x의 값은 계속 8이므로
                   영원히 처리가 반복된다.

  // x++;
}                x값은 변하지
                 않는다
```

● 무한 루프

이러한 무한 루프는 브라우저에 극단적인 부하를 주게 되어 때로는 컴퓨터를 먹통으로 만드는 원인이 된다. 반복 처리를 기술할 경우에는 우선 루프가 정상적으로 종료하는지를 미리 확인하도록 하자.

> **NOTE 일부러 무한 루프를 만드는 경우도 있다**
>
> 프로그래밍 테크닉으로써 의도적으로 무한 루프로 만드는 경우도 있다. 그러나 그러한 경우에도 반드시 루프의 탈출구는 확보해두어야 한다. 수동으로 루프를 탈출하는 방법에 대해서는 2.5.8절을 참조하길 바란다.

2.5.5 지정 횟수만큼만 루프 처리하기 — for 명령

조건식의 참/거짓에 대응하여 루프를 제어하는 while/do…while 명령에 반해, 미리 지정된 횟수만큼만 반복처리를 실시하는 명령으로 for 명령이 있다.

구문 for 명령

```
for (초기화 식; 루프 계속 조건식; 증감식) {
    루프 내에서 실행하는 명령(군)
}
```

다음의 리스트 2-49는 리스트 2-47을 for 명령으로 다시 작성한 것이다. 변수의 값에 따라 루프를 제어하는 경우에는 while/do…while 명령보다 콤팩트하게 코드 작성이 가능함을 알 수 있다.

리스트 2-49 for.js

```
for (var x = 8; x < 10; x++) {
  console.log('x의 값은 ' + x);
}
```

앞의 구문에서도 보았다시피 for 명령은 괄호 내의 '초기화 식', '루프 계속 조건식', '증감식'의 세 가지 식으로 루프를 제어한다.

우선 for 블록에 들어간 처음 루프에서 초기화 식을 한 번만 실행한다(여기서는 'var x = 8'). 일반적으로는 이 초기화 식에서 for 명령으로 루프 횟수를 관리하는 카운터 변수(루프 변수)를 초기화한다.

그다음, 루프 계속 조건식은 블록 내의 처리를 계속하기 위한 조건식을 나타낸다. 이 예에서는 'x < 10'이므로 카운터 변수 x가 10 미만일 동안에만 루프를 반복한다.

마지막으로 증감식은 블록 내의 처리가 한 번 실행될 때마다 실행된다. 보통은 카운터 변수를 증감하는 증가/감소 연산자 또는 대입 연산자를 지정한다. 여기에서는 'x++'로 하고 있으므로 루프할 때마다 카운터 변수 x에 1이 더해진다. 물론 이 부분을 'x += 2'로 해서 카운터 변수를 2씩 증가하게 하는 것도 가능하며, 'x--'로 하나씩 적어지게 하는 것도 가능하다.

루프	초기화 식/증감식	x 값	계속 조건 (x < 10)
1번째	변수 x를 8로 초기화한다	8	x는 10보다 작다
2번째	변수 x에 1을 더한다	9	x는 10보다 작다
3번째	변수 x에 1을 더한다	10	x는 10보다 작다

3번째의 루프는 실행되지 않는다

● for 명령의 동작

이러한 식에는 임의의 식을 지정할 수 있다. 하지만 식의 조합에 따라 무한 루프의 원인이 될 수도 있으므로 주의해야 한다.

```
for (var x = 0; x < 5; x--)  { … } ←── ❶
for (;;)  { … } ←── ❷
```

예를 들어 ❶과 같은 for 루프는 카운터 변수 x의 초깃값이 0이므로, 그 후 루프할 때마다 감소한다. 그러므로 루프의 계속 조건인 'x < 5'가 false가 되는 일은 영원히 없다.

❷는 초기화 식, 루프 계속 조건식, 증감식이 생략된 패턴이다. 이 경우 for 명령은 무조건 루프를 반복한다.

> **N O T E 콤마 연산자**
>
> 콤마 연산자를 이용함으로써 초기화 식, 루프 계속 조건식, 증감식에 복수의 식을 지정할 수 있다. 콤마로 구분된 식은 선두부터 순서대로 실행된다. 예를 들어 다음의 예에서는 초기화 식의 변수 i, j를 각각 1로 초기화하고, 증감식에서 두 변수를 모두 증가시키고 있다.
>
> 리스트 2-50 **comma.js**
>
> ```javascript
> for (var i = 1, j = 1; i < 5; i++, j++) {
>   console.log('i * j는'+ i * j);
> }
> ```
>
> ```
> i * j는 1
> i * j는 4
> i * j는 9
> i * j는 16
> ```
>
> 취향에 따라 다르지만 블록 내의 처리가 매우 단순한 경우에는 콤마 연산자를 이용함으로써 코드를 간단히 표현할 수 있다(단 활용할 만한 것은 아니다).

2.5.6 연상 배열의 요소를 순서대로 처리하기 — for…in 명령

지금까지 소개한 for, while/do…while 명령과는 약간 종류가 다른 반복 명령이 for…in 명령이다. for…in 명령은 지정된 연상 배열(객체)의 요소를 추출하여 선두부터 순서대로 처리한다.

구문 for…in 명령

```
for (가변수 in 연상 배열) {
    루프 내에서 실행하는 명령(군)
}
```

가변수는 연상 배열(객체)의 키를 일시적으로 보관하기 위한 변수다. 여기에서 가변수에 보관된 것이 요솟값 그 자체가 아님을 주의해야 한다.

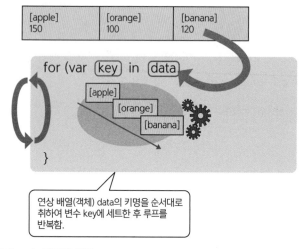

연상 배열(객체) data의 키명을 순서대로 취하여 변수 key에 세트한 후 루프를 반복함.

● for…in 명령의 동작

예를 들어 다음은 연상 배열로부터 요솟값을 순서대로 표시하는 예다(객체의 선언에 대해서는 3.1.2절을 참조하기 바란다).

리스트 2-51 forin.js

```
var data = { apple:150, orange:100, banana: 120 };
for (var key in data) {
  console.log(key + '=' + data[key]);
}
```

```
apple=150
orange=100
banana=120
```

■ 배열에서 for…in 명령은 이용하지 않는다

구문상 배열에서도 for…in 명령을 이용하는 것은 가능하다. 예를 들어 다음의 코드에서 확인해 보자.

리스트 2-52 forin_array.js

```
var data = [ 'apple', 'orange', 'banana' ];
for (var key in data) {
  console.log(data[key]);
}      // 결과: 'apple''orange''banana'를 순서대로 출력
```

배열의 내용이 순서대로 출력되어 그냥 보기에는 올바른 동작처럼 보인다. 그러나 다음과 같은 코드에서는 어떨까?

리스트 2-53 forin_array_ng.js

```
var data = [ 'apple', 'orange', 'banana' ];
// 배열 객체에 hoge 메소드를 추가
Array.prototype.hoge = function () {} ←— ❶
for (var key in data) {
  console.log(data[key]);
}      // 결과: 'apple''orange''banana''function () {}'를 순서대로 출력
```

아직 코드의 자세한 의미는 잘 몰라도 상관없다. 일단 ❶에서 배열의 기능을 확장시키고 있다는 것만 이해해두길 바란다.

그리고 이로 인해 확장된 기능까지 열거되어 버린다(여기에서는 'function () {}'). 또한 아래와 같은 문제도 있다.

- for…in 명령에서는 처리의 순서를 보증하지 않는다.
- 가변수에는 인덱스 번호가 보관될 뿐이므로 코드가 그다지 심플하지 않다(=값 그 자체가 아니므로 오히려 오해를 불러 일으킴).

이러한 이유로 for…in 명령은 연상 배열(객체)을 조작할 경우에 한하며, 배열의 조회에는 for 명령이나 다음 절에 나올 for…of 명령을 이용하도록 하자.

리스트 2-54 forin_array_ok.js

```
var data = [ 'apple', 'orange', 'banana' ];
for (var i = 0, len = data.length; i < len; i++) {
console.log(data[i]);
}       // 결과: 'apple''orange''banana'를 순서대로 출력
```

이곳의 주제와는 벗어나지만 초기화 식에서 배열의 사이즈(data.length)를 취득하고 있다는 점에
도 주목해보자.

볼드체의 코드는 다음과 같이 작성해도 동작한다.

```
for (var i = 0; i < data.length; i++) {...}
```

그러나 루프할 때마다 프로퍼티에 접근해야 하므로 성능은 떨어진다. 대상이 배열이 아니라
NodeList 객체(6.2.1절)인 경우나 현재는 거의 존재하지 않는 Internet Explorer7 브라우저인 경우
에는 그 영향이 뚜렷하게 드러난다.

2.5.7 배열 등을 순서대로 처리하기 — for…of 명령 ES2015

배열 등을 순서대로 열거하기 위한 또 하나의 수단으로, ES2015에서 추가된 for…of 명령이 있
다. '배열 등'이라는 표현을 썼는데, 이렇게 표현한 이유는 for…of 명령에서는 배열뿐만 아니라
Array와 같은 객체(NodeList, arguments 등), 반복자/생성자 등도 처리할 수 있기 때문이다. 이를
모두 통틀어서 열거 가능한 객체라고도 부른다. 열거 가능한 객체에 대해서는 5.5.4절에서 다시
설명하겠다.

구문 for…of 명령

```
for (가변수 of 열거 가능한 객체) {
   루프 내에서 실행하는 명령(군)
}
```

구문은 for…in 명령과 거의 같으므로 곧바로 구체적인 예를 살펴보자. 다음은 리스트 2-53을
변환한 것이다.

```
var data = [ 'apple', 'orange', 'banana' ];
Array.prototype.hoge = function () {}
for (var value of data) {
  console.log(value);
}      // 결과: 'apple''orange''banana'를 순서대로 출력
```

확실히 배열 data의 내용이 올바로 출력되어 있음을 확인할 수 있다.

또한 for…in 명령에서는 가변수에 키명(인덱스 번호)이 건네진 것에 반해, for…of 명령에서는 값을 열거하고 있다는 점이 주목할 만한 부분이다.

▌2.5.8 루프를 도중에 스킵/중단하기 ─ break/continue 명령

일반적으로 while/do…while/for, for…in 명령은 미리 정해진 종료 조건을 만족하는 타이밍에 루프를 종료하지만, '특정 조건을 만족하는 경우에 루프를 강제적으로 중단하고 싶은' 경우도 있다. 이럴 때 이용할 수 있는 것이 앞서 switch 명령에서 등장한 break 명령이다.

일단 예제를 보도록 하자.

```
var result = 0;
for (var i = 1; i <= 100; i++) {
  result += i;
  if (result > 1000) { break; }
}
console.log('합계값이 1000을 넘은 것은 ' + i);  // 결과: 합계값이 1000을 넘은 것은 45
```

여기에서는 변수 i를 1~100 사이에서 더해나가 합계(변수result)가 1000을 넘을 때 루프를 빠져 나오고 있다. 이렇듯 break 명령은 if 명령과 함께 사용하는 것이 일반적이다.

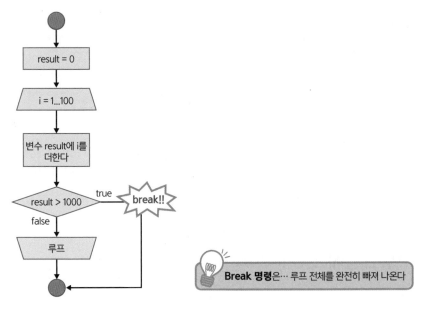

● break 명령

한편 루프를 완전히 중단해버리는 것이 아니라, '현재의 루프만을 건너뛰고 다음 루프를 계속해
서 실행하고 싶은' 경우에는 continue 명령을 사용한다. 아래의 코드는 변수 i를 1~100 사이에서
홀수만 더해 그 합계를 구하는 예제다.

리스트 2-57 continue.js

```
var result = 0;
for (var i = 1; i < 100; i++) {
  if (i % 2 === 0) { continue; }
  result += i;
}
console.log('합계:' + result);  // 결과: 합계:2500
```

여기에서는 카운터 변수 i가 짝수(변수 i가 2로 완전히 나누어짐)인 경우에만 처리를 건너뜀으로써
홀수만의 합계를 구하고 있다.

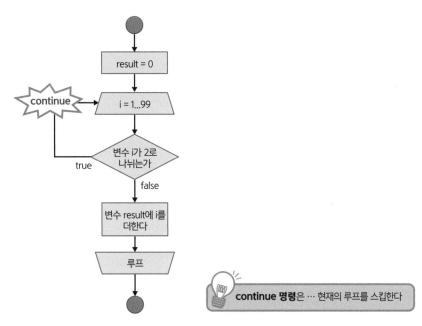

continue 명령은 … 현재의 루프를 스킵한다

● continue 명령

■ 중첩된 루프를 한 번에 빠져 나오기 — 레이블 구문

중첩된 루프 안에서 break 또는 continue 명령을 사용할 경우, 디폴트로 가장 안쪽의 루프를 탈
출하거나 스킵(skip)한다. 아래의 예제를 보도록 하자.

리스트 2-58 **label1.html**

```
for (var i = 1; i < 10; i++) {
  for (var j = 1; j < 10; j++) {
    var k = i * j
    if (k > 30) { break; }
    document.write(k + ' ');
  }
  document.write('<br />');
}
```

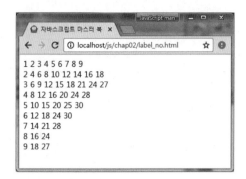

● 안쪽 루프만 탈출

여기서는 변수 k(카운터 변수 i, j의 곱셈값)가 30이 넘는 경우에 break 명령을 실행하고 있다. 이로 인해 안쪽 루프(볼드체)만을 빠져 나오고 있으므로 결과적으로 '곱셈값이 30 이하의 값만을 표시하는 구구단'을 생성하게 된 것이다.

> **N O T E** document.write보다 textContext/InnerHTML을 우선한다
>
> document.write는 페이지에 지정된 문자열을 출력하기 위한 명령이다. 이전의 JavaScript에서는 자주 사용되던 메소드였다. 하지만 '도큐먼트를 모두 출력한 후에 호출하는 경우에는 페이지가 일단 클리어되어 버린다'는 등 약간 특수한 동작을 지닌 메소드다. 여기에서는 단순화하기 위해 일부러 이용하고 있지만, 실제 애플리케이션에서는 textContext/innerHTML(6.3.3절) 등의 명령을 우선해서 이용하길 바란다.

이것을 '한 번 곱셈값이 30을 넘으면, 구구단 출력 자체를 정지시키도록' 만들고 싶다면, 어떻게 하면 좋을까. 답변은 아래에 있다..

리스트 2-59 **label.js**

```javascript
kuku :
for (var i = 1; i < 10; i++) {
  for (var j = 1; j < 10; j++) {
    var k = i * j
    if (k > 30) { break kuku; }
    document.write(k + ' ');
  }
  document.write('<br />');
}
```

● 중첩된 루프를 전부 빠져 나오기

이렇게 빠져 나오고자 하는 루프의 선두에 레이블을 지정하면 된다. 레이블은 아래와 같은 형식으로 지정한다.

레이블명:

레이블명은 임의로 부여할 수 있다. 레이블명(식별자)의 제한은 2.2.2절에서도 소개하고 있으므로 함께 참조하기 바란다.

그 다음에는 break/continue 명령에도 아래와 같이 레이블을 지정함으로써, 이번에는 (안쪽의 루프가 아닌) 레이블이 부여된 루프를 탈출할 수 있다.

break 레이블명;

> **N O T E 루프 안의 switch 명령**
>
> 루프 안에서 switch 명령을 이용하는 경우 주의가 필요하다. switch 명령 안에서 break 명령을 이용한다 해도 그것은 'switch 명령을 빠져 나온다'라는 의미만을 갖고 있기 때문이다. switch 명령을 감싸고 있는 루프로부터 빠져 나오기 위해서는 레이블 구문을 이용해야만 한다.

2.5.9 예외 처리하기 — try…catch…finally 명령

애플리케이션을 실행하다 보면 '숫자를 취할 것이라고 생각했던 함수에 문자열이 건네진 경우', '변수를 참조하려고 했으나 미정의였던 경우' 등 프로그래밍 시에는 생각하지 못했던 여러 가지 오류(예외)가 발생하곤 한다.

물론 예외의 종류에 따라 프로그래밍을 할 때 미연에 방지할 수 있는 것도 있지만, '인수에 예기치 못한 값이 건네졌다', '함수나 클래스가 의도하지 않은 방법으로 사용되었다' 등 외부 요인에 의존하는 처리인 경우에는 예외의 발생을 완전히 막을 수는 없다.

그러한 경우에도 스크립트 전체가 정지해버리는 일이 없도록 하는 것이 예외 처리의 역할이다. 이 예외 처리를 실현하는 명령이 try … catch … finally 명령이다.

구문 try…catch…finally 명령

```
try {
   예외가 발생할지 모를 명령(군)
} catch (예외정보를 취할 변수) {
   예외가 발생했을 시의 명령(군)
} finally {
   예외의 유무에 관계없이 최종적으로 실행되는 명령(군)
}
```

구체적인 코드를 살펴보자.

리스트 2-60 try.js

```
var i = 1;
try{
  i = i * j;   // 예외 발생 ←—— ❶
} catch(e) {
 console.log(e.message);
} finally {
 console.log('처리가 완료되었다.'); ←—— ❷
}
```

```
j is not defined
처리가 완료되었다.
```

만일 try…catch…finally 명령을 이용하지 않았다면 ❶의 시점에서 예외(미정의 변수를 참조하려 했기 때문)가 발생하여 스크립트가 정지되었을 것이 틀림없다. 그러나 try 블록에서 예외가 발생했을 경우, 처리는 그대로 catch 블록에 인도되어 후속의 ❷도 제대로 처리되는 것을 확인할 수 있을 것이다.

finally 블록은 불필요한 경우에 생략해도 상관없다.

참고로, 에러 정보는 catch 블록의 Error 객체로 (여기에서는 변수 e) 인도된다. 여기서는 Error 객체에 준비되어 있는 message 프로퍼티를 사용하여 에러 메시지를 표시하고 있을 뿐이지만, 그 외의 블록과 동일하게 필요에 따라서 임의의 처리를 기술할 수 있다(객체에 대해서는 제3장에서 설명하겠다).

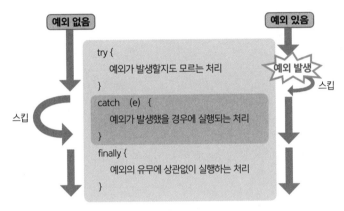

● 예외 처리

예외는 프로그램 안에서 발생한 것을 처리할 뿐만 아니라, 자신이 직접 발생시키는 것도 가능하다. 예를 들어 다음의 리스트 2-61은 숫자를 0으로 나눈 결과로, 명시적으로 예외를 발생시키는 예다.

리스트 2-61 **throw.js**

```
var x = 1;
var y = 0;
try{
```

```
    if (y === 0) { throw new Error('0으로 나누려고 하였다.'); } ←—— ❶
    var z = x / y;
  } catch(e) { ←
    console.log(e.message); ←—— ❷
  } ←
```

0으로 나누려고 하였다.

예외를 발생시키려는 것은 throw 명령의 역할이다(❶). 예외를 발생시키는 것을 '예외를 Throw 한다'고도 한다.

구문 throw 명령

```
throw new Error(에러 메시지)
```

여기에서는 '변수 y가 0인 경우에 Error 객체를 생성하여 처리를 catch 블록으로 이동하도록' 하고 있다. 이렇게 throw 명령은 대부분의 경우, if 명령과 같은 조건 분기 명령과 함께 사용한다.

예외의 원인에 따라 Error 객체 대신 다음의 XxxxxError 객체를 이용하는 것도 가능하다.

● **주요 XxxxxError 객체**

객체	에러의 원인
EvalError	부정한 eval 함수(3.7.3절)
RangeError	지정된 값이 허용 범위를 넘었다
ReferenceError	선언되어 있지 않은 변수에 접근했다
SyntaxError	문법 에러
TypeError	지정된 값이 기대한 데이터형이 아니다
URIError	부정한 URI

catch 블록에는 앞에서와 동일하게 throw된 Error 객체로부터 message 프로퍼티를 취득하여 이 것을 로그로 출력하고 있다(❷).

아마도 지금의 단계라면 예외 처리를 이용해야 하는 이유를 이해하기 어려울 수도 있겠다. 그러나 자기 자신이 처리에 관련된 모든 값을 결정하고 있는 상황이라면, 값의 부정합에 의한 버그는 프로그램을 실행하기 전에 미리 해소해두는 것이 좋다.

앞서 서술하였듯이 예외 처리가 유효가 되려면 '스크립트에 대해 외부로부터 무언가 값이 주어지는 경우'여야 한다. 구체적인 예에 대해서는 4.4.1절에서 다시 한번 다룰 것이니 그때 같이 참조하길 바란다.

2.5.10 JavaScript의 위험한 구문 금지하기 ― Strict 모드

오랜 역사를 가진 JavaScript에는 '사양으로는 존재하지만 현재는 안전성과 효율성 면에서 사용하지 말아야 할 구문'이 존재한다. 이전에는 이러한 구문의 함정을 개발자가 배워서 함정을 피하도록 코딩해야 했다.

그러나 이것은 개발자에 불필요한 부담을 주는 것이다. 게다가 애초부터 개발자의 수준에 따라 좋지 않은 코드가 들어오는 것을 완전히 막는 것은 불가능하다. 그러한 이유로 JavaScript의 함정을 발견하여 오류로 통지해주는 구조가 도입되었는데, 이것이 바로 Strict 모드다.

Strict 모드로 통지 대상이 되는 주요 구문을 아래에 정리해두었다. 아직 잘 모르는 것들도 있겠지만, 우선 '이런 게 있구나'라는 정도로 살펴보기 바란다.

● Strict 모드에 의한 주요 제한

분류	Strict 모드에 의한 제한
변수	var 명령의 생략 금지
	나중에 추가 예정인 키워드를 예약어로 추가(2.2.2절)
	인수/프로퍼티명의 중복 금지
	undefined/null로의 대입 금지
명령	with 명령의 이용 금지
	arguments.callee 프로퍼티로의 액세스 금지
	eval 명령으로 선언된 변수를 주위의 스코프로 확산하지 않기
그 외	함수 안의 this는 글로벌 객체를 참조하지 않는다(undefined가 됨)
	'0~'의 8진수 표기법은 금지

Strict 모드를 사용하면 JavaScript의 함정을 미연에 막을 수 있을 뿐만 아니라 다음과 같은 장점도 있다.

- 비 Strict 모드의 코드보다도 빠르게 동작하는 경우가 있음
- 미래의 JavaScript에서 변경되는 점을 금지함으로써 향후 이행이 간단하게 됨
- JavaScript의 '하지 말아야 할 것'을 이해하는 단서가 됨

■ Strict 모드를 활성화하기

Strict 모드를 활성화하려면 스크립트의 선두나 함수(4.1절)의 본체 선두 부분에 'use strict'; ("usestrict";도 가능)이라는 문장을 추가하면 된다.

리스트 2-62 Strict 모드의 활성화

```
'use strict'; ←── ❶
// 임의의 코드

function hoge() {
'use strict'; ←── ❷
 // 함수의 본체
}
```

❶에서는 이후의 전체 스크립트가 Strict 모드로 해석되고, ❷에서는 함수의 스크립트가 Strict 모드로 해석되게 된다. 단, ❶의 경우는 여러 스크립트를 연결한 경우 이후의 모든 코드에 영향을 미친다. 그때 하나라도 비 Strict 모드의 코드가 혼재되는 경우에는 제대로 동작하지 않을 수 있다. 일반적으로는 유효 범위를 한정할 수 있는 ❷의 표기법이 바람직하다. 일반적으로 즉시 함수(4.3.5절)의 관용구를 이용하면 자연스럽고 적절하게 코드 전체에 Strict 모드를 적용할 수 있다.

> **NOTE** **Strict 모드 지원 브라우저**
>
> Strict 모드는 Internet Explorer에서는 버전 10 이상에서만 지원한다는 점에 주의해야 한다.
>
> 단 'use strict';는 무해한 문자열식이기 때문에 Strict 모드를 지원하지 않는 브라우저에서는 무시될 뿐이다. 그러므로 본문에서 언급했듯이 새로운 개발은 가능한 Strict 모드를 사용할 것을 추천한다.

외부 스크립트를 비동기방식으로 로드하기 - async/defer 속성 -

일반 브라우저에서는 스크립트의 읽기 및 실행이 완료될 때까지 뒤에 있는 컨텐츠를 렌더링하지 않는다. 웹 페이지의 앞 부분에 사이즈가 큰 스크립트가 있다면 그로 인해 아무것도 표시되지 않는 시간이 길어질 수 있다.

이러한 현상을 피하기 위해 2.1.2절에서는 </body> 태그 바로 앞에 <script> 요소를 배치하는 방법을 소개하였다. 이에 따라 표시하고자 했던 콘텐츠를 먼저 표시한 후 뒤에서는 조용히 스크립트를 읽어 들임으로써 사용자의 체감 속도를 향상시킬 수 있게 된다.

참고로 이 책에서 소개하고 있는 일반 브라우저를 대상으로 하고 있다면, HTML5에 새롭게 추가된 async 속성을 이용하는 것도 가능하다.

```
<script src="app.js" async></script>
```

이에 따라 src 속성에 지정된 스크립트를 비동기 방식으로 로드하는 것이 가능하며, 로드가 완료되는 대로 순차적으로 실행하게 된다.

단, async 속성이 있는 <script> 요소는 그 특성상 실행 순서가 보장되지 않는다는 점에 주의해야 한다. 예를 들어 다음과 같은 코드에서 app.js가 lib.js에 의존한다고 가정해보자. 이 코드의 경우, 어느 쪽이 먼저 실행되는지 알 수 없다. 이와 같은 이유로 실행 순서에 따라 app.js가 제대로 작동하지 않을 가능성도 있다.

```
<script src="lib.js" async></script>
<script src="app.js" async></script>
```

이런 경우에는 의존 관계인 .js 파일을 미리 하나로 통합하거나 async 속성 대신 defer 속성을 지정하는 것이 좋다. defer 속성은 문서 해석을 종료할 때까지 스크립트의 실행을 지연시키도록 지시하는 속성이다.

기본 데이터 조작하기
– 내장형 객체

3.1 | 객체란?

2.3.2절에서 JavaScript의 객체라는 이름과 키로 접근 가능한 배열 – 연상 배열(해시)이라고 설명하였다. 이는 JavaScript의 객체를 실제로 구현하여 사용하는 관점이라면 맞는 표현이다. 그러나 객체라는 개념 그 자체를 설명하는 데는 부족하다.

객체란 단순히 이름이 붙은 그릇의 집합이 아니다. 객체 자체가 하나의 개체이며, 내부에 포함된 요소는 그 개체의 특성이나 동작을 나타내기 위해서 존재한다. 즉 (연상 배열이 아닌) '객체'라는 단어를 사용하는 경우, 주체는 개개의 요소가 아닌 개체 그 자체라고 하는 것이 좋을 듯 싶다.[1]

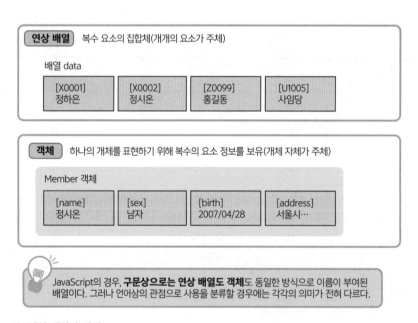

● 연상 배열과 객체

1 　역주 책에서는 "주역"이라는 표현을 사용하였으나, 본문의 내용상 "주체"로 통일하였다.

프로그램상에서 취급하는 대상을 객체(개체)로 생각해서 그렇게 만들어진 객체를 중심으로 코드를 조립해 나가는 수법을 객체지향이라고 부른다. 객체지향 언어로 유명한 언어는 Java나 C#, Ruby 등이 있으며 JavaScript도 그중 하나다.

3.1.1 객체 = 프로퍼티 + 메소드

2.3.2절에서도 언급하였듯이 객체는 프로퍼티와 메소드로 구성되어 있다.

프로퍼티란 '객체(개체)의 상태나 특성을 나타내기 위한 정보'를 말한다. 예를 들어, 입력 폼을 나타내는 Form 객체라면 폼의 이름, 폼에 포함된 텍스트 박스나 선택 박스 등의 요소, 폼에 의한 송신 장소 등이 프로퍼티에 해당된다.

이에 반하여, 메소드는 객체(개체)를 조작하기 위한 도구다. Form 객체라면 '폼의 정보를 서버에 송신하기', '폼의 내용을 지우기' 등의 기능이 메소드에 해당된다.

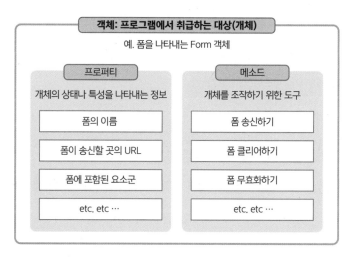

● 객체란?

프로퍼티/메소드라는 관점에서 봤을 때 객체란 '데이터를 조작하기 위해 여러 가지 기능을 가진' 고기능의 그릇이라고 할 수 있다.

3.1.2 객체를 이용하기 위한 준비 — new 연산자

객체지향의 세계에서는 원래 (나중에 기술할 예외를 제외하고) 준비된 객체를 직접 사용하는 것을 인정하지 않는다. 그도 그럴 것이 객체는 '자기 자신 안에서 데이터를 보존할 수 있다'는 성질을 갖고 있기 때문이다.

예를 들어, 애플리케이션이 특정 객체에 대해 여러 곳에서 서로 다른 목적을 지닌 데이터값을 설정해버리면 어떻게 될까?

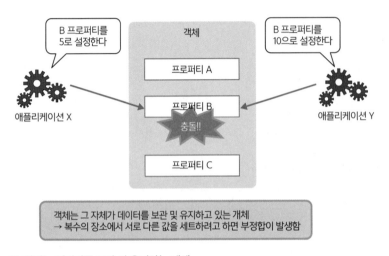

● 객체는 데이터를 보관 및 유지하는 개체

당연히 데이터가 서로 충돌하여 애플리케이션이 올바로 동작하지 못한다.

이러한 이유로 객체의 원본에는 손을 대지 않고 '원본을 복제한 복사본'을 조작함으로써 데이터의 경합을 방지하도록 되어 있다.

이렇듯 객체의 복제를 만드는 것을 인스턴스화, 인스턴스화에 의해 만들어진 복제본을 인스턴스라고 부른다. 인스턴스화란 "객체를 취급하기 위해서 '자기 자신 전용의 영역'을 확보하는 행위"라고 바꿔 말할 수 있다.

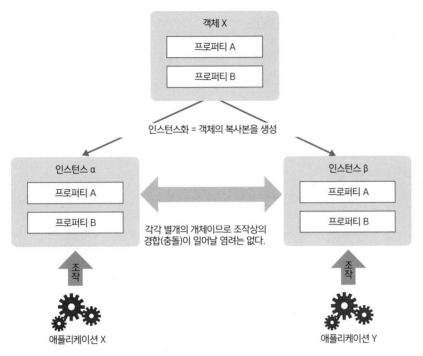

● **객체와 인스턴스화**

객체를 인스턴스화하는 데는 new 연산자를 이용한다.

구문 new 연산자

```
var 변수명 = new 객체명([인수,…])
```

객체에는 객체를 초기화하기 위해 객체와 동일한 이름의 메소드가 준비되어 있다. 이 초기화 메
소드를 생성자(constructor)라고 부른다. 객체명은 정확하게 말하자면 생성자명인 셈이다.

생성된 인스턴스는 변수에 보관되어 그 이후에는 그 변수를 객체로 취급할 수 있게 된다. 인스
턴스가 보관된 변수는 인스턴스 변수 또는 객체 변수라고 불리기도 한다.

인스턴스 변수에서 프로퍼티/메소드를 호출하려면 닷 연산자를 사용하여 아래와 같이 기술한
다(2.3.2절과 같이 괄호 구문을 이용해도 상관없다).

구문 프로퍼티/메소드의 호출

```
변수명.프로퍼티명 [= 설정값];
변수명.메소드명([인수 [,…]]);
```

3.1.3 정적 프로퍼티/정적 메소드

단, 프로퍼티나 메소드에 따라 예외적으로 인스턴스를 생성하지 않고 바로 이용이 가능한 것도 있다. 이러한 프로퍼티/메소드를 정적 프로퍼티/정적 메소드, 또는 클래스 프로퍼티/클래스 메소드라고 부른다(정적 프로퍼티/정적 메소드가 필요한 이유에 대해서는 나중에 5.2.6절의 [Note]에서 설명하겠다).

정적 프로퍼티/정적 메소드를 호출하기 위한 일반적인 구문은 아래와 같다.

구문 정적 프로퍼티/정적 메소스의 호출

```
객체명.프로퍼티명 [= 설정값];
객체명.메소드명([인수 [,…]]);
```

이러한 정적 메소드의 경우, 인스턴스 변수로부터 호출하려고 하면 에러가 발생하므로 주의해야 한다.

참고로, 정적 프로퍼티/정적 메소드와 달리 인스턴스를 경유하여 호출하는 프로퍼티/메소드를 인스턴스 프로퍼티/인스턴스 메소드라고 한다.

3.1.4 내장형 객체란?

JavaScript에는 많은 객체가 공개되어 있는데, 그중에서도 가장 기본적인 것이 내장형 객체(Built-in Object: 빌트인 오프젝트)다.

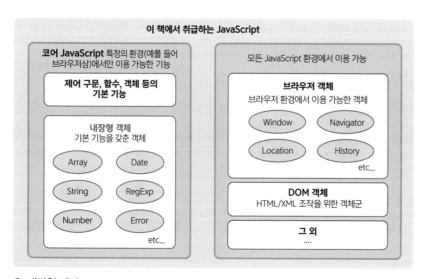

● 내장형 객체

'내장형'이란 'JavaScript에 미리 내장되어 있다'는 의미다. 앞으로 등장할 브라우저 객체가 특정 환경(브라우저상)에서만 동작하는 것에 반해, 내장형 객체는 JavaScript가 동작하는 모든 환경에서 이용할 수 있다.

나중에 언급하겠지만 JavaScript에서는 자신이 객체를 정의하는 것도 가능한데, 이러한 내장형 객체의 경우는 특별한 선언이나 정의를 하지 않고 바로 이용할 수 있다는 점이 특이하다.

JavaScript에서 이용 가능한 내장형 객체에는 다음과 같은 것들이 있다.

● **JavaScript의 주요 내장형 객체**

객체	개요
(Global)	JavaScript의 기본 기능에 접근하기 위한 수단을 제공
Object	모든 객체의 모형이 되는 기능을 제공
Array	배열을 조작하기 위한 수단을 제공
MAP/WeakMAP ES2015	키/값으로 이루어진 연상 배열을 조작하기 위한 수단을 제공
Set/WeakSet ES2015	고유한 값의 집합을 관리하기 위한 수단을 제공
String	문자열을 조작하기 위한 수단을 제공
Boolean	참/거짓 값을 조작하기 위한 수단을 제공
Number	숫자를 조작하기 위한 수단을 제공
Function	함수를 조작하기 위한 수단을 제공
Symbol ES2015	심벌을 조작하기 위한 수단을 제공
Math	수치 연산을 실행하기 위한 수단을 제공
Date	날짜를 조작하기 위한 수단을 제공
RegExp	정규 표현에 관한 기능을 제공
Error/XxxxxError	에러 정보를 관리(2.5.9절 참조)
Proxy ES2015	객체의 동작을 커스터마이즈하는 수단을 제공(5.5.6절)
Promise ES2015	비동기 처리를 구현하기 위한 수단을 제공(7.5.1절)

주의 깊은 사람이라면 이 중에서 Object, Array, String, Boolean, Number, Symbol, Function 까지는 2.5절에서도 소개한 JavaScript의 데이터형에 해당하고 있다라는 점을 이미 눈치챘을 것이다.

여기서 String 객체의 length 프로퍼티를 이용해 문자열 길이를 구하는 예를 살펴보자.

```
var str = '안녕하세요!';
console.log(str.length);        // 문자열 길이를 취득 (결과는 6)
```

앞서 기술했듯이 객체를 이용하려면 인스턴스화라는 절차를 밟아야 할 필요가 있다. 그러나 JavaScript에서는 리터럴을 그대로 대응하는 내장형 객체로 이용할 수 있으므로 인스턴스화를 거의 의식할 필요가 없다.

■ 기본 데이터형에서는 new 연산자를 사용하지 않는다

물론 기본 데이터형이라도 new 연산자를 사용하여 명시적으로 객체를 생성할 수 있다.

```
var str = new String('안녕하세요!');
```

하지만 거의 대부분의 경우, 장황하기만 하고 오히려 유해한 경우가 많다. 예를 들어 다음과 같은 경우를 살펴보자.

리스트 3-02 **wrapper.js**

```
// 원래는 [var flag = false;]라고 써야 한다
var flag = new Boolean(false);

if (flag) {
  console.log('flag는 true입니다!');
}       // 결과: flag는 true입니다!
```

변수 flag의 값이 false임에도 불구하고 Boolean 생성자로 생성한 객체는 무조건 true로 간주하고 있다. 이것은 JavaScript가 null 이외의 객체를 true로 간주한다는 이유로 발생하는 문제다. 물론 이것은 의도한 동작이 아니므로 이러한 기술은 피해야 한다. 반복하겠다. 기본 데이터형을 new 연산자를 사용하여 인스턴스화하는 것은 원칙적으로 피해야 한다.

그럼, 이제 이들 내장형 객체에 대해서 개별적으로 설명하겠다.

다만 일부 객체는 각각의 전용 주제와 밀접한 관련이 있으므로 각각 해당하는 절을 참조하길 바란다. 또한 Boolean 객체는 참/거짓값에 객체로서의 형태를 부여하기 위한 편의적인 래퍼 객체로, 그 자체가 특별하게 독자적인 기능을 제공하지 않기 때문에 이 책에서는 설명하지 않겠다.

래퍼 객체

JavaScript의 표준적인 데이터형을 다루는 내장형 객체들 중에서도 특별히 기본형인 문자열, 숫자, 논리값을 취급하기 위한 객체를 래퍼 객체라고 부른다. 래퍼 객체란 '단순히 값에 불과한 기본형의 데이터를 포장(래핑)해 객체로서의 기능을 추가하기 위한 객체'다. 본문에서도 기술했듯이 JavaScript에서는 기본 데이터형과 객체로서의 외견을 갖춘 래퍼 객체를 자동적으로 상호 호환하기 때문에 애플리케이션 개발자가 이를 의식할 필요는 없다.

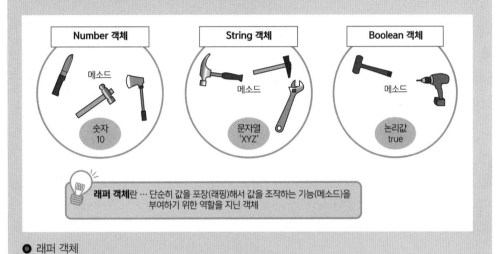

래퍼 객체란 … 단순히 값을 포장(래핑)해서 값을 조작하는 기능(메소드)을 부여하기 위한 역할을 지닌 객체

● 래퍼 객체

3.2 | 기본 데이터를 취급하기 위한 객체

이번 절에서는 JavaScript 표준의 데이터형을 취급하기 위한 String/Number/Symbol 객체와 비록 표준적인 데이터형과의 대응 관계는 없지만 숫자적인 연산을 실시하는 데 없어서는 안 되는 Math 객체에 대해 설명하겠다. 이러한 객체들은 모두 이해하기 쉬운 것들이다. 이 객체들의 구문을 배우는 과정에서 우선은 객체의 일반적인 사용법을 제대로 이해해두도록 하자.

3.2.1 문자열 조작하기 — String 객체

String 객체는 문자열형(string)의 값을 취급하기 위한 래퍼 객체다. 문자열의 유출이나 가공, 검색 등을 실시하기 위한 기능을 제공한다.

String 객체에서 이용 가능한 주요 멤버는 다음의 표와 같다.

● **String 객체의 주요 멤버(*은 정적 메소드)**

분류	멤버	개요
검색	indexOf(substr, [,start])	문자열 전방(start + 1번째 문자)부터 부분 문자열 substr을 검색
	lastIndexOf(substr, [,start])	문자열 후방(start + 1번째 문자)부터 부분 문자열 substr을 검색
	startsWith(search [,pos]) ES2015	문자열이 지정된 부분 문자열 search로 시작하는가(인수 pos는 검색 시작 위치)
	endsWith(search [,pos]) ES2015	문자열이 지정된 부분 문자열 search로 종료하는가
	includes (search [,pos]) ES2015	문자열이 지정된 부분 문자열 search를 포함하는가
부분 문자열	charAt(n)	n + 1번째의 문자를 추출
	slice(start [,end])	문자열부터 start + 1~end번째 문자를 추출
	substring(start [,end])	문자열부터 start + 1~end번째 문자를 추출
	substr(start [,cnt])	문자열부터 start + 1번째 문자부터 cnt 수만큼의 문자를 추출
	split(str [,limit])	문자열을 분할 문자열 str로 분할하여 그 결과를 배열로 취득(인수 limit는 최대 분할수)

● String 객체의 주요 멤버(*은 정적 메소드) (계속)

분류	멤버	개요
정규 표현	match(reg)	정규 표현 reg로 문자열을 검색, 일치한 부분 문자열을 취득
	replace(reg, rep)	정규 표현 reg로 문자열을 검색, 일치한 부분을 부분 문자열 rep로 치환
	search(reg)	정규 표현 reg로 문자열을 검색, 일치한 맨 처음 문자 위치를 취득
대문자⇔소문자	toLowerCase()	소문자로 치환
	toUpperCase()	대문자로 치환
코드 변환	charCodeAt(n)	n + 1번째의 문자를 Latin-1 코드로 변환
	*fromCharCode(c1, c2⋯)	Latin-1 코드 c1, c2, …를 문자로 변환
	codePointAt(n) ES2015	n + 1번째의 문자를 UTF-16 인코딩된 코드 포인트값으로 변환
	*fromCodePoint(num,⋯) ES2015	코드 포인트값으로부터 문자열을 생성
그 외	concat(str)	문자열 뒤쪽에 문자열 str을 연결
	repeat(num) ES2015	문자열을 num 숫자만큼 반복한 것을 취득
	trim()	문자열의 전후에서 공백을 삭제
	length	문자열의 길이를 취득

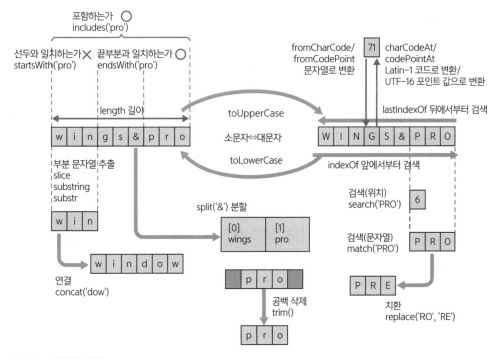

● String 객체의 멤버

다음은 구체적인 운용 예를 살펴보자. 정규 표현 관련의 메소드에 대해서는 3-5절에서 설명하고 있으므로 여기서는 할애하지 않겠다.

리스트 3-03 **string.js**

```
var str1 = '뜰에 뜰에 뜰에는 닭이 있다.';
console.log(str1.indexOf('뜰'));              // 결과: 0 (선두부터 검색)
console.log(str1.lastIndexOf('뜰'));          // 결과: 6 (뒤에서부터 검색)
console.log(str1.indexOf('뜰', 3));           // 결과: 3 (4번째 문자부터 오른쪽 방향 검색)
console.log(str1.lastIndexOf('에', 5));       // 결과: 4 (6번째 문자부터 왼쪽 방향 검색)
console.log(str1.indexOf('가든'));            // 결과: -1 (불일치)
console.log(str1.startsWith('뜰'));           // 결과: true
console.log(str1.endsWith('뜰'));             // 결과: false
console.log(str1.includes('뜰'));             // 결과: true

var str2 = 'Wings프로젝트';
var str3 = '💩싸서';
var str4 = '  wings  ';

console.log(str2.charAt(4));                  // 결과: s    (5번째 문자를 추출)
console.log(str2.slice(5, 8));                // 결과: 프로젝 (6-8번째 문자를 추출)
console.log(str2.substring(5, 8));            // 결과: 프로젝 (6-8번째 문자를 추출)
console.log(str2.substr(5, 3));               // 결과: 프로젝 (6번째 문자부터 3문자를 추출)
console.log(str2.split('s'));                 // 결과: ["Wing", "프로젝트"]
console.log(str1.split('에', 3));             // 결과: ["뜰", " 뜰", " 뜰"] (3개로 분할)
console.log(str2.charCodeAt(0));              // 결과: 87
console.log(String.fromCharCode(87, 105, 110, 103));   // 결과: Wing
console.log(str3.codePointAt(0));             // 결과: 128169
console.log(String.fromCodePoint(128169));// 결과: 💩
console.log(str2.concat(' 유한회사'));        // 결과: Wings 프로젝트 유한회사
console.log(str2.repeat(2));                  // 결과: Wings 프로젝트 Wings 프로젝트
console.log(str4.trim());                     // 결과: wings
console.log(str2.length);                     // 결과: 9 (한국어도 1문자로 계산)
```

이렇듯 String 객체의 멤버는 거의 대부분 이해할 수 있는 것들이다. 다음은 일부 메소드들에 대한 보충 설명이다.

■ 부분 문자열을 추출할 때 두 가지 주의점

String 메소드에는 원본 문자열로부터 부분적인 문자열을 추출하기 위한 메소드로, substring/slice/substr의 세 가지 메소드를 제공하고 있다. 그중 substring/slice 메소드와 substr 메소드의 차이점은 아래와 같이 명료하다.

· substring/slice 메소드 ➡ 시작 위치 ~ 종료 위치의 범위로 추출 장소를 지정

· substr 메소드 ➡ 시작 위치로부터의 문자수 지정으로 추출 장소를 지정

단, 리스트 3-03의 예제만으로는 이해하기 어려운 것이 substring과 slice 메소드의 차이점이다. 결과만을 봤을 때 둘 다 같은 기능을 제공하고 있는 듯 보이지만, 아래와 같은 조건 하에서는 서로 다른 동작을 하므로 주의하기 바란다.

(1) 인수 start > 인수 end인 경우

이 경우 substring 메소드는 인수 start와 인수 end와의 관계를 바꿔서 end + 1 ~ start번째 문자까지를 추출한다. 이에 반해 slice 메소드는 이러한 인수의 교환 없이 그대로 공백 문자열을 반환한다.

리스트 3-04 substring.js

```
var str = 'WINGS프로젝트';
console.log(str.substring(8, 5));    // 프로젝 (6~8번째 문자열을 추출)
console.log(str.slice(8, 5));        // 공백 문자열
```

(2) 인수 start/end에 음수를 지정한 경우

이 경우에 substring 메소드는 무조건 0으로 인식하지만 slice 메소드는 '문자열 끝에서부터의 문자수'로 인식한다.

리스트 3-05 substring2.js

```
var str = 'WINGS프로젝트';
console.log(str.substring(5, -2)); // WINGS (1~5번째 문자열을 추출)
console.log(str.slice(5, -2));     // 프로 (6~7번째 문자열을 추출)
```

이 경우에 substring 메소드는 -2를 0으로 간주하므로 'str.substring(5, -2)'는 'str.substring(5, 0)'과 동일하다. 게다가 (1)에서의 규칙을 따라 인수 start>end의 경우는 인수를 바꾸는 것으로 판단하므로 'str.substring(0, 5)'로 인지된다.

반면에 slice 메소드는 음수를 뒤로부터의 문자수로 인지한다. 즉 -2는 뒤로부터 3번째(즉, 7번째 문자)로 판단하여 'str.slice(5, -2)'는 'str.slice(5, 7)'와 같은 동작을 하게 된다.

■ 서로게이트 페어(Surrogate Pair)[2] 문자의 길이 카운트하기[3]

length 프로퍼티는 한국어(멀티 바이트 문자)도 한 문자로 카운트한다.

---

2 보통 자바스크립트는 UTF-16을 사용하는데, UTF-16은 16비트를 한 글자로 표현한다.
3 서로 게이트 페어(Surrogate Pair) 문자의 경우, 16비트 코드 두 개를 사용하여 문자 하나를 표현하며 앞의 것을 High Surrogate, 뒤의 것을 Low Surrogate라 한다.
   사이트: https://ko.wikipedia.org/wiki/UTF-16

단, 특수한 예외가 있다는 점에 주의해야 한다. 다음의 예를 살펴보자.

리스트 3-06 length.js

```
var msg = '💩싸';
console.log(msg.length);        // 결과: 3
```

그냥 보기에는 문자수가 두 문자지만 결과는 3이다. 여기서 한 문자가 증가한 것일까?

결론부터 말하자면 이것은 '💩'이라는 그림 문자가 서로게이트 페어이기 때문에 발생하는 문제다. 일반적으로 Unicode(UTF-8)는 한 문자를 2바이트로 표현한다. 그러나 Unicode로 취급해야할 문자가 증가함에 따라 지금까지 2바이트로 표현할 수 있는 문자수(65535문자)로는 부족한 상황이 되었다. 그래서 일부의 문자를 4바이트로 표현함으로써 취급하는 문자수를 확장하게 되었다. 이것이 바로 서로게이트 페어다.

단, length 프로퍼티는 서로게이트 페어를 식별할 수 없으므로 4바이트 = 2문자로 간주해 버린다. 앞의 예라면 '💩'이 2문자, '싸'가 1문자로 총 3문자가 된다.

서로게이트 페어를 포함한 문자열을 올바로 카운트하려면 다음과 같은 코드를 작성한다.

리스트 3-07 length2.js

```
var msg = '💩싸';
var len = msg.length;
var num = msg.split(/[\uD800-\uDBFF][\uDC00-\uDFFF]/g).length - 1;
console.log(msg.length - num);        // 결과: 2
```

[\uD800-\uDBFF], [\uDC00-\uDFFF]는 각각 서로게이트 페어를 구성하는 상위 서로게이트(앞의 2바이트), 하위 서로게이트(뒤의 2바이트)를 나타낸다. 이것에 해당하는 문자열을 분리함으로써 서로게이트 페어의 문자수를 구할 수 있다(split 메소드에 대해서는 3.5.8절을 참조하길 바란다).

그 후에 처리는 그 값을 length 프로퍼티에서 빼서 원래 구하고자 하는 문자수를 얻을 수 있다.

3.2.2 숫자 조작하기 — Number 객체

Number 객체는 숫자형(number)의 값을 취급하기 위한 래퍼 객체로, 숫자의 정형화를 실시하기 위한 기능을 제공함과 동시에 무한대/무한소, 숫자의 최댓값/최솟값 등 특수한 값을 나타내기 위한 읽기 전용의 프로퍼티(상수)를 공개하고 있다.

● Number 객체의 주요 멤버(*는 정적 프로퍼티)

분류	멤버	개요
프로퍼티	*MAX_VALUE	Number로 표현할 수 있는 최댓값. 1.79E+308
	*MAX_SAFE_INTEGER ES2015	Number로 안전하게 표현할 수 있는 최대의 정수값. 9007199254740991
	*MIN_VALUE	Number로 표현할 수 있는 0에 가까운 값. 5.00E-324
	*MIN_SAFE_INTEGER ES2015	Number로 안전하게 표현할 수 있는 최소의 정숫값. -9007199254740991
	*EPSILON ES2015	1과 Number로 표현할 수 있는 1보다 큰 최소의 값과의 차. 2.220446049250313080847263336181 6E-16
	*NaN	수치가 아니다(Not a Number)
	*NEGATIVE_INFINITY	음수의 무한대
	*POSITIVE_INFINITY	양수의 무한대
메소드	toString(rad)	rad 진수값으로 변환(rad는 2~36)
	toExponential(dec)	지수 형식으로 변환(dec는 소수점 이하의 행수)
	toFixed(dec)	소수점 이하의 행수 dec 반올림
	toPrecision(dec)	지정 행수로 변환(행수가 부족한 경우는 0으로 보충)
	*isNaN(num) ES2015	NaN(Not a Number)인지를 판정
	*isFinite(num) ES2015	유한값인지를 판정
	*isInteger(num) ES2015	정수값인지를 판정
	*isSafeInteger(num) ES2015	Safe Integer인지 (올바르게 IEEE-754배 정도 수로 표현할 수 있는가)를 판정
	*parseFloat(str) ES2015	문자열을 소수점수로 변환
	*parseInt(str [,radix]) ES2015	문자열을 정수로 변환(인수 radix는 기수)

주요 멤버에 대해서는 아래에서 보충 설명과 함께 구체적인 예를 살펴보겠다.

■ Number 객체의 상수

POSITIVE_INFINITY/NEGATIVE_INFINITY, NaN은 모두 특수한 수치(상수)를 나타낸다.

POSITIVE_INFINITY/NEGATIVE_INFINITY(무한대)는 어떤 연산의 결과가 JavaScript에서 표현 가능한 수치의 범위를 넘어섰을 경우의 반환값으로 사용된다. 한편 NaN(Not a Number: 수치가 아닌 값)은 예를 들어 '0을 0으로 나누기' 등의 부정한 연산이 실행되었을 경우, 수치로는 표현할 수 없는 결과를 나타내기 위해서 사용된다.

NaN은 불가사의한 값으로, 자기 자신을 포함한 모든 수치와 같지 않다는 성질을 갖고 있다. 따라서 아래와 같이 비교식은 false를 되돌린다. NaN값을 검출하려면 Number.isNaN 함수를 이용할 필요가 있다.

리스트 3-08 **nan.js**

```
console.log(Number.NaN === Number.NaN) ; // 결과: false
```

MAX_SAFE_INTEGER/MIN_SAFE_INTEGER는 JavaScript에서 안전하게 연산할 수 있는 범위의 정숫값의 상한/하한을 나타낸다. 상한과 하한을 넘는 연산은 결과를 보증할 수 없다.

리스트 3-09 **safe_integer.js**

```
console.log(Number.MAX_SAFE_INTEGER);     // 결과: 9007199254740991
console.log(Number.MAX_SAFE_INTEGER + 1); // 결과: 9007199254740992
console.log(Number.MAX_SAFE_INTEGER + 2); // 결과: 9007199254740992(부정)
```

■ 숫자형식을 변환하는 toXxxxx 메소드

toXxxxx 메소드는 각각 숫자를 지정 형식으로 변환하거나 특정의 행수로 정렬하기 위해서 사용한다. 구체적인 동작에 대해서는 다음의 예제를 보도록 하자.

리스트 3-10 **number.js**

```
var num1 = 255;
console.log(num1.toString(16));     // 결과: ff
console.log(num1.toString(8));      // 결과: 377

var num2 = 123.45678;
console.log(num2.toExponential(2)); // 결과: 1.23e+2
console.log(num2.toFixed(3));       // 결과: 123.457
console.log(num2.toFixed(7));       // 결과: 123.4567800
console.log(num2.toPrecision(10));  // 결과: 123.4567800
console.log(num2.toPrecision(6));   // 결과: 123.457
```

toFixed 메소드는 소수점 이하의 행수를, toPrecision 메소드는 정수부도 포함한 전체 행수를 지정한다는 점을 주의하기 바란다.

■ 문자열을 숫자로 변환하기 ES2015

2.3절에서도 다루었듯이 JavaScript는 데이터형에 관용적인 언어로, 그때마다의 문맥(전후의 함수나 연산자)에 따라 조작 대상의 값을 적절한 데이터형으로 자동 변환해준다. 그러나 이러한 자동

변환이 때로는 생각지 못한 버그의 온상이 되는 경우도 있다.

그래서 JavaScript에서는 데이터형을 명시적으로 변환하기 위한 방법을 제공하고 있다. 데이터형을 명확하게 한 후에 처리하고 싶은 경우, 또는 변수의 내용이 본래부터 애매한 경우에는 명시적으로 데이터형을 변환함으로써 스크립트의 예상치 못한 동작을 미연에 방지할 수 있다.

예를 들어 다음은 주어진 값을 숫자로 변환하는 parseFloat/parseInt 메소드, Number 함수(3.7절)의 예다.

parseFloat/parseInt 메소드, Number 함수는 모두 '주어진 값을 숫자로 변환한다'는 공통점을 가지고 있다. 그러나 세부적인 동작은 미묘하게 차이가 있으므로 주의가 필요하다. 구체적인 예를 확인해보자.

리스트 3-11 parse.js

```
var n = '123xxx';
console.log(Number(n));            // 결과: NaN
console.log(Number.parseFloat(n)); // 결과: 123          ❶
console.log(Number.parseInt(n));   // 결과: 123

var d = new Date();
console.log(Number(d));            // 결과: 1486816983384
console.log(Number.parseFloat(d)); // 결과: NaN           ❷
console.log(Number.parseInt(d));   // 결과: NaN

var h = '0x10';
console.log(Number(h));            // 결과: 16
console.log(Number.parseFloat(h)); // 결과: 0             ❸
console.log(Number.parseInt(h));   // 결과: 16

var b = '0b11';
console.log(Number(b));            // 결과: 3
console.log(Number.parseFloat(b)); // 결과: 0             ❹
console.log(Number.parseInt(b));   // 결과: 0

var e = '1.01e+2';
console.log(Number(e));            // 결과: 101
console.log(Number.parseFloat(e)); // 결과: 101           ❺
console.log(Number.parseInt(e));   // 결과: 1
```

예를 들면 ❶과 같이 '123xxx'와 같은 문자열 혼재의 숫자가 주어진 경우, parseXxxx 메소드는 '123'으로 해석할 수 있는 부분을 숫자로 가져온다(단 어디까지나 선두부터 연속된 숫자만이며, 'xxx123' 등은 불가능하다). 그러나 Number 함수는 이러한 숫자열 혼재의 숫자를 해석하지 않고

'NaN'을 반환한다.

한편 ❷와 같이 Date 객체가 건네졌을 경우, parseXxxxx 메소드는 이것을 해석할 수 없어 NaN 를 반환하지만 Number 함수만은 'Date 객체를 경과 밀리초로 환산한 값'을 숫자로 반환한다.

게다가 정수/부동 소수점 리터럴을 해석한 경우의 결과도 다르다. ❸과 같이 16진수의 정수 리 터럴 '0x10'을 해석한 경우 parseInt 메소드와 Number 함수는 이것을 16진수로 간주하여 '16'을 반환하지만 parseFloat 메소드에서는 ❶과 동일하게 숫자 문자열 혼재의 문자열로 간주하여 'x' 보다 앞에 있는 '0'을 반환한다.

단 ES2015에서 도입된 2진수, 8진수는 현재 Number 함수 이외에는 올바로 인식할 수 없다(❹). parseInt 메소드로도 해석할 수 없으므로 주의하길 바란다.

❺는 부동 소수점의 지수 표현 '1.01e+2'를 해석한 경우다. 이 경우 parseFloat 메소드/Number 함수는 이것을 바르게 해석하지만 parseInt 메소드는 맨 끝의 문자열 'e+2'를 삭제하고, 소수점 이하를 잘라낸 '1'을 반환한다.

NOTE **Global 객체의 메소드와 등가**

parseInt/parseFloat 메소드는 실은 ES2015 이전에도 Global 객체(3.7절)에서 동일한 이름의 멤버로 제공되고 있었다. 그러나 숫자 관련 기능은 Number 객체에 정리되는 편이 알기 쉬우므로 ES2015에서 정리된 것이다.

ES2015 이후에도 Global 객체의 parseInt/parseFloat 메소드는 계속 이용할 수 있지만(기능적으로는 다르지 않다), 앞으로는 Number 객체의 것을 우선적으로 이용할 것을 추천한다.

■ 보충: 산술 연산자에 의한 문자열 <> 숫자의 변환

문자열 <> 숫자의 변환에는 산술 연산자 '+'와 '-'를 이용하는 것도 가능하다.

리스트 3-12 convert.js

```
console.log(typeof(123 + ''));    // 결과: string ← ❶
console.log(typeof('123' - 0));   // 결과: number ← ❷
```

2.4.1절에서도 언급했듯이 '+' 연산자는 주어진 오퍼랜드 중 하나가 문자열일 경우에 다른 한 쪽도 자동적으로 문자열로 변환 후 서로 연결한다. ❶에서는 그 성질을 이용해서 숫자 123을 강제적으로 문자열로 변환하고 있다.

한편 ❷에서는 '-' 연산자를 이용하여 문자열에서 숫자로 변환하고 있다. '-' 연산자는 주어진 오퍼랜드 중 하나가 숫자인 경우 다른 한쪽도 자동적으로 숫자로 변환한 후에 뺀다. 여기에서는 그 성질을 이용해서 문자열 123을 강제적으로 숫자로 변환하고 있다.

참고로 ❷를 ['123' + 0]으로 하면 어떨까? 당연히 산술 계산이 되지 않는다. 여러 차례 다루었듯이 오퍼랜드의 한쪽이 문자열인 경우 '+' 연산자는 (가산 연산자가 아니라) 문자열 연결 연산자로 해석된다.

> **NOTE** **논리형으로의 변환**
>
> 형 변환의 일환으로 논리형으로의 변환에 대해서도 다루어보겠다. 임의의 값을 강제적으로 논리형으로 변환하려고 할 경우, '!' 연산자를 이용하면 편리하다.
>
> 리스트 3-13 **convert2.js**
>
> ```javascript
> var num = 123;
> console.log(!!num); // 결과: true
> ```
>
> '!' 연산자가 오퍼랜드로써 논리형을 요구하는 것을 이용해 이중으로 '!!'라고 표현해 값을 반전시키고 있다.

3.2.3 심벌 작성하기 — Symbol 객체 `ES2015`

ES2015에서는 지금까지의 String/Number/Boolean 등의 데이터형(객체)에 더하여, 새롭게 Symbol이라는 형을 추가하였다. Symbol이란 그 이름 그대로 심벌(물체의 이름)을 작성하기 위한 형이다. 그냥 보면 문자열과도 비슷한데, 문자열은 아니다.

이 절에서는 우선 이 불가사의한 형인 Symbol의 특징을 정리한 후 구체적인 용법에 대해 소개하겠다.

■ 심벌의 성질 이해하기

우선 심벌을 실제로 작성하여 생성된 심벌의 내용을 확인해보자.

리스트 3-14 **symbol.js**

```javascript
let sym1 = Symbol('sym');   ←——— ❶
let sym2 = Symbol('sym');   ←———

console.log(typeof sym1);      // 결과: symbol
console.log(sym1.toString()); // 결과: Symbol(sym)
console.log(sym1 === sym2);   // 결과: false ←— ❷
```

심벌을 생성하는 것은 Symbol 명령의 역할이다(❶). 생성자와 비슷하긴 하지만 new 연산자로 "new Symbol('sym')"과 같이 나타낼 수 없다(TypeError가 된다).

구문 Symbol 명령

```
Symbol ([desc])
        desc: 심벌의 설명
```

인수 desc는 심벌의 설명(이름)이다. 인수 desc가 동일 심벌이라도 개별로 작성된 심벌은 별개의 것으로 간주된다는 점에 주의하길 바란다. 위의 예라면 sym1, sym2의 인수 desc는 둘 다 sym 이지만, === 연산자로 비교하면 다른 것으로 간주된다(❷).

또한 심벌의 경우 문자열/숫자로의 암묵적인 형 변환은 할 수 없다. 따라서 다음은 모두 에러가 된다.

```
console.log(sym1 + ''); // 결과: Cannot convert a Symbol value to a string
console.log(sym1 - 0); // 결과: Cannot convert a Symbol value to a number
```

단 boolean형으로의 변환은 가능하다.

```
console.log(typeof !!sym1);   // 결과: boolean
```

■ 심벌을 정수의 값으로 이용하기

이렇게 독특한 성질을 가진 심벌이지만, 이것만으로는 구체적으로 어떻게 사용하는지 잘 모를 것이다. 그래서 한 가지 전형적인 사용 예를 들어 보겠다. 열거 상수를 나타내는 경우다.

다음과 같은 코드를 보면 아마도 지금까지 값 그 자체에는 의미 없이 그 이름에만 의미를 두었던 전형적인 상수 표현이라고 생각할 것이다.

```
const MONDAY = 0;
const TUESDAY = 1;
… 중략…
const SUNDAY = 6;
```

일반적으로 이러한 상수에는 0, 1, …과 같은 값에는 의미가 없고 MONDAY, TUESDAY…와 같은 이름에 식별자로서의 의미가 있을 뿐이다. 그러나 이런 상수를 이용해야 하는 문맥에서 상수/숫자를 모두 이용해도 에러가 되지 않는다.

```
if (week === MONDAY) { … }
if (week === 0) { … }
```

코드의 가독성을 생각하면 '0'으로 비교하는 것은 바람직한 상태가 아니다. 그리고 애초부터 'const JANUARY = 0;'과 같은 상수가 존재할 경우에는 동일한 값의 상수가 존재하게 되어 버그가 발생하게 되는 원인이 된다(역할이 비슷할 경우에는 더욱 그렇다).

이런 문제를 해결하기 위해 상수의 값으로써 심벌을 이용하는 것이다.

```
const MONDAY = Symbol();
const TUESDAY= Symbol();
… 중략…
const SUNDAY= Symbol();
```

서로 다른 Symbol 명령으로 생성된 심벌은 동일한 이름이라도 유니크(고유)한 것이 된다. 이것은 Symbol 명령의 인수를 생략한 경우에도 동일하다.

생성된 심벌의 값은 고유한 것이 되므로, 예를 들어 MONDAY와 동일한 것은 상수 MONDAY 뿐이다.

그 외로 프라이빗 프로퍼티와 반복자를 정의하기 위해 심벌을 이용하는 것도 가능하다. 이들에 대해서는 각각 5.5.3, 5.5.4절에서 설명하겠다.

▎3.2.4 기본적인 숫자 연산 실행하기 ― Math 객체

3.2.2절의 표를 보면 알 수 있듯이 Number 객체는 어디까지나 '수치형의 값을 직접 조작하기 위한 객체'이며, 이른바 지수 계산이나 제곱근, 대수 관련 함수 등 수학과 관련된 연산 기능은 가지고 있지 않다. 수학 연산의 기능을 제공하는 것은 Math 객체의 역할이다.

Math 객체에서 이용 가능한 멤버는 아래와 같다.

● **Math 객체의 주요 멤버(*는 읽기 전용)**

분류	멤버	개요
기본	abs(num)	절대치
	clz32(num) `ES2015`	32비트 바이너리로 표현했을 때 앞부분에 채워진 0의 개수
	max(num1, num2)	num1, num2 중에서 큰 쪽의 값
	min(num1, num2)	num1, num2 중에서 작은 쪽의 값
	pow(base, p)	거듭제곱(base값의 p승)
	random()	0~1미만의 난수
	sign(num) `ES2015`	지정한 값이 양수인 경우는 1, 음수의 경우는 -1, 0인 경우는 0
자리올림/자리버림	ceil(num)	소수점 이하 올림(num 이상의 최소 정수)
	floor(num)	소수점 이하 버림(num이하의 최대 정수)
	round(num)	반올림
	trunc(num) `ES2015`	소수 부분을 단순히 버림(정수 부분을 취득)
제곱근	*SQRT1_2	1/2의 제곱근
	*SQRT2	2의 제곱근
	sqrt(num)	제곱근
	cbrt(num) `ES2015`	세제곱근
	hypot(x1, x2, …) `ES2015`	인수의 제곱합의 제곱근
삼각함수	*PI	원주율
	cos(num)	코사인
	sin(num)	사인
	tan(num)	탄젠트
	acos(num)	아크 코사인
	asin(num)	아크 사인
	atan(num)	아크 탄젠트
	atan2(y, x)	2변수의 아크 탄젠트
	cosh(num) `ES2015`	쌍곡 코사인
	sinh(num) `ES2015`	쌍곡 사인
	tanh(num) `ES2015`	쌍곡 탄젠트
	acosh(num) `ES2015`	역쌍곡 코사인
	asinh(num) `ES2015`	역쌍곡 사인
	atanh(num) `ES2015`	역쌍곡 탄젠트

분류	멤버	개요
로그/지수함수	*E	자연 로그의 밑에 해당하는 수학 상수. 2.718281828459045
	*LN2	2의 자연 로그 값 0.6931471805599453
	*LN10	10의 자연 로그 값. 2.302585092994046
	*LOG2E	2을 밑으로 한 e의 로그. 1.4426950408889634
	*LOG10E	10을 밑으로 한 e의 로그. 0.4342944819032518
	log(*num*)	자연 로그
	log10(*num*) `ES2015`	밑을 10으로 하는 로그
	log2(*num*) `ES2015`	밑을 2으로 하는 로그
	log1p(*num*) `ES2015`	인수 x에 1을 더한 것의 자연 로그
	exp(*num*)	지수 함수(e의 거듭제곱)
	expm1(*num*) `ES2015`	$e^{num}-1$

아래는 Math 객체의 주요 멤버를 이용한 예제다.

리스트 3-15 math.js

```
console.log(Math.abs(-100));        // 결과: 100
console.log(Math.clz32(1));         // 결과: 31
console.log(Math.min(20, 40, 60));  // 결과: 20
console.log(Math.max(20, 40, 60));  // 결과: 60
console.log(Math.pow(5, 3));        // 결과: 125
console.log(Math.random());         // 결과: 0.13934720965325398(임의의 값)
console.log(Math.sign(-100));       // 결과: -1
console.log(Math.ceil(1234.56));    // 결과: 1235
console.log(Math.ceil(-1234.56));   // 결과: -1234
console.log(Math.floor(1234.56));   // 결과: 1234
console.log(Math.floor(-1234.56));  // 결과: -1235
console.log(Math.round(1234.56));   // 결과: 1235
console.log(Math.round(-1234.56));  // 결과: -1235
console.log(Math.trunc(1234.56));   // 결과: 1234
console.log(Math.trunc(-1234.56));  // 결과: -1234
console.log(Math.sqrt(81));         // 결과: 9
console.log(Math.cbrt(81));         // 결과: 4.326748710922225
console.log(Math.hypot(3, 4));      // 결과: 5
console.log(Math.cos(1));           // 결과: 0.5403023058681398
console.log(Math.sin(1));           // 결과: 0.8414709848078965
console.log(Math.tan(1));           // 결과: 1.5574077246549023
console.log(Math.atan2(1, 3));      // 결과: 0.3217505543966422
console.log(Math.log(10));          // 결과: 2.302585092994046
console.log(Math.exp(3));           // 결과: 20.085536923187668
console.log(Math.expm1(1));         // 결과: 1.718281828459045
```

Math 객체가 제공하는 멤버는 모두 정적 프로퍼티/메소드인 점에 주의하도록 하자. 즉 아래의 형식으로 Math 객체가 제공하는 모든 멤버에 접근 가능하다.

```
Math.프로퍼티명
Math.메소드명(인수, …)
```

또한 원래 Math 객체는 new 연산자로 인스턴스화할 수 없다. 예를 들어 아래와 같은 기술은 실행 시 에러를 발생시킨다.

```
var m = new Math();
```

NOTE **with 명령**

리스트 3-15와 같이 동일 객체를 반복해서 호출할 때 아래와 같은 with 명령을 이용하면, 객체명을 생략할 수 있어 코드가 심플하게 된다.

```
with(console) {
  log(Math.abs(-100));
  log(Math.max(20, 40, 60));
  log(Math.min(20, 40, 60));
  … 중략 …
}
```

단 with 명령은 편리한 반면, 아래와 같은 문제 등이 발생할 수 있다.

- 블록 내의 처리 속도가 저하된다
- 코드가 읽기 어렵게 된다(=with에 의해 수식되는 메소드가 애매모호하게 되기 쉽다)

그러므로 적은 분량의 샘플 코드로 이용하는 것은 상관없으나 실제 애플리케이션에서는 이용하지 않는 편이 좋다.

3.3 값의 집합을 처리/조작하기
— Array/Map/Set 객체

JavaScript에서는 값의 집합을 조작하기 위한 객체로 다음과 같은 객체를 제공하고 있다.

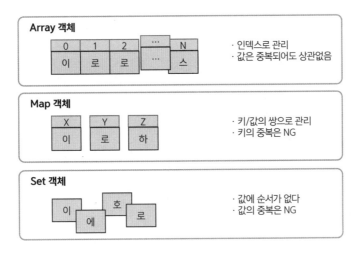

● Array/Map/Set 객체

Array 객체는 일반적인 배열을 취급하기 위한 객체로, JavaScript의 초기부터 제공되고 있는 전통적인 객체다.

한편 Map/Set 객체는 ES2015에서 추가된 것이다. 지금까지의 JavaScript에서는 연상 배열(맵)을 객체 리터럴(2.3.2절)로 대신해서 사용하던 것이 관용적이었다. 그러므로 ES2015를 이용할 수 있는 환경에서는 각자의 장점과 단점을 잘 이해해 나누어 사용할 필요가 있다(자세한 내용은 3.3.2절에서 정리하겠다).

3.3.1 배열 조작하기 — Array 객체

그럼, 우선 Array 객체부터 살펴보자. Array 객체는 배열형의 값을 취급하기 위한 객체로, 배열에 대한 요소의 추가/삭제, 결합, 정렬 등을 행하기 위한 기능을 제공한다.

2.3.2절에서 소개했듯이 Array 객체는 리터럴 표현을 사용하여 아래와 같이 생성할 수도 있다.

```
var ary = ['배트맨', '슈퍼맨', '아쿠아맨'];
```

또한 생성자 경유로 다음과 같이 생성하는 것도 가능하다.

```
var ary = new Array('배트맨', '슈퍼맨', '아쿠아맨');  // 지정 요소로 배열을 생성
var ary = new Array();                                // 빈 배열을 생성
var ary = new Array(10);                              // 지정 사이즈(인덱스는 0~9)로 빈 배열을 생성
```

단, 생성자를 이용한 구문은 의미상 애매해지기 쉽다는 문제점이 있다. 예를 들면 아래와 같다.

```
var ary = new Array(10);
```

위 구문은 '길이가 10인 배열'인지 아니면 '10이라는 요소를 갖는 배열'인지 애매하다. 어떤 의도로 작성했는지는 모르지만, JavaScript에서는 전자로 인식한다.

```
var ary = new Array(-10);
```

또한, 바로 위 예제는 '-10을 요소로서 갖는' 의도로 작성한 코드지만, JavaScript는 '-10의 길이를 갖는 배열'을 생성하려고 하여 결국에는 에러가 발생한다.

이러한 이유로, 배열을 생성할 때는 가능한 한 배열 리터럴을 이용하도록 하자. 빈 배열을 생성하려면 다음과 같이 기술한다.

```
var ary = [];
```

■ Array 객체의 주요 멤버

Array 객체로 이용 가능한 멤버를 알아보도록 하자.

● Array 객체의 주요 멤버(*은 파괴적인 메소드)

분류	멤버	개요
기본	length	배열의 크기
	isArray(obj)	지정한 객체가 배열인가(정적 메소드)
	toString()	'요소, 요소, …'의 형식으로 문자열 변환
	toLocaleString()	배열을 문자열로 변환(구분 문자는 로케일에 따라 변화)
	indexOf(elm [,index])	지정한 요소와 일치한 첫 요소의 키를 취득(index는 검색 시작 위치)
	lastIndexOf(elm [,index])	지정한 요소와 일치한 마지막 요소의 키를 취득(index는 검색 시작 위치)
	entries() ES2015	모든 키/값을 취득
	keys() ES2015	모든 키를 취득
	values() ES2015	모든 값을 취득
가공	concat(ary)	지정 배열을 현재의 배열에 연결
	join(del)	배열 내의 요소를 구분 문자 del로 연결
	slice(start [,end])	start + 1 ~ end번째의 요소를 빼냄
	*splice(start, cnt [,rep [,…]])	배열 내의 start + 1 ~ start + cnt번째의 요소를 rep, …로 치환
	from(alike [,map [,othis]) ES2015	배열과 비슷한 종류의 객체와 열거 가능한 객체를 배열로 변환(정적 메소드. 249쪽을 참조)
	of(e1, …) ES2015	가변길이 인수를 배열에 변환(정적 메소드)
	*copyWithin(target, start [,end]) ES2015	start + 1 ~ end번째의 요소를 target + 1번째 위치부터 복사(요소 수는 원래와 변환 없음)
	*fill(var [,start [,end]]) ES2015	배열 내의 start + 1 ~ end번째의 요소를 var로 치환
추가/삭제	*pop()	배열 끝의 요소를 취득하여 삭제
	*push(data)	배열 끝에 요소를 추가
	*shift()	배열 선두의 요소를 취득하여 삭제
	*unshift(data1 [,data2,…])	배열 선두에 지정 요소를 추가
정렬	*reverse()	역순으로 정렬(반전)
	*sort([fnc])	요소를 오름차순으로 정렬
콜백	forEach(fnc [,that])	배열 내의 요소를 함수로 순서대로 처리
	map(fnc [,that])	배열 내의 요소를 함수로 순서대로 가공
	every (fnc [,that])	모든 배열 내의 요소가 조건 fnc에 일치하는가
	some(fnc [,that])	일부 배열 내의 요소가 조건 fnc에 일치하는가
	filter(fnc [,that])	조건 fnc에 일치한 요소로 배열을 생성
	find(fnc [,that]) ES2015	함수 fnc가 처음 true를 반환한 요소를 취득

분류	멤버	개요
	findIndex(fnc [,that]) ES2015	함수 fnc가 처음 true를 반환한 요소의 인덱스 번호를 취득
	reduce (fnc [,init])	바로 옆의 두 요소를 왼쪽부터 오른쪽으로 함수 fnc로 처리하여 단일 값으로 한다(인수 init는 초깃값)
	reduceRight (fnc [,init])	바로 옆의 두 요소를 오른쪽부터 왼쪽으로 함수 fnc로 처리하여 단일 값으로 한다(인수 init는 초깃값)

NOTE 파괴적인 메소드

파괴적인 메소드란 그 실행에 의해 객체(여기서는 배열) 그 자체에 변경을 미치는 메소드를 말한다. 예를 들어 reverse/sort 등의 메소드는 반환값이 정렬 후의 배열을 반환하는데, 원래의 배열도 정렬되므로 주의가 필요하다.

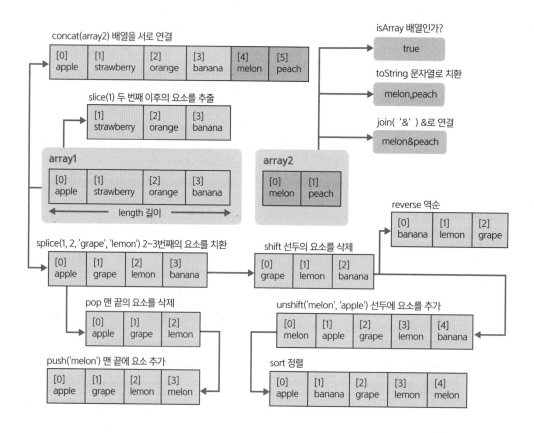

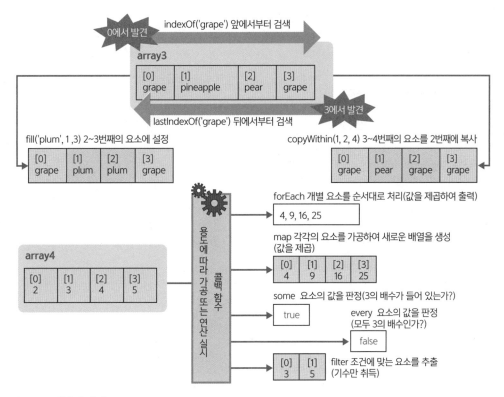

● **Array 객체의 멤버**

예를 들면, 다음은 Array 객체의 기본적인 멤버를 이용한 예다(콜백계의 메소드에 대해서는 나중에 설명하겠다).

리스트 3-16 array.js

```javascript
var ary1 = ['Sato', 'Takae', 'Osada', 'Hio', 'Saitoh','Sato'];
var ary2 = ['Yabuki', 'Aoki', 'Moriyama', 'Yamada'];

console.log(ary1.length);            // 결과: 6
console.log(Array.isArray(ary1));    // 결과: true
console.log(ary1.toString());        // 결과: Sato,Takae,Osada,Hio,Saitoh,Sato
console.log(ary1.indexOf('Sato'));   // 결과: 0
console.log(ary1.lastIndexOf('Sato')); // 결과: 5

console.log(ary1.concat(ary2));
  // 결과: ["Sato", "Takae", "Osada", "Hio", "Saitoh", "Sato", "Yabuki", "Aoki", "Moriyama", "Yamada"]

console.log(ary1.join('/'));   // 결과: Sato/Takae/Osada/Hio/Saitoh/Sato
console.log(ary1.slice(1));
  // 결과: ["Takae", "Osada", "Hio", "Saitoh", "Sato"]
console.log(ary1.slice(1, 2));
```

```
  // 결과: ["Takae"]
console.log(ary1.splice(1, 2, 'Kakeya', 'Yamaguchi'));
  // 결과: ["Takae", "Osada"] (치환 대상의 요소를 취득)
console.log(ary1);
  // 결과: ["Sato", "Kakeya", "Yamaguchi", "Hio", "Saitoh", "Sato"] (치환 후의 배열)
console.log(Array.of(20,40,60));        // 결과: [20, 40, 60]
console.log(ary1.copyWithin(1, 3, 5));
  // 결과: ["Sato", "Hio", "Saitoh", "Hio", "Saitoh", "Sato"] (4~5번째의 요소를 2~3번째의 위치에 복사)
console.log(ary1);
  // 결과: ["Sato", "Hio", "Saitoh", "Hio", "Saitoh", "Sato"] (복사 후의 배열)
console.log(ary2.fill('Suzuki', 1, 3));
  // 결과: ["Yabuki", "Suzuki", "Suzuki", "Yamada"] (2~3번째의 요소를 "Suzuki"로 치환)
console.log(ary2);
  // 결과: ["Yabuki", "Suzuki", "Suzuki", "Yamada"] (치환 후의 배열)

console.log(ary1.pop());                // 결과: Sato   (삭제한 요소)
console.log(ary1);
  // 결과: ["Sato", "Hio", "Saitoh", "Hio", "Saitoh"] (삭제한 후의 배열)
console.log(ary1.push('Kondo'));        // 결과: 6   (추가한 후의 요소 수)
console.log(ary1);
  // 결과: ["Sato", "Hio", "Saitoh", "Hio", "Saitoh", "Kondo"] (추가한 후의 배열)
console.log(ary1.shift());              // 결과: Sato(삭제한 요소)
console.log(ary1);
  // 결과: ["Hio", "Saitoh", "Hio", "Saitoh", "Kondo"] (삭제한 후의 배열)
console.log(ary1.unshift('Ozawa', 'Kuge'));  // 결과: 7 (추가한 후의 요소 수)
console.log(ary1);
  // 결과: ["Ozawa", "Kuge", "Hio", "Saitoh", "Hio", "Saitoh", "Kondo"] (추가한 후의 배열)

console.log(ary1.reverse());
  // 결과: ["Kondo", "Saitoh", "Hio", "Saitoh", "Hio", "Kuge", "Ozawa"] (반전 후의 배열)
console.log(ary1);
  // 결과: ["Kondo", "Saitoh", "Hio", "Saitoh", "Hio", "Kuge", "Ozawa"] (반전 후의 배열)
console.log(ary1.sort());
  // 결과: ["Hio", "Hio", "Kondo", "Kuge", "Ozawa", "Saitoh", "Saitoh"] (정렬 후의 배열)
console.log(ary1);
  // 결과: ["Hio", "Hio", "Kondo", "Kuge", "Ozawa", "Saitoh", "Saitoh"] (정렬 후의 배열)
```

배열의 기본적인 사용법을 이해했으니 다음으로 위의 예제에서 미처 설명하지 못한 메소드에 대해서 보충 설명하겠다.

■ 스택과 큐

push/pop/shift/unshift 메소드를 데이터 구조의 관점으로 보면, 좀 더 심도 있게 이해할 수 있다. 이 메소드들을 이용함으로써 배열을 스택/큐로써 이용할 수 있게 된다.

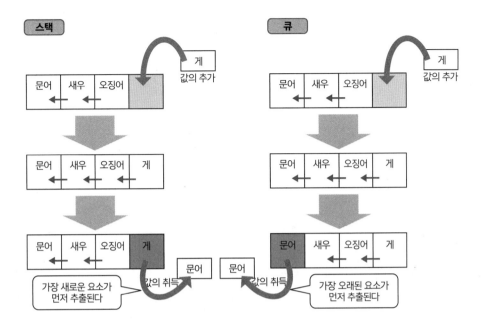

● 스택과 큐

(1) 스택

스택(Stack)이란 나중에 들어간 것이 먼저 나오는 구조(LIFO: Last In First Out) 또는 먼저 넣은 것이 나중에 나오는 구조(FILO: First In Last Out)라 불리는 데이터 구조다. 예를 들어 애플리케이션에 자주 등장하는 Undo 기능의 경우, 조작을 이력에 보관해서 마지막에 실행한 조작을 우선 추출한다. 이러한 용도의 조작에는 스택이 적합하다.

스택은 push/pop 메소드로 구현할 수 있다.

리스트 3-17 array_stack.js

```javascript
var data = [];
data.push(1);
data.push(2);
data.push(3);
console.log(data.pop());        // 결과: 3
console.log(data.pop());        // 결과: 2
console.log(data.pop());        // 결과: 1
```

(2) 큐

큐(Queue)란 먼저 넣은 것이 먼저 나오는 구조(FIFO: First In First Out)라고 불리는 데이터 구조다. 처음에 들어간 요소를 처음에 처리하는(꺼내는) 흐름이 창구에서 서비스를 기다리는 모습과 닮아 있어 대기 행렬이라고도 부른다.

큐는 push/shift 메소드로 구현할 수 있다.

리스트 3-18 **array_queue.js**

```
var data = [];
data.push(1);
data.push(2);
data.push(3);
console.log(data.shift());    // 결과: 1
console.log(data.shift());    // 결과: 2
console.log(data.shift());    // 결과: 3
```

■ 배열에 여러 요소를 추가/치환/삭제하기 — splice 메소드

splice 메소드는 배열의 임의의 부분에 요소를 추가하거나 기존의 요소를 치환하거나 삭제하는 조작을 실시한다. 여러 기능이 있으므로 좀 복잡하게 생각될지도 모르겠지만 침착하게 살펴보 도록 하자.

구문 **splice 메소드**

```
array.splice(index, many [,elem1 [,elem2, …]])
      array: 배열 객체      index: 요소의 추출 시작 위치
      many: 추출 요소 수     elem1, elem2…: 삭제 부분에 삽입할 요소
```

pop/push/shift/unshift 메소드 등과 동일하게 splice 메소드는 원래의 배열에 영향을 준다. 또한 원래의 배열에서 삭제된 요소(군)를 반환값으로 되돌린다.

그 외의 인수와 동작에 대해서는 다음의 예에서 자세히 살펴보자.

리스트 3-19 **array_splice.js**

```
var data = ['Sato', 'Takae', 'Osada', 'Hio', 'Saitoh'];
console.log(data.splice(3, 2, 'Yamada', 'Suzuki')); ←— ❶
      // 결과: ["Hio", "Saitoh"]
console.log(data);
      // 결과: ["Sato", "Takae", "Osada", "Yamada", "Suzuki"]
console.log(data.splice(3, 2)); ←— ❷
      // 결과: ["Yamada", "Suzuki"]
console.log(data);
      // 결과: ["Sato", "Takae", "Osada"]
console.log(data.splice(1, 0, 'Tanaka')); ←— ❸
```

```
        // 결과: []
console.log(data);
        // 결과: ["Sato", "Tanaka", "Takae", "Osada"]
```

❶은 가장 단순한 처리다. 4~5번째의 요소를 지정된 요소로 치환한다. 치환 전의 요소와 치환 후의 요소 개수는 반드시 일치하지 않아도 괜찮다.

❷와 같이 치환 후의 요소(인수 elem1, elem2…)를 지정하지 않은 경우에는 '지정된 범위의 요소를 삭제한다'는 의미가 된다.

반대로 ❸과 같이 치환해야 할 요소 수(인수 many)를 0으로 한 경우에 '인수 index로 지정된 위치에 요소를 삽입한다'는 의미가 된다.

■ 사용자 정의 함수로 독자적인 처리를 넣을 수 있는 메소드

Array 객체에는 인수에 대한 사용자 정의 함수를 지정할 수 있는 메소드가 준비되어 있다. 133쪽의 표에서 '콜백'으로 분류되어 있는 메소드가 그것이다. 이 메소드들을 이용함으로써 애플리케이션에서 메소드의 기본적인 동작에 대해 독자적인 기능을 넣을 수 있다.

> **NOTE** **무명 함수의 이해를 전제로 해야 한다**
>
> 이번 절을 이해하기 위해서는 무명 함수(익명 함수)를 먼저 이해해야 한다. 우선 코드의 의도만을 설명할 것이므로 4.6.4절을 이해한 후에 다시 한번 읽어서 습득할 것을 권유한다.

다음은 이러한 콜백 함수계의 메소드 중에서도 자주 이용하는 forEach/map/some/filter 메소드에 대해서 예를 들어 보겠다.

(1) 배열의 내용을 순서대로 처리하기 – forEach 메소드 –

forEach 메소드는 지정한 함수로 배열 내의 요소를 순서대로 처리하기 위한 메소드다.

구문 forEach 메소드

```
array.forEach(callback [,that])
        array: 배열 객체
        callback: 개별 요소를 처리하기 위한 함수
        that: 함수 callback 안에서 this(5.1.5절)가 나타내는 객체
```

예를 들어 다음은 배열의 내용을 제곱한 결과를 순서대로 로그 표시하는 예다.

리스트 3-20 **callback_foreach.js**

```javascript
var data = [2, 3, 4, 5];
data.forEach(function(value, index, array) {
  console.log(value * value);      // 결과: 4,9,16,25
});
```

forEach 메소드에서는 배열의 요소를 순서대로 추출하여 사용자 정의 함수 callback에 건넨다. 건네진 값을 함수 callback이 처리하는 것이다. 따라서 함수 callback측에서는 배열의 정보를 받아 들일 수 있도록 다음의 인수를 지정해두어야 한다.

- 제1인수 value ➡ 요소의 값
- 제2인수 index ➡ 인덱스 번호
- 제3인수 array ➡ 원래의 배열

위와 같은 예라면, 인수 value를 제공한 결과를 로그로 출력하게 된다. 인수 index/array는 이용하지 않으므로 생략해도 상관없다.

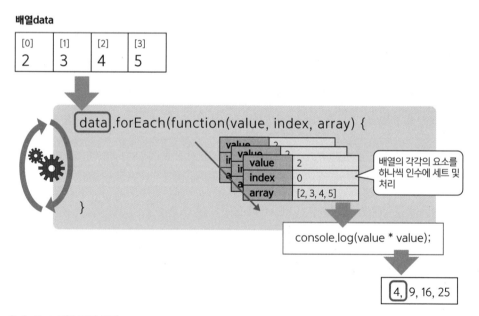

● forEach 메소드의 동작

콜백계의 메소드에서는 대부분의 메소드가 기본이 되는 조작을 제공하고(여기에서는 배열의 요소를 순서대로 추출하기), 그 범위 안에서 어떠한 가공/연산을 실시할지는 사용자 정의 함수로 정의(여기에서는 로그에 출력하기)하는 식의 역할 분담이 기본이다.

(2) 배열을 지정된 규칙으로 가공하기 - map 메소드 -

map 메소드를 이용함으로써 배열을 지정된 함수로 가공할 수 있다.

구문 map 메소드

```
array.map(callback [,that])
      array: 배열 객체
      callback: 개별 요소를 처리하기 위한 함수
      that: 함수 callback 안에서 this(5.1.5절)가 나타내는 객체
```

함수 callback이 취하는 인수는 forEach 메소드의 경우와 동일하다. 단, 이번에는 반환값으로써 가공한 결과를 반환해야 한다.

예를 들어 다음은 배열 내의 요소를 제곱한 결과를 새로운 배열로 취득한다.

리스트 3-21 callback_map.js

```
var data = [2, 3, 4, 5];
var result = data.map(function(value, index, array) {
  return value * value;
});

console.log(result);   // 결과: [4, 9, 16, 25]
```

리스트 3-20과 비교했을 때 가공한 결과를 콜백 함수의 반환값(볼드체)으로 되돌리고 있다는 점에 주목해야 한다. map 메소드에서는 함수 callback으로부터의 반환값을 모아서 새로운 배열을 작성하고 있다.

(3) 배열에 조건이 일치하는 요소가 존재하는지 확인하기 - some 메소드 -

some 메소드는 지정된 함수로 각각의 요소를 판정하여 하나라도 조건에 일치하는 요소가 있다면 true를 반환한다.

구문 some 메소드

```
array.some(callback [,that])
      array 배열 객체
      callback: 개별 요소를 처리하기 위한 함수
      that: 함수 callback 안에서 this(5.1.5절)가 나타내는 객체
```

함수 callback이 취하는 인수는 forEach/map 메소드의 경우와 동일하다. 단, 이번에는 반환값으로써 요소가 조건에 일치했는지의 여부를 true/false로 반환할 필요가 있다.

예를 들어 다음은 배열 내에 3의 배수가 하나라도 포함되어 있는지를 판정하는 예다.

리스트 3-22 callback_some.js

```
var data = [4, 9, 16, 25];
var result = data.some(function(value, index, array) {
  return value % 3 === 0;
});

if (result) {
  console.log('3의 배수가 발견되었습니다.');
} else {
  console.log('3의 배수를 찾을 수 없었습니다.');
}
```

인수 value를 3으로 나누어 나머지가 0인 경우는 3의 배수로 간주한다. 나머지 연산자 '%'를 이용한 이러한 판정은 자주 사용되는 것이므로 잘 기억해두길 바란다.

some과 아주 비슷한 연산자로 every 메소드도 있다. some 메소드가 '하나라도 조건이 일치하는지'(=함수 callback이 한 번이라도 true를 반환하는가)를 판정하는 데 반해, every 메소드는 '모든 요소가 조건에 일치하는가'(=함수 callback이 모두 true를 반환하는가)를 판정한다.

(4) 배열의 내용을 특정의 조건으로 필터링 – filter 메소드 –

filter 메소드는 지정된 함수에서 개별 요소를 판정하여 조건에 일치한 요소만을 추출한다.

구문 filter 메소드

```
array.filter(callback [,that])
      array: 배열 객체
      callback: 개별 요소를 처리하기 위한 함수
      that: 함수 callback 안에서 this(5.1.5절)가 나타내는 객체
```

인수 callback의 규칙은 some/every 메소드의 경우와 동일하므로 곧바로 예를 살펴보자. 다음은 배열 data로부터 홀수만 추출하는 예다.

리스트 3-23 callback_filter.js

```
var data = [4, 9, 16, 25];
var result = data.filter(function(value, index, array) {
  return value % 2 === 1;
});
```

```
console.log(result); // 결과: [9, 25]
```

'%' 연산자의 사용법은 앞서 나타낸 예와 같다. 2로 나누어서 나머지가 1이라면 홀수다(짝수를 구한다면 나머지가 0인 것을 확인한다). 함수 callback이 true를 반환하는 경우에만 그때의 요소를 결과 배열로 반환하는 것이 filter 메소드의 역할이다.

■ 독자적인 규칙으로 배열을 나열하기 — sort 메소드

sort 메소드는 디폴트로 배열을 문자열로 취급하여 사전순으로 정렬한다. 이 규칙을 변경하는데 인수로서 다음과 같은 함수를 정의한다.

- 인수는 2가지 (비교할 배열 요소)
- 제1인수가 제2인수보다 작은 경우는 음수, 큰 경우는 양수를 반환한다

예를 들어 다음은 배열의 내용을 숫자로 정렬하는 예다. 디폴트 동작과 결과의 변화를 비교해 보자.

리스트 3-24 sort.js

```
var ary = [5, 25, 10];
console.log(ary.sort());   // 결과: [10, 25, 5] (문자열로 정렬)
console.log(ary.sort(function(x, y) {
  return x - y;
}));   // 결과: [5, 10, 25] (숫자로 정렬)
```

숫자로 정렬할 경우에는 함수 안에서 인수 x, y를 취하여 양쪽의 차를 구한다. 이로 인해 양쪽의 대소에 따라 양수와 음수의 수가 반환된다.

또 하나의 예를 살펴보자. 다음은 직급(부장→과장→주임→담당)의 순서로 객체 배열 members를 정렬하는 예제다.

리스트 3-25 sort_clazz.js

```
var classes = ['부장', '과장', '주임', '담당'];
var members = [
  { name: '남상미', clazz: '주임' },
  { name: '김준수', clazz: '부장' },
  { name: '정인식', clazz: '담당' },
  { name: '남궁민', clazz: '과장' },
  { name: '이상주', clazz: '담당' },
];
```

```
console.log(members.sort(function(x, y) {
  return classes.indexOf(x.clazz) - classes.indexOf(y.clazz); ← ❶
}))
```

```
[
  { clazz: "부장", name: "김준수"},
  { clazz: "과장", name: "남궁민"},
  { clazz: "주임", name: "남상미"},
  { clazz: "담당", name: "정인식"},
  { clazz: "담당", name: "이상주"}
]
```

핵심은 ❶이다. 우선, 객체 배열 members의 clazz 프로퍼티가 정렬하고자 하는 키다. 정렬 순서 인 직급은 미리 준비해둔 배열 classes이므로 이를 검색하여 해당하는 위치를 대소 비교한다. 이 렇게 숫자 이외의 값이라도 대소 비교할 수 있는 형태로 변환할 수 있다면 정렬은 가능하다.

3.3.2 연상 배열 조작하기 — Map 객체 ES2015

Map 객체는 키/값의 세트 – 이른바 연상 배열(해시)을 관리하기 위한 객체다. 2.3.2절에서도 다 루었듯이 종래의 JavaScript에서는 우선 객체 리터럴로 연상 배열을 관리하는 것이 기본이었다. 그러나 ES2015에서 마침내 전용의 객체가 제공된 것이다.

그럼 Map 객체의 기본적인 사용법을 살펴본 후 객체 리터럴과의 차이와 Map 객체 특유의 주의 점 등에 대해 알아보도록 하자.

■ Map 객체의 기본

Map 객체에서 이용 가능한 멤버는 다음과 같다.

● Map 객체의 주요 멤버

멤버	개요
size	요소 수
set(key, val)	키 key/값 val의 요소를 추가. 중복될 경우에는 덮어쓴다
get(key)	지정한 키의 요소를 취득
has(key)	지정한 키의 요소가 존재하는지 판정
delete(key)	지정한 키의 요소를 삭제
clear()	모든 요소를 삭제

멤버	개요
keys()	모든 키를 취득
values()	모든 값을 취득
entries()	모든 키/값을 취득
forEach(fnc [,that])	맵 내의 요소를 함수 fnc로 순서대로 처리

사용법은 모두 간단하므로 다음의 예제로 주요 멤버의 동작을 확인해보자.

리스트 3-26 map.js

```
// Map 객체에 값을 추가
let m = new Map();;                              ◀
m.set('dog', '멍멍멍');
m.set('cat', '야옹야옹');                          ──  ❶
m.set('mouse', '찍찍');                           ◀

console.log(m.size);         // 결과: 3
console.log(m.get('dog'));   // 결과: 멍멍멍
console.log(m.has('cat'));   // 결과: true

// 키를 순서대로 취득
for (let key of m.keys()) {  ◀
  console.log(key);          // 결과: dog, cat, mouse       ❷
}                            ◀

// 값을 순서대로 취득
for(let value of m.values()) {  ◀
  console.log(value);        // 결과: 멍멍멍, 야옹야옹, 찍찍      ❸
}                            ◀

// 키/값을 순서대로 취득
for (let [key, value] of m) {  ◀
  console.log(value);        // 결과: 멍멍멍, 야옹야옹, 찍찍      ❹
}                            ◀

// 키 dog를 삭제
m.delete('dog');
console.log(m.size);         // 결과: 2

// 모든 키/값을 파기
m.clear();
console.log(m.size);         // 결과: 0
```

❶에서는 set 메소드로 키/값을 각각 추가하고 있는데, 배열 내 배열을 이용하여 생성자에서 한 꺼번에 초기화하는 것도 가능하다.

```
let m = new Map([['dog', '멍멍멍'], ['cat', '야옹야옹'], ['mouse', '찍찍']]);
```

Map 객체의 알맹이를 순서대로 취득하려면 ❷~❹의 방법이 있다. ❹와 같이 Map 객체를 그 대로 for…of 명령으로 처리할 경우에는 가변수 쪽도 'let [key, value]'와 같이 키/값의 세트로 받을 필요가 있다.

❹의 볼드체 부분은 'let [key, value] of m.enties()'라고 써도 동일한 의미다.

■ 객체 리터럴과의 차이

Map 객체의 기본적인 사용법을 이해하였으니 도대체 객체 리터럴과 무엇이 다른지, 편리한 점이 무엇인지를 살펴보자.

(1) 임의의 형으로 키를 설정할 수 있다

객체 리터럴에서는 어디까지나 프로퍼티명을 키로 대체하고 있으므로 키로써 이용할 수 있는 것은 문자열뿐이었다. 그러나 Map 객체에서는 임의의 형을 키로 이용할 수 있다. 예를 들어 객체나 NaN마저도 키가 될 수 있다.

(2) 맵의 사이즈를 취득할 수 있다

리스트 3-26에서 살펴보았듯이 Map 객체에서는 size 프로퍼티를 사용하여 등록된 키/값의 개수를 취득할 수 있다. 그러나 객체 리터럴에서는 그런 방법이 없다. for…in 루프 등으로 객체를 조사하여 수동으로 카운트할 필요가 있다.

(3) 클린 맵을 만들 수 있다.

객체 리터럴에서는 그 실체가 Object 객체다. 그 밑에는 Object 객체가 표준으로 준비하고 있는 프로퍼티(키)가 처음부터 존재한다. 빈 객체 리터럴을 작성한 시점임에도 이미 비어 있지 않은 상태인 것이다.

그러나 Map 객체는 전용의 객체이므로 완전히 빈 연상 배열을 생성할 수 있다. Object 객체에서도 create 메소드(3.6.3절)를 이용하면 강제적으로 빈 객체를 생성할 수도 있지만, 클린 맵을 생성하고자 한다면 Map 객체를 이용하는 편이 좋다.

하지만 위와 같은 장점이 있음에도 불구하고, 연상 배열의 경우에는 예전부터 줄곧 사용되고 있다는 점과 리터럴로 표현할 수 있다는 장점 등을 지니고 있기 때문에 아직까지는 연상 배열을 이용해 객체 리터럴을 많이 표현할 것이라고 생각한다. 새로운 것을 바로 도입하는 것보다는 장점/단점을 이해하면서 양자를 적절히 분별해서 사용할 필요가 있다.

■ 키에 관한 세 가지 주의점

앞서 서술한 대로 Map 객체에서는 임의의 형으로 키를 설정할 수 있다. 단, 키를 지정할 때는 다음의 주의점을 고려하도록 하자.

(1) 키는 '===' 연산자로 비교된다

Map 객체에서 키를 비교할 경우에는 '===' 연산자가 사용된다. 따라서 다음과 같은 코드로는 의도한 결과를 얻을 수 없다.

리스트 3-27 **map_equal.js**

```
var m = new Map();
m.set('1', 'hoge'); ←—— ❶
console.log(m.get(1)); // 결과: undefined ←—— ❷
```

이 예에서는 ❶의 키 '1'이 문자열인 데 반해 ❷의 키 '1'은 숫자라는 점에서 의도한 값에 액세스할 수 없다. '키가 일치하고 있는 것처럼 보이지만 의도한 값을 얻을 수 없다'면 데이터형의 불일치를 의심해보자.

(2) 특별한 NaN이 특별하지 않다

3.2.2절에서도 다루었듯이 NaN은 자기 자신과도 동등하지 않은 특별한 값이다(즉 NaN !== NaN 이다). 그러나 Map의 세계에서는 예외적으로 NaN === NaN으로 간주한다. 따라서 다음과 같은 코드는 올바르게 키 NaN에 대응하는 값을 취득할 수 있다.

리스트 3-28 **map_nan.js**

```
var m = new Map();
m.set(NaN, 'hoge');
console.log(m.get(NaN)); // 결과: hoge
```

(3) 객체의 비교에는 주의해야 한다.

예를 들어 객체를 키로 한 다음의 코드는 어떠한 결과를 얻을 수 있을까?

리스트 3-29 **map_obj.js**

```
var m = new Map();
```

```
m.set({}, 'hoge');
console.log(m.get({})); // 결과: ???
```

'동일하게 빈 객체 리터럴{}을 가리키고 있으므로 결과는 'hoge'가 된다'고 생각하는 사람은 틀렸다. 2.3절에서 '객체와 같은 참조형을 비교하는 경우, 참조의 비교가 된다'고 설명한 것을 기억해 내길 바란다. 보기에는 같아도 다른 장소에서 생성한 객체라면 그것은 다른 것이라고 간주된다.

따라서 위의 코드는 undefined를 반환한다.

만약 올바르게 키{}를 인식시키고 싶다면 다음과 같이 해보자. 이번에는 올바른 값을 얻을 수 있을 것이다.

리스트 3-30 map_obj2.js

```
var key = {};
var m = new Map();
m.set(key, 'hoge');
console.log(m.get(key)); // 결과: hoge
```

3.3.3 중복되지 않은 값의 집합 조작하기 ― Set 객체 ES2015

Set 객체는 중복되지 않은 값의 집합을 관리하기 위한 객체다. 중복된 값이 추가된 경우에는 이 것을 무시한다.

Set은 ES2015부터 새롭게 도입된 객체로, 그 이전의 JavaScript에서는 직접 대체할 수 있는 수단 이 없었다. ES2015의 이용이 허가된 환경에서는 적극적으로 이용할 것을 권유한다.

■ Set 객체의 기본

Set 객체에서 이용 가능한 멤버는 다음과 같다.

● Set 객체의 주요 멤버

멤버	개요
size	요소 수
add(val)	지정한 값을 추가
has(val)	지정한 값이 존재하는지 판정
delete(val)	지정한 값의 요소를 삭제

● Set 객체의 주요 멤버 (계속)

멤버	개요
clear()	모든 요소를 삭제
entries()	모든 키/값을 취득
values()	모든 값을 취득(엘리어스로써 keys 메소드도 이용 가능)
forEach(fnc [,that])	지정한 함수를 Set의 각 값마다 처리

Array/Map 객체와는 달리, 인덱스 번호/키 등으로 요소에 액세스하는 수단은 갖고 있지 않다는 점에 주의하길 바란다. Set 객체로 할 수 있는 것은 has 메소드로 값의 유무를 판정하거나 for⋯ of 루프/values 프로퍼티로 내부 요소를 열거하는 것뿐이다.

그럼, 기본적인 멤버를 이용한 예제를 살펴보자.

리스트 3-31 **set.js**

```javascript
// Set 객체에 값을 추가
let s = new Set();
s.add(10);
s.add(5);
s.add(100);
s.add(50);
// 동일 값은 무시
s.add(5);

console.log(s.has(100)); // 결과: true
console.log(s.size);     // 결과: 4

// 값을 순서대로 취득
for (let val of s.values()) {
  console.log(val);      // 결과: 10, 5, 100, 50
}

// 값을 순서대로 취득(위와 동일한 의미)
for (let val of s) {
  console.log(val);      // 결과: 10, 5, 100, 50
}

// 값 100을 파기
s.delete(100);
console.log(s.size);     // 결과: 3
// 값을 모두 파기
s.clear();
console.log(s.size);     // 결과: 0
```

❶에서는 add 메소드를 사용하여 Set 객체에 값을 추가하고 있는데, 생성자로 한꺼번에 정리해서 초기화하는 것도 가능하다.

```
let s = new Set([10, 5, 100, 50, 5]);
```

■ NaN/객체의 비교 규칙

Set 객체도 NaN/객체의 비교 규칙은 Map 객체와 동일하다

리스트 3-32 set2.js

```
let s = new Set();
s.add(NaN);
s.add(NaN);
console.log(s.size);    // 결과: 1 (동일한 값은 무시) ←── ❶

s.add({});
s.add({});
console.log(s.size);    // 결과: 3 (서로 다른 객체로 추가) ←── ❷
```

우선, 서로 다른 2개의 NaN은 서로 동일한 것으로 간주되어 나중에 추가된 것은 무시된다(❶). 한편 ❷는 빈 객체를 두 개 추가한 예다. 볼 때는 동일한 것으로 보이지만 2개의 '{}'은 서로 다른 것이므로 각각 추가되어 있다(두 개의 값이 추가되어 있다).

> **N O T E 키를 약한 참조로 관리하기 – WeakSet/WeakMap 객체**
>
> Set/Map에는 자주 비슷한 객체로 키를 약한 참조로 관리하는 WeakSet/WeakMap이라 불리는 객체가 있다. 약한 참조란, 이 맵 이외에 키가 참조되지 않게 되면 그대로 가비지 컬렉션(Garbage Collection)의 대상이 되는(=파기되는) 것을 말한다. 표준 Map/Set에서는 이른바 강한 참조로 키를 관리하므로 맵/세트에서 키를 갖고 있는 한 키 객체는 파기의 대상이 되지 되지 않는다. 이러한 특성상 WeakMap/WeakSet에서는 다음과 같은 제한 등이 있다.
>
> - 키는 참조형이어야 한다
> - 열거할 수 없다(필요하다면, 자신이 직접 관리)

3.4 │ 날짜/시간 데이터 조작하기
— Date 객체

2.3.1절에서도 보았듯이 date형의 경우 JavaScript 표준 데이터형으로는 존재하지 않는다. 그러나 내장형 객체 Date를 이용하면 날짜를 표현/조작할 수 있다.

▌3.4.1 Date 객체 생성하기

Date 객체는 문자열이나 배열 등과 같이 리터럴 표현이 존재하지 않으므로 객체의 생성에 반드시 생성자를 경유해야 할 필요가 있다. Date 객체의 생성자에는 다음 네 가지 구문이 있다.

```
var d = new Date(); ←── ❶
var d = new Date('2016/12/04 20:07:15'); ←── ❷
var d = new Date(2016, 11, 4, 20, 07, 15, 500); ←── ❸
var d = new Date(1480849635500); ←── ❹
```

우선 ❶에서는 디폴트의 Date 객체를 생성한다. Date 객체는 디폴트로 생성되는 시점의 시스템 날짜와 시각을 세트한다.

❷는 날짜 문자열 값을 이용하여 Date 객체를 생성한다. 여기서는 '2016/12/04 20:07:15'의 형식으로 날짜 문자열을 지정하고 있는데, 이와는 다른 표현인 'Mon Dec 04 2016 20:07:15'와 같이 영문 표현으로도 지정이 가능하다.

년월일/시분초/밀리초의 형식으로 지정하고 싶은 경우에는 ❸의 구문을 이용한다. 이 경우 시분초, 밀리초는 생략 가능하다. 월 지정의 경우에는 (1~12가 아니라) 0~11로 한다는 점에서 주의가 필요하다.

그 외에 1970/01/01 00:00:00부터 경과 밀리초(타임스탬프 값)로 지정하는 방법(❹)도 있다. 타임스탬프를 취득하는 방법은 나중에 설명하기로 하자.

그때그때 처한 상황에 따라 각각의 구문을 사용하면 좋을 것이다.

■ Date 객체의 멤버

Date 객체에서 이용 가능한 멤버는 아래와 같다.

● **Date 객체의 주요 멤버(*는 정적 메소드)**

분류	멤버	개요
로컬 (취득)	getFullYear()	년(4자리 수)
	getMonth()	월(0~11)
	getDate()	일(1~31)
	getDay()	요일(0: 일요일~6: 토요일)
	getHours()	시(0~23)
	getMinutes()	분(0~59)
	getSeconds()	초(0~59)
	getMilliseconds()	밀리 세컨드(0~999)
	getTime()	1970/01/01 00:00:00로부터 경과 밀리 세컨드
	getTimezoneOffset()	협정세계시와의 시차
로컬 (설정)	setFullYear(y)	년(4자리 수)
	setMonth(m)	월(0~11)
	setDate(d)	일(1~31)
	setHours(h)	시(0~23)
	setMinutes(m)	분(0~59)
	setSeconds(s)	초(0~59)
	setMilliseconds(ms)	밀리 세컨드(0~999)
	setTime(ts)	1970/01/01 00:00:00로부터 경과 밀리 세컨드
협정시 (취득)	getUTCFullYear()	년(4자리 수)
	getUTCMonth()	월(0~11)
	getUTCDate()	일(1~31)
	getUTCDay()	요일(0: 일요일~6: 토요일)
	getUTCHours()	시(0~23)
	getUTCMinutes()	분(0~59)
	getUTCSeconds()	초(0~59)
	getUTCMilliseconds()	밀리 세컨드(0~999)
협정시 (설정)	setUTCFullYear(y)	년(4자리 수)
	setUTCMonth(m)	월(0~11)
	setUTCDate(d)	일(1~31)

● **Date 객체의 주요 멤버(*는 정적 메소드) (계속)**

분류	멤버	개요
협정시 (설정)	setUTCHours(h)	시(0~23)
	setUTCMinutes(m)	분(0~59)
	setUTCSeconds(s)	초(0~59)
	setUTCMilliseconds(ms)	밀리 세컨드(0~999)
해석	* parse(dat)	날짜 문자열을 해석해 1970/01/01 00:00:00로부터 경과 밀리 세컨드를 취득
	* UTC(y, m, d [,h [,mm [,s[,ms]]]])	날짜 정보를 기초로 1970/01/01 00:00:00로부터 경과 밀리 세컨드를 취득(협정시)
	* now()	협정세계시에서의 현재 날짜를 1970/01/01 00:00:00로부터 경과 밀리초로 취득
문자열 변환	toUTCString()	협정세계시를 문자열로 취득
	toLocaleString()	로컬시를 문자열로 취득
	toDateString()	일자 부분을 문자열로 취득
	toTimeString()	시각 부분을 문자열로 취득
	toLocaleDateString()	지역 정보에 따라서 날짜 부분을 문자열로 취득
	toLocaleTimeString()	지역 정보에 따라서 시각 부분을 문자열로 취득
	toString()	일시를 문자열로 취득
	toJSON()	일시를 JSON 문자열(3.7.3절)로 취득

협정세계시(Coordinated Universal Time)란 국제적인 협정으로 정해진 공식 시각을 말한다. 통상 그리니치 표준시(Greenwich Mean Time)와 거의 같은 의미라고 생각해도 무방하다(엄밀하게 말하면 협정세계시는 윤초를 가미하고 있는 만큼 그리니치 표준시와는 다르다). 위의 표로부터 알 수 있듯이 Date 객체에는 Date 객체의 내용을 지역 시각과 협정세계시로서 취득/설정하기 위한 메소드가 각각 제공되고 있다.

거의 대부분은 바로 이해할 수 있을 것이라 생각하지만 다음의 예제를 통해 주요 멤버의 동작을 확인해보자.

리스트 3-33 date.js

```javascript
var dat = new Date(2016, 11, 25, 11, 37, 15, 999);
console.log(dat);                  // 결과: Sun Dec 25 2016 11:37:15 GMT+0900 (대한민국 표준시)
console.log(dat.getFullYear());   // 결과: 2016
console.log(dat.getMonth());      // 결과: 11
console.log(dat.getDate());       // 결과: 25
```

```
console.log(dat.getDay());              // 결과: 0
console.log(dat.getHours());            // 결과: 11
console.log(dat.getMinutes());          // 결과: 37
console.log(dat.getSeconds());          // 결과: 15
console.log(dat.getMilliseconds());     // 결과: 999
console.log(dat.getTime());             // 결과: 1482633435999
console.log(dat.getTimezoneOffset());   // 결과: -540

console.log(dat.getUTCFullYear());      // 결과: 2016
console.log(dat.getUTCMonth());         // 결과: 11
console.log(dat.getUTCDate());          // 결과: 25
console.log(dat.getUTCDay());           // 결과: 0
console.log(dat.getUTCHours());         // 결과: 2
console.log(dat.getUTCMinutes());       // 결과: 37
console.log(dat.getUTCSeconds());       // 결과: 15
console.log(dat.getUTCMilliseconds());  // 결과: 999

var dat2 = new Date();
dat2.setFullYear(2017);
dat2.setMonth(7);
dat2.setDate(5);
dat2.setHours(11);
dat2.setMinutes(37);
dat2.setSeconds(15);
dat2.setMilliseconds(513);

console.log(dat2.toLocaleString());       // 결과: 2017. 8. 5. 오전 11:37:15
console.log(dat2.toUTCString());          // 결과: Sat, 05 Aug 2017 02:37:15 GMT
console.log(dat2.toDateString());         // 결과: Sat Aug 05 2017
console.log(dat2.toTimeString());         // 결과: 11:37:15 GMT+0900 (대한민국 표준시)
console.log(dat2.toLocaleDateString());   // 결과: 2017. 8. 5.
console.log(dat2.toLocaleTimeString());   // 결과: 오전 11:37:15
console.log(dat2.toJSON());               // 결과: 2017-08-05T02:37:15.513Z

console.log(Date.parse('2016/11/05'));    // 결과: 1478271600000
console.log(Date.UTC(2016, 11, 5));       // 결과: 1480896000000
console.log(Date.now());                  // 결과: 1487387010580
```

3.4.2 날짜/시간 값을 가산/감산하기

Date 객체에는 날짜/시각을 직접 가산/감산하기 위한 메소드가 준비되어 있지 않다.

getXxxxx 메소드로 개별 날짜/시간 요소를 추출해 가산/감산한 결과를 setXxxxx로 다시 설정하는 절차가 필요하다.

구체적인 예로 다음의 코드를 살펴보자.

리스트 3-34 add.js

```
var dat = new Date(2017, 4, 15, 11, 40);
console.log(dat.toLocaleString());      // 결과: 2017. 5. 15. 오전 11:40:00
dat.setMonth(dat.getMonth() + 3);       // 3개월을 가산
console.log(dat.toLocaleString());      // 결과: 2017. 8. 15. 오전 11:40:00
dat.setDate(dat.getDate() - 20);        // 20일을 감산 ←─ ❶
console.log(dat.toLocaleString());      // 결과: 2017. 7. 26. 오전 11:40:00
```

❶과 같이 특정 요소에 대한 덧셈과 뺄셈의 결과가 유효 범위를 넘어버린 경우에도 Date 객체는 올바른 날짜로 자동 계산을 해주기 때문에 염려할 필요가 없다. 이 경우는 '15 - 20 = -5'이지만 Date 객체가 이전 달로 거슬러 올라가 올바른 날짜로 만들어준다.

참고로 Date 객체의 이러한 성질을 이용함으로써 그 달의 마지막 날을 구할 수도 있다.

리스트 3-35 add_last.js

```
var dat = new Date(2017, 4, 15, 11, 40);
console.log(dat.toLocaleString());      // 결과: 2017. 5. 15. 오전 11:40:00
dat.setMonth(dat.getMonth() + 1);       // 다음 달의 …
dat.setDate(0);                         // 0일째를 세트
console.log(dat.toLocaleString());      // 결과: 2017. 5. 31. 오전 11:40:00
```

이렇듯 '다음 달의 0일째'는 Date 객체에서 이 달의 마지막 날로 인식된다.

3.4.3 날짜/시간 차이 구하기

또 하나 자주 있는 것이 날짜/시간의 차를 계산하는 처리다. Date 객체는 직접 기능을 제공하고 있지 않으므로 다음과 같은 코드를 기술할 필요가 있다.

리스트 3-36 subtract.js

```
var dat1 = new Date(2017, 4, 15);       // 2017/05/15
var dat2 = new Date(2017, 5, 20);       // 2017/06/20
var diff = (dat2.getTime() - dat1.getTime()) / (1000 * 60 * 60 * 24);
console.log(diff + '일의 차이가 있다.');     // 결과: 36일의 차이가 있다.
```

여기에서는 '2017/06/20'과 '2017/05/15'의 날짜 차이를 계산하고 있다.

날짜 차이를 구하는 경우, 우선 필요한 것이 두 날짜의 경과 밀리초다. 3.4.1절의 표에서도 이미 보았듯이 경과 밀리초를 취득하는 것은 getTime 메소드의 역할이었다. 여기에서는 경과 밀리초의 차를 구해 그 값을 한 번 더 날짜로 변환하고 있다. 경과 밀리초를 날짜로 변환하려면 아래와 같이 해보자.

경과 밀리초 ÷ (1000밀리초 × 60초 × 60분 × 24시간)

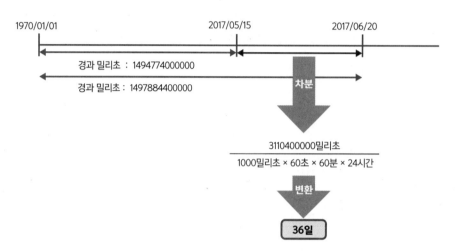

● 날짜의 차이를 구하려면?

좀 번거롭고 복잡하게 보일지 모르겠으나 정형적인 차분 계산의 예이므로 정해진 코드로 기억해두자.

3.5 | 정규 표현으로 문자 조작하기
— RegExp 객체

예를 들어, 아래의 문장에서 우편번호만 취득하고 싶다고 가정해보자.

우리 집의 우편번호는 111-0500이다. 이사하기 전에는 999-9763이었다.

우편번호 자체는 단순한 문자열이지만, 번호만 특정하는 것은 선두부터 순서대로 문자를 검색하여 "숫자가 등장하면 다음과 또 그 다음에도 숫자가 있는지, 그리고 그 다음에는 '-'인지…"를 연이어서 판정해야 할 필요가 있다.

이런 번잡한 절차를 밟지 않고 애매한 문자열 패턴을 표현할 수 있는 기법이 정규 표현(Regular Expression)이다. 예를 들어 우편번호는 '0~9의 숫자 3행' + '-' + '0~9의 숫자 4행'의 패턴을 나타내는데, 이를 정규 표현으로 나타내면 다음과 같다.

[0-9]{3}-[0-9]{4}

이를 원래의 문자열과 비교함으로써 임의의 문자열 중에서 특정 패턴을 지닌 문자열을 검색하는 것이 가능하다(자세한 기법에 대해서는 나중에 기술하겠다).

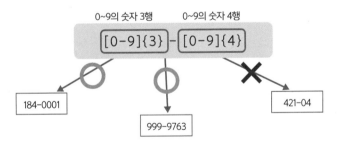

● 정규 표현의 예

3.5.1 JavaScript에서 이용 가능한 정규 표현

정규 표현으로 나타낸 문자열 패턴을 정규 표현 패턴이라고 부른다. 다음은 애플리케이션을 개발할 때 자주 이용하는 주요 정규 표현 패턴이다. 여기서 예로 든 것은 전체 중에서 일부분에 지나지 않지만, 이것들을 이해하는 것만으로도 여러 가지 문자열 패턴을 표현할 수 있게 될 것이다.

참고로 주어진 정규 표현 패턴이 어떤 문자열 중에 포함되어 있을 경우, 문자열이 정규 표현 패턴에 매치한다고 한다.

● JavaScript에서 이용 가능한 주요 정규 표현 패턴

분류	패턴	매칭하는 문자열
기본	ABC	'ABC'라는 문자열
	[ABC]	A, B, C 중 한 개의 문자
	[^ABC]	A, B, C 이외의 한 개의 문자
	[A-Z]	A~Z의 사이의 한 문자
	A|B|C	A, B, C 중에서 어떤 것
양 지정	X*	0 문자 이외의 X ("fe*"는 "f", "fe", "fee" 등으로 매치)
	X?	0 또는 1 문자의 X ("fe?"는 "f", "fe"에 매치, "fee"는 매치하지 않음)
	X+	1 문자 이상의 X ("fe+"는 "fe", "fee" 등은 매치, "f"는 매치하지 않음)
	X{n}	X의 n회 일치 ("[0-9]{3}"은 3자리의 숫자)
	X{n,}	X의 n회 이상 일치 ("[0-9]{3,}"은 3자리 이상의 숫자)
	X{m,n}	X의 m~n회 일치 ("[0-9]{3,5}"는 3~5자리의 숫자)
위치 지정	^	행의 선두와 일치
	$	행의 말미와 일치
문자 세트	.	임의의 1 문자에 일치
	\w	대문자/소문자의 영숫자, 숫자, _에 일치("[A-Za-z0-9]"와 동일)
	\W	문자 이외의 것과 일치("[^\w]"와 동일)
	\d	숫자와 일치("[0-9]"와 동일)
	\D	숫자 이외의 것과 일치("[^0-9]"와 동일)
	\n	개행(Line feed)과 일치
	\r	복귀(Carriage Return)와 일치
	\t	탭 문자와 일치
	\s	공백 문자와 일치 ("[\n\r\t\v\f]"와 동일)
	\S	공백 이외의 문자와 일치 ("[^\s]"와 동일)
	\~	'~'로 표현되는 문자

예를 들어, 앞의 표를 이용하여 URL을 나타내는 정규 표현 패턴을 표현해보자.

```
http(s)?://([\w-]+\.)+[\w-]+(/[\w-./?%&=]*)?
```

처음의 'http(s)? : //'에 포함된 '(s)?'는 's'라는 문자가 0 또는 1회 등장한다. 즉 URL 문자열이 'http://' 또는 'https://'로 시작되는 것을 나타낸다.

다음의 '([\w-]+\.)+[\w-]+'는 영숫자, 언더스코어, 하이픈으로 구성되는 문자열이며 도중에 피리어드를 포함하는 것을 나타내고 있다.

그리고 '(/[\w-./?% &=]*)?'는 후속 문자열이 영숫자, 언더스코어, 하이픈, 슬래시, 피리어드, 그 외 특수 문자(?, %, &, =)를 포함한 문자로 구성될 수 있음을 나타낸다.

이것은 반드시 완전한 URL 문자열을 나타내는 것은 아니지만, 기본적인 URL이라면 이러한 표기에 매칭할 것이다. 복잡하게 보일 수도 있지만, 타인이 쓴 정규 표현을 보면서 점차 다양한 정규 표현을 작성할 수 있도록 익혀 나가도록 하자. 참고로 이 책에서는 더 이상 정규 표현을 상세하게 다루지 않을 것이니 다른 전문 서적 등을 참조하길 바란다.

3.5.2 RegExp 객체를 생성하는 방법

JavaScript에서 정규 표현을 해석해 문자열 검색을 위한 기능을 제공하는 것이 RegExp 객체다.

RegExp 객체를 생성하는 방법은 크게 아래의 두 가지로 분류할 수 있다.

- RegExp 객체의 생성자를 경유하기
- 정규 표현 리터럴을 이용하기

각각의 구문을 보도록 하자.

```
var 변수명 = new RegExp('정규 표현', '옵션');  ←── 생성자
var 변수명 = / 정규 표현/ 옵션;  ←── 리터럴 표현
```

정규 표현 리터럴에서는 정규 표현 전체를 slash(/)로 감싸지 않으면 안 된다는 점에 주의하자.

'옵션'은 정규 표현의 동작을 좌우하는 파라미터로서 아래와 같은 값을 지정할 수 있다. 복수 지정하는 경우에는 예를 들어 "gi"와 같이 나열해서 기술한다.

● 정규 표현의 주요 옵션

옵션	개요
g	문자열 전체에 대해 매치하는가(지정하지 않은 경우 1번 매칭한 시점에서 처리를 종료)
i	대문자/소문자를 구별하는가
m	복수행에 대응하는가(개행 코드를 행의 시작과 끝으로 인식)
U	유니 코드 대응

이상을 근거로 하여 URL 문자열에 매칭하는 RegExp 객체를 생성해보면 다음과 같다.

```
var p = new RegExp('http(s)?://([\\w-]+\\.)+[\\w-]+(/[\\w-./?%&=]*)?','gi');
var p= /http(s)?:\/\/([\w-]+\.)+ [\w-]+(\/[\w-.\/?%&=]*)?/gi;
```

서로 나열해보면 단순한 구문의 차이뿐만 아니라, 정규 표현의 기법 그 자체에 대해서도 아래와 같은 두 가지 차이점이 있음을 알게 될 것이다.

(1) 생성자 클래스 구문에서는 '\'를 이스케이프할 것

우선 생성자 구문에서는 정규 표현이 문자열로 지정되어 있다. 2.3.2절에서도 언급한 것처럼 JavaScript의 문자열 리터럴에 있어 '\'는 의미를 지닌 예약어(reserved character)다. 따라서 본래의 정규 표현 패턴인 '\w'로인식시키기 위해서는 '\'를 '\\'로 이스케이프할 필요가 있다.

(2) 정규 표현 리터럴에서는 '/'를 이스케이프할 것

한편 정규 표현 리터럴에 있어 '/'는 정규 표현 패턴의 시작과 종료를 나타내는 예약어다. 정규 표현 리터럴로 정규 표현 패턴 그 자체에 '/'를 포함한 경우에는 이것을 '\/'와 같이 이스케이프 처리해두어야 할 필요가 있다.

어떠한 기법을 이용하더라도 상관은 없으나 위의 성질을 이해하고 있지 않으면 '정규 표현이 의도한 대로 동작하지 않는' 상황이 발생하거나 '스크립트 자체에 에러가 생겨 버리는' 일이 발생할 수도 있으므로 주의해야 한다.

3.5.3 정규 표현에 의한 문자열 검색

RegExp 객체를 생성하였으니 슬슬 문자열을 검색하는 방법에 대해 알아보도록 하자. 다음은 문자열로부터 URL 문자열을 추출하기 위한 예제다.

리스트 3-37 match.js

```
var p = /http(s)?:\/\/([\w-]+\.)+[\w-]+(\/[\w- .\/?%&=]*)?/gi;
var str = '서포트 사이트는 http://www.wings.msn.to/입니다.';
str += '예제 소개 사이트 HTTP://www.web-deli.com/도 잘 부탁해요!';
var result = str.match(p);
for (var i = 0, len = result.length; i < len; i++) {
  console.log(result[i]);
}
```

```
http://www.wings.msn.to/
HTTP://www.web-deli.com/
```

정규 표현으로 검색하려면 String.match 메소드를 이용한다(실은 이외에도 RegExp.exec 메소드가 있으나 이것은 나중에 설명하겠다).

구문 match 메소드

```
str.match(pattern)
      str: 검색 대상의 문자열      pattern: 정규 표현
```

match 메소드는 정규 표현 패턴에 매치한 문자열을 배열로 반환한다. 여기에서는 for 루프로 반환된 배열의 내용을 순서대로 출력하고 있다.

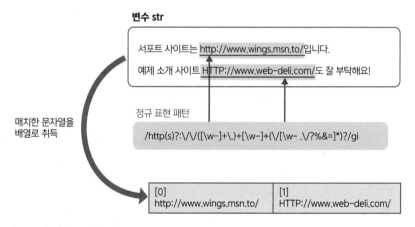

● **match 메소드의 동작**

3.5.4 정규 표현의 옵션으로 매치할 때 동작 제어하기

앞서 이야기한 것처럼 정규 표현에는 'g', 'i', 'm', 'u'라고 하는 동작 옵션이 있어, 이것들을 이용하면 정규 표현 검색의 동작을 제어할 수 있다.

방금 전의 리스트 3-37에서는 동작 옵션을 "gi"로 설정하였으므로 '문자열 전체'를 '대문자/소문자의 구별 없음'으로 검색하고 있었다. 그럼, 각각의 옵션을 제외해보면 어떻게 동작이 바뀔까?

■ 글로벌 검색 ─ g 옵션

우선 g 옵션을 제외한 경우의 예다.

리스트 3-38 match.js (변경분)

```
var p = /http(s)?:\/\/([\w-]+\.)+[\w-]+(\/[\w- .\/?%&=]*)?/i;
```

```
http://www.wings.msn.to/
undefined
msn.
/
```

이 예에서는 글로벌 검색을 무효로 하고 있기 때문에 처음에 일치한 문자열이 발견되었을 때 검색이 종료된다. 이 경우 match 메소드는 '처음에 일치한 문자열 전체와 서브 매치 문자열'을 배열로 돌려준다. 서브 매치 문자열이란 정규 표현 패턴 안에 소괄호 부분(서브 매치 패턴)과 일치하는 부분 문자열이다.

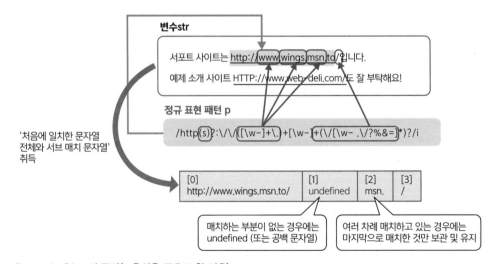

● match 메소드의 동작(g 옵션을 무효로 한 경우)

■ 대문자/소문자의 구별 — i 옵션

이번에는 i 옵션을 제외해보자.

리스트 3-39 match.js (변경분)

```
var p = /http(s)?:\/\/([\w-]+\.)+[\w-]+(\/[\w- .\/?%&=]*)?/g;
```

```
http://www.wings.msn.to/
```

이번에는 글로벌 검색은 유효로 하고 있지만, 대문자/소문자의 차이를 무시하지 않도록(구별하도록) 설정하고 있으므로 'http(s)?://'는 'HTTP://'와 매치하지 않는다. 결과적으로 'http://www. wings.msn.to/'만 취하게 된다.

■ 멀티 라인 모드 — m 옵션

여기까지는 알기 쉬운 동작이다. 약간 이해하기 어렵다면 m 파라미터(멀티 라인 모드)다. 우선은 아래의 예제를 보도록 하자.

리스트 3-40 match_multi.js

```
var p = /^[0-9]{1,}/g;
var str = '101마리의 강아지.\n7명의 난장이';
var result = str.match(p);
for (var i = 0, len = result.length; i < len; i++) {
  console.log(result[i]);
}
```

```
101
```

우선은 멀티 라인 모드를 무효로 하고 있는 경우의 결과다. 이 경우에 정규 표현 패턴 '^'는 단지 문자열의 선두를 나타내기 때문에 선두의 '101'에게만 해당된다.

그럼 멀티 라인 모드를 유효로 해보면 결과는 어떻게 바뀔까?

리스트 3-41 match_multi.js (변경분)

```
var p = /^[0-9]{1,}/gm;        // 행의 선두에 있는 1문자 이상의 숫자를 검색
```

```
101
7
```

멀티 라인 모드를 유효로 했을 경우에 정규 표현 패턴 '^'는 '줄 머리'를 나타내게 된다. 그 결과, 문자열 선두의 '101'는 물론, 개행 코드 '\n'의 직후에 있는 '7'에도 매치하게 된다.

참고로, 이것은 '$'(문자열 말미)에 대해서도 동일하다. 멀티 라인 모드를 유효로 지정했을 경우에 '$'는 '줄 끝'을 나타낸다.

> **NOTE** 정규 표현 리터럴
>
> '/패턴/옵션'은 그 자체가 리터럴 표현이기 때문에 리스트 3-41의 코드는 아래와 같이 기술할 수도 있다. 리터럴값이므로 전후를 작은/큰따옴표로 둘러싸서는 안 된다는 점에 주의가 필요하다.
>
> ```
> var result = str.match(/^[0-9]{1,}/gm);
> ```

■ 유니 코드에 대응하기 — u 플래그 `ES2015`

u 플래그를 이용함으로써 RegExp 객체에서도 서로게이트 페어(3.2.1절)를 인식할 수 있다.

곧바로 구체적인 예를 살펴보자. 다음은 서로게이트 페어 문자(여기서는 '💩')를 포함한 문자열을 정규 표현 검색하는 예다.

리스트 3-42 match_unicode.js

```
let str = '💩쌌어요';
console.log(str.match(/^.쌌어요$/gu));        // 결과: ["💩쌌어요"]
```

[.]은 임의의 한 문자를 나타낸다. u 플래그를 삭제하면 '💩'이 한 문자로 간주되지 않아(=서로게이트 페어가 올바로 인식되지 않아) 결과가 null이 된다.

3.5.5 match 메소드와 exec 메소드의 동작 차이

앞에서 정규 표현에 의한 문자열 검색에는 String.match 메소드를 이용하는 것 외에 RegExp.exec 메소드를 이용하는 방법도 있다고 말했다. 그러나 이러한 메소드에 의해서 얻을 수 있는 결과는 조건에 따라 서로 다른 경우가 있으므로 주의가 필요하다.

리스트 3-43 exec.js

```
var p = /http(s)?:\/\/([\w-]+\.)+[\w-]+(\/[\w- .\/?%&=]*)?/gi;
var str = '서포트 사이트는 http://www.wings.msn.to/입니다.';
str += '예제 소개 사이트 HTTP://www.web-deli.com/도 잘 부탁해요!'
var result = p.exec(str);
```

```
for (var i = 0, len = result.length; i < len; i++) {
  console.log(result[i]);
}
```

```
http://www.wings.msn.to/
undefined
msn.
/
```

리스트 3-37의 결과와 비교해보면 그 차이는 분명하다.

exec 메소드는 글로벌 검색(g 옵션)의 유효와 상관없이 한 번의 실행에 하나의 실행 결과만을 돌려준다. 대신, 리스트 3-37의 경우와 동일하게 매치 문자열 전체와 서브 매치 문자열을 배열로 반환한다.

그럼 'exec 메소드로 리스트 3-37과 동일한 결과를 얻고 싶은' 경우에는 어떻게 하면 좋을까? 결론부터 말하자면 아래와 같이 하면 가능하다.

리스트 3-44 exec2.js

```
var p = /http(s)?:\/\/([\w-]+\.)+[\w-]+(\/[\w- .\/?%&=]*)?/gi;
var str = '서포트 사이트는 http://www.wings.msn.to/입니다.';
str += '예제 소개 사이트 HTTP://www.web-deli.com/도 잘 부탁해요!'
while((result = p.exec(str)) !== null) {
  console.log(result[0]);
}
```

여기서의 포인트라면 exec 메소드(원래는 RegExp 객체)는 '마지막에 매치한 문자 위치를 기억하는 기능을 가지고 있다'는 점이다. 그리고 다음 번의 exec 메소드를 실행할 때 RegExp 객체는 '이전의 매치 위치로부터 검색을 재개'한다. exec 메소드는 다음 검색 결과가 없는 경우에는 null을 반환한다.

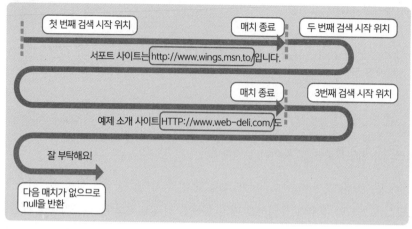

변수 str

| 첫 번째 검색 시작 위치 | 매치 종료 | 두 번째 검색 시작 위치 |

서포트 사이트는 http://www.wings.msn.to/ 입니다.

| 매치 종료 | 3번째 검색 시작 위치 |

예제 소개 사이트 HTTP://www.web-deli.com/ 도

잘 부탁해요!

다음 매치가 없으므로 null을 반환

● exec 메소드 동작

여기에서는 exec 메소드의 이러한 성질을 이용하여 exec 메소드의 반환값이 null이 될 때까지 루프를 돌려서 모든 매칭 결과를 표시하고 있다.

구문 exec 메소드

```
regexp.exec(str)
        regexp: 정규 표현    str: 검색 대상의 문자열
```

3.5.6 매칭의 성공 여부 검증하기

앞서 언급했듯이 정규 표현으로 매치된 문자열을 추출하려면 String.match/RegExp.exec 메소드를 사용한다. 그러나 용도에 따라 '단순히 매칭하고 있는지'를 알고 싶은 경우도 있다(매치한 문자열 자체는 필요없다).

이러한 경우에도 String.match/RegExp.exec 메소드로 반환값이 null인지 아닌지를 확인하면 매칭의 성공 여부를 판정할 수 있다. 그러나 더 간단한 방법은 test 메소드를 이용하는 것이다.

구문 test 메소드

```
regexp.test(str)
        regexp: 정규 표현    str: 검색 대상의 문자열
```

test 메소드는 주어진 문자열을 검색해 그 결과를 논리값(true/false)으로 반환해준다.

```
var p = /http(s)?:\/\/([\w-]+\.)+[\w-]+(\/[\w- .\/?%&=]*)?/gi;
var str1 = '서포트 사이트는 http://www.wings.msn.to/입니다.';
var str2 = '서포트 사이트「서버사이드 기술의 학습장」을 잘 부탁해요!';
console.log(p.test(str1));    // 결과: true
console.log(p.test(str2));    // 결과: false
```

또 test 메소드만큼 직관적은 아니지만, 지정된 정규 표현으로 처음에 매치한 문자 위치를 돌려
주는 String.search 메소드를 이용할 수도 있다.

구문 search 메소드

```
str.search(pattern)
    str: 검색 대상의 문자열    pattern: 정규 표현
```

search 메소드는 매치 문자열이 존재하지 않는 경우에 반환값으로 –1을 반환한다.

리스트 3-46 **search.js**

```
var p = /http(s)?:\/\/([\w-]+\.)+[\w-]+(\/[\w- .\/?%&=]*)?/gi;
var str1 = '서포트 사이트는 http://www.wings.msn.to/입니다.';
var str2 = '서포트 사이트「서버사이드 기술의 학습장」을 잘 부탁해요!';
console.log(str1.search(p));   // 결과: 7
console.log(str2.search(p));   // 결과: -1
```

3.5.7 정규 표현으로 문자열 치환하기

String.replace 메소드를 이용하면 정규 표현에 매치한 문자열을 치환할 수도 있다. 다음은 문자
열에 포함된 URL 문자열을 Anchor 태그로 치환하는 예제다.

리스트 3-47 **replace.js**

```
var p = /(http(s)?:\/\/([\w-]+\.)+[\w-]+(\/[\w- .\/?%&=]*)?)/gi;
var str = '서포트 사이트는 http://www.wings.msn.to/입니다.';
document.write(str.replace(p, '<a href="$1">$1</a>'));
```

● URL 문자열에 링크가 설정되어 있다

replace 메소드의 구문은 다음과 같다.

구문 replace 메소드

```
str.replace(pattern, rep)
      str: 치환 대상의 문자열          pattern: 정규 표현
      rep: 치환 후의 문자열
```

인수 rep에는 '$1 … $9'라는 특수 변수를 내장할 수 있다는 점에 주목하자. 이는 서브 매치 문자열을 보존하기 위한 변수로 이 예라면 아래처럼 값이 각각 $1…$4에 보관된다.

● 특수 변수의 내용(예)

변수	보관되어 있는 값
$1	http://www.wings.msn.to/
$2	없음
$3	msn.
$4	/

주의 깊은 사람이라면 리스트 3-47에서 정규 표현 전체를 소괄호로 둘러싸고 있는 것을 눈치챘을 것이다. 이것은 특수 변수 $1에 매칭 문자열 전체를 세트하기 위한 편의적인 조치다.

3.5.8 정규 표현으로 문자열 분할하기

정규 표현으로 문자열을 분할하려면 String.split 메소드를 사용한다.

구문 split 메소드

```
str.split(sep [,limit])
        str: 분할 대상의 문자열        sep: 단락 문자(정규 표현)
        limt: 분할 횟수의 상한값(118쪽 참조)
```

예를 들어, 다음은 'YYYY/MM/DD', 'YYYY-MM-DD', 'YYYY.MM.DD' 등의 날짜 문자열을 '/', '-', '.'로 구분해서 연월일로 분해하는 코드다.

리스트 3-48 split.js

```
var p = /[\/\.\-]/gi;
console.log('2016/12/04'.split(p));        // 결과: ["2016", "12", "04"]
console.log('2016-12-04'.split(p));        // 결과: ["2016", "12", "04"]
console.log('2016.12.04'.split(p));        // 결과: ["2016", "12", "04"]
```

split 메소드는 반환값으로 분할한 결과를 배열로 반환한다. 단락 문자가 '/', '-', '.' 중 어느 하나에 해당한다면 문자열이 올바르게 분할되고 있다는 것을 확인할 수 있다.

> **NOTE** **replace/split 메소드**
>
> replace/split 메소드의 첫 번째 인수에는 (RegExp 객체가 아닌) 단순한 문자열 리터럴을 지정할 수도 있다. 그러한 경우에는 정규 표현이 아닌 고정 문자열로 치환/분할된다.

3.6 | 모든 객체의 모형 — Object 객체

지금까지 소개했던 객체는 모두 그 자체의 이용을 목적으로 한 객체였다. 그러나 지금 여기서 소개하는 Object 객체는 지금까지 다뤄 온 객체와 약간 다르다. 그도 그럴 것이 Object 객체는 (자신을 인스턴스화할 수 있는 것뿐만 아니라) 다른 객체에 대하여 객체의 공통적인 성질/기능을 제공하기 때문이다.

Object 객체는 모든 객체의 기본 객체라고도 바꿔 말할 수 있다.

즉 내장형 객체도, 제5장에서 소개할 사용자 정의 객체도, '객체'라고 이름 붙은 모든 것은 Object 객체에 정의된 프로퍼티나 메소드를 공통으로 이용할 수 있다.

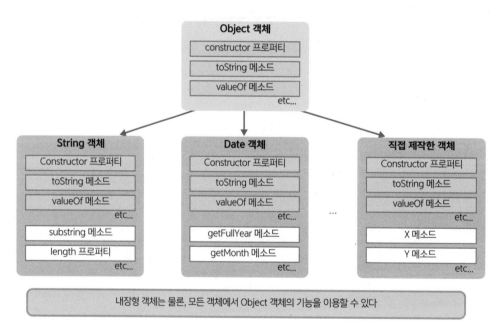

● Object 객체는 모든 객체의 기본

Object 객체에서 이용 가능한 주요 멤버는 다음과 같다.

● **Object 객체에서 이용 가능한 주요 멤버(*는 정적 멤버)**

분류	멤버	개요
기본	constructor	인스턴스화에서 사용되는 생성자 (읽기 전용)
	toString()	객체의 문자열 표현을 취득
	toLocaleString()	객체의 문자열 표현을 취득(지역 의존)
	valueOf()	객체의 기본형 표현(많게는 숫잣값)을 취득
	*assign(target, src,…) ES2015	객체 target에 객체 src를 복사
	*create(proto [,props])	객체 proto를 기초로 새로운 객체를 생성(인수 props는 생성하는 객체에 포함되는 프로퍼티 정보)
	*is(v1, v2) ES2015	인수 v1, v2가 동일한지의 여부를 판정
프로퍼티	*keys(obj)	객체 자신에 의존하는 열거 가능한 프로퍼티를 취득
	hasOwnProperty(prop)	지정한 프로퍼티를 갖고 있는지를 판정
	propertyIsEnumerable(prop)	프로퍼티 prop가 열거 가능한지를 판정
	*defineProperties(obj, props)	객체 obj에 프로퍼티군 props를 설정(5.4.2절)
	*defineProperty (obj, props, desc)	객체 obj에 프로퍼티 props를 설정(5.4.2절)
	*getOwnPropertyDescriptor(obj,prop)	프로퍼티 prop의 속성 정보를 취득
	*getOwnPropertyNames(obj)	객체 obj에 포함되는 모든 프로퍼티명을 취득(열거 가능/불가를 구분하지 않음)
	*getOwnPropertySymbol(obj) ES2015	객체 obj에 포함된 모든 심벌 프로퍼티를 취득(5.5.3절)
프로토타입	*getPrototypeOf(obj)	객체 obj의 프로토타입(5.2.1절)을 취득
	*setPrototypeOf(obj, proto) ES2015	객체 obj의 프로토타입을 설정
	isPrototypeOf(obj)	호출원의 객체가 지정한 객체의 프로토타입인지를 판정
변경 가능 여부	*preventExtensions(obj)	프로퍼티의 추가를 금지
	freeze(obj)	객체를 동결
	*seal(obj)	객체를 봉인
	*isExtensible(obj)	프로퍼티를 추가할 수 있는지 판정
	*isFrozen(obj)	객체가 동결되어 있는지 판정
	*isSealed(obj)	객체가 봉인되어 있는지 판정

분류 '프로퍼티', '프로토타입'에 속한 멤버를 중심으로 Object 객체의 멤버는 객체지향 구문과 밀접하게 관련되어 있다. 이것에 대한 설명은 제5장에서 하도록 하고, 여기에서는 그것들을 제외한 멤버에 대해 중요한 것 위주로 설명하겠다.

3.6.1 객체를 기본형으로 변환하기 — toString/valueOf 메소드

toString/valueOf 메소드는 각각 객체의 내용을 기본형의 값으로 변환한다. 양쪽의 역할은 꽤 닮았으나 다음과 같은 차이가 있다.

- toString 메소드 ➡ 문자열을 반환
- valueOf 메소드 ➡ 문자열 이외의 값이 반환되는 것을 '기대하며' 사용함

둘 다 애플리케이션 개발자가 직접 호출하는 상황은 드물며, 객체를 문자열 또는 기본형의 값으로 변환해야 할 문맥에서 암묵적으로 호출된다. 예를 들어 지금까지 등장한 window.alert 메소드, '+' 연산자 등에서는 암묵적으로 toString 메소드가 호출되어 문자열 표현으로 변환된다.

그럼 표준적인 내장형 객체로 toString/valueOf 메소드가 반환하는 값을 보도록 하자.

리스트 3-49 obj_tostring.js

```
var obj = new Object();
console.log(obj.toString());        // 결과: [object Object]
console.log(obj.valueOf());         // 결과: Object

var dat = new Date();
console.log(dat.toString());
        // 결과: Sun Feb 19 2017 16:32:13 GMT+0900 (대한민국 표준시)
console.log(dat.valueOf());         // 결과: 1487489533139

var ary = ['prototype.js', 'jQuery', 'Yahoo! UI'];
console.log(ary.toString());        // 결과: prototype.js,jQuery,Yahoo! UI
console.log(ary.valueOf());         // 결과: ['prototype.js', 'jQuery', 'Yahoo! UI']

var num = 10;
console.log(num.toString());        // 결과: 10
console.log(num.valueOf());         // 결과: 10

var reg = /[0-9]{3}-[0-9]{4}/g;
console.log(reg.toString());        // 결과: /[0-9]{3}-[0-9]{4}/g
console.log(reg.valueOf());         // 결과: /[0-9]{3}-[0-9]{4}/g
```

우선 Object 객체의 toString 메소드는 의미 있는 정보를 반환하지 않는다. 만약 객체를 직접

만들어 정의할 경우, 내장형 객체가 그렇듯 개별 객체에서 의미 있는 정보를 반환할 수 있도록 toString 메소드를 정의할 필요가 있다(메소드를 정의하는 방법에 대해서는 5.2.1절에서 기술하겠다). toString 메소드로 객체가 관리하고 있는 정보를 적절히 반환하도록 함으로써 디버그/테스트 시에도 객체의 내용 확인이 간단해진다.

한편, valueOf 메소드는 대부분의 내장형 객체가 자기 자신을 반환할 뿐이다. 유일하게 Date 객체만이 날짜/시간의 숫자 표현(타임스탬프 값)을 반환한다. valueOf 메소드도 객체가 기본형으로서 나타낼 수 있는 값을 갖고 있다면 개별로 정의하도록 한다.

3.6.2 객체 결합하기 — assign 메소드 ES2015

assign 메소드를 이용함으로써 기존의 객체를 결합(merge)할 수 있다.

구문 assign 메소드

```
Objec.assign(target, source, …)
      target: 타깃      source: 복사할 원본
```

인수 source,…로 지정된 객체의 멤버를 인수 target에 복사한다. assign 메소드는 반환값으로서 결합 후의 객체를 반환하는데, 원래의 객체(인수 target)에도 영향이 미친다는 점에 주의해야 한다.

아래에 있는 구체적인 예를 살펴보자.

리스트 3-50 obj_assign.js

```
let pet = {
  type: '스노우 화이트 햄스터',
  name: '귀염둥이',
  description: {
    birth: '2014-02-15'
  }
};

let pet2 = {
  name: '슈퍼깜찍이',
  color: '흰색',
  description: {
    food: '해바라기 씨'
  }
};
```

```
let pet3 = {
  weight: 42,
  photo: 'http://www.wings.msn.to/img/ham.jpg'
};

Object.assign(pet, pet2, pet3); ←── ❶
console.log(pet);
```

```
{
  color: "흰색",
  description: {
    food:"해바라기 씨"
  },
  name: "슈퍼깜찍이",
  photo: "http://www.wings.msn.to/img/ham.jpg"
  type: "스노우 화이트 햄스터",
  weight: 42
}
```

assign 메소드에서는 다음과 같은 주의점이 있다.

- 동일 명칭의 프로퍼티는 나중에 정의된 값으로 덮어 쓰인다(위의 예의 name)
- 재귀적인 결합은 지원하지 않는다(이 예에서는 description 프로퍼티는 통째로 덮어 쓰임)

또한 앞서 다루었듯이 assign 메소드는 인수 target(여기서는 변수 pet)을 갱신하고 있다. 만약 원래의 객체에 영향을 끼치지 않고 싶은 경우에는 ❶의 부분을 다음과 같이 한다.

```
let merged = Object.assign({}, pet, pet2, pet3);
```

이것에 의해 '빈 객체에 대해 pet1~3을 결합하시오'라는 의미가 되므로 원래의 객체 pet1~3에는 영향을 끼치지 않는다.

3.6.3 객체 생성하기 — create 메소드

객체를 생성하려면 다음과 같은 방법이 있다.

리스트 3-51 obj.js

```
var obj = { x:1, y:2, z:3 }; ←── ❶
```

```
var obj2 = new Object();    ←
obj2.x = 1;
obj2.y = 2;                        ❷
obj2.z = 3;    ←

var obj3 = Object.create(Object.prototype, {←
  x: { value: 1, writable: true, configurable: true, enumerable: true},
  y: { value: 2, writable: true, configurable: true, enumerable: true},
  z: { value: 3, writable: true, configurable: true, enumerable: true}
  }                                                                        ❸
);    ←
```

우선 ❶은 2.3.2절에서도 다루었던 객체 리터럴이다. 이름을 갖고 있지 않는 객체(익명 객체)를 생성하는 가장 간단한 수단이다.

❶은 ❷처럼 new 연산자를 이용해 명시적으로 Object 객체를 인스턴스화한 후 개별적인 프로퍼티를 추가해도 동일한 처리가 된다. 즉, 객체 리터럴에서는 아래의 예처럼 그냥 보기에 빈 객체를 생성하는 것처럼 보여도 내부적으로는 Object 객체의 인스턴스이며, 디폴트로 toString/valueOf 등의 메소드를 계승하고 있다는 점에 주의해야 한다(완전하게 비어 있는 상태가 아니다).

```
var obj = {};
```

> **N O T E 익명 객체를 생성하는 방법**
>
> 익명 객체를 생성하기 위해서 Object 객체가 아닌 아래의 Array/Date와 같은 기존의 내장형 객체를 이용하는 것도 가능하다.
>
> ```
> var obj = new Array();
> obj.name = '슈퍼맨';
> ```
>
> 그러나 익명 객체를 생성하기 위해서 이러한 특정의 목적을 가진 객체들을 베이스로 할 이유는 없다. 이것은 오히려 실수나 버그의 근원이 될 가능성이 있기 때문이다. 그러므로 일반적으로는 객체로서 중성적인 기능만을 갖는 Object 객체를 사용해야 한다.

객체를 생성하는 3번째의 수단은 Object.create 메소드다(❸).

구문 create 메소드

```
Objec.create(proto [,props])
      proto: 생성할 객체의 원본 객체
      props: 프로퍼티 정보
```

❸에서 인수 proto에 Object.prototype을 건네고 있는 것은 'Object 객체의 기능을 계승한 객체를 생성하시오'라는 의미다. prototype 프로퍼티에 대해서는 5.2절에서 다시 설명하겠다.

반대로, 인수 proto에 null을 건넴으로써 create 메소드에서는 Object 객체조차 계승하지 않는 – 완전히 빈 객체를 생성하는 것도 가능하다.

```
var obj = Object.create(null);
```

create 메소드의 인수 props에는 다음과 같은 형식으로 프로퍼티를 모아서 정리할 수 있다.

{프로퍼티명: { 속성명: 값, … }, …}

속성이란 프로퍼티의 다양한 성질을 나타내기 위한 정보다. 다음은 이용할 수 있는 속성을 정리한 표다.

● **프로퍼티의 주요 속성**

속성	개요	기본값
configurable	속성(writable 이외)의 변경이나 프로퍼티의 삭제가 가능한가	false
enuemerable	열거 가능하게 할 것인가	false
value	값	–
writable	갱신 가능한가	false
get	게터 함수(5.4.2절)	–
set	세터 합수(5.4.2절)	–

configurable/enumerable/writable 속성의 기본값은 모두 false다. 굵은 문자 부분을 삭제할 경우, x 프로퍼티는 값의 변경, for…in 명령에 의한 열거, 프로퍼티 그 자체의 삭제 등을 할 수 없게 된다.

> **N O T E** **라이브러리/메소드 설정 정보**
>
> create 메소드의 인수 prop와 같이 인수로서 객체 리터럴을 건네는 상황은 JavaScript에서는 자주 볼 수 있다. 재이용할 일 없는 약간의 구조화 데이터를 건네 받을 경우. 객체 리터럴을 이용함으로써 나중에 설명할 '클래스'를 일일이 정의할 필요가 없게 되어 코드를 간략하게 기술할 수 있다.

3.6.4 불변 객체 정의하기

불변 객체란 처음에 인스턴스를 생성한 뒤에는 일절 상태(값)를 변경할 수 없는 객체를 말한다. 객체를 변경할 수 없게 함으로써 객체의 상태가 의도하지 않았음에도 변경될지 모른다는 염려가 없다는 점에서 이른바 '가변 객체'보다도 구현/이용이 단순해진다. 결과적으로 버그의 양산을 방지하는 완벽한 코딩으로도 이어지는 장점이 있다.

이러한 불변 객체를 정의하기 위해서 JavaScript에서는 preventExtensions/seal/freeze라는 메소드를 제공하고 있다. 이러한 메소드들은 각각의 프로퍼티 조작에 대해 다음과 같은 제한을 부과한다.

● 프로퍼티의 조작을 제한하기 위한 메소드

메소드	preventExtensions	seal	freeze
프로퍼티의 추가	불가	불가	불가
프로퍼티의 삭제	가능	불가	불가
프로퍼티값의 변경	가능	가능	불가

다음의 코드로 구체적인 동작도 확인해보자.

리스트 3-52 freeze.js

```
'use strict';
var pet = { type: '스노우 화이트 햄스터', name: '귀염둥이' };

// 다음 각각 주석을 제거하여 동작을 확인
//Object.preventExtensions(pet); ←── ❶
//Object.seal(pet); ←── ❷
//Object.freeze(pet); ←── ❸

// 기존 프로퍼티값을 변경
pet.name = '슈퍼깜찍이';
// 기존 프로퍼티 삭제
delete pet.type;
// 신규 프로퍼티 추가
pet.weight = 42;
```

각각의 주석을 제거한 결과는 다음과 같다.

❶ Can't add property weight, object is not extensible(weight 프로퍼티를 추가할 수 없다)

❷ Cannot delete property 'type' of #<Object> (type프로퍼티를 삭제할 수 없다)

❸ Cannot assign to read only property 'name' of object '#<Object>' (name 프로퍼티는 읽기 전용)

참고로, 예제를 명시적으로 Strict 모드로 동작하고 있는 것은 비 Strict 모드에서는 preventExtensions/seal/freeze 메소드의 제약임에도 불구하고 예외가 발생하지 않기 때문이다. 예를 들어, preventExtensions 메소드를 호출한 후에 프로퍼티를 추가해도 무조건적으로 무시될 뿐 통지되지 않는다. 이것은 동작으로써는 이해하기 어렵기 때문에 preventExtensions/seal/ freeze 메소드를 이용할 경우에는 Strict 모드를 유효로 해야 한다.

> **N O T E** **Internet Explorer 9의 경우**
> 단, Internet Explorer 9에서는 Strict 모드가 유효나 무효에 상관없이 예외가 발생하지 않는다.

3.7 │ JavaScript 프로그램에서 자주 이용하는 기능 제공하기 ─ Global 객체

Global 객체(글로벌 객체)는 지금까지 등장한 객체와 다르다. 예를 들어, 아래와 같이 인스턴스화하는 것도 불가능하다.

```
var g = new Global();
```

또 다음과 같이 메소드를 호출할 수도 없다.

```
Global.메소드명(…);
```

글로벌 객체란 이른바 글로벌 변수나 글로벌 함수를 관리하기 위해 JavaScript가 자동적으로 생성하는 편의적인 객체인 것이다.

글로벌 변수/글로벌 함수란 함수의 밑에 속하지 않는 톱 레벨의 변수/함수를 말한다. 글로벌 변수/함수는 자신이 직접 정의하는 것도 가능하지만 JavaScript에도 몇 개의 글로벌 변수/함수를 디폴트로 제공하고 있다(다음 페이지의 표를 참조).

이러한 글로벌 변수/글로벌 함수는 'Global.~'이 아닌 단지 아래처럼 참조하는 것이 가능하다.

```
변수명
함수명(인수,…)
```

Global 객체에는 프로그래밍을 실시하는 데 있어서 중요한(또한 자주 사용하는) 기능이 포함되어 있으므로 이에 대한 구체적인 예제와 함께 알아보도록 하자.

분류	멤버	개요
특수값	NaN	숫자가 아니다(Not a Number)
	Infinity	무한대(∞)
	undefined	미정의값
체크	isFinite(num)	유한값인가 아닌가(NaN, 양수와 음수의 무한대가 아님)
	isNaN(num)	숫자가 아닌지(Not a Number) 판정
변환	Boolean(val)	논리형으로 변환
	Number(val)	숫자형으로 변환
	String(val)	문자열형으로 변환
	parseFloat(str)	문자열을 부동 소수점 수치로 변환
	parseInt(str)	문자열을 정숫값으로 변환
인코드	encodeURI(str)	문자열을 URI 인코딩
	decodeURI(str)	문자열을 URI 디코딩
	encodeURIComponent(str)	문자열을 URI 인코딩
	decodeURIComponent(str)	문자열을 URI 디코딩
해석	eval(exp)	식/값을 평가

3.7.1 Number 객체로 이동한 메소드 ES2015

ES2015에서는 글로벌 객체에 속한 메소드의 일부가 Number 객체로 이동하였다. 숫자에 관한 기능은 의미상 Number 객체에 속하는 편이 낫기 때문이다.

- isFinite
- isNaN
- parseFloat
- parseInt

ES2015를 이용할 수 있는 환경에서는 향후 Number 객체의 메소드를 이용해야 한다. 참고로, 위의 메소드에 있어 parseFloat/parseInt는 글로벌 객체와 Number 객체에서의 동작이 완전히 일치한다. 그러나 isFinite/isNaN 메소드는 동작에 변화가 있다.

구체적인 것은 다음의 예로 확인해보자.

리스트 3-53 **is_nan.js**

```
console.log(isNaN('hoge'));        // 결과: true
console.log(Number.isNaN('hoge')); // 결과: false
```

글로벌 객체에서는 인수를 숫자로 변환한 후에 판정하고 있는데 반해, Number 객체에서는 인수가 숫자형이며 NaN인 것만을 true로 판정한다. 즉, Number.isNaN 메소드 쪽이 글로벌 객체보다도 엄격하게 NaN값을 판정하고 있다고 말할 수 있다.

이러한 관계는 Number.isFinite/Global.isFinite도 동일하다.

3.7.2 쿼리 정보 이스케이프 처리하기
— encodeURI/encodeURIComponent 함수

예를 들어, Google이나 Yahoo!와 같은 검색 엔진을 사용하고 있으면 아래와 같은 URL을 발견할 수 있을 것이다.

```
http://search.yahoo.co.jp/search?p=WINGS&ei=UTF-8&fr=my-top&x=wrt
```

이와 같이 URL 끝 부분의 '~?' 이후에 '키 명 = 값 &…'의 형식으로 기술되고 있는 것은 서버상에서 움직이는 애플리케이션에 처리를 요청할 때 필요한 데이터다. 이것을 쿼리 정보라고 한다.

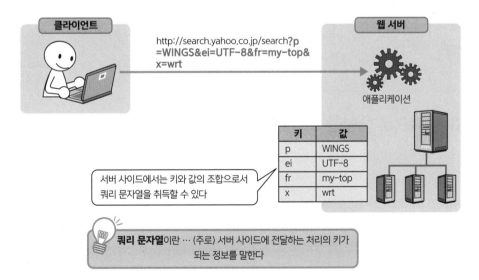

● 쿼리 문자열의 역할

단, 이 쿼리 정보는 간단하고 쉬운 만큼 건네줄 수 있는 정보에 몇 가지 제한이 있다. 예를 들어, 쿼리 정보의 단락 문자인 '?'나 '='를 비롯해 '%', 공백, 멀티 바이트 문자 등은 사용할 수 없다. 이러한 문자가 쿼리 정보에 포함된 경우에는 미리 악영향을 끼치지 않는 문자열('%xx'의 형식)로 변환해둘 필요가 있다.

이러한 변환 처리를 URI encode라고 한다. 그리고 이런 이스케이프 처리를 실시하는 것이 encodeURI/encodeURIComponent 함수다. 두 함수는 거의 같은 기능을 제공하지만 encode 대상이 되는 문자가 약간 다르다. 다음의 예제를 보자.

리스트 3-54 encodeURI.js

```
var str = '!"#$%&()+-*/@~_|;:,.';
console.log(encodeURI(str));            // 결과: !%22#$%25&()+-*/@~_%7C|;:,.
console.log(encodeURIComponent(str));   // 결과:!%22%23%24%25%26()%2B-*%2F%40~_%7C%3B%3A%2C.
```

예를 들어 encodeURIComponent 함수에서는 '#', '$', '+', 'j', '@', ';', ':', ',' 등도 변환되고 있으나 encodeURI 함수에서는 변환되지 않는 것을 알 수 있다. 또 ',', '!', '(', ')', '-', '.', '*', '~', '_' 등은 어느 쪽 함수에서도 변환되지 않는다.

참고로 encodeURI/encodeURIComponent 함수와 많이 닮은 함수로 escape 함수가 있다. 이 함수는 사용하고 있는 플랫폼이나 브라우저(종류/버전), 문자 코드 등에 따라 얻을 수 있는 결과가 다르다. 그 때문에 '하위 호환성을 유지하고 싶은' 경우 등 특별한 이유가 없는 한 사용하지 않길 바란다.

encodeURI/encodeURIComponent 함수로 encode된 문자열은 decodeURI/decodeURIComponent 함수를 이용함으로써 원래의 문자열로 디코딩이 가능하다.

3.7.3 동적으로 생성한 스크립트 실행하기 — eval 함수

eval 함수는 주어진 문자열을 JavaScript의 코드로 평가/실행한다. 예를 들어, 다음은 문자열로 건네받은 console.log 메소드를 eval 함수로 해석/실행하는 예다.

리스트 3-55 eval.js

```
var str = 'console.log("eval 함수")';
eval(str);        // 'eval 함수'라고 로그에 출력
```

이렇게 보니 eval 함수는 자유자재로 JavaScript의 코드를 전달해서 실행할 수 있기 때문에 유연하게 코딩 가능한 것처럼 보인다. 그러나 아래와 같은 이유로 남용은 피해야 한다

- 제3자에 의해 임의의 스크립트가 자기 멋대로 실행될 수 있는 가능성이 있다(시큐리티 리스크)
- 일반적인 코드를 실행하는 것보다도 처리 속도가 늦다(성능 저하)

일반적인 용도라면 eval 함수보다 안전한 대안책이 있다. 예를 들어 '변수(식)의 값에 따라 액세스해야 할 프로퍼티를 전환하고 싶다'는 상황을 고려해보자. eval 함수를 이용함으로써 다음과 같이 작성할 수 있다.

리스트 3-56 eval2.js

```
var obj = { hoge: 1, foo: 2 };
var prop = 'hoge';
eval('console.log(obj.'+ prop + ')');      // 결과: 1
```

하지만 대괄호 구문을 이용하는 편이 더 간략하고 안전한 코드를 작성할 수 있다.

```
console.log(obj[prop]);        // 결과: 1
```

또한 '{"hoge": 1, "foo": 2 }'와 같은 데이터 문자열을 가져오는 경우에는 다음과 같은 코드를 작성할 필요가 없다.

```
eval('var data = { "hoge": 1, "foo": 2 }');
console.log(data.hoge);        // 결과: 1
```

대신 JSON.parse라는 전용의 메소드를 이용한다.

리스트 3-57 json.js

```
var data = JSON.parse('{ "hoge": 1, "foo": 2 }');
console.log(data.hoge);        // 결과: 1
```

JSON.parse 메소드로 처리할 수 있는 코드는 eval 함수보다 한정되어 있기 때문에 데이터 변환을 목적으로 하고 있다면 더 깔끔하고 보다 안전하게 처리할 수 있다.

JSON(JavaScript Object Notation)이란 JavaScript의 객체 리터럴 형식에 준거한 데이터 포맷이다. 그 성질상 JavaScript와 친화성이 높아 Ajax 통신(7.4절) 등에서는 자주 이용되고 있다.

단 JSON에서 이용할 수 있는 리터럴 표현과 JavaScript의 리터럴 표현은 완전하게 일치하지는 않으므로 주의해야 한다. 구체적으로 다음과 같은 제약이 있다.

- 프로퍼티명은 큰따옴표로 감싸야 한다.
- 배열/객체 아래의 요소 끝부분은 콤마로 종료해서는 안 된다.
- 0으로 시작하는 숫자는 금지다.

참고로 JavaScript의 배열/객체를 JSON 문자열로 변환하려면 JSON.stringify 메소드를 이용한다.

```
var obj = { hoge: 1, foo:2 };
console.log(JSON.stringify(obj))  // 결과: {"hoge": 1, "foo":2 }
```

이렇게 eval 함수를 사용해야 하는 상황일지라도 위와 같은 대안책이 준비되어 있으므로 우선 다른 방법으로 치환할 수 없는지 검토해봐야 할 것이다.

'eval is evil'(eval 함수는 사악)하기 때문이다.

4

반복적으로 사용하는
코드를 하나로 정리하기
― 함수

4.1 | 함수란?

주어진 입력(파라미터)에 근거하여 어떤 처리를 실시한 뒤 그 결과를 돌려주는 구조를 함수라고 한다. JavaScript는 디폴트로 많은 함수를 제공하고 있는데, 그와는 별도로 애플리케이션 개발자가 스스로 함수를 정의할 수도 있다.

사용자 정의 함수를 정의하는 방법은 크게 네 가지가 있다.

- function 명령으로 정의하기
- Function 생성자 경유로 정의하기
- 함수 리터럴 표현으로 정의하기
- 애로우 함수로 정의하기 `ES2015`

그럼 각각의 접근 방식에 대해 알아보도록 하자.

4.1.1 function 명령으로 정의하기

함수를 정의할 때 가장 기본적인 접근 방식이다.

구문 function 명령

```
function 함수명(인수, ...) {
   ...함수 안에서 실행되는 임의의 처리...
   return 반환값;
}
```

함수명을 부여할 때는 아래의 사항에 주의하기 바란다.

- (단순한 문자열이나 식이 아닌) 식별자의 조건에 만족할 필요가 있다(2.2.2절 참조)
- '그 함수가 무슨 처리를 하고 있는지'를 금방 이해할 수 있는 이름으로 붙인다
   ➡ 'showMessage'와 같이 '동사 + 명사'의 형식에서 명명하는 것이 일반적이다

인수는 함수의 동작을 결정하기 위한 파라미터다. 이 파라미터는 호출원으로부터 지정된 값을
받아들이기 위한 변수를 콤마 단락으로 지정한다. 인수를 받기 위한 변수는 가인수라고 하며,
함수 내부에서만 참조할 수 있다.

또한 반환값은 함수가 처리한 결과, 즉 최종적으로 호출원에게 돌려주기 위한 값이다. 일반적으
로는 함수 말미에 return 명령을 기술해 지정한다. 함수 도중에 return 명령을 기술했을 경우에
는 그 이후의 처리가 실행되지 않으므로 주의가 필요하다. 함수 도중에 기술하는 경우에는 if/
switch 등의 조건 분기 명령을 아울러 사용해야 한다.

참고로 반환값이 없는 함수(호출원에 반환값을 돌려주지 않는 함수)에서는 return 명령을 생략해도
상관없다. return 명령이 생략되었을 경우, 함수는 디폴트로 undefined(미정의값)를 반환한다.

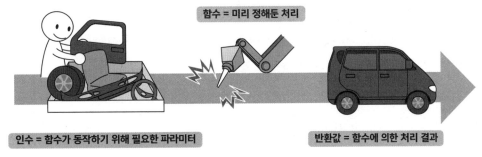

● 함수란?

구문의 설명이 약간 길어져 버렸다. 그럼 극히 기본적인 함수의 예를 보자.

아래의 getTriangle 함수는 인수로서 변수 base(아랫변), height(높이)를 받아 결괏값으로 삼각형
의 면적을 반환하는 함수다.

리스트 4-01 function.js

```
function getTriangle(base, height) {
  return base * height / 2;
}

console.log('삼각형의 면적:' + getTriangle(5, 2));  // 결과: 삼각형의 면적:5
```

정의가 끝난 함수는 아래와 같이 호출한다.

```
함수명([인수, …]);
```

인수가 존재하지 않는 경우에도 함수의 뒤쪽에 있는 소괄호는 생략할 수 없으므로 주의해야 한다(소괄호를 생략했을 경우 함수의 정의 내용이 그대로 출력되어 버린다).

참고로 함수 정의로 선언된 인수(가인수)와 구별하는 의미로 호출 측의 인수를 실인수라고 부른다.

> **NOTE** 중괄호는 생략 불가
>
> 2.5.1절에서 이야기했듯이 if/for/while 등의 제어 명령에서는 명령문이 한 줄인 경우에 한해 중괄호를 생략할 수 있다. 그러나 function 명령에서는 함수의 내용이 한 줄이라 할지라도 중괄호를 생략할 수 없으므로 주의하기 바란다.

4.1.2 Function 생성자로 정의하기

3.1.4절에서도 말했듯이 JavaScript에서는 내장형 객체로서 Function 객체를 준비하고 있다. 함수는 이 Function 객체의 생성자를 이용하여 정의할 수 있다.

구문 Function 생성자

```
var 변수명 = new Function(인수,… , 함수의 본체);
```

예를 들어, 방금 살펴본 리스트 4-01(getTriangle 함수)을 Function 생성자로 바꿔 써보면 어떻게 될까?

리스트 4-02 function_obj.js

```
var getTriangle = new Function('base', 'height', 'return base * height / 2;');
console.log('삼각형의 면적:' + getTriangle(5, 2));   // 결과: 삼각형의 면적:5
```

리스트 4-01과 동일한 결과를 얻을 수 있음을 확인할 수 있다.

Function 생성자에서는 함수가 받는 가인수를 순서대로 늘어놓고 마지막에 함수의 본체를 지정하는 것이 기본이다.

String, Number, Boolean 등의 객체와 동일하게 new 연산자를 생략하여 마치 글로벌 함수인 것처럼 기술할 수도 있다.

```
var getTriangle = Function('base', 'height', 'return base * height / 2;');
```

또한 아래와 같이 가인수 부분을 한 개의 인수로 기술하는 것도 가능하다.

```
var getTriangle = new Function('base, height', 'return base * height / 2;');
```

여기에서는 본체에 문장이 하나밖에 포함되지 않는 함수를 정의하고 있지만, 일반적인 함수의 정의와 동일하게 세미콜론(;)으로 문장을 구분지어 복수의 문장을 포함할 수도 있다.

이와 같이 구문 규칙 자체는 명쾌하다. 그렇다면 앞의 function 명령을 사용하지 않고 굳이 Function 생성자를 이용한다면 과연 어떤 장점이 있을까? function 명령을 이용하는 것이 코드도 깨끗하니 보기도 쉽고, 따옴표로 인수나 함수 본체를 둘러싸지도 않기 때문에 불필요한 코딩 미스를 피할 수 있을 거란 생각이 들지 않는가?

실은 특별한 이유가 없는 한 굳이 Function 생성자를 이용해야 할만한 장점이 없다. 그러나 한 가지, Function 생성자에는 function 명령에 없는 중요한 특징이 있다. 그것은 'Function 생성자에는 인수나 함수 본체를 문자열로써 정의할 수 있다'는 점이다.

즉, Function 생성자를 이용하면 아래와 같은 코드를 기술할 수 있다.

리스트 4-03 function_obj2.js

```
var param = 'height, width';
var formula = 'return height * width / 2;';
var diamond = new Function(param, formula);
console.log('마름모의 면적:' + diamond(5, 2));        // 결과: 마름모의 면적:5
```

여기에서는 단순화하기 위해 변수 param과 formula를 각각 고정값으로 지정하고 있지만, 스크립트상에서 문자열을 연결하고 인수/함수 본체를 동적으로 생성할 수도 있다.

다만, 이러한 사용법은 앞서 eval 함수의 항목에서 언급한 것과 동일한 이유로 남용해서는 안 된다. 특히 외부에서 입력하여 함수를 생성한 경우에는 외부에서 임의의 코드를 실행할 수 있게 될 가능성이 있다.

JavaScript의 함수는 기본적으로 function 명령이나 나중에 언급할 함수 리터럴로 정의한다고 기억해두자.

'어떻게 해서든 Function 생성자를 이용하고 싶은 경우'일지라도 다음과 같은 상황에서는 사용을 피하기 바란다.

- while/for 등의 반복 블록 안
- 빈번히 호출되는 함수 안

왜냐하면 Function 생성자는 실행 시 호출될 때마다 코드의 해석에서부터 함수 객체의 생성까지 전부 실시하기 때문에 성능 저하의 한 요인이 될 가능성이 있기 때문이다.

4.1.3 함수 리터럴 표현으로 정의하기

세 번째는 함수 리터럴로 정의하는 방법이다. 2.3.2절에서 이미 언급했듯이 JavaScript에 있어서 함수는 데이터형의 일종이다. 즉, 문자열이나 숫자와 동일하게 리터럴로 표현할 수 있고, 함수 리터럴을 변수에 대입한다든지, 어떤 함수의 인수로서 건네준다든지, 혹은 반환값으로서 함수를 건네주는 것이 가능하다. 이로 인해, JavaScript에서는 실로 유연한 코딩이 가능하다.

다음은 함수 리터럴을 사용해 리스트 4-01를 바꿔 놓은 것이다.

리스트 4-04 function_literal.js

```javascript
var getTriangle = function(base, height) {
  return base * height / 2;
};

console.log('삼각형의 면적:' + getTriangle(5, 2));  // 결과: 삼각형의 면적:5
```

함수 리터럴의 기법은 function 명령과 아주 비슷하지만 아래와 같은 차이가 있다.

- function 명령 ➡ 함수 getTriangle을 직접 정의하고 있다
- 함수 리터럴 ➡ 'function(base, height) { … }'로 이름 없는 함수를 정의한 다음, 변수 triangle에 대입하고 있다.

이와 같이 함수 리터럴은 선언한 시점에서는 이름을 가지지 않기에 익명 함수 또는 무명 함수라고 불리기도 한다. 익명 함수는 JavaScript의 함수를 이용하는 데 있어서 매우 중요한 개념이므로 나중에 좀 더 상세하게 설명할 것이다.

4.1.4 애로우 함수로 정의하기 `ES2015`

마지막으로 ES2015에서 새롭게 추가된 애로우 함수의 방법을 살펴보자.

애로우 함수(Arrow Function)를 이용함으로써 함수 리터럴을 보다 간결하게 기술할 수 있다. 앞서 설명한 getTriangle 함수를 애로우 함수를 사용하여 바꿔보자.

리스트 4-05 arrow.js

```javascript
let getTriangle = (base, height) => {
  return base * height / 2;
};

console.log('삼각형의 면적:' + getTriangle(5, 2));   // 결과: 삼각형의 면적:5
```

애로우 함수의 기본적인 구문은 다음과 같다.

구문 애로우 함수

```
(인수, …) => { … 함수의 본체 … }
```

애로우 함수에서는 function 키워드는 기술하지 않는다. 대신 이름의 유래인 => (화살표)로 인수와 함수 본체를 연결한다.

이것만으로도 꽤 간결해졌다. 하지만 조건에 따라서는 좀 더 간소화가 가능하다. 우선, 본체가한 문장인 경우에는 블록을 나타내는 {…}은 생략할 수 있다. 또한 문장의 반환값이 그대로 반환값으로 간주되므로 return 명령도 생략 가능하다. 따라서 예제의 볼드체 부분은 다음과 같이바꾸어 쓸 수 있다.

```javascript
let getTriangle = (base, height) => base * height / 2;
```

게다가 인수가 한 개인 경우에는 인수를 감싸고 있는 괄호도 생략할 수 있다. 다음과 같이 원의면적을 구하는 getCircle 함수의 예를 보자.

```javascript
let getCircle = radius => radius * radius * Math.PI;
```

단, 인수가 없는 경우에는 괄호를 생략할 수 없다.

```
let show = () => console.log('안녕하세요, 자바 스크립트!');
```

이러한 구문의 차이 외에도 애로우 함수에서는 (함수 리터럴에는 없는) 'this의 고정'이라는 기능이
있다. 이것에 대해서는 this에 대한 설명을 한 후에 6.7.4절에서 설명하도록 하겠다.

> **N O T E   객체 리터럴을 건네는 경우**
>
> 애로우 함수의 표기법은 익숙해지면 어렵지 않겠지만, 표기법에 자유도가 있는 만큼 예상치 못한 함정이
> 있으므로 주의가 필요하다. 예를 들면 다음은 애로우 함수가 반환값으로서 객체 리터럴을 반환하는 예다.
> 이때 리터럴 전체를 괄호로 감싸야 한다는 점에 주목하길 바란다.
>
> ```
> let  func = () => ({ hoge : '호게'} );
> ```
>
> 왜냐하면 다음과 같이 괄호가 없이 기술되는 경우 {…}가 함수 블록을, 'hoge:'가 레이블을 각각 나타내고
> 있다고 간주되기 때문이다. 결과적으로 함수 전체의 반환값이 undefined(미정의)가 된다.
>
> ```
>                            함수 블록
>                     ┌────────┴────────┐
> let func = () => {hoge : '호게'};
>                   └──┬──┘  └──┬──┘
>                   레이블    문자열식
> ```

4.2 함수를 정의할 때 주의할 네 가지 사항

지금까지 살펴본 것처럼 JavaScript에 있어 함수의 정의는 매우 간단하다. 하지만 실제로 코딩에 임해 보면 생각지도 못한 문제점 때문에 골치가 썩기도 한다. 여기에서는 자주 발생하는 문제점을 피하는 힌트 네 가지를 소개하겠다.

▌4.2.1 return 명령은 도중에 개행하지 않는다

2.1.3절에서도 언급했듯이 JavaScript에서는 기본적으로 세미콜론으로 문장의 끝을 인식한다. 다만, 세미콜론을 생략했을 경우에도 JavaScript는 적당히 앞뒤 문맥으로 문장의 끝을 판단한다. 즉 JavaScript에서는 문장 끝에 세미콜론을 붙이는 것이 바람직하지만 '필수는 아니다'라는 뜻이다. 이러한 융통성은 기본적으로 JavaScript에서 실력의 격차를 줄여주는 요인이 되기도 하지만, 때로는 불필요한 혼란을 일으키는 원인이 되기도 한다. 아래의 예를 살펴보자.

리스트 4-06 **return.js**

```
var getTriangle = function(base, height) {
  return
  base * height / 2;
};

console.log('삼각형의 면적:' + getTriangle(5, 2));
```

이것은 호출원에 삼각형의 면적(식 'base * height/ 2'의 결괏값)이 반환될 것을 의도한 코드지만, 실제로 호출해보면 의도한 대로 결과를 얻을 수 없다. 아마 실행 결과는 '삼각형의 면적: undefined'가 될 것이다.

이것이 바로 유연한 JavaScript가 불필요하게 참견해서 만들어낸 부산물이다. 위의 코드(볼드체 부분)가 실제로는 세미콜론이 자동적으로 보완되어 아래와 같이 해석되어 버린 것이다.

```
return;
base * height / 2;
```

그 결과 getTriangle 함수는 반환값으로서 (디폴트의) undefined를 돌려주어 뒤에 있는 식 'base * height / 2;'가 무시되어 버렸다.

의도한 대로 동작하려면 아래와 같이 중간에 있는 개행을 삭제할 필요가 있다.

```
return base * height / 2;
```

이렇듯 '에러가 발생하지는 않지만 의도한 동작 또한 하지 않는' 케이스는 나중에 디버깅을 어렵게 만드는 원인이 되기도 한다. 물론, 이 정도의 짧은 식에서 도중에 개행을 넣는 일은 없을지도 모르겠다. 하지만 반환값으로서 보다 긴 식을 지정하는 경우에는 무의식 중에 개행을 넣어 버리지 않도록 각별히 주의해야 한다.

> **N O T E** **break/continue 명령도 도중에 개행하지 않도록 주의하기**
>
> 위와 동일한 이유로 다음과 같은 문장에서도 명령 직후에 개행을 해서는 안 된다.
>
> 1. 레이블문과 함께 기술된 break/continue 명령
> 2. throw 명령
> 3. ++, — 연산자(후치)
>
> 특히 복잡한 루프인 경우는 return 명령 이상으로 문제를 발견하기 어렵게 될 가능성이 있다.

이상 정리해보면, JavaScript에서는 문장의 도중에 개행할 수 있다. 하지만 무제한으로 개행할 수 있는 것이 아니다. 일반적으로는 연산자, 콤마, 왼쪽 괄호의 직후 등 문장이 계속될 것이 명확한 장소에서만 개행하는 것이 안전하다.

▌4.2.2 함수는 데이터형의 하나다

다른 프로그래밍 언어를 배운 적이 있는 사람이라면 아래의 코드를 직감적으로 '틀렸다'고 생각할 것이다.

리스트 4-07 **data.js**

```
var getTriangle = function(base, height) {
  return base * height / 2;
};

console.log(getTriangle(5, 2));     // 결과: 5
```

```
getTriangle = 0; ←— ❶
console.log(getTriangle);          // 결과: 0 ←— ❷
```

'함수와 동일한 명칭의 변수가 정의된 것이 문제라면 ❶은 에러가 될 것이다', '함수를 마치 변수와 같이 호출하고 있는 것이 문제라면 ❷에서 문제가 될 것이다'라고 생각할 것이다.

그러나 앞서 말한 것처럼 이것들은 모두 올바른 코드다.

지겨울지 모르겠지만 다시 한번 이야기하겠다. JavaScript에서 '함수는 데이터형의 일종'이다. 그러니까 getTriangle 함수를 정의한다는 것은 실은 'getTriangle이라고 하는 변수에 함수형의 리터럴을 대입하는' 것과 동일한 것이다. 따라서 ❶에서 변수 getTriangle에 재차 수치형의 값을 세트한다 하더라도 틀린 것이 아니며, 당연히 수치형으로 고쳐 쓸 수 있는 변수를 참조하고 있는 ❷의 코드도 올바른 것이 된다.

함수의 이러한 성질을 이용해서 더욱 명백하게 아래와 같은 코드를 기술할 수도 있다.

리스트 4-08 data2.js

```
var getTriangle = function(base, height) {
  return base * height / 2;
};

console.log(getTriangle);
```

```
function(base, height) {
  return base * height / 2;
}
```

여기에서는 getTriangle을 변수로서 참조하고 있으므로 getTriangle에 대입된 함수 정의가 그대로 문자열로 출력되고 있는 것이다(엄밀하게는 Function 객체의 toString 메소드가 호출되어 문자열 표현으로 변환된 것이 출력된 것이다).

이것이 앞서 이야기한 함수를 호출할 때 '인수가 없어도 소괄호를 생략할 수 없다'는 이유기도 하다. 소괄호는 '함수를 실행하기'라는 의미도 갖고 있다.

4.2.3 function 명령은 정적인 구조를 선언한다

무엇보다 function 명령에 의한 함수 정의는 '함수 리터럴을 대입 연산자(=)로 변수에 대입하는 것'과 다른 점도 있으므로 주의가 필요하다. 예를 들어 다음과 같은 코드에 주목해보자.

리스트 4-09 static.js

```
console.log('삼각형의 면적:' + getTriangle(5, 2)); ←── ❶

function getTriangle(base, height) {
  return base * height / 2;
}
```

'함수 정의가 변수 정의다'라는 전제에 근거한다면 ❶은 에러가 되어야 한다. ❶의 시점에서 아직 getTriangle 함수(함수 정의를 대입한 변수 getTriangle)는 선언되지 않았기 때문이다.

그러나 실제로 이 코드를 실행해보면 올바르게 getTriangle 함수가 실행되고, 결과도 잘 표시되는 것을 확인할 수 있다. 이것은 function이 동적으로 실행되는 명령이 아니라 정적인 구조를 선언하기 위한 키워드이기 때문이다. '정적인 구조'라고 말하면 이해하기 어려울지도 모르겠지만, 요점은 'function 명령은 코드를 해석/컴파일하는 타이밍에 함수를 등록한다'는 것이다. 따라서 실행할 때는 이미 코드 내에 구조의 일부분으로 존재해 getTriangle 함수를 어디에서라도 호출할 수 있다.

> **NOTE** **<script> 요소는 호출 측보다 먼저 기술한다**
>
> 2.1.2절에서 설명했듯이 함수를 정의한 스크립트 블록(<script> 요소)은 '호출 측의 스크립트 블록보다 앞에' 혹은 '동일한 스크립트 블록'에 기술해야만 한다. 브라우저는 <script> 요소의 단위로, 순서대로 스크립트를 처리해 나가기 때문이다. 이 점은 혼란을 일으키기 쉬우므로 조심해야 한다.

4.2.4 함수 리터럴/Function 생성자는 실행할 때 판단된다

그렇다면 리스트 4-09를 함수 리터럴(또는 Function 생성자)로 고쳐 쓰면 어떻게 될까? 함수 리터럴/Function 생성자도 function 명령과 동일하게 코드를 해석/컴파일하는 타이밍에 함수를 등록할까?

리스트 4-10 **static2.js**

```
console.log('삼각형의 면적:' + getTriangle(5, 2)); ←── ❶

var getTriangle = function(base, height) {
  return base * height / 2;
};
```

❶에서 결과가 5가 되면 성공이지만, 결과는 유감스럽게도 실행 시 에러 'getTriangle is not a function(getTriangle은 함수가 아니다)'다. 이것은 리스트 4-10의 함수 정의를 Function 생성자로 고쳐 썼을 경우에도 동일하다.

즉 이 결과로 알 수 있는 것은 function 명령과는 달리, 함수 리터럴/Function 생성자는 실행 시(대입 시)에 판단된다. 따라서 함수 리터럴/Function 생성자로 함수를 정의하는 경우에는 '호출원의 코드보다 먼저 기술해야 할' 필요가 있다.

이와 같이 같은 함수 정의라 해도 기법에 따라서는 해석이 다르므로 주의가 필요하다.

이 외에 함수 리터럴과 Function 생성자의 사이에서도 실은 해석의 차이가 있다. 이에 대해서는 다음의 스코프 설명과 함께 설명하고자 한다.

4.3 | 변수는 어떤 곳에서 참조할 수 있을까?
— 스코프

스코프란 '변수가 스크립트 안의 어떤 곳에서 참조할 수 있는가'를 결정하는 개념이다. JavaScript
의 스코프는 아래와 같이 두 가지로 분류할 수 있다.

- 스크립트 전체에서 참조할 수 있는 글로벌 스코프
- 정의된 함수 안에서만 참조할 수 있는 로컬 스코프

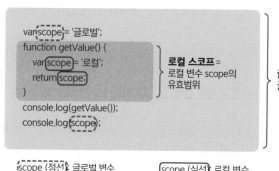

● 글로벌 스코프와 로컬 스코프

지금까지는 톱 레벨에서 정의한(=함수 밖에서 정의한) 변수만을 보았기 때문에 스코프를 의식할
필요가 거의 없었다. 그러나 함수가 등장함에 따라 드디어 스코프에 대해서도 이해해두어야 할
필요성이 생겼다.

4.3.1 글로벌 변수와 로컬 변수의 차이점

글로벌 스코프를 갖는 변수를 글로벌 변수, 로컬 스코프를 갖는 변수를 로컬 변수라고 한다. 우선은 아래와 같이 기억해두자(실은 약간 거짓말도 섞여 있다. 그에 대해서는 나중에 설명하겠다).

- 함수의 바깥에서 선언한 변수 ➡ 글로벌 변수
- 함수의 안에서 선언한 변수 ➡ 로컬 변수

구체적인 예로 각각의 동작을 확인해보자. 다음은 함수의 내외에서 각각 동일한 이름의 변수 scope를 선언한 예다.

리스트 4-11 **scope.js**

```
var scope = 'Global Variable';  ←── ❶

function getValue() {
  var scope = 'Local Variable';  ←── ❷
  return scope;
}

console.log(getValue());       // 결론: Local Variable ←── ❸
console.log(scope);            // 결론: Global Variable ←── ❹
```

방금 전에 언급했듯이, 함수의 밖에서 선언된 ❶의 변수 scope를 글로벌 변수, 함수 안에서 선언된 ❷의 변수 scope는 로컬 변수로 간주될 것이다.

그리고 결과는 생각한 대로다. ❸에서 getValue 함수를 통해 변수 scope를 참조했을 경우에는 로컬 변수 scope의 값이 반환되고, ❹에서 변수 scope를 직접 참조했을 경우에는 글로벌 변수 scope의 값이 반환되는 것을 확인할 수 있다. 스코프가 서로 다른 경우에 각각의 변수는(같은 이름이어도) 별개로 인식된다는 의미다.

4.3.2 변수 선언에 var 명령이 필수인 이유

그럼 아래와 같은 코드는 어떤가?

리스트 4-12 **scope2.js**

```
scope = 'Global Variable';  ←── ❶

function getValue() {
  scope = 'Local Variable';  ←── ❷
```

```
    return scope;
}


console.log(getValue());  ←── ❸
console.log(scope);  ←── ❹
```

조금 전의 코드와 다른 점이라면, 각각의 변수 선언에서 var 명령을 없앴다는 것뿐이다. 2.2.1절에서도 말했듯이 JavaScript에 있어서 변수 선언을 나타내는 var 명령은 생략 가능하기 때문에 이 코드는 어쨌든 동작한다.

그러나 그 결과는 어떨까? 이번에는 ❸, ❹ 모두 'Local Variable'이라는 값을 출력한다. 아무래도 ❶에서 정의된 글로벌 변수가 ❷에서 덮어 쓰여 버린 것 같다.

결론을 말하자면 JavaScript에서는 var 명령을 사용하지 않고 선언된 변수는 모두 글로벌 변수로 간주한다고 말할 수 있다. 그 결과 ❶에서 정의된 글로벌 변수 scope는 getValue 함수가 실행되는 단계(❷의 타이밍)에서 덮어 쓰이게 되는 것이다.

이러한 이유로, 앞서 말한 '변수를 정의한 장소에서 스코프가 결정된다'는 설명이 '약간은 거짓말'이라는 것이다. 정확하게는 'var 명령으로 정의된 변수는 정의한 장소에 따라 변수의 스코프가 정해진다'는 것이다. 즉 로컬 변수를 정의하려면 반드시 var 명령을 사용해야 한다는 뜻이 된다.

위와 같은 이유로 '함수 내에서 글로벌 변수를 고쳐 쓰는' 용도를 제외하고는 원칙적으로 var 명령을 생략해서는 안 된다. 또한 글로벌 변수를 선언하는 경우에도 '글로벌 변수에는 var 명령을 붙이지 않고, 로컬 변수에만 var 변수를 붙인다'라는 것은 오히려 혼란의 소지가 될 가능성이 높다. 그러므로 원칙상 '변수 선언은 var 명령으로 실시한다'는 습관을 들여 둔다면 쓸데없는 버그가 발생하는 것을 미연에 방지할 수 있을 것이다.

▌4.3.3 로컬 변수의 유효범위는 어디까지?

방금 전에 로컬 변수는 '선언된 함수 안에서만 유효한 변수'라고 말했으나 보다 엄밀하게는 '선언된 함수 전체에서 유효한 변수'다. '전체라니?'라고 생각한 사람은 다음의 코드를 주목하기 바란다.

방금 전에 살펴본 리스트 4-11에서 볼드체 부분만 추가한 것이다.

리스트 4-13 scope3.js

```
var scope = 'Global Variable';

function getValue() {
  console.log(scope);          // 결과: ????  ←── ❶
  var scope = 'Local Variable';  ←── ❷
  return scope;
}

console.log(getValue());     // 결과: Local Variable
console.log(scope);          // 결과: Global Variable
```

자, 여기서 퀴즈를 하나 내겠다. ❶에서 출력되는 값은 무엇일까?

❶의 시점에서는 로컬 변수 scope가 설정되어 있지 않으므로 글로벌 변수 scope의 값 'Global Variable'이 출력될 것이라고 생각했다면 유감스럽게도 답이 아니다.

한편, 이 절의 앞부분에서 설명한 로컬 변수가 함수 전체에서 유효하다는 것을 적용해서 로컬 변수 scope의 값 'Local Variable'이 출력된다고 생각해볼 수도 있을 것이다. 그러나 이것 또한 답이 아니다.

정답은 'undefined (미정의값)'이다. 이론적으로 설명하자면, 우선 JavaScript에서의 로컬 변수는 '함수 전체에서 유효'하므로 ❶의 시점에서 이미 로컬 변수 scope가 유효하게 된다. 그러나 ❶의 시점에서는 아직 로컬 변수가 확보되기만 했을 뿐 var 명령은 실행되지 않았다. 즉 로컬 변수 scope의 내용은 미정의(undefined)인 셈이다. 이러한 동작을 변수의 호이스팅(hoisting)이라고 한다. 약간 이해하기 어려울지도 모르겠으나 JavaScript의 이러한 동작은 생각지도 않은 버그의 원인이 된다.

이러한 오류를 방지해야겠다는 의미에서라도 로컬 변수는 함수의 선두에 선언한다는 사실을 마음속에 새겨두는 것이 바람직하다(이러한 작성법은 '변수는 할 수 있는 한 이용하는 장소 근처에 선언한다'라는 다른 언어의 작성법과 상반되는 것이므로 주의가 필요하다).

이렇게 함으로써 직관적인 변수의 유효 범위와 실제의 유효 범위가 어긋나는 일이 없어지기 때문에 예기치 못한 버그를 일으킬 걱정 또한 사라지게 된다.

4.3.4 가인수의 스코프 — 기본형과 참조형의 차이 주의하기

4.1.1절에서도 언급했듯이 가인수란 '호출원으로부터 함수로 건네진 값을 받는 변수'를 말한다. 아래와 같은 getTriangle 함수라면 가인수는 base, height가 된다.

```
function getTriangle(base, height) { … }
```

가인수는 기본적으로 로컬 변수로 처리된다. '기본적으로'라고 하는 것이 다소 신경 쓰일지도 모르겠지만, 우선은 접어두고 동작을 확인해보자.

리스트 4-14 reference.js

```
var value = 10; ←── ❶

function decrementValue(value) {
  value--;
  return value;
}

console.log(decrementValue(100)); // 결과: 99 ←── ❷
console.log(value);               // 결과: 10 ←── ❸
```

여기에서는 우선 ❶에서 글로벌 변수 value에 10이 세트된다. 그 다음에 ❷에서 함수 decrementValue가 호출되는데, 그 내부에서 사용되고 있는 가인수 value는 로컬 변수로 인지되므로 이것은 아무리 조작해도 글로벌 변수 value에 영향을 미치지 않는다.

따라서 ❷에서 decrementValue 함수의 가인수 value에 100을 건네주면, 가인수 value를 감소시킬지언정 글로벌 변수 value를 덮어쓸 일이 없어 ❸에서는 원래의 값인 10이 표시된다.

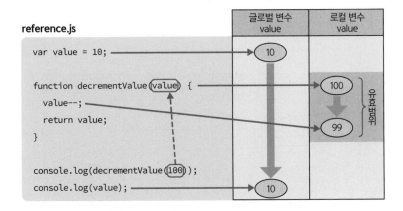

```
reference.js

var value = 10;

function decrementValue(value) {
  value--;
  return value;
}

console.log(decrementValue(100));
console.log(value);
```

글로벌 변수 value와 로컬 변수 value는 별개의 것이므로
로컬 변수에서의 변경이 글로벌 변수에 영향을 주지 않는다.

● **글로벌 변수와 로컬 변수(기본형)**

지금까지는 극히 직관적으로 이해할 수 있었던 부분이라고 생각한다. 그러나 가인수에 건네지는 값이 참조형이 된다면 어떻게 될까? 구체적인 코드를 살펴보자.

리스트 4-15 **reference2.js**

```
var value = [1, 2, 4, 8, 16];      ← ❶
function deleteElement(value) {     ← ❷
  value.pop();    // 마지막 요소를 삭제
  return value;
}

console.log(deleteElement(value)); // 결과: [1,2,4,8] ← ❸
console.log(value);                // 결과: [1,2,4,8] ← ❹
```

참조형에 대해서도 여러 차례 언급했듯이, 참조형이란 '값 그 자체가 아닌, 값을 보관한 메모리 상의 장소(주소)'만을 보관하고 있는 형식'이다. 그리고 참조형의 값을 주고받는 경우에는 건네지는 값 또한 (값 그 자체가 아닌) 메모리상의 주소 정보뿐이다(이러한 값의 인도 방법을 참조 인도라고 한다).[1]

즉, 여기에서는 ❶에서 정의된 글로벌 변수 value와 ❷에서 정의된 가인수(로컬 변수)가 변수로서 는 서로 별개지만, ❸에서 글로벌 변수 value의 값이 가인수 value에 전달되었을 시점에는 실제

---

1 역주 원서에서는 참조 인도라는 표현을 사용하였으나, 우리나라에서는 참조 인도라는 표현보다는 "참조에 의한 호출(Call by reference)"이라는 표현을 많이 쓴다.

참조하고 있는 메모리상의 주소를 건네주게 되어 결과적으로는 동일한 장소(주소)를 참조하게 된 것이다.

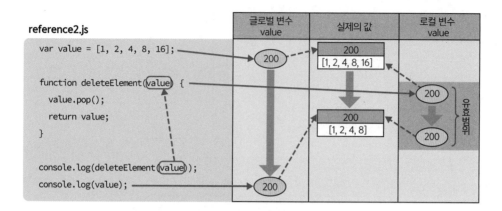

reference2.js

```
var value = [1, 2, 4, 8, 16];

function deleteElement(value) {
  value.pop();
  return value;
}

console.log(deleteElement(value));
console.log(value);
```

글로벌 변수와 로컬 변수 모두 동일 어드레스를 참조하고 있다
→ 결과적으로 로컬 변수의 변경은 글로벌 변수에도 반영된다

● 글로벌 변수와 로컬 변수(참조형)

따라서 deleteElement 함수 안에서 배열을 조작한 경우(여기에서는 Array.pop 메소드로 배열 맨 끝의 요소를 삭제), 그 결과는 글로벌 변수 value에도 반영된다(❹).

이러한 동작은 참조형의 특성을 이해하고 있다면 당연한 것이지만, 글로벌 변수/로컬 변수와 관련되면 혼란에 빠지기 쉬운 점이기도 하다. 그러므로 여기에서 다시 한번 확실히 정리해두자.

4.3.5 블록 레벨의 스코프는 존재하지 않는다 (ES2015 이전)

Java나 C#, Visual Basic과 같은 프로그래밍 언어를 학습했던 적이 있는 사람이라면, 문장 블록({...})의 범위에서만 변수를 유효로 하는 스코프(블록 스코프)를 알고 있을지도 모르겠다. 예를 들어, 다음은 (JavaScript는 아닌) Java에서 극히 간단한 예제다.

리스트 4-16 Scope.java

```
if (true) {
  int i = 5;
}

System.out.println(i); // 에러 ← ❶
```

Java의 세계에서는 블록 단위로 스코프가 결정되기 때문에 이 경우 '변수 i의 유효범위는 if 블록의 내부에서만' 유효하게 된다. 즉 ❶의 시점에서 '변수 i가 미정의다'라고 판단해 에러가 된다.

한편 JavaScript의 세계에서는 동일한 코드가 올바르게 동작한다.

리스트 4-17 **compare_scope.js**

```
if (true) {
  var i = 5;
}

console.log(i);      // 결과: 5
```

JavaScript의 경우, 블록 레벨의 스코프가 존재하지 않아 블록(여기에서는 if 블록)에서 빠져 나온 후에도 변수가 유효해 계속 사용할 수 있기 때문이다. 다른 프로그래밍 언어를 배웠던 사람에게 있어서는 다소 위화감을 느낄만한 부분일지도 모르겠으나 기억해두면 좋을 것이다.

■ 보충 설명: 즉시 함수에서 변수명의 경합을 방지하기

'변수의 의도하지 않는 경합을 방지한다'라는 의미에서도 변수의 스코프를 가급적 필요 최소한으로 생각해두는 것이 중요하다. JavaScript에서도 다음과 같은 기술로 의사적인 블록 스코프를 실현할 수 있다.

리스트 4-18 **block.js**

```
(function() {
  var i = 5;
  console.log(i);          // 결과: 5 ←————— ❶ 무명 함수
}).call(this);             ❷ 그 자리에서 바로 실행

console.log(i);            // 변수 i는 스코프 밖이므로 에러
```

'함수에 의해 스코프가 결정된다면, 함수를 (처리를 모아둔 덩어리가 아닌) 스코프의 틀로서 이용하자'라는 것이다. 우선 ❶에서 스코프의 틀을 무명 함수로 정의하고, 이것을 call 메소드(5.1.5절)를 사용해서 그 자리에서 바로 호출하고 있다(❷). 함수는 어디까지나 형식적인 틀에 지나지 않기 때문에 정의가 끝나면 바로 실행된다.

여기서 함수 안의 변수(여기서는 i)는 로컬 변수이므로 블록의 바깥에서는 참조할 수 없다. 그리고 정의한 함수를 즉시 호출하기 때문에 이러한 테크닉을 즉시 함수[2]라 부른다.

---

2 **역주** 다른 표현으로 '즉시 실행 함수'라고도 한다.

직접 만든 애플리케이션을 작성할 경우에는 전체 코드를 즉시 함수로 감싸는 것으로 인해 애플리케이션 이외의 코드(예를 들면 라이브러리 등)와 변수명이 경합할 염려가 없어진다.

4.3.6 블록 스코프에 대응한 let 명령 ES2015

ES2015에서 추가된 let 명령은 블록 스코프에 대응한 변수를 선언한다. 리스트 4-17을 let 명령으로 바꿔 쓰면 어떻게 될까?

리스트 4-19 **let.js**

```
if (true) {
  let i = 5;
}

console.log(i);      // 결과: 에러
```

역시 let 명령으로 선언된 변수는 블록의 밖에서는 무효가 되어 그 결과 에러(i is not defined)가 된다.

'스코프는 가능한 한 한정시켜야 한다'라는 것이 일반적인 프로그래밍의 규칙이라고 할 때, ES2015를 이용할 수 있는 환경이라면 var 명령보다도 let 명령을 이용하는 것이 바람직할 것이다. 또한 const 명령(2.2.3절)에서 정의된 상수도 블록 스코프를 갖는다.

■ 즉시 함수는 사용하지 않는다

앞 절에서 다루었던 즉시 함수는 ES2015의 환경에서는 필요가 없다. 다음과 같이 해당하는 코드를 블록으로 감싸서 그 안의 변수를 let 명령으로 선언하면, 즉시 함수와 동일한 효과를 얻을 수 있기 때문이다.

리스트 4-20 **let_block.js**

```
{
  let i = 5;
  console.log(i);    // 결과: 5
}

console.log(i);      // 변수 i는 스코프 밖이므로 에러
```

리스트 4-18과 비교하면 확실히 코드가 단순해졌다.

■ switch 블록에서의 let 선언은 주의가 필요하다

switch 명령은 조건 분기 전체로서 하나의 블록이다(case는 레이블로 수식된 구문이기 때문에 블록이 아니다). 그러므로 case 구문의 단위로 변수를 let 선언하는 경우에는 에러가 발생한다.

리스트 4-21 **let_switch.js**

```
switch(x) {
  case 0:
    let value = 'x:0';
  case 1:
    let value = 'x:1';          // 변수명의 중복
}
```

이러한 경우에는 switch 블록 밖에서 처음부터 변수 value를 선언해두도록 한다.

4.3.7 함수 리터럴/Function 생성자에서 스코프의 차이

스코프와 관련해서 한 가지 더 살펴보자. 4.2.4절에서 보류해둔 함수 리터럴과 Function 생성자의 차이에 대해 설명하고자 한다.

함수 리터럴과 Function 생성자는 둘 다 익명 함수를 정의하기 위한 기능을 제공하고 있지만, 실은 함수 안에서 이것들을 이용했을 경우 스코프의 해석이 서로 다르다. 아래의 코드로 동작을 확인해보자.

리스트 4-22 **scope4.js.**

```
var scope = 'Global Variable';

function checkScope() {
  var scope = 'Local Variable';

  var f_lit = function() { return scope; };
  console.log(f_lit());       // 결과: Local Variable

  var f_con = new Function('return scope;');
  console.log(f_con());       // 결과: Global Variable
}

checkScope();
```

함수 리터럴 f_lit도, Function 생성자 f_con도 함수 내부에서 정의하고 있다. 그 때문에 어느 쪽이든 간에 변수 scope는 로컬 변수를 참조할 것처럼 생각될지도 모르겠다. 하지만 결과를 보면 알 수 있듯이 Function 생성자에서는 글로벌 변수를 참조하고 있다.

이것은 직감적으로는 이해하기 어려운 동작이지만, Function 생성자 안의 변수는 그 선언 장소에 상관없이 항상 글로벌 스코프로 간주한다.

4.1.2 절에서도 기술했듯이 Function 생성자는 원칙상 사용하지 않는다는 전제라면, 이와 같은 혼란이 생기는 케이스는 적을 수도 있다. 일단 여기서는 다시 한번 '함수의 3개의 기법이 반드시 의미상 동일하지는 않다'라는 것을 확인해두자.

4.4 │ 인수의 다양한 표기법

사용자 정의 함수의 기본을 이해하였으므로, 다음은 사용자 정의 함수에 관한 다양한 테크닉을 소개하겠다. 우선 인수에 관한 주제부터 살펴보자.

참고로 인수에 관한 사양은 ES2015에서 크게 개선되었다. 이 절의 내용은 ES2015 이전의 환경을 전제로 하고 있다. ES2015 환경을 사용할 수 있는 사람은 다음 절의 내용을 참고하길 바란다.

4.4.1 JavaScript는 인수의 수를 체크하지 않는다

인수에 관한 구체적인 테크닉에 들어서기 전에 JavaScript에서의 인수의 성질에 관해 확인해두자.

우선 아래와 같은 코드를 시험해보자.

리스트 4-23 args.js

```
function showMessage(value) {
  console.log(value);
}

showMessage();                 // 결과: undefined  ←── ❶
showMessage('철수');            // 결과: 철수        ←── ❷
showMessage('철수', '영희');     // 결과: 철수        ←── ❸
```

사용자 정의 함수 showMessage는 인수를 한 개 받는다. 이러한 함수에 대해서 리스트 4-23처럼 각각 0, 1, 2개의 인수를 건네주면 어떠한 결과를 얻을 수 있을까?

보통 인수를 한 개 건네주고 있는 ❷의 케이스만 올바르게 동작하고, ❶ 과 ❸은 에러가 될 것이라고 생각할 것이다. 그러나 실제로는 ❶~❸ 모두 올바르게 동작한다. 즉, JavaScript에서는 부여되는 인수의 수가 함수 쪽에서 요구하는 수와 다른 경우에도 이를 체크하지 않는다는 것이다. 따라서 ❶의 케이스에서는 가인수 value의 값이 undefined(미정의)인 것으로서 처리되고, ❸의 케이스에서는 많았던 두 번째의 인수("영희")가 일단 무시되어 결과적으로 ❷와 동일한 결과를 얻게 된다.

그렇다고 해서 많았던 인수(❸의 케이스)가 그냥 버려진다는 의미는 아니다. 내부적으로는 '인수 정보의 하나'로서 보관/유지되기 때문에 나중에라도 이용할 수 있는 상태인 것이다. 그리고 이러한 인수 정보를 관리하는 것이 arguments 객체다.

arguments 객체는 함수 안(함수를 정의하는 본체 부분)에서만 이용할 수 있는 특별한 객체다.

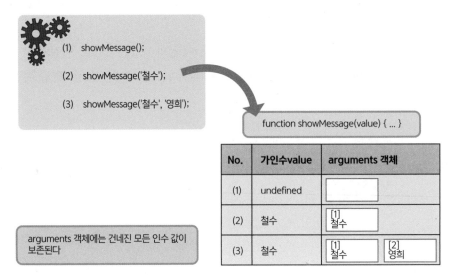

(1) showMessage();

(2) showMessage('철수');

(3) showMessage('철수', '영희');

function showMessage(value) { ... }

arguments 객체에는 건네진 모든 인수 값이 보존된다

No.	가인수value	arguments 객체	
(1)	undefined		
(2)	철수	[1] 철수	
(3)	철수	[1] 철수	[2] 영희

● **arguments 객체**

arguments 객체는 함수 호출 타이밍에 생성되고, 호출원으로부터 주어진 인수의 값을 보관/유지한다. 이 arguments 객체를 이용함으로써, 예를 들어 '실제로 주어진 인수의 수와 요구하는 인수의 수를 비교해 서로 다른 경우에는 에러를 반환하는' 처리도 기술할 수 있다.

이러한 체크 처리를 더한 코드가 리스트 4-24다. 여기에서는 에러를 확인하기 위해 호출원의 코드에서 리스트 4-23의 ❸만을 남겨 놓고 있다.

리스트 4-24 **args_check.js**

```
function showMessage(value) {
  if (arguments.length !== 1) {          ←
    throw new Error('인수의 수가 서로 다릅니다:' + arguments.length);          ── ❶
  }   ←
  console.log(value);
}
```

```
try {
  showMessage('철수', '영희'); ←—— ❶
} catch(e) {
  window.alert(e.message);
}
```

> **localhost 내용:**
>
> 인수의 수가 서로 다릅니다 : 2
>
> [확인]

● 인수의 수가 많기 때문에 에러 다이얼로그를 표시

try…catch/throw 명령에 대해서는 2.5.9절의 설명을 참고하기 바라며, 여기서 주목해야 할 것은
❶이다. length는 arguments 객체에 속하는 프로퍼티 중 하나로, 실제로 함수에 건네진 인수의
개수를 나타낸다. 즉, 여기에서는 '실제로 건네받은 인수가 1개가 아닌 경우에 예외를 던진다'라
는 의미다. 이 예에서는 호출원의 인수가 2개이므로(❷) 예외가 발생해 에러 메시지를 다이얼로
그 표시한다.

여기서는 단지 인수의 개수를 체크하고 있을 뿐이지만, 동일한 요령으로 인수의 데이터형이나
값의 유효 범위 등 타당성을 체크할 수도 있다.

NOTE **arguments와 Arguments, 어느 쪽이 맞는가?**

arguments 객체의 실체는 엄밀히 말하면 'Arguments 객체를 참조하는 arguments 프로퍼티'다. 그 때문
에 입문서에 따라 (arguments 객체가 아니라) Arguments 객체라고 기재되어 있는 책도 많다.

그러나 (시험해보면 알 수 있듯이) 함수 안에서는 'Arguments.length'라고 기술할 수 없다. Arguments 객체
는 어디까지나 함수 내부에서 암묵적으로 생성되는 것이므로 프로그래머가 굳이 의식할 필요조차 없는
존재이기도 하다. 이 책에서는 혼란을 피하기 위해 편의상 'arguments 객체'라는 기술로 통일하고 있다.

■ 보충 설명: 인수의 디폴트값 설정하기

인수의 수를 체크하지 않는다는 의미는 바꾸어 말하면 JavaScript에서는 모든 인수가 생략 가능
하다는 의미가 된다. 단, 대다수의 경우 인수가 단지 생략된 것만으로는 거의 대부분 올바르게
동작하지 않는다.

그러므로 다음과 같이 인수의 디폴트값을 설정해둘 필요가 있다. 다음 getTriangle 함수의 경우 인수 base, height의 디폴트값은 모두 1이다.

리스트 4-25 **default_args.js**

```
function getTriangle(base, height) {
  if (base === undefined) { base = 1; } ←──────┐
  if (height === undefined) { height = 1; } ←───┴──── ❶
  return base * height / 2;
}

console.log(getTriangle(5));  // 결과: 2.5 ←──── ❷
```

JavaScript에서는 인수의 디폴트값을 표현하기 위한 구문이 없기 때문에 ❶과 같이 인수의 내용을 체크해 undefined(미정의)였을 경우에는 각각 값을 세트하고 있다.

예를 들어 ❷에서는 인수가 하나밖에 지정되어 있지 않다. 그 때문에 후방의 인수 height는 생략된 것으로 간주하여 '5 × 1 ÷ 2'가 되어 2.5라는 결과를 얻을 수 있다.

참고로 인수 base만을 생략할 수는 없다. '생략할 수 있는 것은 어디까지나 뒤의 인수 뿐이다'라는 점을 주의해야 한다.

> **NOTE** **인수가 생략 가능하다는 것을 알기 쉽게 나타내기 위한 방법**
>
> 인수가 생략 가능하다는 것을 나타내기 위해 인수명에 'o_base', 'o_height'와 같이 접두사 'o_' 등을 붙여 필수 인수와 구별해두면 코드가 더욱 읽기 쉬워질 것이다.

4.4.2 가변길이 인수의 함수 정의하기

본격적으로 프로그래밍 언어를 배운 사람들은 앞에서 소개한 내용을 보고 '컴파일러가 체크해야 할 일을 애플리케이션 쪽에서 체크해야 하다니, 이것은 JavaScript의 단점 아닌가?'라고 느낄지도 모르겠다.

그러나 arguments 객체의 용도에는 인수의 타당성 체크만 있는 것이 아니다. 바로 가변길이 인수의 함수라고 하는 중요한 기능도 있다.

가변길이 인수의 함수란 '인수의 개수가 미리 정해져 있지 않은 함수'를 말한다. 예를 들어, Function 생성자를 생각해보면 이해하기 쉬울 것이다. Function 생성자에서는 생성하는

Function 객체가 요구하는 인수의 개수에 따라 인수를 자유롭게 변경할 수 있다.

```
var showMessage = new Function('msg', 'console.log(msg);')
                                    ↖ 주어진 인수가 2개 (가인수와 처리 내용이 한 개씩)
var getTriangle = new Function('base', 'height', 'return base * height / 2;');
                                    ↖ 주어진 인수가 3개 (가인수 2개와 처리 내용이 한 개)
```

이와 같이 호출원의 사정상 인수의 개수가 변동될 가능성이 있는 함수(다시 말해, 선언 시에 인수의 개수를 확정할 수 없는 함수)가 바로 가변길이 인수의 함수다.

이 가변길이 인수의 함수를 사용함으로써 유연하게 처리를 기술할 수 있다. 예를 들어, 아래는 인수에 주어진 숫자의 합계를 구하는 sum 함수의 예다.

리스트 4-26 variable_args.js

```
function sum() {
  var result = 0;
  // 주어진 인수를 순서대로 취득하여 차례로 더하는 처리
  for (var i = 0, len = arguments.length; i < len; i++) {  ←

    var tmp = arguments[i];
    if (typeof tmp !== 'number') {
      throw new Error('인수값이 숫자가 아닙니다.:' + tmp);       ❶
    }
    result += tmp;
  }  ←
  return result;
}

try {
  console.log(sum(1, 3, 5, 7, 9));          // 결과: 25
} catch(e) {
  window.alert(e.message);
}
```

리스트의 ❶에 주목해보자. 여기에서는 for 루프 안에서 arguments 객체로부터 모든 요소(인수의 값)를 꺼내 그 합계를 구하고 있다. arguments 객체로부터 i번째의 요소를 취득하려면 arguments[i]와 같이 기술한다.

또, 여기에서는 typeof 연산자를 사용하여 취득한 요솟값이 숫자인지를 확인하고 있는 점에 주목할 필요가 있다. typeof 연산자의 반환값이 number가 아닌(=요소가 숫자가 아닌) 경우에는 Error 객체를 호출원에 던져 처리를 중단한다.

4.4.3 명시적으로 선언된 인수와 가변길이 인수 혼재시키기

지금까지의 예제에서는 '모든 인수를 선언 시에 명시적으로 선언하거나' 혹은 '모두 선언하지 않는' 예를 취급해 왔으나 이 모두를 혼재시킬 수도 있다.

리스트 4-27 **variable_args2.js**

```javascript
function printf(format) {
  // 인수의 2번째 이후를 순서대로 처리
  for (var i = 0, len = arguments.length; i < len; i++) {
    var pattern = new RegExp('\\{' + (i - 1) + '\\}', 'g');
    format = format.replace(pattern, arguments[i]);
  }
  console.log(format);
}

printf('안녕하세요, {0}씨. 나는 {1}입니다.', '시온', '피카츄');
    // 결과: 안녕하세요, 시온씨. 나는 피카츄입니다.
```

printf 함수는 제1인수에 지정된 서식 문자열에 포함되는 플레이스 홀더(파라미터를 놓아둘 장소: {0},{1},{2} ...)를 제2인수 이후의 값으로 치환하여 출력하기 위한 함수다.

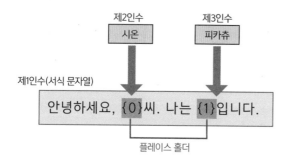

● printf 함수의 동작

여기에서는 printf 함수의 제1인수만이 가인수 format으로서 명시적으로 선언되었기 때문에 제2인수 이후의 인수는 이른바 가변길이 인수로 다루어지고 있다는 점에 주목해야 한다. 이러한 경우에도 arguments 객체에는 명시적으로 선언된 인수 → 가변길이 인수의 차례로 모든 인수가 대입된다. 가변길이 인수만이 arguments 객체로 관리되는 것이 아님에 주의하기 바란다.

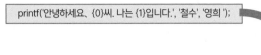

printf('안녕하세요、 {0}씨. 나는 {1}입니다.', '철수', '영희 ');

function printf (format) { ... }

인수 포맷	'안녕하세요、 {0}씨. 나는 {1}입니다.'
arguments 객체	[0]] '안녕하세요、 {0}씨. 나는 {1}입니다.'
	[1] '철수'
	[2] '영희'

arguments 객체에는 명명 인수 → 무명 인수의
차례로 모든 인수의 값이 보관된다

● **arguments 객체에 인수가 보관되는 순서**

즉, 여기에서는 arguments 객체로부터 가변길이 인수의 부분(arguments[1]...[n])을 추출하여 각 순서에 대응하는 플레이스 홀더({0},{1},{2}...)를 치환하고 있는 것이다(replace 메소드에 대해서는 3.5.7절도 함께 참조하길 바란다).

■ 무명 인수는 필요 최소한으로

위의 그림을 봐서 알겠지만 명시적으로 선언된 인수에 대해서는 변수명 format에서 직접 액세스 하는 것 이외에도 arguments 객체 경유로 'arguments[0]'과 같이 액세스할 수도 있다. 즉, 리스트 4-27과 같은 예에서도 (구문적으로는) 모든 인수를 가변길이 인수로서 기술할 수 있다는 것이다.

그러나 이것은 코드의 가독성이라고 하는 관점으로 보면 그다지 추천하고 싶지 않은 작성법이 다. 왜냐하면, 인덱스 번호로 인수를 관리하는 arguments 객체보다도 이름으로 관리하는 인 수 쪽이 직관적으로 인수의 내용을 파악하기 쉽기 때문이다. 이런 저런 잡다한 것들 모두를 arguments 객체에 맡기는 것이 아니라, 내용이나 개수가 미리 예상 가능한 인수에 대해서는 가 능한 한 명시적으로 이름을 기입해두어야 한다.

4.4.4 명명된 인수로 코드를 읽기 쉽게 하기

명명된 인수란 다음과 같이 호출 시에 이름을 명시적으로 지정할 수 있는 인수를 말한다.

```
getTriangle({ base:5, height:4 })
```

명명된 인수를 마련하는 것은 다음과 같은 장점이 있다.

- 인수가 많아져도 코드의 의미를 알기 쉽다
- 생략 가능한 인수를 스마트하게 표현할 수 있다
- 인수의 순서를 자유롭게 변경할 수 있다

명명된 인수를 이용하면 방금 전 살펴본 getTriangle 함수를 다음과 같이 호출할 수도 있다.

```
getTriangle({ height:4 })              ←── 앞의 인수만 생략
getTriangle({ height:4, base:5 })      ←── 인수의 순서를 변경하였다
```

물론, 호출할 때 명시적으로 이름을 지정해야 하므로 코드가 중복되는 것은 단점이기도 하지만 아래와 같은 상황에는 유효한 방법이다.

- 원래부터 인수의 수가 많은 경우
- 생략 가능한 인수가 많고, 생략 패턴에도 다양한 조합이 있는 경우

그러므로 그때마다의 문맥에 따라 나누어 사용하길 바란다.

명명된 인수의 구체적인 구현 방법은 다음과 같다.

리스트 4-28 named_args.js

```javascript
function getTriangle(args) { ←— ❶
  if (args.base === undefined) { args.base = 1; }
  if (args.height === undefined) { args.height = 1; }
  return args.base * args.height / 2;
}

console.log(getTriangle({ base:5, height:4 }));  // 결과: 10 ←— ❷
```

명명된 인수는 그다지 어렵지 않다. 인수를 객체 리터럴(여기서는 가인수 args)로 건네 받고 있을 뿐이다(❶). 메소드 안에서도 객체의 프로퍼티로서 각각의 인수에 액세스하고 있는 점에 주목하길 바란다.

호출 시에도 인수를 '{…}'라고 기술하고 있는 것은 객체 리터럴을 나타내고 있기 때문이다.

4.5 | ES2015의 인수 표기법

앞 절에서도 다루었듯이 ES2015에서는 인수의 사양이 크게 변경되었다. 이 절에서는 ES2015 환경을 전제로 '인수의 디폴트값', '가변길이 인수', '명명된 인수'가 어떻게 표현될 수 있는지 설명하겠다.

새로운 구문에 의해 arguments 객체가 거의 불필요하게 되어 앞 절에서 언급한 JavaScript 고유의 중복된 코드로부터도 해방되었다. 향후에는 이 절에서 살펴볼 표기법이 주류가 될 것이라고 생각하지만, 현 시점에서는 아직 앞 절의 표기법도 무시할 수 없다. 앞 절의 내용과 함께 새로운 구문을 이해해보자.

4.5.1 인수의 디폴트값 `ES2015`

ES2015에서 인수의 디폴트값을 선언하려면, '가인수 = 디폴트값'의 형식으로 가인수를 선언할 뿐이다. 시험 삼아 리스트 4-25의 코드를 새로운 구문으로 바꿔보자.

리스트 4-29 **default_new.js**

```
function getTriangle(base = 1, height = 1) {
  return base * height / 2;
}

console.log(getTriangle(5));  // 결과: 2.5
```

함수 블록의 선두에 if 명령이 없어지고 함수의 선언 부분에 디폴트값까지 정리된다는 점에서 코드가 간결해져 읽기 쉬워졌다.

디폴트값에는 리터럴 뿐만 아니라 다른 인수, 함수(식)의 결과 등을 지정하는 것도 가능하다.

리스트 4-30 **default_new2.js**

```
function multi(a, b = a) {
  return a * b;
```

```
}
console.log(multi(10, 5));      // 결과: 50
console.log(multi(3));          // 결과: 9 (인수 b의 값은 a와 동일하게 3)
```

단, 다른 인수를 디폴트값으로 할 경우 참조할 수 있는 것은 자기 자신보다 앞에서 정의된 것뿐이라는 점에 주의해야 한다. 예를 들어 다음과 같은 코드는 안 된다.

리스트 4-31 default_new3.js

```
function multi(a = b, b = 5) {
  return a * b;
}

console.log(multi());           // 결과: ReferenceError: b is not defined
```

단, Firefox 환경 또는 트랜스 컴파일이 끝난 코드에서는 인수 a가 undefined로 간주되어 결과가 NaN이 된다.

■ 디폴트값을 이용하는 경우의 주의점

디폴트값 구문에 따라 코드는 대폭 간결하게 되었지만, 이에 따른 사용상의 주의점도 있다.

(1) 디폴트값이 적용될 경우와 적용되지 않을 경우

디폴트값이 적용되는 것은 인수가 명시적으로 건네지지 않았을 경우뿐이다. 따라서 예를 들어 null/false/0/빈문자열 등 의미상 비어 있음을 나타내는 값이라도 그것들이 명시적으로 건네졌을 경우에는 디폴트값이 적용되지 않는다.

다음은 앞에 나온 리스트 4-29를 바꾼 것이다.

리스트 4-32 default_new.js (변경한 부분만)

```
function getTriangle(base = 1, height = 1) { … }

console.log(getTriangle(5, null));       // 결과: 0
```

예상대로 제2인수 height의 디폴트값은 적용되지 않고 '5 × null ÷ 2'가 적용되어 결과는 0이 된다. 단, undefined만은 예외다. undefined(미정의)를 인수로 건넨 경우에는 인수는 건네지지 않은 것으로 간주되어 디폴트값이 적용된다.

리스트 4-33 default_new.js (변경한 부분만)

```
console.log(getTriangle(5, undefined));  // 결과: 2.5
```

(2) 디폴트값을 갖는 가인수는 인수 리스트의 끝으로

디폴트값을 갖는 가인수는 인수 리스트의 끝에서 선언해야 한다(구문 규칙은 아니다).

예를 들어 디폴트값이 같이 선언된 가인수가 뒤쪽에 오지 않은 경우, 즉 다음과 같은 코드를 예로 생각해보자.

리스트 4-34 default_new4.js

```
function getTriangle(base = 1, height) { … }

console.log(getTriangle(10));
```

이 예에서라면 어떠한 결과를 얻을 수 있을까? 호출할 때 인수가 하나밖에 건네지지 않으므로 '인수 base에는 디폴트값인 1이 적용되고 인수 height에 10이 건네진다'라고 생각할지도 모르겠다.

그러나 생각보다 간단하다. 답은 '인수 base에 10이 건네지고 인수 height는 디폴트값을 갖고 있지 않으므로 undefined로 간주된다'이다. 따라서 연산 결과도 '10 × undefined ÷ 2'로 NaN이다. 즉, 이러한 함수에서는 인수 height에만 값을 건넬 수 없다(=인수 base는 실질적으로 필수가 된다).

일반적으로 이러한 동작은 이해하기 어려워 버그의 원인이 되기 때문에 디폴트값을 갖는 인수(=임의의 인수)의 뒤쪽에 디폴트값을 갖지 않는 인수를 기술해서는 안 된다. 원래부터 다른 대부분의 언어에서는 구문 레벨에서 제한하고 있는 사항이므로 이를 잘 지킴으로써 코드의 의도도 명확하게 된다.

■ 보충 설명: 필수 인수 선언하기

JavaScript의 경우 인수에 대한 디폴트값의 선언 여부가 인수의 필수 또는 임의를 나타내는 의미는 되지 못한다. 예를 들어 다음의 코드로 확인해보자.

리스트 4-35 default_required.js

```
function show(x, y = 1) {
  console.log('x = ' + x);
  console.log('y = ' + y);
}

show();
```

```
x = undefined
y = 1
```

디폴트값을 갖지 않는 인수 x의 값은 그대로 undefined가 될 뿐이다. 값이 건네지지 않았다고 해도 인수가 부족하다고 일일이 알려주지는 않는다(=이것은 4.4.1절에서도 다루었다).

만약 필수의 인수를 표현하고 싶다면 다음과 같은 코드를 준비해야 한다.

리스트 4-36 **default_required2.js**

```
function required() { ←
  throw new Error('인수가 부족합니다.');  ─────── ❶
} ←

function hoge(value = required()) { ←── ❷
  return value;
}

hoge();      // 결과: Error: 인수가 부족합니다.
```

예외만 발생시키는 required 함수를 준비해두고(❶), 이것을 필수 인수로 삼을 인수의 디폴트값으로 지정한다(❷). 이에 따라 인수가 지정되지 않을 경우에는 required 함수가 실행(=예외가 발생)된다.

▌ 4.5.2 가변길이 인수의 함수 정의하기 `ES2015`

ES2015에서는 가인수의 앞에 ...(점 3개)를 부여하면 가변길이 인수가 된다(영어로는 Rest Parameter라고 표기하고 있다). 건네진 임의의 개수의 인수를 배열로 모아서 취하는 기능이다.

곧바로 앞에서 다룬 리스트 4-26을 ... 구문으로 바꾸어보자.

리스트 4-37 **rest_param.js**

```
function sum(...nums) {
  let result = 0;
  for (let num of nums) {
    if (typeof num !== 'number') {
      throw new Error('지정값이 숫자가 아닙니다:' + num);
    }
    result += num;
  }
  return result;
}

try {
  console.log(sum(1, 3, 5, 7, 9));
} catch(e) {
```

```
    window.alert(e.message);
  }
```

새로운 구문을 이용하면 다음과 같은 장점이 있다.

(1) 함수가 가변길이 인수를 취하는 것을 쉽게 알 수 있다

4.4.3절 Note에서도 다룬 'var_args'와 같이 문구 형식의 가인수를 준비할 필요가 없다. 또한, 함수 블록의 내부에도 의미가 있는 이름(여기서는 nums)으로 액세스할 수 있으므로 arguments와 같은 중성적인 이름보다 코드를 알기 쉽게 작성할 수 있다.

(2) 모든 배열 조작 가능

arguments 객체는 length 프로퍼티나 대괄호 구문을 갖고 있으므로 자주 틀리기 쉬운데, 그 실체는 Array 객체가 아니다. 배열같이 취급할 수 있는 Array처럼 보이는 유사 객체에 지나지 않는다.

그러므로 예를 들어 가변길이 인수의 일부를 삭제하거나 추가하기 위해 push/shift 등의 메소드를 이용할 수 없다. 그러나 새로운 구문으로 선언된 가변길이 인수는 진정한 Array 객체이므로 이와 같은 제한이 없다.

4.5.3 '...' 연산자에 의한 인수의 전개 ES2015

'...' 연산자는 실인수로 이용함으로써 배열(정확히는 for…of 블록으로 처리할 수 있는 객체)을 각각의 값으로 전개할 수 있다.

우선, '...' 연산자를 어떻게 사용하는지 개념을 잡기 위해 다음의 예를 살펴보자.

리스트 4-38 **spread.js**

```
console.log(Math.max(15, -3, 78, 1));      // 결과: 78 ← ❶
console.log(Math.max([15, -3, 78, 1]));    // 결과: NaN ← ❷
```

Math.max 메소드는 가변길이 인수를 취하므로 ❶에서는 인수의 최댓값을 구할 수 있다. 그러나 ❷와 같이 배열을 건넨 경우에는 이것을 인식할 수 없어 결과는 NaN이 된다.

이런 경우 ES2015 이전에는 apply 메소드를 이용할 필요가 있다.

리스트 4-39 **spread2.js**

```
console.log(Math.max.apply(null, [15, -3, 78, 1]));      // 결과: 78
```

apply 메소드에 대해서는 5.1.5절에서 다시 설명할 것이기 때문에, 여기에서는 '제2인수(배열)를 인수로 해서 메소드를 실행한다'라고만 이해해두길 바란다.

그러나 이러한 기술은 '...' 연산자를 이용함으로써 다음과 같이 고쳐 쓸 수 있다.

리스트 4-40 spread3.js

```
console.log(Math.max(...[15, -3, 78, 1]));        // 결과: 78
```

실인수(배열)의 앞쪽에 '...'를 부여함으로써 배열 안의 요소가 max 메소드로 전달된 것이다. 확실히 이번에는 올바르게 최댓값을 얻을 수 있을 것이다.

4.5.4 명명된 인수로 코드를 이해하기 쉽게 하기 ES2015

ES2015에서는 분할 대입(2.4.2절)을 이용함으로써 명명된 인수를 더 간략하게 표현할 수 있다. 다음은 분할 대입을 사용해 리스트 4-28을 고쳐 쓴 것이다.

리스트 4-41 named_args_new.js

```
function getTriangle({ base = 1, height = 1 }) {
  return base * height / 2;
}

console.log(getTriangle({ base:5, height:4 })); // 결과: 10
```

실인수(명명된 인수)를 객체 리터럴([···])로 건넨다는 점은 변함없다. 변화한 것은 볼드체 부분(가인수의 선언)이다.

{ 프로퍼티 = 디폴트값, ···}

위와 같은 형태로 선언함으로써 객체로서 건네진 인수를 분해해 함수 내에서 개별 인수로 액세스할 수 있음을 알 수 있다.

■ 보충 설명: 객체로부터 특정 프로퍼티만 추출하기

동일하게 분할 대입을 이용한 예로, 인수에 건넨 객체로부터 특정 프로퍼티만을 추출할 수도 있다.

리스트 4-42 named_args_prop.js

```javascript
function show({name}) {
  console.log(name);
};

let member = {
  mid: 'Y0001',
  name: '정시온',
  address: 'shion_jung@example.com'
};

show(member);          // 결과: 정시온
```

이 예라면 show 함수는 인수로써 객체 전체를 받는다. 함수 측에서는 name 프로퍼티만을 분할 대입에 의해 추출하고 있다. 복수의 프로퍼티를 필요로 할 경우에도 함수의 호출 측에서 개별 프로퍼티를 의식하지 않고 객체를 통째로 건넨다는 점이 장점이다. 또한 필요한 프로퍼티가 변화한 경우에도 호출 측의 코드에 영향을 미치지 않는다.

4.6 함수 호출과 반환값

인수의 다양한 표기법을 이해했으므로 이제부터는 함수를 호출하기 위한 다양한 방법과 반환값에 관련된 주제를 설명하고자 한다.

4.6.1 복수의 반환값을 개별 변수에 대입하기 ES2015

'함수로부터 복수의 값을 반환하고 싶다'는 경우가 자주 발생한다. 그러나 return 명령으로 'return x, y;'와 같이 복수의 값을 반환할 수는 없다. 이 경우에는 배열/객체로 값을 하나로 모은 후에 반환할 필요가 있다.

예를 들어 다음은 주어진 임의의 개수의 숫자에 대해 각각 최댓값과 최솟값을 구하는 getMaxMin 함수의 예다.

리스트 4-43 return_array.js

```javascript
function getMaxMin(...nums) {
  return [Math.max(...nums), Math.min(...nums)];
}

let result = getMaxMin(10, 35, -5, 78, 0);    ←─ ❶
console.log(result);        // 결과: [78, -5]

let [max, min] = getMaxMin(10, 35, -5, 78, 0);    ←─ ❷
console.log(max);           // 결과: 78
console.log(min);           // 결과: -5
```

getMaxMin 함수로부터의 반환값은 물론, ❶처럼 그대로 배열로 수령해도 상관없다. 그러나 코드의 가독성을 감안하여 요소마다 의미 있는 이름을 붙인 변수로 구분하고 싶은 경우도 있을 것이다(result[0]보다 max 쪽이 내용을 이해하기 쉬울 것이다).

그럴 때는 ❷와 같이 분할 대입(2.4.2절)을 이용한다. 이 예에서는 getMaxMain 함수로 취득한 최댓값/최솟값을 각각 변수 max, min에 대입하는데, 만약 한쪽 값이 불필요한 경우에는 다음과 같이 나타낼 수도 있다.

```
let [,min] = getMaxMin(10, 35, -5, 78, 0);
```

이로써 최솟값만이 min에 할당되고 최댓값은 버려진다.

4.6.2 함수 자신을 재귀적으로 호출하기 ― 재귀 함수

재귀 함수(Recursive Function)란, 어떤 함수가 자기 자신을 호출하는 것 또는 그러한 함수 자체를 말한다. 재귀 함수를 이용함으로써, 예를 들어 계승 계산과 같이 동일한 종류의 절차를 몇 번이라도 호출하는 처리를 더 컴팩트하게 표현할 수 있다.

우선 구체적인 예를 살펴보자. factorial 함수는 주어진 자연수 n의 계승을 구하기 위한 사용자 정의 함수다.

리스트 4-44 recursive.js

```
function factorial(n) {
  if (n != 0) { return n * factorial(n - 1); }
  return 1; ⟵ ❶
}

console.log(factorial(5));    // 결과: 120
```

계승(또는 차례곱)이란, 자연수 n에 대한 1~n의 수를 모두 곱한 것이다(수학적으로는 'n!'이라고 표현한다). 예를 들어 자연수 5의 계승은 $5 \times 4 \times 3 \times 2 \times 1$이다(단 0의 계승은 1).

여기에서는 자연수 n의 계승이 'n × (n - 1)!'로 구해지는 것에 착목하고 있다. 이것을 코드로 표기하고 있는 것이 볼드체로 표기된 부분이다. 즉, 주어진 숫자로부터 1을 뺀 것으로 자기 자신 (factorial 함수)을 재귀적으로 호출하고 있다는(여기서는 이것을 'n × factorial(n - 1)'로 표현하고 있다) 뜻이다.

이것을 염두에 두고 코드를 살펴보면, 내부적으로는 다음과 같은 순서로 처리가 이루어지고 있다. 이처럼 몇 단계에 걸쳐 이루어지는 처리도 재귀 호출을 이용하면 이렇게 짧은 코드로 기술할 수 있다.

```
factorial(5)
  → 5 * factorial(4)
   → 5 * 4 * factorial(3)
    → 5 * 4 * 3 * factorial(2)
     → 5 * 4 * 3 * 2 * factorial(1)
      → 5 * 4 * 3 * 2 * 1 * factorial(0)
       → 5 * 4 * 3 * 2 * 1 * 1
       → 5 * 4 * 3 * 2 * 1
      → 5 * 4 * 3 * 2
     → 5 * 4 * 6
    → 5 * 24
   → 120
```

재귀 함수에서는 재귀의 종료점을 잊지 않도록 유의해야 한다. 이 예에서라면, '자연수 n이 0인 경우에는 반환값을 1'로 하고 있다(❶). 이러한 종료점이 없으면 factorial 함수는 영원히 재귀 호출을 계속하게 되어 버린다(일종의 무한 루프가 발생한다).

4.6.3 함수의 인수도 함수 — 고차 함수

지금까지 여러 차례 언급했듯이 'JavaScript의 함수는 데이터형의 일종'이다. 즉 함수 그 자체도 다른 수치형이나 문자열형 등과 같이, 함수의 인수로서 인도하거나 반환값으로서 돌려주거나 할 수 있다는 것이다. 그리고 이처럼 '함수를 인수, 반환값으로서 취급하는 함수'를 고차 함수(Higher-order function)라고 부른다.

예를 들어 3.3.1절에서 소개한 Array 객체의 forEach, map, filter 등의 메소드는 모두 고차 함수다. 단 3.3.1절에서는 고차 함수를 이용 방법의 관점에서만 살펴봤으므로 본 절에서는 구현의 관점에서 살펴보도록 하겠다.

■ 고차 함수의 기본

아래의 코드에서 정의하고 있는 arrayWalk 함수는 인수로 주어진 배열 data의 내용을 지정된 사용자 정의 함수 f의 규칙에 따라 차례대로 처리하기 위한 고차 함수다('Array객체의 forEach 메소드를 직접 구현한 것'으로 생각하면 이해하기 쉬울 것이다).

리스트 4-45 **higher.js**

```javascript
// 고차 함수 arrayWalk를 정의
function arrayWalk(data, f) {
  for (var key in data) {
    f(data[key], key);
```

```
    }
  }

// 배열을 처리하기 위한 사용자 정의 함수
function showElement(value, key) {
  console.log(key + ':' + value);
}

var ary = [1, 2, 4, 8, 16];
arrayWalk(ary, showElement);
```

```
0 : 1
1 : 2
2 : 4
3 : 8
4 : 16
```

사용자 정의 함수 f는 인수로서 배열의 키명(가인수 key), 값(가인수 value)을 받아 주어진 배열 요소에 대해 임의의 처리를 실시하도록 한다(이것은 고차 함수라기보다 arrayWalk 함수로서의 결정된 사양이다).

여기에서 사용자 정의 함수 showElement는 주어진 인수에 근거하여 '<키> : <값>'과 같은 형식으로 출력한다. 그러므로 arrayWalk 함수는 그 전체 처리로서 배열 내의 키명과 값을 리스트 형식으로 출력하게 된다.

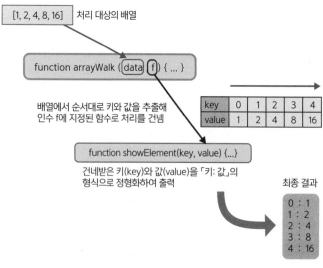

● **arrayWalk 함수의 동작**

물론 사용자 정의 함수는 자유롭게 바꿔 넣을 수도 있다. 아니 그것이야 말로 고차 함수를 사용하는 최대의 이유라고 말할 수 있다. 예를 들어, 다음의 예제는 배열 내의 요소(숫자)를 순서대로 더하여 최종적으로 배열 내 요소의 합계를 구하기 위한 코드다. 이 처리를 arrayWalk 함수를 사용해서 실현하고 있다.

리스트 4-46 **higher2.js**

```javascript
// 고차 함수 arrayWalk를 정의
function arrayWalk(data, f) {
  for (var key in data) {
    f(data[key], key);
  }
}

// 결괏값을 대입하기 위한 글로벌 변수
var result= 0;
function sumElement(value, key) {
  // 주어진 배열 요소로 변수 result를 가산
  result += value;
}

var ary = [1, 2, 4, 8, 16];
arrayWalk(ary, sumElement);
console.log('합계:' + result);         // 결과: 합계:31
```

사용자 정의 함수 sumElement는 주어진 값 value를 글로벌 변수 result에 더하고 있다(여기에서 인수 key는 사용하지 않는다). 그리고 arrayWalk 함수는 for 루프를 수행하여 배열 요소의 합계를 구하게 된다. 결과적으로는 배열 ary를 arrayWalk 함수에 건넴으로써 결괏값 31을 얻게 되는 것을 확인할 수 있다.

여기서, 베이스가 되는 arrayWalk 함수를 일체 고쳐 쓰지 않은 점에 주목할 필요가 있다. 이와 같이 고차 함수를 이용함으로써 '큰 범위의 기능만을 정의해두고 상세한 기능은 함수의 이용자가 자유롭게 결정한다'는 것이 가능하다.

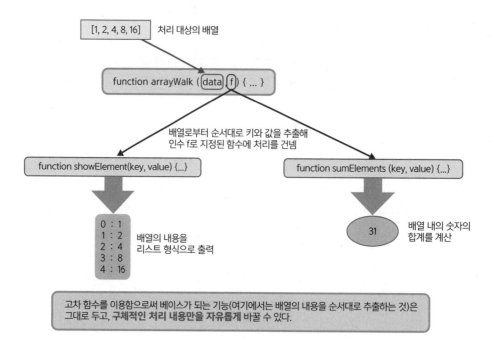

배열로부터 순서대로 키와 값을 추출해
인수 f로 지정된 함수에 처리를 건넴

고차 함수를 이용함으로써 베이스가 되는 기능(여기에서는 배열의 내용을 순서대로 추출하는 것)은 그대로 두고, **구체적인 처리 내용만을 자유롭게 바꿀 수 있다.**

● 고차 함수의 장점

4.6.4 '일회용 함수'는 익명 함수로

방금 전 소개한 익명 함수는 실제로 이 고차 함수와 밀접한 관계를 가지고 있다. 왜냐하면 고차 함수에서 인수로 주어지는 함수가 '그 장소에 한해서만' 사용되는 일이 자주 있기 때문이다.

이러한 '일회용 함수'를 일부러 이름을 부여한 함수로 정의하는 것보다는 익명 함수(함수 리터 럴)로 기술하는 편이 코드를 더 간단하게 만들 것이다. 예를 들어, 익명 함수를 사용해 리스트 4-45의 코드를 수정해보자.

리스트 4-47 anonymous.js

```javascript
// 고차 함수 arrayWalk를 정의
function arrayWalk(data, f) {
  for (var key in data) {
    f(data[key], key);
  }
}

var ary = [1, 2, 4, 8, 16];
arrayWalk(
  ary,
```

```
  function (value, key) {
    console.log(key + ':' + value);
  }
);
```

어떤가? 익명 함수(함수 리터럴)를 이용함으로써 함수 호출의 코드에 함수를 직접 지정할 수 있다. 이로 인해 코드가 짧아진 것은 물론이거니와 관련 처리를 하나의 문장으로 기술할 수 있다는 점에서, 호출원의 코드와 실제의 처리를 규정하고 있는 함수와의 관계가 이해하기 수월해져 코드가 읽기 쉬워졌다고 생각되지 않는가? 또 한 번 밖에 사용하지 않는 함수에 이름(게다가 글로벌 스코프의 이름)을 붙이지 않고 코딩을 끝낼 수 있으므로 '의도하지 않은 이름의 중복을 회피할 수 있다'는 의미도 있다.

이러한 기법은 보다 고도의 스크립트(특히 Ajax의 콜백 함수)를 기술하는 데 소중한 기법으로 여겨지고 있다. 또한 많은 JavaScript 프로그래머가 많이 활용하고 있으므로 외부 라이브러리 등을 해석할 때도 유용하다. 반드시 여기서 확실하게 이해해두자.

4.7 | 높은 수준의 함수 테마

JavaScript의 함수는 실로 심오한 세계다. 함수를 얼마나 끝까지 잘 파악하고 있는지가 JavaScript의 '고수가 되는 길'이라고 말할 수 있다. 지금부터는 이러한 함수를 이용해 더 높은 수준의 주제를 다루고자 한다. '우선 기본만을 소화해내고 싶다'고 하는 사람은 이번 절을 넘어가도 상관없으나 반드시 나중에라도 읽어서 확실히 이해해두길 바란다.

▌4.7.1 템플릿 문자열을 애플리케이션 사양으로 커스터마이즈하기
— 태그 부여 템플릿 문자열 `ES2015`

템플릿 문자열('~')을 이용해서 문자열 리터럴에 변수를 삽입하는 것은 2.3.2절에서 배웠다. 그러나 때에 따라 변수를 그대로 삽입하는 것이 아니라 무언가 가공한 후에 삽입하고 싶은 경우도 있을 것이다.

예를 들어 변수를 삽입할 때 '<', '>' 등의 문자를 '<', '>'로 치환하고 싶은 상황이 종종 발생하는데(이것을 이스케이프라고 부른다), '<', '>'는 태그로 인식되기 때문에 문자열을 올바르게 인식하지 못하거나 보안상의 위험(6.3.3절) 등의 문제점을 가지고 있다.

이런 경우에 유용한 것이 태그 부여 템플릿 문자열(Tagged template strings)이라는 기능이다. 동작은 구체적인 예제를 보는 편이 이해하기 쉬울 것이다.

리스트 4-48 tag_tagged.js

```
// 주어진 문자열을 이스케이프 처리
function escapeHtml(str) {
  if (!str) { return ''; }
  str = str.replace(/&/g, '&amp;');
  str = str.replace(/</g, '&lt;');
  str = str.replace(/>/g, '&gt;');
```

```
    str = str.replace(/"/g, '&quot;');
    str = str.replace(/'/g, '&#39;');
    return str;
}

// 분해된 templates와 values를 순서대로 연결(values는 escapeHtml 함수로 이스케이프)
function e(templates, ...values) {
  let result = '';
  for (let i = 0, len = templates.length; i < len; i++) {
    result += templates[i] + escapeHtml(values[i]);                ❸        ❷
  }
  return result;
}

// 템플릿 문자열을 이스케이프 처리
let name = '<"Mario" & \'Luigi\'>';
console.log(e`안녕하세요, ${name}씨!`);                    ❶
  // 결과: 안녕하세요,&lt;&quot;Mario&quot; &amp; &#39;Luigi&#39;&gt;씨!
```

태그 부여 템플릿 문자열의 실체는 단순한 함수 호출에 지나지 않는다. ❶과 같이 "함수명 `템플릿 문자열`"의 형식으로 표현할 수 있다.

단, 태그 부여 템플릿 문자열로 이용하기 위해서 함수는 다음의 조건을 만족해야 한다(❷).

- 인수로서 '템플릿 문자열(분해한 것)', '삽입할 변수(가변길이 인수)'를 수령할 것
- 반환값으로서 가공이 끝난 문자열을 반환할 것

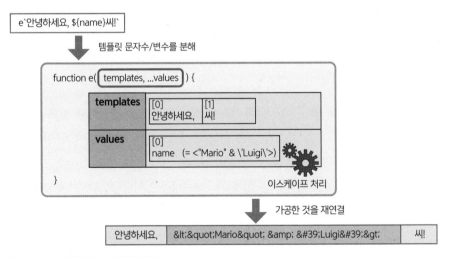

● 태그 부여 템플릿 문자열의 동작

이 예에서는 인수 templates(템플릿 문자열)과 values(삽입 변수)를 for 루프로 교대로 출력하고 있다. 이때 변수의 내용을 escapeHtml 함수로 이스케이프 처리하고 있는 점에 주목하길 바란다 (3). 이에 따라 템플릿 문자열에 영향을 주지 않고 변수의 값만을 가공하게 된다.

> **NOTE** **사용하기 쉬운 함수의 이름**
>
> 4.1.1절에서 '함수명은 "동사+명사"의 형식으로 될 수 있는 한 알기 쉬운 것으로'라고 말하였다. 그러나 e 함수와 같이 스크립트의 여기저기로부터 빈번히 호출할 가능성이 있는 것은 입력의 번거로움을 줄이기 위해 짧은 이름으로 하는 경우도 있다. 사용하기 쉬운 이름의 기준은 그때마다 변하는 법이다.

4.7.2 변수는 어떤 순서로 해결될까? — 스코프 체인

3.7절에서 말한 것처럼, JavaScript에서는 스크립트의 실행 시에 내부적으로 Global 객체(글로벌 객체)를 생성한다. 글로벌 객체는 기본적으로 프로그래머가 의식할 필요가 없는 '글로벌 변수나 글로벌 함수를 관리하기 위한 <편의적인> 객체'다. 글로벌 변수나 글로벌 함수는 '글로벌 객체의 프로퍼티나 메소드다'라고 바꾸어 말할 수도 있다.

'그렇다면 로컬 변수도 실은 객체의 프로퍼티가 아닌가?'라고 혹시 눈빛을 반짝이는 사람이 있을지도 모르겠다. 그렇다! 간파한 그대로다. 실은 로컬 변수는 Activation 객체(통칭, Call 객체라고도 한다)의 프로퍼티다.

Call 객체는 '함수 호출이 있을 때마다 내부적으로 자동 생성되는 객체'다. 글로벌 객체와 같이 '함수 내에서 정의된 로컬 변수를 관리하기 위한 <편의적인> 객체'로, 실은 방금 전에 등장한 arguments 프로퍼티도 Call 객체의 프로퍼티다.

자 글로벌 객체와 더불어서 Call 객체, 즉 이렇게 '프로그래머가 스스로 생성하는 것도 아니고 게다가 프로그램으로부터 명시적으로 호출될 수도 없어 통상적으로는 프로그래머가 의식조차 하지 않아도 될 것들을 왜 이해해두어야 하는가?'라고 의문을 가질 수도 있을 것이다. 그 이유는 이러한 것들의 존재를 이해함으로써 변수를 해결하는 메커니즘도 이해할 수 있기 때문이다.

그 메커니즘이 바로 스코프 체인이다. 스코프 체인이란 글로벌 객체, Call 객체를 생성 순서대로 연결한 리스트를 말한다.

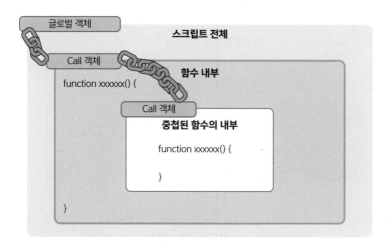

> JavaScript에서는 각각의 스코프 단위로 글로벌 객체, Call 객체가 생성된다.
> 이것들을 생성 순서대로 연결한 것이 **스코프 체인**이다.

● 스코프 체인의 메커니즘

JavaScript에서는 이 스코프 체인의 선두에 위치하는 객체로부터 순서대로 프로퍼티(변수)를 검색해 매치하는 프로퍼티가 '처음' 발견된 곳에서 그 값을 채택하고 있다.

예를 들어, 다음과 같은 중첩된 함수를 살펴보자.

리스트 4-49 **scope_chain.js**

```javascript
var y = 'Global';
function outerFunc() {
  var y = 'Local Outer';

  function innerFunc() {
    var z = 'Local Inner';
    console.log(z);  // 결과: Local Inner
    console.log(y);  // 결과: Local Outer
    console.log(x);  // 결과: 에러 (변수 x는 미정의)
  }
  innerFunc();       // InnerFunc 함수의 호출
}
outerFunc();         // outerFunc 함수의 호출
```

이 코드에서는 아래와 같은 스코프 체인 - 선두로부터 내부의 Call 객체, 외부의 Call 객체, 글로벌 객체 이 완성되어 있을 것이다. 이러한 스코프 체인으로 각각 변수 x, y, z를 참조하려고 했을 경우, 아래의 그림과 같은 순서로 변수가 해결된다.

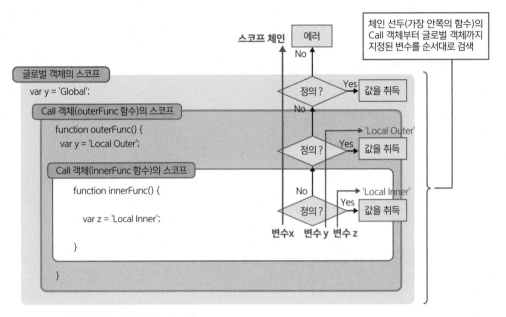

● 스코프 체인에서 변수가 해결되는 순서

스코프 체인을 이해함으로써, 변수명이 중복되었을 경우에 변수의 해결에 대한 명확한 규칙을 알게 될 것이다.

4.7.3 같은 행동을 하는 객체 — 클로저

자, 드디어 이번 장의 마지막 테마인 클로저다. 클로저(Closure)란, 한마디로 말하자면 '로컬 변수를 참조하고 있는 함수 내의 함수'를 말한다. 한마디로 정리해서 말해도 잘 감이 오지 않을 거라 생각하기 때문에 구체적인 코드를 보면서 알아가 보자.

리스트 4-50 **closure.js**

```javascript
function closure(init) {
  var counter = init;

  return function() {
    return ++counter;
  }
}

var myClosure = closure(1);
console.log(myClosure());    // 결과: 2
console.log(myClosure());    // 결과: 3
console.log(myClosure());    // 결과: 4
```

❶

우선 closure 함수에 주목해보자. 언뜻 보면 '초깃값으로서 인수 init를 받아 그것을 증가 (increment)한 결과를 반환값으로서 돌려주고 있는' 듯 보인다. 하지만 차근차근 주의 깊게 살펴 보면, 반환값은(숫자가 아니고) '숫자를 증가(increment)시키기 위한 익명 함수'인 것을 알 수 있다. 이와 같이 인수나 반환값이 함수인 함수를 '고차 함수'라고 했다.

그런데 이와 같이 함수 안에서 중첩된 함수가 반환값으로서 되돌려진다면 어떠한 일이 일어날 까? 바로 여기서부터가 클로저의 구조다.

보통은 함수 안에서 사용된 로컬 변수(여기에서는 변수 counter)는 함수의 처리가 종료한 시점 에 파기된다. 그러나 리스트 4-50에서는 closure 함수로부터 되돌려진 '익명 함수가 로컬 함수 counter를 계속 참조하고 있다'는 이유로 closure 함수의 종료 후에도 로컬 변수 counter는 계속 해서 보관 유지된다.

조금 전의 스코프 체인의 개념을 빌려 바꾸어 말하자면, 아래와 같은 스코프 체인은 익명 함수 가 유효한 사이에는 보관/유지된다는 뜻이 된다.

- 익명 함수를 나타내는 Call 객체
- closure 함수의 Call 객체
- 글로벌 객체

이것을 이해할 수 있으면 ❶의 동작도 이해할 수 있을 것이다. 우선 처음의 closure 함수 호출로 변수 myClosure에 익명 함수가 세트된다. 여기서 익명 함수 myClosure는 로컬 변수 counter를 유지하면서도 (closure 함수 자체는 종료하고 있기 때문에) 원래의 closure 함수와는 독립해 동작할 수 있게 된다.

결과적으로, 그 후에 myClosure 함수를 호출할 때마다 변수 counter는 증가(increment)되어서 2, 3, 4 ...... 이라는 결과를 얻을 수 있게 된다.

이러한 결과로 인해 (약간 어려운 말투로 하자면) 클로저는 '일종의 기억 영역을 제공하는 구조'라고 할 수 있다.

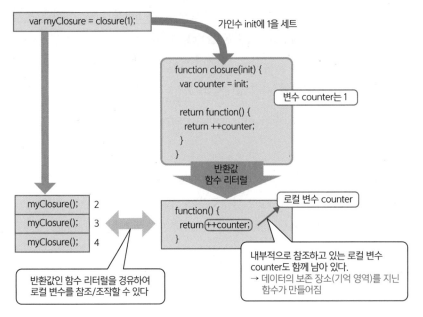

var myClosure = closure(1);

가인수 init에 1을 세트

function closure(init) {
　var counter = init;

　return function() {
　　return ++counter;
　}
}

변수 counter는 1

반환값
함수 리터럴

myClosure(); 2
myClosure(); 3
myClosure(); 4

function() {
　return ++counter;
}

로컬 변수 counter

내부적으로 참조하고 있는 로컬 변수 counter도 함께 남아 있다.
→ 데이터의 보존 장소(기억 영역)를 지닌 함수가 만들어짐

반환값인 함수 리터럴을 경유하여 로컬 변수를 참조/조작할 수 있다

● 클로저란

일종의 기억 영역이라니, 또다시 조금 어려워지는 것 같다. 이 시점에서 또 다른 구체적인 코드를 보도록 하자.

리스트 4-51 **closure2.js**

```
function closure(init) {
  var counter = init;

  return function() {
    return ++counter;
  }
}

var myClosure1 = closure(1);    ←──── ❶
var myClosure2 = closure(100);  ←────

console.log(myClosure1()); // 결과: 2   ←──
console.log(myClosure2()); // 결과: 101 ←──── ❷
console.log(myClosure1()); // 결과: 3   ←──
console.log(myClosure2()); // 결과: 102 ←──
```

어떠한가? 동일 로컬 변수 counter를 참조하고 있을 거라 생각했는데, 결과는 마치 다른 변수를 참조하고 있는 것처럼 증가한 값이 서로 독립되어 있다.

언뜻 보면 불가사의한 동작으로 생각될지도 모르겠지만, 이것 또한 방금 전 스코프 체인의 개념으로 생각해보면 확실히 이해할 수 있다.

우선, 반복해서 설명하는 것이지만 ❶의 closure 함수가 호출된 타이밍에는 다음과 같은 스코프 체인이 형성된다.

- 익명 함수를 나타내는 Call 객체
- closure 함수의 Call 객체
- 글로벌 객체

다만 4.7.2절에서도 'Call 객체는 함수가 호출될 때마다 생성된다'라고 언급한 것처럼 각각의 스코프 체인은 독립된 것이고, 그 안에 관리되는 로컬 변수 counter도 '별개의 것'이라는 사실이다.

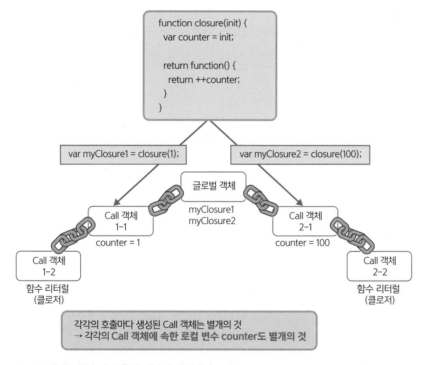

● Call 객체는 함수가 호출될 때마다 생성된다

이것을 이해해두면 예제의 동작도 명백해진다. 우선 ❶에서 closure 함수를 호출한 타이밍에 각각 독립한 클로저와 그 안에 참조된 로컬 변수 counter(값은 '1'과 '100')가 생성된다. 그리고 클로저 myClosure1, myClosure2이 호출될 때마다 각각 독립한 로컬 변수가 증가되어 2, 3, 4 … 의 결과와 101, 102, 103 … 의 결과를 얻게 된다(❷).

이처럼 클로저를 보다 보면 객체에서의 프로퍼티나 메소드와 매우 비슷하다고 생각되지 않는가? 그렇다. 클로저는 '간단한 객체'라고 바꿔 말할 수 있다. 실제로 클로저에 관련된 구성 요소를 객체의 구성 요소에 비유해보면 다음과 같은 대응 관계가 성립되는 것을 알 수 있다.

● 클로저와 객체의 관계

클로저	객체
클로저를 감싸고 있는 부모 함수(여기서는 closure 함수)	생성자
클로저가 참조하는 로컬 변수	프로퍼티
클로저 자신	메소드
리스트 4-51의 ❶에서의 함수 호출	인스턴스화
클로저를 대입하는 변수	인스턴스

좀처럼 개념을 잡기 어려울지도 모르겠지만, 더 실용적인 활용 방법에 대해서는 5.4.1절에서도 설명하고 있으니, 함께 참조하여 깊이 있게 이해해두자.

5

대규모 개발에서도
통용되는 작성법 익히기

― 객체지향 구문

5.1 | JavaScript의 객체지향 특징

ES2015에서의 가장 크게 변경된 것은 객체지향 구문이다. ES2015에서는 class 구문이 도입됨으로써 코드의 외관도 꽤 변경되었다. 이 책에서는 설명의 혼란을 피하기 위해서 앞 부분에는 ES2015 이전의 구문을, 뒷부분에는 ES2015 이후의 신 구문을 정리해 놓았다.

앞으로는 ES2015의 구문이 주류가 될 것이다. 그러나 신 구문이 예전 구문을 완전하게 대체하는 것은 아니다. 당분간은 예전 구문과 새로운 구문을 병행하여 깊이 있게 배워나가자.

그럼, 우선 현시점에서 자주 이용되고 있는 예전 구문부터 살펴보도록 하자.

5.1.1 '클래스'는 없고 '프로토타입'만 있다

지금까지 살펴본 대로 JavaScript는 훌륭한 객체지향 언어다. 그러나 Java나 C++, C# 등의 객체지향 언어와는 근본적으로 다른 점이 있다.

그것은 '인스턴스화 및 인스턴스'라는 개념은 존재하나 이른바 클래스가 없고, '프로토타입(모형)'이라고 하는 개념만 존재한다는 점이다.

프로토타입이란 '어떤 객체의 원본이 되는 객체'로 JavaScript에서는 이것을 이용하여 새로운 객체를 생성해나간다. 이러한 성질 때문에 JavaScript의 객체지향은 프로토타입 베이스의 객체지향이라고도 불린다.

클래스 베이스의 객체지향에 흠뻑 빠져 버린 사람에게는 약간 감을 잡기가 어려울지도 모르겠으나 프로토타입이란 '보다 속박이 약한 클래스와 같은 것'이라고 생각해두기 바란다. 또한 이 책에서도 프로토타입을 편의적으로 '클래스'라고 칭하는 경우가 있기 때문에 이 점 양해 바란다.

5.1.2 가장 간단한 클래스 정의하기

구체적인 예를 직접 살펴보는 편이 알기 쉬울 거라 생각되므로, 먼저 아무런 내용이 없는(가장 간단한) '클래스'를 정의한 예를 보도록 하자.

리스트 5-01 **simple.js(전반)**

```
var Member = function() {};
```

'변수 Member에 대해, 빈 함수 리터럴을 대입하고 있을 뿐이지 않나'라고 생각될지도 모르겠으나 이것이 JavaScript의 클래스다.

실제로 이 Member 클래스는 다음과 같이 new 연산자로 인스턴스화가 가능하다.

리스트 5-02 **simple.js (후반)**

```
var mem = new Member();
```

반복해서 말하지만 JavaScript의 세계에서는 '이른바 엄밀한 의미의 클래스'라는 개념이 존재하지 않는다. 여기에서는 다음과 같이 기억해두자. JavaScript에서는 함수(Function 객체)에 클래스의 역할을 부여한다.

> **N O T E** **애로우 함수에서는 생성자를 정의할 수 없다** ES2015
>
> 애로우 함수(4.1.4절)는 생성자로 동작시킬 수 없다. 예를 들어 다음의 코드는 에러가 된다. ES2015 환경에서는 순수하게 class 명령(5.5.1절)을 이용해야 한다.
>
> ```
> let Member = () => { ... 생성자의 내용 ...};
> let m = new Member();     // 결과: Member is not a constructor
> ```

5.1.3 생성자로 초기화하기

3.1.2절에서도 설명했듯이, 생성자라는 것은 '인스턴스(객체)를 생성할 때 객체의 초기화 처리를 기술하기 위한 특수한 메소드(함수)'를 말한다.

리스트 5-01에서 정의한 Member 함수 또한 'new 연산자에 의해서 호출되어 객체를 생성한다'는 의미로, 엄밀하게는 클래스 그 자체라고 하기보다는 생성자라고 부르는 것이 더 올바른 표현일 것이다.

생성자의 이름은 보통(=생성자가 아닌) 함수와 구별하기 위해서 대문자로 시작하는 것이 일반적이다.

■ 프로퍼티와 메소드

그러면 방금 전에 리스트 5-01로 작성한 생성자에 초기화 처리를 기술해보자.

리스트 5-03 simple2.js

```javascript
var Member = function(firstName, lastName) {
  this.firstName = firstName;
  this.lastName = lastName;
  this.getName = function() {
    return this.lastName + ' ' + this.firstName;
  }
};

var mem = new Member('철수', '강');
console.log(mem.getName());  // 결과: 강 철수
```

여기서 주목해야 할 것은 this 키워드다. this 키워드는 생성자에 의해 생성되는 인스턴스(즉 자기 자신)를 나타내는 것이다. this 키워드에 대해 변수를 지정함으로써 인스턴스의 프로퍼티를 설정할 수 있다.

구문 프로퍼티의 정의

```
this.프로퍼티명 = 값;
```

또한 프로퍼티에는 문자열이나 정수, 날짜 등만이 아닌 함수 객체(함수 리터럴)를 지정할 수 있다는 점에도 주목해야 한다. JavaScript에서는 엄밀히 말하자면 메소드라는 독립된 개념이 없어 함수 객체로서의 값이 프로퍼티의 메소드로 간주된다.

여기에서는 getName 프로퍼티에 익명 함수를 인도하고 있기 때문에 이른바 'getName 메소드'를 선언한 셈이 된다.

실제로 Member 객체를 인스턴스화하고 getName 메소드를 호출해보면, 분명히 '강 철수'라고 하는 문자열이 표시되는 것을 확인할 수 있다.

5.1.4 동적으로 메소드 추가하기

메소드는 생성자에서만 정의할 수 있는 것이 아니다. new 연산자로 일단 인스턴스화 해버린 객체에 대해서 나중에 메소드를 추가할 수도 있다. 예를 들어 아래의 예는 방금 전의 리스트 5-03에서 생성자 안에 정의된 getName 메소드를 나중에 정의하는 방식으로 고쳐 쓴 것이다.

리스트 5-04 **dynamic.js**

```javascript
var Member = function(firstName, lastName) {
  this.firstName = firstName;
  this.lastName = lastName;
};

var mem = new Member('철수', '강');
mem.getName = function() {
  return this.lastName + ' ' + this.firstName;
}

console.log(mem.getName());      // 결과: 강 철수
```

역시 이 경우에도 올바르게 getName 메소드가 동작하고 있는 것을 확인할 수 있다.

다만, 인스턴스에 대해서 직접 멤버(프로퍼티나 메소드)를 추가한 경우에는 주의해야 할 점도 있다. 다음과 같은 예를 보자.

리스트 5-05 **dynamic2.js**

```javascript
var Member = function(firstName, lastName) {
  this.firstName = firstName;
  this.lastName = lastName;
};

var mem = new Member('철수', '강');
```

```
mem.getName = function() {   ←
  return this.lastName + ' ' + this.firstName;   ──── ❶
}   ←

console.log(mem.getName());   // 결과: 강 철수

var mem2 = new Member('영희', '이');   ←
console.log(mem2.getName());   ←        ──── ❷
```

추가로 기술한 것은 볼드체 부분이다. ❷에서 새롭게 생성한 인스턴스 mem2로부터 동적으로 추가한 getName 메소드를 호출하려고 하면 'mem2.getName is not a function(mem2.getName은 함수가 아닙니다)'이라고 하는 메시지가 반환되는 것을 확인할 수 있다.

중요한 것은 ❶의 경우에는 Member 클래스 그 자체가 아니고, '생성된 인스턴스에 대해서 메소드가 추가되고 있다'는 점이다.

Java와 같은 클래스 베이스의 객체지향에 익숙한 사람이라면 '동일한 클래스를 기초로 생성된 인스턴스는 동일한 멤버를 가진다'라는 것이 상식이지만, 프로토타입 베이스의 객체지향(JavaScript)의 세계에서는 동일한 클래스를 기초로 생성된 인스턴스라 할지라도 각각이 지닌 멤버가 동일하다고 한정할 수 없다.

여기에서는 새롭게 멤버를 추가하고 있을 뿐이지만, delete 연산자(2.4.6절)로 인스턴스로부터 기존의 멤버를 삭제할 수도 있다.

이러한 유연함이 앞서 말한 프로토타입이 '보다 속박이 약한 클래스와 같은 것'이라고 한 이유다.

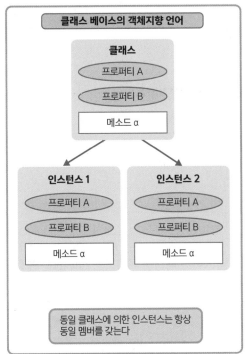

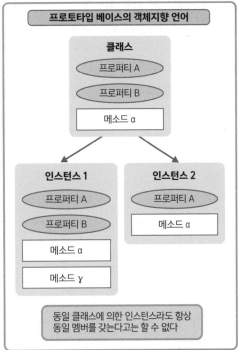

● 프로토타입은 '보다 속박이 약한 클래스'

5.1.5 문맥에 따라 내용이 변하는 변수 — this 키워드

앞서 'this 키워드는 생성자에 따라 생성되는 인스턴스를 나타낸다'라고 언급했는데, 엄밀하게는 '생성자라는 문맥에서는'이라는 조건이 앞에 붙는다.

this는 스크립트의 어디서든 참조할 수 있는 특별한 변수다. 그리고 호출하는 곳이나 호출하는 방법(문맥)에 따라 내용이 변화하는 불가사의한 변수이기도 하다. 이 성질상 this는 JavaScript 초심자가 이해하기 어려워 때때로 버그의 온상이 되기도 한다. 그러므로 여기서는 this 키워드가 나타내는 것을 정리해두기로 하자.

■ this 키워드가 참조하는 곳

this 키워드가 참조하는 곳은 다음의 조건에 따라 변화한다.

● this 키워드가 참조하는 곳

장소	this가 참조하는 곳
톱 레벨(함수의 바깥)	글로벌 객체
함수	글로벌 객체(Strict 모드에서는 undefined)
call/apply 메소드	인수로 지정된 객체
이벤트 리스너	이벤트의 발생처
생성자	생성한 인스턴스
메소드	호출원의 객체(=리시버 객체)

이벤트 리스너에 대해서는 나중에 6.2.3절에서 설명할 것이기 때문에 여기서는 call/apply 메소드에 대해서만 보충 설명하겠다.

call/apply 메소드는 둘 다 함수(Function객체)가 제공하는 멤버로, 그 함수를 호출한다. call/apply 메소드의 차이점은 실행해야 할 함수 func에 건네는 인수의 지정 방법뿐이다. call 메소드는 개별 값으로 지정하는 데 반해 apply 메소드는 배열로 건넨다.

구문 call/apply 메소드

```
func.call(that [,arg1 [,arg2 [,…]]])
func.apply(that [,args])
        func: 함수 객체              that: 함수 안에서 this 키워드가 가리키는 것
        arg1, arg2 … : 함수에 건넬 인수    args: 함수에 건넬 인수(배열)
```

여기서 주목해야 하는 것은 인수 that이다. call/apply 메소드에서는 인수 that을 건넴으로써 함수 객체 안의 this 키워드가 나타내는 객체를 전환할 수 있다.

아래의 구체적인 예를 살펴보자. 여기서는 call 메소드의 예를 나타내고 있는데, apply 메소드의 경우도 동일하다.

리스트 5-06 call.js

```
var data = 'Global data';
var obj1 = { data: 'obj1 data' };
var obj2 = { data: 'obj2 data' };

function hoge() {
  console.log(this.data);
```

```
}

hoge.call(null);  // 결과: Global data
hoge.call(obj1);  // 결과: obj1 data
hoge.call(obj2);  // 결과: obj2 data
```

인수 that에 각기 서로 다른 객체를 건넴으로써 hoge 함수 안에 있는 this의 내용(여기서는 출력되는 this.data의 값)이 변화하고 있는 것을 확인할 수 있다. 참고로 인수 that에 null을 건넬 경우, 암묵적으로 글로벌 객체가 건네진 것으로 간주된다.

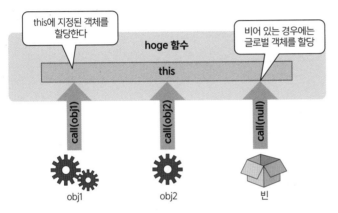

● call 메소드로 인한 this의 변화

■ 보충 설명: 배열과 비슷하지만 배열이 아닌 객체를 배열로 변환하기

call/apply 메소드를 이용함으로써 arguments 객체와 같이 '배열과 비슷하지만 배열이 아닌' 객체를 배열로 변환하는 것도 가능하다. 다음의 예를 살펴보자.

리스트 5-07 **call_arguments.js**

```
function hoge() {
  var args = Array.prototype.slice.call(arguments); ← ❶
  console.log(args.join('/')); ← ❷
}

hoge('Angular', 'React', 'Backbone');    // 결과: Angular/React/Backbone
```

이 예에서는 'arguments 객체를 this로 해서 Array.slice 객체를 호출하시오'라는 의미가 된다(❶). prototype에 대해서는 다음 절에서 설명하겠지만, 우선은 'Array 객체 안의 멤버를 나타내기 위한 프로퍼티'로만 이해해두길 바란다.

slice 메소드(3.2.1절)는 인수를 지정하지 않을 경우 원래의 배열을 그대로 반환한다. 따라서 이 문장에 의해 arguments 객체의 내용을 배열로서 얻을 수 있게 된다.

❷에서는 원래 arguments 객체에서는 이용할 수 없었던 join 메소드를 이용할 수 있음(=Array 객체로 변환되어 있음)을 확인할 수 있다.

이 테크닉은 NodeList 객체(6.2.1절)를 배열로 변환하는 식으로 여러 곳에서 사용되므로 기억해 두면 편리하다.

NOTE **Array.from 메소드로 배열 변환하기** ES2015

ES2015 이후에서는 새롭게 Array.from 메소드를 이용할 수 있다. 이에 따라 리스트 5-07의 ❶과 같은 중복 코드를 사용하지 않고도 배열로의 변환을 훨씬 더 직감적으로 할 수 있게 되었다. 다음은 리스트 5-07의 ❶을 from 메소드로 바꾼 예다.

```
let args = Array.from(arguments);
```

5.1.6 생성자의 강제적인 호출

JavaScript의 세계에서는 함수가 생성자로서의 역할을 담당하고 있기 때문에 문제점도 갖고 있다. 그럴 수밖에 없는 것이 생성자를 함수로서 호출할 수 있기 때문이다.

리스트 5-08 **no_constructor.js**

```
var Member = function(firstName, lastName) {
  this.firstName = firstName;
  this.lastName = lastName;
};

var m = Member('인식', '정');
console.log(m);                  // 결과: undefined
console.log(firstName);          // 결과: 인식
console.log(m.firstName);        // 결과: 에러 (Cannot read property 'firstName' of undefined)
```

이 경우 Member 객체는 생성되지 않고, 대신에 글로벌 변수로 firstName/lastName이 생성되어 버린다(this가 글로벌 객체를 나타내고 있기 때문이다).

이것은 당연히 의도한 대로의 상태가 아니므로 다음과 같은 처리를 설치해두면 안전하다.

```
var Member = function(firstName, lastName) {
  if(!(this instanceof Member)) {  ←
    return new Member(firstName, lastName);          ──  ❶
  }  ←
  this.firstName = firstName;
  … 중략 …
};
```

생성자가 그냥 함수로서 호출되었을 경우에 this는 Member 객체가 아니라 글로벌 객체를 나타내게 된다(Strict 모드에서는 undefined). ❶에서는 그 성질을 이용해서 this가 Member 객체가 아닌 경우에 다시 한번 new 연산자로 생성자를 호출하고 있다. instanceof 연산자는 객체가 지정된 클래스의 인스턴스인지를 판정하는 연산자다(자세한 것은 5.3.3절을 참조하길 바란다). 이에 따라 생성자의 함수 호출을 방지할 수 있다.

5.2 생성자의 문제점과 프로토타입

5.1절에서 살펴본 바와 같이 인스턴스 공통의 메소드를 정의하려면 적어도 생성자로 메소드를 정의할 필요가 있음을 알 수 있었다. 그러나 실은 생성자에 의한 메소드 추가에는 메소드의 수에 비례하여 '쓸데없이' 메모리를 소비한다는 큰 문제점이 있다.

생성자는 인스턴스를 생성할 때마다 각각의 인스턴스를 위해 메모리를 확보한다. 리스트 5-03을 예로 들면, 인스턴스를 위해 Member 클래스에 속하는 firstName/lastName 프로퍼티, getName 메소드를 복사한다는 뜻이다.

그러나 getName과 같은 메소드(함수 리터럴)는 모든 인스턴스에서 내용이 동일할 것이기 때문에 인스턴스 단위로 메모리를 확보하는 것은 쓸데없는 일이다.

여기에서는 getName 메소드 하나이기 때문에 그다지 문제가 되지 않을지도 모르겠다. 그러나 이것이 더 복잡한 메소드를 10개, 20개씩 갖는 클래스라고 하면 어떨까? 그러한 클래스를 몇 개씩 인스턴스화하는 코드에서 그것을 모두 하나하나 인스턴스화할 때마다 복사한다는 것은 쓸데없는 일이라 할 수 있다.

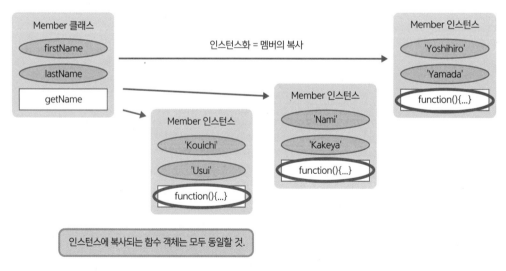

● 생성자에서 메소드를 정의하는 것에 대한 문제점

5.2.1 메소드는 프로토타입으로 선언한다 — prototype 프로퍼티

그래서 JavaScript에서는 객체에 멤버를 추가하기 위한 prototype이라고 하는 프로퍼티를 준비하고 있다. prototype 프로퍼티는 디폴트로 빈 객체를 참조하고 있는데, 이것에 프로퍼티나 메소드를 추가할 수 있다.

그리고 이 prototype 프로퍼티에 대입된 멤버는 인스턴스화된 앞의 객체에 인계된다. 좀 더 자세히 설명하자면, prototype 프로퍼티에 대해 추가된 멤버는 그 클래스(생성자)를 기초로 생성된 모든 인스턴스에서 이용할 수 있다는 것이다. 또한 이를 약간 어렵게 표현하면 다음과 같다.

객체를 인스턴스화 했을 경우, 인스턴스는 베이스가 되는 객체에 속하는 prototype 객체에 대해서
암묵적인 참조를 갖게 된다.

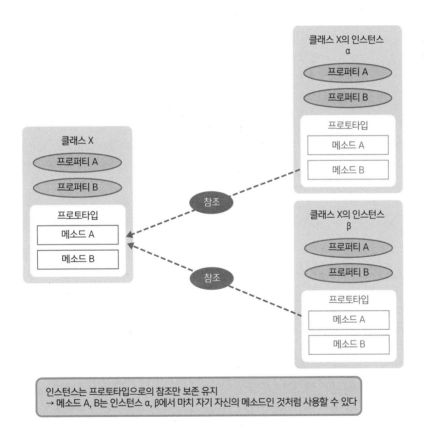

인스턴스는 프로토타입으로의 참조만 보존 유지
→ 메소드 A, B는 인스턴스 α, β에서 마치 자기 자신의 메소드인 것처럼 사용할 수 있다

● 프로토타입 객체

이야기가 약간 어려워졌으므로 구체적인 코드를 보기로 하자. 리스트 5-10은 방금 전 Member 객체에 포함되는 getName 메소드를 프로토타입으로 정의한 것이다.

리스트 5-10 **prototype.js**

```javascript
var Member = function(firstName, lastName){
  this.firstName = firstName;
  this.lastName = lastName;
};

Member.prototype.getName = function() {
  return this.lastName + ' ' + this.firstName;
};

var mem = new Member('인식', '정');
console.log(mem.getName());    // 결과: 정 인식
```

프로토타입 객체(prototype 프로퍼티가 참조하는 객체)에 추가된 getName 메소드가 Member 클래스의 인스턴스(변수 mem)에서도 올바르게 참조되고 있는 것을 확인할 수 있다.

'프로토타입(모형) 기반의 객체지향'이라는 식으로 말해버리면, 특히 '클래스 기반의 객체지향'에 익숙한 사람들이 다가서기 힘들어 할 수도 있을 것이다. 하지만 요점은 'JavaScript의 관점에서는 클래스라고 하는 추상적인 설계도가 존재하지 않는다'라고 생각하면 될 것이다.

JavaScript의 세계에서 존재하는 것은 어디까지나 실체화된 객체이며, 새로운 객체를 생성하는 경우에도 (클래스가 아닌) 객체가 토대가 된다. 그리고 새로운 객체를 만들기 위한 원형(모형)이 바로 각각의 객체에 속하는 '프로토타입'이라고 하는 특별한 객체인 것이다.

어떤가? '프로토타입 기반의 객체지향'이 조금은 가깝게 느껴지는가?

5.2.2 프로토타입 객체를 사용한 메소드 정의의 두 가지 이점

이와 같이 프로토타입 객체를 개입시켜 메소드를 정의하는 것에는 다음의 두 가지 이점이 있다.

(1) 메모리의 사용량을 절감할 수 있다

반복해서 말하지만 프로토타입 객체의 내용은 어디까지나 '베이스가 되는 객체로부터 암묵적으로 참조만'될 뿐, 인스턴스에 복사되는 것은 아니다.

즉 JavaScript에서는 객체의 멤버가 호출되었을 때 다음의 흐름으로 멤버를 취득하게 된다.

- 인스턴스 측에 요구된 멤버가 존재하지 않는지 확인
- 존재하지 않는 경우에는 암묵적인 참조를 통해 프로토타입 객체를 검색

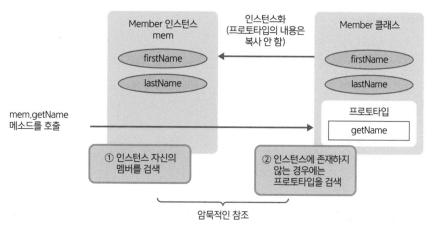

● 암묵적인 참조

이로 인해 생성자 경유로 메소드를 정의하는 경우에 발생하는 문제(메모리를 쓸데없이 소비하는)를 회피할 수 있게 된다.

(2) 멤버의 추가나 변경을 인스턴스가 실시간으로 인식할 수 있다

'인스턴스에 멤버를 복사하지 않는다'라고 하는 것은 '프로토타입 객체로의 변경(추가나 삭제)을 인스턴스 측에서 동적으로 인식할 수 있다'라는 뜻도 된다.

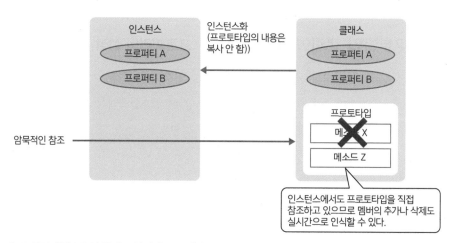

● 프로토타입으로의 변경도 실시간으로 인식

시험 삼아 다음과 같은 코드로 실제의 동작을 확인해보자.

리스트 5-11 dynamic_prototype.js

```
var Member = function(firstName, lastName){
  this.firstName = firstName;
  this.lastName = lastName;
}

var mem = new Member('인식', '정');

// 인스턴스화 후에 메소드를 추가
Member.prototype.getName = function() {
  return this.lastName + ' ' + this.firstName;
};

console.log(mem.getName());    // 결과: 정 인식
```

어떠한가? 리스트 5-10과 다른 점은 'new 연산자에 의해서 인스턴스를 생성한 후에 getName 메소드를 추가하고 있다'는 점이다. 이 경우에도 아무런 문제 없이 메소드를 인식하는 것을 확인할 수 있다.

인스턴스를 '객체(클래스)의 복사본'이라고 생각하고 있으면 이것은 이상하게 생각될지도 모르겠다. 하지만 방금 전의 '암묵의 참조'라는 개념을 이해하고 있으면 오히려 당연하다고 말할 수 있는 동작이 된다.

5.2.3 프로토타입 객체의 불가사의(1) — 프로퍼티의 설정

그럼 프로토타입 객체로 프로퍼티를 선언하면 어떻게 될까? '암묵의 참조'라는 개념으로 보면 프로퍼티의 값은 모든 인스턴스에 공유되는 것처럼 생각된다. 어떤 인스턴스에서 프로퍼티의 값을 변경하면 모든 인스턴스에 그 변경이 반영되어 버리는 건 아닐까?

자, 그럼 실제의 동작을 확인해보자.

리스트 5-12 prototype2.js

```
var Member = function() { };

Member.prototype.sex = '남자';
var mem1 = new Member();
var mem2 = new Member();

console.log(mem1.sex + '|' + mem2.sex);    // 결과: 남자|남자 ←── ❶
mem2.sex = '여자'; ←── ❷
console.log(mem1.sex + '|' + mem2.sex);    // 결과: 남자|여자 ←── ❸
```

주목해주길 바라는 부분은 ❸의 부분이다.

❷에서 인스턴스 mem2의 sex 프로퍼티를 변경하고 있기 때문에 원래의 프로토타입 객체도 바뀌게 되어 ❸은 양쪽 모두 '여자'가 될 것이라고 생각할 수 있다. 그러나 결과는 인스턴스 mem1의 내용은 그대로이며 인스턴스 mem2의 내용만이 변경되었다.

이거 참, 도대체 어떻게 된 일인가?

결론부터 말하자면, 프로토타입 객체가 사용되는 것은 '값을 참조할 때뿐'이다. 값의 설정은 항상 인스턴스에 대해 행해진다.

프로퍼티 설정/참조의 내부적인 동작을 좀 더 자세하게 살펴보도록 하자.

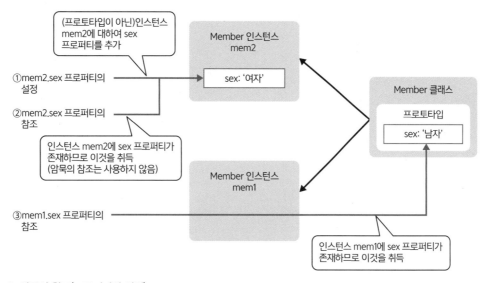

● 암묵의 참조(프로퍼티의 설정)

우선 ❶의 시점에서는 인스턴스 mem1, mem2는 둘 다 sex 프로퍼티를 가지지 않으므로 프로토타입 객체가 가지는 sex 프로퍼티를 '암묵적으로 참조'한다. 그런데 ❷의 시점에서 인스턴스 mem2의 sex 프로퍼티가 변경된다면, '인스턴스 mem2 자신이 sex 프로퍼티를 가지게 됨'으로써 인스턴스 mem2은 프로토타입을 참조할 필요가 없어진다. 그 결과, 인스턴스 mem2에 설정되어 있는 sex 프로퍼티가 참조되는 것이다(이것을 '인스턴스의 sex 프로퍼티가 프로토타입의 sex 프로퍼티를 은폐한다'고 한다).

물론, 이 시점에서도 인스턴스 mem1은 여전히 sex 프로퍼티를 가지고 있지 않기 때문에 그대로 암묵의 참조를 하여 프로토타입 객체에서 보유하는 sex 프로퍼티를 참조하게 된다.

이와 같이 프로퍼티를 프로토타입으로 정의해도 동작상으로는 '인스턴스가 개별적으로 프로퍼티를 보유하고 있는 것처럼 보이기' 때문에 문제는 없다. 다만, 본래 인스턴스 단위로 값이 달라야 할 프로퍼티를 프로토타입 객체로 선언하는 것은 의미가 없다(읽기 전용의 프로퍼티는 별도다). 보통은 다음과 같이 구분하여 사용하기 바란다.

- 프로퍼티의 선언 ➡ 생성자로
- 메소드의 선언 ➡ 프로토타입으로

5.2.4 프로토타입 객체의 불가사의(2) — 프로퍼티의 삭제

앞 절에서는 프로토타입으로 멤버를 추가하는 경우에 대해서 이야기하였다. 그럼 삭제하는 경우에는 어떨까? 우선 실제의 동작을 살펴보자.

리스트 5-13 **prototype3.js**

```
var Member = function() { };

Member.prototype.sex = ' 남자';

var mem1 = new Member();
var mem2 = new Member();

console.log(mem1.sex + '|' + mem2.sex);    // 결과: 남자| 남자
mem2.sex = ' 여자';
console.log(mem1.sex + '|' + mem2.sex);    // 결과: 남자| 여자

delete mem1.sex ←── ❶
delete mem2.sex ←── ❷
console.log(mem1.sex + '|' + mem2.sex);    // 결과: 남자| 남자 ←── ❸
```

위의 코드는 리스트 5-12에서 마지막에 delete 연산자(2.4.6절)를 사용한 코드를 추가한 것이다. 이 경우에는 결과(❸)에 주목해보자.

우선 ❶에서 delete 연산자는 '인스턴스 mem1의' sex 프로퍼티를 삭제하려고 했다. 그러나 인스턴스 mem1은 sex 프로퍼티를 가지지 않으므로 delete 연산자는 아무것도 실시하지 않는다(프로토타입까지 거슬러 올라가 삭제하는 일은 없다). 그 결과, ❸에서 인스턴스 mem1은 암묵의 참조를 더듬어 프로토타입 객체의 sex 프로퍼티를 반환해준다. 즉, 결과는 '남자'가 된다.

한편 ❷는 어떤가? 이번에는 인스턴스 mem2가 자기 자신의 sex 프로퍼티를 가지기 때문에 delete 연산자는 이것을 삭제한다. 그 결과, ❸에서 인스턴스 mem2는(독자적인 프로퍼티값를 가지

지 않게 되었으므로) 다시 암묵의 참조를 더듬어 프로토타입 객체의 sex 프로퍼티(즉 '남자')를 반환하게 되는 것이다.

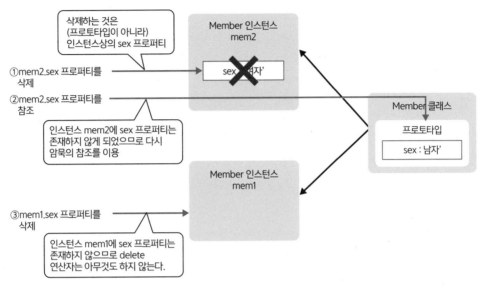

● 암묵의 참조(프로퍼티의 삭제)

반복해서 이야기하지만, 다음의 문장을 재차 유념해두자.

인스턴스 측에서의 멤버 추가나 삭제 조작이 프로토타입 객체에까지 영향을 미칠 일은 없다.

■ 보충 설명: 인스턴스 단위로 프로토타입의 멤버 삭제하기

무엇보다 엄밀하게 다음과 같이 기술함으로써 프로토타입 객체의 멤버를 삭제할 수도 있다.

```
delete Member.prototype.sex
```

다만, 이러한 코드는 이 프로토타입을 참조하고 있는 모든 인스턴스에 영향을 미친다는(모든 인스턴스의 sex 프로퍼티가 삭제되어 버린다) 점에 주의해야 한다.

만약 프로토타입에서 정의된 멤버를 '인스턴스 단위로' 삭제하고 싶은 경우, 약간의 트릭이지만 상수 undefined를 이용하는 방법이 있다.

리스트 5-14 undefined.js

```
var Member = function() { };
```

```
Member.prototype.sex = '남자';

var mem1 = new Member();
var mem2 = new Member();
console.log(mem1.sex + '|' + mem2.sex);   // 결과: 남자|남자
mem2.sex = undefined;
console.log(mem1.sex + '|' + mem2.sex);   // 결과: 남자|undefined
```

여기에서는 sex 프로퍼티의 값을 상수 undefined로 덮어씀으로써 '유사적으로' 멤버를 무효화하고 있다.

다만, 이 방법은 어디까지나 '멤버의 존재 자체는 그대로 두고 값을 강제적으로 미정의값으로 대입하고 있는 것'에 지나지 않는다. 엄밀하게는 멤버를 삭제하고 있는 것이 아니기 때문에 for...in 루프로 객체 내의 멤버를 열거했을 경우 sex 프로퍼티는 여전히 존재하는 것으로 표시된다.

리스트 5-15 **undefined2.js**

```
var Member = function() { };

Member.prototype.sex = '남자';
var mem = new Member();
mem.sex = undefined;

for (var key in mem) {
  console.log(key + ":" + mem[key]);
}     // 결과: sex:undefiend
```

5.2.5 객체 리터럴로 프로토타입 정의하기

자, 지금까지의 예에서는 닷 연산자(.)를 사용하여 프로토타입에 멤버를 추가해왔다. 구문으로 보면 그것은 그것대로 올바른 작성 방법이다. 하지만 멤버 수가 많아졌을 경우에는 아무래도 코드가 장황하게 될 수밖에 없기 때문에 바람직한 작성 방법이라고는 할 수 없다.

사소한 일이긴 하지만 매번 'Member.prototype.~'라는 기술을 반복해야 하는 것도 귀찮고, 자칫 객체명(여기에서는 Member)이라도 변경이 될 경우에는 정의된 모든 곳을 고쳐 써야 하는 것 또한 좋다고는 말할 수 없다. 또, 개개의 멤버 정의가 독립된 블록에 기술되어 있다는 점에서 '어디서부터 어디까지가 동일 객체의 멤버 정의인지를 언뜻 봤을 때 알아내기 어렵다'라는 가독성의 문제도 있다.

그래서 등장한 것이 2.3.2절에서 설명한 객체의 리터럴 표현이다. 리터럴 표현을 이용하면 리스

트 5-16은 리스트 5-17처럼 고쳐 쓸 수 있다.

리스트 5-16 literal.js

```javascript
var Member = function(firstName, lastName){
  this.firstName = firstName;
  this.lastName = lastName;
};

Member.prototype.getName = function(){
  return this.lastName + ' ' + this.firstName;
};

Member.prototype.toString = function(){
  return this.lastName + this.firstName;
};
```

리스트 5-17 literal2.js

```javascript
var Member = function(firstName, lastName){
  this.firstName = firstName;
  this.lastName = lastName;
};

Member.prototype = {
  getName : function(){
    return this.lastName + ' ' + this.firstName;
  },
  toString : function(){
    return this.lastName + this.firstName;
  }
};
```

이와 같이 객체 리터럴을 이용함으로써 다음과 같은 효과를 볼 수 있다.

- 'Member.prototype.~'와 같은 기술이 최소한으로 억제된다
- 그 결과, 객체명의 변경이 있을 경우에도 영향 받는 범위는 한정 가능하다
- 동일 객체의 멤버 정의가 하나의 블록에 담겨져 있기 때문에 코드의 가독성이 향상된다

리스트 5-16처럼 뿔뿔이 흩어져 기술하던 것에 비하면 상당히 코드가 깨끗하게 정리되었다는 생각이 들지 않는가?

일반적인 프로토타입을 정의하는 경우에는 이와 같이 리터럴 표현을 이용하길 바란다.

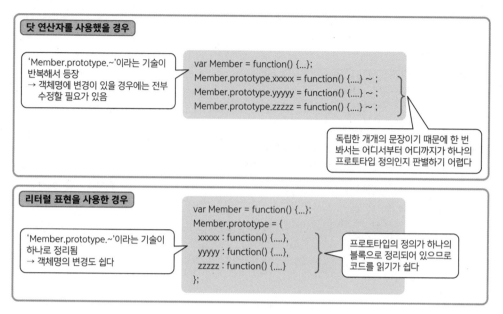

닷 연산자를 사용했을 경우

'Member.prototype.~'이라는 기술이
반복해서 등장
→ 객체명에 변경이 있을 경우에는 전부
　수정할 필요가 있음

```
var Member = function() {...};
Member.prototype.xxxxx = function() {....} ~ ;
Member.prototype.yyyyy = function() {....} ~ ;
Member.prototype.zzzzz = function() {....} ~ ;
```

독립한 개개의 문장이기 때문에 한 번
봐서는 어디서부터 어디까지가 하나의
프로토타입 정의인지 판별하기 어렵다

리터럴 표현을 사용한 경우

'Member.prototype.~'이라는 기술이
하나로 정리됨
→ 객체명의 변경도 쉽다

```
var Member = function() {...};
Member.prototype = {
  xxxxx : function() {....},
  yyyyy : function() {....},
  zzzzz : function() {....}
};
```

프로토타입의 정의가 하나의
블록으로 정리되어 있으므로
코드를 읽기가 쉽다

● 닷 연산자와 리터럴 표현

5.2.6 정적 프로퍼티/정적 메소드 정의하기

3.1.3절에서도 말했듯이, 정적 프로퍼티/정적 메소드란 인스턴스를 생성하지 않아도 객체로부터
직접 호출할 수 있는 프로퍼티/메소드다(참고로 인스턴스 경유로 호출하는 프로퍼티/메소드는 인스턴
스 프로퍼티/인스턴스 메소드라고 했다).

이러한 정적 프로퍼티/정적 메소드를 정의하는 경우에는 아래와 같은 주의가 필요하다(프로토
타입 객체는 어디까지나 '인스턴스'로부터 암묵적으로 참조되는 것을 목적으로 한 객체이므로 이는 당연
하다).

프로토타입 객체에는 등록할 수 없다.

정적 프로퍼티/정적 메소드는 다음과 같이 생성자(객체)에 직접 추가한다.

구문 정적 프로퍼티/정적 메소드

```
객체명.프로퍼티명 = 값
객체명.메소드명 = function() { /*메소드의 정의*/ }
```

구체적인 예를 들어보자. 다음은 기본 도형의 면적을 구하는 기능을 정리한 유틸리티 클래스인 Area 클래스를 정의한 예다. Area 클래스에는 클래스의 버전 번호를 나타내는 version 프로퍼티를 시작으로, 삼각형/마름모의 면적을 요구하는 triangle/diamond 메소드가 포함되도록 하였다.

리스트 5-18 **static.js**

```javascript
var Area = function() {};        // 생성자

Area.version = '1.0';            // 정적 프로퍼티의 정의

      // 정적 메소드 triangle의 정의
Area.triangle = function(base, height) {
  return base * height / 2;
};

       // 정적 메소드 diamond의 정의
Area.diamond = function(width, height) {
  return width * height / 2;
};

console.log('Area 클래스의 버전:' + Area.version);      // 결과: Area 클래스의 버전:1.0
console.log('삼각형의 면적:' + Area.triangle(5, 3));    // 결과: 삼각형의 면적:7.5

var a = new Area();
console.log('마름모의 면적:' + a.diamond(10, 2));       // 결과: 에러
```

확실히 객체로부터 정적 프로퍼티/정적 메소드를 직접 호출할 수 있음을 확인할 수 있다. 또, 인스턴스 경유로 정적 메소드를 호출하려고 한 경우에는 'a.diamond is not a fuction(=a.diamond는 함수가 아닙니다)'라는 에러가 발생한다. 정적 멤버는 어디까지나 Area라고 하는 함수 객체에 동적으로 추가된 멤버이지, Area가 생성하는 인스턴스에 추가된 것이 아니기 때문이다.

■ 정적 프로퍼티/정적 메소드를 정의할 때 두 가지 주의점

정적 프로퍼티/정적 메소드를 정의하는 경우에는 아래의 사항에 주의하기 바란다.

(1) 정적 프로퍼티는 기본적으로 읽기 전용의 용도로 사용

정적 프로퍼티는 인스턴스 프로퍼티와는 달리 '클래스 단위로 보유되는 정보'다. 즉 그 내용을 변경했을 경우, 스크립트 내의 모든 내용에 변경이 반영되어 버린다. 원칙적으로 정적 프로퍼티로 정의한 값은 읽기 전용의 용도로 한정해야 한다.

(2) 정적 메소드 안에서는 this 키워드를 사용할 수 없다

인스턴스 메소드 안에서의 this 키워드는 (방금 전에도 말한 것처럼) 인스턴스 자신을 나타낸다.

한편, 정적 메소드 안에서의 this 키워드는 생성자(함수 객체)를 나타낸다. 당연한 이야기지만 인스턴스가 없기 때문에 정적 메소드로부터 인스턴스 프로퍼티의 값에 액세스할 수 없다는 점을 주의해야 한다.

정확하게는 '정적 메소드 안에서는 this 키워드를 사용해도 의미가 없다'라는 것이 더 올바른 표현이겠지만, 인스턴스 메소드와 같은 의미로서의 'this 키워드는 사용할 수 없다'라고 기억해두는 것이 편할 것이다.

NOTE   왜 정적 멤버를 정의하는 것인가

정적 멤버는 기능적으로는 글로벌 변수/함수와 서로 아무런 차이가 없다. '그러면 정적 프로퍼티/정적 메소드 등을 사용하지 않고 그냥 글로벌 변수/함수를 사용하면 좋지 않을까'라고 생각할지도 모르겠다.

그러나 그것은 불가능하다. 왜냐하면 글로벌 변수/함수는 이름이 충돌하는 원인이 되기 때문이다.

예를 들어, 100개의 글로벌 변수/함수를 포함한 라이브러리를 생각해보자. 애플리케이션으로부터 이 라이브러리를 사용하려고 했을 경우, 여기서 정의된 100개의 이름은 이른바 예약어(reserved word)이기 때문에 애플리케이션에서는 사용할 수가 없다(만약 잘못해서 덮어쓰기 해버렸을 경우에는 원래의 기능이나 정보를 잃게된다). 글로벌 변수/함수가 많아지면 많아질수록 애플리케이션 측에서는 이름이 충돌할지도 모른다는 것을 의식하여 코딩하지 않으면 안 된다.

이것은 당연히 바람직한 상태가 아니기 때문에 글로벌 변수/함수는 가능한 한 적게 사용하도록 해야 한다. 정적 멤버를 이용하면 변수/함수는 클래스 밑에 속하게 되기 때문에 이러한 경합(충돌)의 가능성을 줄일 수 있다(예를 들어 글로벌 변수 version과 정적 프로퍼티 Area.version은 별개다).

글로벌 변수/함수는 가능한 한 줄여야 한다. 그러기 위해서는 관련된 기능이나 정보는 정적 멤버로 정리하여야 한다. 이 점에 대해서 유의하도록 하자.

5.3 | 객체의 계승 — 프로토타입 체인

객체지향 언어를 이해하는 데 있어서 중요한 개념 중 하나가 계승(繼承)이다. 계승이란 베이스가 되는 객체(클래스)의 기능을 계승하여 새로운 클래스를 정의하는 기능을 말한다.

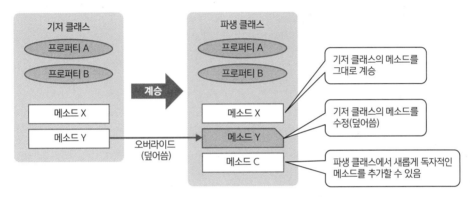

● 계승

이것을 이용하면 공통된 기능을 복수의 클래스에서 중복 정의할 필요가 없어진다. 따라서 근원이 되는 클래스로부터의 차분 기능만을 기술하는 것으로 끝나게 된다(차분 프로그래밍[1]이라고도 부른다).

계승에 있어서 계승원이 되는 클래스를 슈퍼 클래스(기저 클래스: base class), 계승된 클래스를 서브 클래스(상속 클래스 또는 파생 클래스)라고 부른다.

5.3.1 프로토타입 체인의 기초

이러한 계승의 구조를 JavaScript의 세계에서 실현하고 있는 것을 프로토타입 체인이라고 한다. 프로토타입 체인에 대해서는 우선 예제 코드를 보는 것이 빠를 것이다.

1　**[역주]** 여기서 언급한 차분 프로그래밍이란, 변경이 있거나 추가가 되는 기능만을 프로그래밍한다는 의미로, 객체지향 프로그래밍의 경우 계승을 이용해 기저 클래스의 전체 기능을 이어받아 수정 부분만을 고칠 수 있다.

리스트 5-19 **chain.js**

```javascript
var Animal = function() {};

Animal.prototype = {
  walk : function() {
    console.log('종종...');
  }
};

var Dog = function() {
  Animal.call(this); ←── ❷
};
Dog.prototype = new Animal(); ←── ❶
Dog.prototype.bark = function() {
  console.log('멍멍!! ');
}

var d = new Dog();
d.walk();         // 결과: 종종…
d.bark();         // 결과: 멍멍!!
```

주목해야 할 것은 ❶의 부분이다. Dog 객체의 프로토타입(Dog.prototype)이 Animal 객체의 인스턴스로 세트되고 있는 것을 확인할 수 있을 것이다. 이로 인해 Dog 객체의 인스턴스로부터 Animal 객체로 정의된 walk 메소드를 호출할 수 있다.

이 동작은 방금 전 살펴본 '암묵의 참조'를 생각해내면 쉽게 이해할 수 있을 것이다. 구체적인 메소드 호출의 흐름은 다음과 같다. 그림으로 확인해보자.

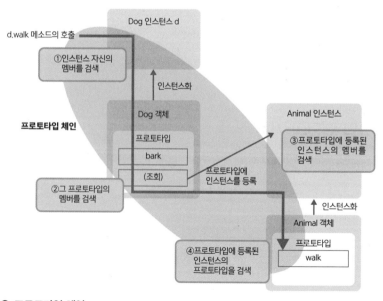

● 프로토타입 체인

1. Dog 객체의 인스턴스 d로부터 멤버의 유무를 검색한다

2. 해당하는 멤버가 존재하지 않는 경우에는 Dog 객체의 프로토타입 – 즉 Animal 객체의 인스턴스를 검색한다

3. 거기서도 목적의 멤버가 발견되지 않은 경우에는 한층 위의 Animal 객체의 프로토타입을 검색한다

이 예에서는 Animal 객체에서 walk 메소드가 발견되므로 검색은 거기서 종료하지만, 발견되지 않은 경우에는 한층 더 위의 프로토타입(구체적으로는 최상위의 Object.prototype까지)으로 거슬러 올라가게 된다.

이와 같이 JavaScript에서는 프로토타입에 인스턴스를 설정함으로써 인스턴스끼리 '암묵의 참조' 하에 서로 연결되어 계승 관계를 갖게 할 수 있다. 그리고 이러한 프로토타입의 연결을 프로토타입 체인이라고 부른다.

N O T E 프로토타입 체인의 종단은 Object.prototype

3.6절에서도 말했듯이, 모든 객체의 루트가 되는 것은 Object 객체다. 즉, 모든 객체는 암묵적으로(명시적으로 프로토타입을 설정하지 않아도) Object 객체를 계승해 Object.prototype을 참조하고 있다. 바꾸어 말하면, 프로토타입 체인의 종단에는 반드시 Object.prototype이 있다.

N O T E 현재 인스턴스의 프로퍼티만 열거하기

2.5.6절에서도 다루었듯이, for…in 명령을 이용함으로써 객체가 지닌 멤버를 열거할 수 있다. 프로토타입을 이용하고 있는 경우도 프로토타입 체인을 추적한다(단 3.6.3절에서 설명한 enumerable 속성이 false인 멤버는 제외한다).

만약 프로토타입을 참조하지 않고 현재 인스턴스가 지닌 프로퍼티만을 열거하고 싶은 경우에는 다음과 같이 hasOwnProperty 메소드를 이용하길 바란다. hasOwnProperty 메소드는 지정된 프로퍼티가 현재의 인스턴스 본인이 갖고 있는 멤버인지를 true/false로 반환한다.

```
for(var key in obj) {
  if (obj.hasOwnProperty(key)) {
    console.log(key);
  }
}
```

▇ 기저 클래스의 생성자 호출하기

리스트 5-19의 ❷는 'Animal 생성자를 현재의 this로 호출하시오'라는 의미다. 여기서는 생성자가 비어 있으므로 없어도 문제가 없다. 그러나 기저 클래스에서 프로퍼티의 정의 등 무언가 초기화 처리를 실시하고 있을 경우에는 우선 기저 클래스의 생성자를 처리한 후에 파생 클래스의 독자적인 초기화 처리를 기술해야 한다.

기저 클래스의 생성자에 인수를 건네는 경우에는 다음과 같이 한다.

```
Animal.call(this, 'hoge', 'foo');
```

▎ 5.3.2 계승 관계는 동적으로 변경 가능

이와 같이 프로토타입 체인은 JavaScript로 '계승' 기능을 실현한 구조다. 그러나 Java나 C#과 같은 언어를 통해 객체지향(계승)을 배운 사람은 주의해야 한다. 왜냐하면 Java나 C#에서의 계승은 어디까지나 정적인 계승(일단 결정한 계승 관계를 도중에 변경할 수 없다)인데 반해, JavaScript에 의한 계승은 동적이기 때문이다. 즉, 이 말은 '동일한 객체가 어느 타이밍에서는 객체 X를 계승하다가도 이후의 다른 타이밍에서 객체 Y를 계승할 수도 있다'는 뜻이다. 다음과 같은 예를 보면 이해하기 쉬울 것이다.

리스트 5-20 **chain_dynamic.js**

```javascript
var Animal = function() {};

Animal.prototype = {
  walk : function() {
    console.log('종종...');
  }
};

var SuperAnimal = function() {};
SuperAnimal.prototype = {
  walk : function() {
    console.log('다다다닷!');
  }
};

var Dog = function() {};
Dog.prototype = new Animal();        // Animal 객체를 계승
var d1 = new Dog();  ←── ❶
d1.walk();    // 결과: 종종... ←── ❸
```

```
Dog.prototype = new SuperAnimal();  // SuperAnimal 객체를 계승
var d2 = new Dog();  ←── ❷
d2.walk();    // 결과: 다다다닷! ←── ❹
d1.walk();    // 결과: ????? ←── ❺
```

❶에서는 Dog.prototype에 Animal 인스턴스를 세트한 상태로 인스턴스 d1을 생성하고, ❷에서
는 SuperAnimal 인스턴스로 전환한 다음 인스턴스 d2를 생성하고 있다. 그 결과 ❸, ❹에서는
Animal/SuperAnimal 객체(정확하게는 그 프로토타입)로 정의된 walk 메소드가 실행되는 것을 확
인할 수 있다.

여기까지는 극히 직관적으로 이해할 수 있는 동작이라고 생각한다.

그러나 마지막 ❺는 어떤가? 인스턴스 d1을 생성한 시점에서 Dog 객체의 프로토타입은 Animal
객체다. 그러나 ❺의 시점에서는 이미 SuperAnimal 객체로 변경되었다.

암묵의 참조가 실시간으로 변경을 인식하는 것을 생각하면, ❺에서는 SuperAnimal 객체의
walk 메소드가 호출되어 '다다다닷!'이 출력될 것처럼 예상할 수 있다. 그러나 결과는 '좋좋...'이
다 — Animal 객체의 walk 메소드가 호출된다.

여기에서 JavaScript의 프로토타입 체인은 인스턴스가 생성된 시점에서 고정되어 그 후의 변경에는
관여치 않고 보존된다.

이것은 'JavaScript가 동적인 성질을 가지고 있다'고 이해하고 있는 사람들에게는 오해하기 쉬운
포인트기도 하다. 그러므로 매우 주의가 필요한 부분이다.

▌5.3.3 객체의 타입 판정하기

지금까지 살펴본 대로 JavaScript에는 엄밀히 말해 '클래스'라는 개념이 없다. 어떤 객체를 베이스
로 생성한 인스턴스가 반드시 동일 멤버를 갖고 있다고 한정 지을 수 없는 것이 JavaScript라는
언어가 갖고 있는 특징이다.

따라서 이른바 '클래스 기반의 객체지향에서의 타입'이라는 개념도 정확하지 않다. 그러나 그렇
다고는 해도 다음과 같은 기능을 이용함으로써 느슨하게 타입을 판정할 수 있다.

프로토타입 계승까지 배운 상태이므로 이번 절에서는 스크립트상에서 다루고 있는 타입을 판정
하는 네 가지 방법에 대해 설명하겠다.

(1) 바탕이 되는 생성자 취득하기 — constructor 프로퍼티

constructor 프로퍼티를 이용하여 객체의 기반이 되는 생성자(함수 객체)를 취득할 수 있다.

리스트 5-21 obj_type.js

```javascript
// Animal 클래스와 이것을 계승한 Hamster 클래스 준비
var Animal = function() {};
var Hamster = function() {};
Hamster.prototype = new Animal();

var a = new Animal();
var h = new Hamster();
console.log(a.constructor === Animal);    // 결과: true
console.log(h.constructor === Animal);    // 결과: true   ←──────❶
console.log(h.constructor === Hamster);   // 결과: false  ←──
```

단, 프로토타입 계승을 하는 경우에는 constructor 프로퍼티가 나타내는 것이 상속원의 클래스(여기에서는 Animal 클래스)가 된다(❶). Hamster 클래스의 인스턴스인지 아닌지의 여부를 확인하려면 다음 instanceof 연산자를 이용하길 바란다.

(2) 바탕이 되는 생성자 판정하기 — instanceof 연산자

constructor 프로퍼티가 객체에 대응하는 생성자를 반환하는 데 반해, instanceof 연산자는 다음과 같이 '객체 instanceof 생성자'의 형식으로 '객체가 특정 생성자에 의해 생성된 인스턴스인지의 여부'를 판정한다.

리스트 5-22 obj_type.js

```javascript
console.log(h instanceof Animal);    // 결과: true
console.log(h instanceof Hamster);   // 결과: true
```

instanceof 연산자는 본래의 생성자(Hamster)는 물론이고 프로토타입 체인을 거슬러 올라가는 판정도 가능하다(이 예에서는 Animal).

(3) 참조하고 있는 프로토타입 확인하기 — isPrototypeOf 메소드

isPrototypeOf 메소드는 instanceof 연산자와 비슷하다. 하지만 이쪽은 객체가 참조하는 프로토타입을 확인하는 데 이용한다.

리스트 5-23 obj_type.js

```javascript
console.log(Hamster.prototype.isPrototypeOf(h));   // 결과: true
console.log(Animal.prototype.isPrototypeOf(h));    // 결과: true
```

(4) 멤버의 유무 판정하기 — in 연산자

JavaScript에서는 동일 클래스를 바탕으로 한 인스턴스라고 해서 반드시 동일 멤버를 갖는 것은 아니다(인스턴스 단위로 멤버를 동적으로 추가할 수 있다).

그러므로 어떤 시점에서 특정 멤버를 사용할 수 있는지 확인하고자 한다면, in 연산자를 이용하는 것이 편리하다. 타입 그 자체보다는 특정 멤버에 관심이 있는 경우에는 in 연산자를 이용하는 것이 확실하다.

리스트 5-24 obj_in.js

```
var obj = { hoge: function(){}, foo: function(){} };

console.log('hoge' in obj);        // 결과: true
console.log('piyo' in obj);        // 결과: false
```

5.4 본격적인 개발에 대비하기

지금까지 객체지향의 기본적인 구문이나 이용상의 주의점에 대해서 배워보았다. 초보적인 코딩을 실시하는 데 있어서는 지금까지의 내용으로도 충분하지만, JavaScript로 보다 본격적인(대규모) 애플리케이션이나 라이브러리로 구축해 나가려는 경우를 대비하여 이 절에서는 더 높은 수준의 주제에 대해 소개할 것이다.

▌ 5.4.1 private 멤버 정의하기

private 멤버란 클래스 내부의 메소드에서만 호출할 수 있는 프로퍼티/메소드를 말한다. 클래스 내부에서만 사용하는 정보나 처리를 정의하고 싶은 경우에는 private 멤버로 정의해둠으로써 자칫 실수로 외부로부터 액세스될 염려를 하지 않아도 된다.

이와 더불어, 클래스 내외로부터 자유롭게 액세스할 수 있는 멤버(지금까지 정의해온 멤버들이다)를 public 멤버라 한다. JavaScript에서는 아무런 고려 없이 멤버를 정의하면 public 멤버가 된다.

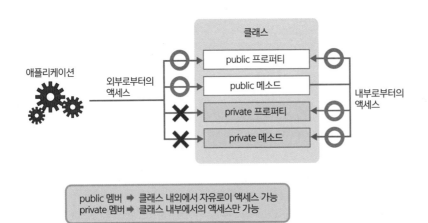

● public 멤버와 private 멤버

JavaScript에서는 엄밀하게 말하자면 private 멤버를 정의하기 위한 구문은 없으나 클로저를 이용함으로써 유사적으로 private 멤버를 정의할 수 있다('유사적'이라고 말한 의미는 나중에 설명하겠다). 우선 구체적인 예제를 보기로 하자.

리스트 5-25 private.js

```javascript
function Triangle() {
  // private 프로퍼티의 정의(밑변/높이를 보존)
  var _base;          ←
  var _height;
  // private 메소드의 정의(인수가 올바른 숫자인가를 체크)
  var _checkArgs = function(val) {                              ❶
    return (typeof val === 'number' && val > 0);
  }                   ←

  // private 멤버에 액세스하기 위한 메소드의 정의
  this.setBase = function(base) {   ←
    if (_checkArgs(base)){ _base = base; }
  }
  this.getBase = function() { return _base; }
                                                                ❷
  this.setHeight = function(height) {
    if (_checkArgs(height)){ _height = height; }
  }
  this.getHeight = function() { return _height; }   ←
}

// private 멤버에 액세스하지 않는 보통의 메소드를 정의
Triangle.prototype.getArea = function() {
  return this.getBase() * this.getHeight() / 2;
}

var t = new Triangle();
t._base = 10;       ←
t._height = 2;                                                  ❸
console.log('삼각형의 면적:' + t.getArea());        // 결과: NaN   ←

t.setBase(10);
t.setHeight(2);
console.log('삼각형의 밑변:' + t.getBase());        // 결과: 삼각형의 밑변:10
console.log('삼각형의 높이:' + t.getHeight());      // 결과: 삼각형의 높이:2
console.log('삼각형의 면적:' + t.getArea());        // 결과: 삼각형의 면적:10
```

여기서 주목해야 할 포인트는 두 가지다.

❶ private 멤버는 생성자 함수에서 정의한다

private 멤버는 다음의 구문으로 '생성자 함수 안에서' 정의할 필요가 있다.

```
var 프로퍼티명
var 메소드명 = function(인수, …) { … 임의의 처리 …}
```

이와 같이 private 멤버를 정의하는 경우에는 'this.프로퍼티명=~', 'this.메소드명=~'과 같이 this 키워드가 아니라 var 키워드로 선언한다는 점에 주목해야 한다.

위의 리스트에서는 _base/_height 프로퍼티, _checkArgs 메소드가 private 멤버다. ❸에서는 private 멤버의 외부로부터 직접 액세스하려고 하고 있으나 의도한 것처럼 값을 세트할 수 '없다'는 것을 확인할 수 있다.

❷ 'privileged 메소드'를 정의해 private 멤버에 액세스하기

private 멤버에 액세스할 수 있는 메소드를 privileged 메소드라고 한다. Privileged 메소드는 '생성자 함수 안에서 정의한다'고 하는 점을 빼면 일반적인 메소드와 같은 방법으로 정의할 수 있다.

privilege 메소드는 생성자 안에서 내부 정의된 함수 – 즉 4.5.3절에서도 등장한 클로저다. 그 때문에 생성자 함수 안에서 정의된 private 멤버(요점은 로컬 변수)에도 자유롭게 액세스할 수 있다.

앞에서 다루었던 클로저를 생각해보면 알 수 있듯이, 여기에서는 인스턴스에 속한 privileged 메소드(setBase/setHeight/getBase/getHeight)가 각각 private 멤버를 참조하고 있기 때문에 private 멤버는 인스턴스가 존재하는 동안 계속 유지된다. 즉 private 멤버는 'privileged 메소드에 의해서 계속 활용되고 있다'라고 말할 수 있다.

또한 privileged 멤버에는 public 멤버나 클래스 외부에서 자유롭게 액세스할 수 있다.

> **N O T E   privileged 메소드는 JavaScript 고유의 개념**
>
> Java나 C#과 같은 객체지향 언어에 익숙한 사람들에게 privileged 메소드와 같은 방식은 익숙하지 않을 것이다. Java나 C# 등에서는 동일 클래스 내의 멤버라면 private 멤버에 자유롭게 액세스할 수 있기 때문이다.
>
> privileged 메소드는 클로저에 의해서 유사적으로 private 멤버를 실현하고 있는 JavaScript 고유의 개념이다. JavaScript의 private 멤버에는 일반적인(특권을 가지지 않는) public 멤버로는 액세스할 수 없다는 점에 주의해야 한다.

▪ 액세서 메소드 경유로 프로퍼티 공개하기

리스트 5-25의 예와 같이 '프로퍼티 그 자체는 클래스 외부로부터 액세스할 수 없게 해두고, 대신에 프로퍼티에 액세스하기 위한 메소드를 준비하는' 케이스는 실제 구현에 있어 자주 있는 코딩 방식이다. 이러한 메소드를 액세서 메소드(Accessor Method)라고 한다(보다 세분화해서 참조용의 메소드를 게터 메소드(GetterMethod), 설정용의 메소드를 세터 메소드(SetterMethod)라고 하는 경우도 있다).

액세서 메소드 경유로 프로퍼티를 공개하는 것은 직접 프로퍼티를 공개하는 것과 비교해 멀리 돌아가는 듯한 느낌이지만, 아래와 같은 경우에 섬세한 제어를 가할 수 있다는 이점이 있다.

- 값을 읽기(쓰기) 전용으로 하고 싶다
- 값을 참조할 때 데이터를 가공하고 싶다
- 값을 설정할 때 타당성을 검증하고 싶다

예를 들어 게터 메소드만을 준비하고 세터 메소드를 생략하면 프로퍼티는 읽기 전용으로 할 수 있고, 리스트 5-25와 같이 값을 설정할 때 인수의 타당성을 체크할 수도 있다.

또 리스트 5-25에서는 단지 private 프로퍼티의 값을 그대로 출력하고 있을 뿐이지만, getBase/getHeight 메소드 안에서 어떠한 가공이나 변환을 실시할 수도 있을 것이다.

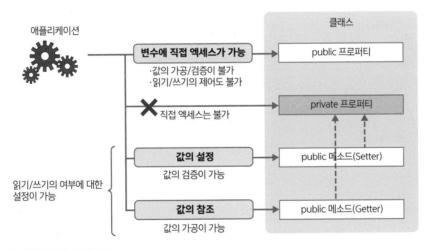

● **액세서 메소드의 역할**

액세서 메소드를 도입함으로써 프로퍼티를 보다 안전하게 (그리고 확실하게) 조작할 수 있게 된다.

액세서 메소드는 일반적으로 'get + 프로퍼티명', 'set + 프로퍼티명'의 형식으로 명명한다. 그리고 프로퍼티명의 머리 글자는 대문자로 한다.

5.4.2 Object.defineProperty 메소드에 의한 액세서 메소드 구현

리스트 5-25(액세서 메소드)의 예는 Object.defineProperty 메소드를 이용함으로써 더 간단하게 구현할 수 있다. 이 책에서는 이전부터 자주 이용했던(=기존 브라우저에서도 이용할 수 있는) 테크닉으로 먼저 privileged 메소드에 의한 구현을 소개하였다. 그러나 이 책에서 대상으로 하는 브라우저('이 책에 대하여' 참조)를 가정하는 경우에는 코드의 가독성이라는 관점으로 볼 때 이번 절의 방법을 이용하는 것을 추천한다.

구문 defineProperty 메소드

```
Object.defineProperty(obj, prop, desc)
        obj : 프로퍼티를 정의하는 객체       prop : 프로퍼티명
        desc : 프로퍼티의 구성 정보(176쪽 표 참조)
```

defineProperty 메소드는 인수 desc 대해서 get/set 파라미터를 지정함으로써 게터/세터를 정의할 수 있다.

리스트 5-26 accessor_define.js

```javascript
function Triangle() {
  // private 변수를 선언
  var _base;
  var _height;

  // base 프로퍼티를 정의
  Object.defineProperty(
    this,
    'base',
    {
      get: function() {      ←
        return _base;
      },
      set: function(base) {
        if(typeof base === 'number' && base > 0) {      ❶
          _base = base;
        }
      }      ←
    }
  );
```

```
    // height 프로퍼티를 정의
    Object.defineProperty(
      this,
      'height',
      {
        get: function() {  ←──────────────────────────┐
          return _height;                              │
        },                                             │
        set: function(height) {                        │      ❷
          if(typeof height === 'number' && height > 0) { │
            _height = height;                          │
          }                                            │
        }  ←───────────────────────────────────────────┘
      }
    );
  };

  Triangle.prototype.getArea = function() {
    return this.base * this.height / 2;
  };

  var t = new Triangle();
  t.base = 10;   ←───┐
                     │ ❸
  t.height = 2;  ←───┘
  console.log('삼각형의 밑변:' + t.base);         // 결과: 삼각형의 밑변: 10
  console.log('삼각형의 높이:' + t.height);        // 결과: 삼각형의 높이: 2
  console.log('삼각형의 면적:' + t.getArea());  // 결과: 삼각형의 면적: 10
```

get/set 파라미터의 최소한의 구문은 다음과 같다(❶❷).

구문 get/set 파라미터

```
get: function() {
  return private변수
},
set: function(value) {
  private변수 = value
}
```

게터/세터를 설치할 때 미리 프로퍼티 값을 보관하기 위한 private 변수(프로퍼티) _height/_base
를 준비해두는 점은 앞 절의 예제와 동일하다.

나중에는 각각 get 파라미터로 프로퍼티값을 얻기 위한 게터를 정의하고, set 파라미터로 값 설
정을 위한 세터를 정의할 뿐이다. 세터의 인수(여기서는 value)에는 프로퍼티의 설정값이 전달된

다. 읽기 전용의 프로퍼티에는 set 파라미터를, 쓰기 전용 프로퍼티에서는 get 파라미터를 생략해도 상관없다.

이처럼 Object.defineProperty 메소드를 이용하여 한 덩어리의 블록에서 게터/세터를 선언할 수 있다. 또한 게터/세터는 내부적으로는 메소드지만, 사용자에게 있어서는 어디까지나 변수(프로퍼티)로 보여진다는 점에 주목해야 한다(❸).

■ 여러 프로퍼티를 함께 정의하기

여러 프로퍼티를 함께 정의할 때 Object.defineProperties 메소드(복수형)를 이용해도 상관없다.

구문 defineProperties 메소드

```
Object.defineProperties (obj, props)
      obj : 프로퍼티를 정의하는 객체
      props : 프로퍼티의 구성 정보("프로퍼티명: 구성 정보"의 해시 형식)
```

시험 삼아 리스트 5-26(볼드체 부분)을 defineProperties 메소드로 고쳐 써 보자.

리스트 5-27 accessor_define2.js

```javascript
Object.defineProperties(this, {
  base: {
    get: function() {
      return _base;
    },
    set: function(base) {
      if(typeof base === 'number' && base > 0) {
        _base = base;
      }
    }
  },
  height: {
    get: function() {
      return _height;
    },
    set: function(height) {
      if(typeof height === 'number' && height > 0) {
        _height = height;
      }
    }
  }
});
```

5.4.3 네임스페이스/패키지 작성하기

클래스의 수가 많아지면 '클래스명이 라이브러리끼리 충돌하거나 라이브러리와 라이브러리를 이용하고 있는 애플리케이션 사이에서 충돌하는' 케이스가 발생할 수도 있을 것이다(이름의 충돌에 대해서는 5.2.6절을 참조하기 바란다).

이것은 당연히 바람직한 일이 아니다. 어느 정도 규모가 있는 클래스 라이브러리를 작성하는 경우에는 이것을 네임스페이스(패키지) 하에서 정리해둘 것을 추천한다.

네임스페이스(패키지)란 클래스를 정리하기 위한 상자와 같은 것이다. 예를 들어, 'Wings 네임스페이스에 속하는 Member 객체'와 'Yamada 네임스페이스에 속하는 Member 객체'란 서로 별개로 구별 가능하다.

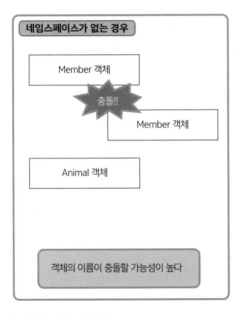
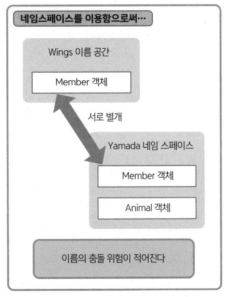

● 네임스페이스의 역할

Java나 C#과 같은 언어에서는 이러한 네임스페이스(패키지)의 구조를 표준으로 갖추고 있지만, 유감스럽게도 JavaScript에는 없다. 그래서 JavaScript에서는 빈 객체를 이용해 유사적으로 '네임스페이스와 같은 것'을 작성한다.

리스트 5-28 **namespace.js**

```javascript
var Wings = Wings || {}; ← ❶

Wings.Member = function(firstName, lastName){ ←
  this.firstName = firstName;
  this.lastName = lastName;                        ──── ❷
}; ←

Wings.Member.prototype = {
  getName : function() {
    return this.lastName + ' ' + this.firstName;
  }
};

var mem = new Wings.Member('인식', '정'); ← ❸
console.log(mem.getName());
```

네임스페이스를 정의하려면 (앞서 이야기한 것처럼) 단순히 '빈 객체를 생성'하기만 하면 된다. 여기에서는 ❶에서 Wings 네임스페이스를 정의하고 있다.

```javascript
var Wings = {};
```

이것만으로도 동작은 하지만 'Wings || {}'라고 함으로써 'Wings가 미정의인 경우에만 새롭게 네임스페이스를 작성한다'는 의미를 갖게 된다. 숏컷 연산자(2.4.4절)의 전형적인 활용 예다.

그리고 나서는 Wings 네임스페이스(객체)에 대해 정적 프로퍼티(5.2.6절)를 추가하는 것과 같은 요령으로 밑에 두고 싶은 클래스(생성자)를 정의할 뿐이다(❷). 이것에 의해 Wings 네임스페이스 하에 속하는 Member 클래스가 정의되었다.

네임스페이스 하의 클래스를 인스턴스화하는 경우, 네임스페이스도 포함한 이름(완전 수식명)으로 클래스명을 지정할 필요가 있으므로 주의해야 한다(❸).

■ 계층을 지닌 네임스페이스 정의하기

애플리케이션의 규모가 커지면 네임스페이스도 'Wings.Gihyo.Js~'처럼 계층 구조를 갖도록 만들고 싶어진다. 그런 경우에도 기본은 리스트 5-28의 ❶의 코드를 반복함으로써 실현할 수도 있지만, 네임스페이스 작성을 위한 함수를 준비해두면 편리하다.

리스트 5-29 namespace_util.js

```javascript
function namespace(ns) {  ←— ❶
  // 네임스페이스를 '.' 구분으로 분할
  var names = ns.split('.');
  var parent = window;

  // 네임스페이스를 상위부터 순서대로 등록
  for (var i = 0, len = names.length; i < len; i++) {  ←—
    parent[names[i]] = parent[names[i]] || {};                  ❷
    parent = parent[names[i]];
  }  ←—
  return parent;  ←— ❸
}

// Wings.Gihyo.Js.MyApp 네임스페이스를 등록
var my = namespace('Wings.Gihyo.Js.MyApp');  ←—
my.Person = function() {};                                      ❹
var p = new my.Person();
console.log(p instanceof Wings.Gihyo.Js.MyApp.Person);  // 결과: true  ←—
```

namespace 함수는 주어진 네임스페이스(인수 ns)를 '.'로 분할한 뒤(❶) 상위 계층 parent의 아래에 순서대로 등록하고 있다(❷). 최상위 네임스페이스는 Global 객체(브라우저 환경에서는 window)다. namespace 함수는 결과적으로 계층화한 네임 스페이스 – 여기서는 Wings.Gihyo.Js.MyApp 오브젝트를 반환한다(❸).

이 반환값을 변수에 보관해둠으로써 네임스페이스의 별명으로 나중에 액세스할 수 있는 것이다. 이 예에서라면 'Wings.Gihyo.Js.MyApp.Person'는 'my.Person'이라고 표현할 수 있다(❹).

5.5 | ES2015의 객체지향 구문

이 장의 서두에서도 언급했듯이 ES2015에서는 객체지향 구문이 크게 변경되었다. 기존의 구문을 사용할 수 없게 된 것은 아니지만, class 명령의 도입으로 지금까지 독특했던 JavaScript의 클래스 정의가 더 쉽게 작성할 수 있게 되었다. 아마도 Java/C# 등의 객체지향 언어를 배운 적이 있는 사람이라면 ES2015의 객체지향 구문을 직관적으로 이해할 수 있을 것이다.

▌5.5.1 클래스 정의하기 ── class 명령 `ES2015`

그러면 곧바로 class 명령을 사용하여 Member 클래스를 정의해보자. Member 클래스는 firstName/lastName 프로퍼티, getName 메소드를 갖는 것으로 한다.

리스트 5-30 **class.js**

```
class Member {
  // 생성자
  constructor(firstName, lastName) {
    this.firstName = firstName;
    this.lastName = lastName;
  }

  // 메소드
  getName() {
    return this.lastName + this.firstName;
  }
}

let m = new Member('시온', '정');
console.log(m.getName());      // 결과: 정시온
```

class 명령의 구문은 다음과 같다.

```
class 클래스명 {
  ...생성자의 정의...
  ...프로퍼티의 정의...
  ...메소드의 정의...
}
```

이 예에서는 우선 생성자/메소드를 정의하고 있다. 생성자/메소드 구문은 다음과 같다.

구문 **생성자/메소드의 정의**

```
메소드명(인수, ...) {
  ... 메소드의 본체...
}
```

단, 생성자의 이름은 constructor로 고정이다. 생성자 안에서 'this.프로퍼티명 = 값'의 형식으로 등록을 준비한다는 점은 지금까지 언급한 대로다.

또한 Java/C#을 배운 적이 있는 사람은 생성자/메소드를 정의할 때 public/protected/private와 같은 액세스 한정자를 사용할 수 없다는 점에 주의해야 한다. 액세스 한정자는 메소드/프로퍼티가 어디에서 액세스할 수 있는지를 나타내는 정보다. JavaScript의 클래스는 모든 멤버가 (어디서나 액세스할 수 있는) public이다.

> **N O T E** **class 명령은 무명 클래스도 표현할 수 있다**
>
> 'class {...}'의 형식으로 클래스 리터럴(표현)도 지정할 수 있다. 리터럴이므로 함수 리터럴과 마찬가지로 수식 안에서 사용할 수 있다.
>
> ```
> const Member = class {... 내용은 리스트 5-30과 동일 ...};
> ```

■ 보충 설명: 클래스는 function 생성자와 다르다

class 명령으로 정의된 클래스는 내부적으로는 함수다. 즉 JavaScript에 소위 말하는 클래스가 도입된 것이 아니라 어디까지나 '그동안 Function 객체로 표현했던 클래스(생성자)'를 보다 알기 쉽게 표현할 수 있게 되었다는 점에 불과하다. class 명령은 프로토타입 기반의 객체지향 구문을 간결하게 만드는 간편 표기법(Syntactic sugar)이라고도 할 수 있다.

무엇보다도 class 명령으로 정의된 클래스는 Function 객체에 의한 클래스와는 완전히 동일하지 않다는 점도 있으므로 주의해야 한다.

(1) 함수로서 호출할 수 없다

예를 들어 class 명령으로 정의된 Member 클래스는 다음과 같은 코드로 호출할 수 없다.

```
let m = Member('시온', '정'); ◀── new 연산자가 없다
        // 결과: Class constructor Member cannot be invoked without 'new'
```

function 명령에 의한 생성자에서는 이러한 함수 호출을 방지하기 위해 5.1.6절과 같은 대책을 애플리케이션 쪽에서 취해야 했다.

(2) 정의하기 전의 클래스를 호출할 수 없다

즉, 다음과 같은 코드는 불가하다.

```
let m = new Member('시온', '정');
        // 결과: Member is not defined
class Member { ...중간 생략... }
```

한편 function 명령은 정적 구조이므로 정의하기 전의 클래스도 호출할 수 있다(단, 함수 리터럴에 의한 선언에서는 불가하다).

■ 프로퍼티 정의하기

여기까지는 생성자 안에서 this.속성명 = 값'의 형식으로 프로퍼티를 준비해왔다. 그러나 class 블록에서는 get/set 구문을 사용하여 프로퍼티를 정의할 수 있다.

리스트 5-31 **class_prop.js**

```
class Member {
  // 생성자
  constructor(firstName, lastName) {
    this.firstName = firstName;
    this.lastName = lastName;
  }

  // firstName 프로퍼티
  get firstName() {
    return this._firstName;
  }

  set firstName(value) {
    this._firstName = value;
  }
```

```
  // lastName 프로퍼티
  get lastName() {
    return this._lastName;
  }

  set lastName(value) {
    this._lastName = value;
  }

  getName() {
    return this.lastName + this.firstName;
  }
}

let m = new Member('시온', '정');
console.log(m.getName());       // 결과: 정시온
```

게터/세터의 기본 개념과 장점은 5.4.2절에서 언급했다. get/set 블록의 일반적인 구문만 아래에
나타내었다.

구문 get/set명령

```
get 프로퍼티명 {
    ... 값을 취득하기 위한 코드 ...
}
set 프로퍼티명(value) {
    ... 값을 설정하기 위한 코드 ...
}
```

class 블록 바로 아래에 'let firstName = '영구'; ' 같은 이른바 인스턴스 필드의 정의는 할 수 없으
므로 Java/C# 등의 언어에 익숙한 사람은 주의해야 한다.

▉ 정적 메소드 정의하기

static 키워드를 메소드 정의의 앞에 부여하여 정적 메소드를 정의할 수 있다. 이것은 메소드의
성질을 결정하는 키워드이기 때문에 static 수식자라고도 부른다.

예를 들어 다음은 Area 클래스에 정적 메소드 getTriangle을 정의하는 예다.

리스트 5-32 class_static.js

```
class Area {
  static getTriangle(base, height) {
    return base * height / 2;
  }
```

```
    }

    console.log(Area.getTriangle(10, 5));      // 결과: 25
```

■ 기존 클래스 계승하기

클래스의 계승도 매우 간단하다. extends 키워드를 이용하여 기존 클래스를 계승한 서브 클래스를 정의할 수 있다.

리스트 5-33 class_extends.js

```
class Member {
    … 중간 생략 (리스트 5-30을 참조)…
}

// Member 객체를 계승한 BusinessMember 클래스를 정의
class BusinessMember extends Member {
  work() {
    return this.getName() + '은 공부하고 있습니다.';
  }
}

let bm = new BusinessMember('시온', '정');
console.log(bm.getName()); // 결과: 정시온
console.log(bm.work());    // 결과: 정시온은 공부하고 있습니다.
```

※ extends 키워드의 경우, Internet Explorer9에서는 트랜스 컴파일할 때도 미대응이다.

BusinessMember 클래스에 정의된 work 메소드는 물론이고, Member 클래스에 정의된 생성자와 getName 메소드를 BusinessMember 클래스의 멤버로 호출할 수 있는 것을 확인할 수 있다.

■ 기본 클래스의 메소드/생성자 호출하기 — super 키워드

기본 클래스에 정의된 메소드/생성자는 서브 클래스에서 재정의할 수도 있다. 이것을 메소드의 오버라이드(override)라고 한다. 오버라이드란 '기본 클래스에 정의된 기능을 파생 클래스에서 재정의하는 것'이라고 바꿔 말할 수 있다.

예를 들어, 다음은 Member 클래스에 정의된 생성자/getName 메소드를 BusinessMember 클래스에서 오버라이드(재정의)하는 예다.

리스트 5-34 class_super.js

```
class Member {
    … 중간 생략 (리스트 5-30을 참조)…
}
```

```
// Member 객체를 계승한 BusinessMember 클래스를 정의
class BusinessMember extends Member {
  // 인수로 clazz(직책)을 추가
  constructor(firstName, lastName, clazz) {
    super(firstName, lastName);  ←— ❶
    this.clazz = clazz;
  }

  // 직책 포함의 이름을 반환하도록 수정
  getName() {
    return super.getName() + '/직책:' + this.clazz;  ←— ❷
  }
}

let bm = new BusinessMember('성룡', '김', '과장');
console.log(bm.getName());        // 결과: 김성룡/직책:과장
```

※ super 키워드의 경우, Internet Explorer9에서는 트랜스 컴파일할 때도 미대응이다.

오버라이드할 때 기본 클래스의 기능을 완전히 재작성하는 것만은 아니다. 기본 클래스 처리를 이어받으면서 파생 클래스에서는 차분의 처리만 추가하는 경우도 있다.

그런 경우에는 super 키워드로 기본 클래스의 메소드/생성자를 참조한다. ❶은 firstName/ lastName 프로퍼티의 설정을 기본 클래스에 맡기고 있고, ❷는 이름의 조립을 각각 기본 클래스에 맡기고 있다.

구문 super키워드

```
super (args, ...)  ←— 생성자
super.method (args, ...)  ←— 메소드
     method : 메소드명      args, ... : 인수
```

단, 생성자에서 super 키워드를 호출하는 경우에는 첫 번째 문장이어야 한다는 점에 주의해야 한다.

5.5.2 객체 리터럴의 개선 ES2015

ES2015에서는 객체 리터럴의 구문도 개선하여 프로퍼티/메소드 정의를 더욱 간단하게 표현할 수 있게 되었다.

■ 메소드 정의하기

기존에는 메소드도 다음과 같이 어디까지나 함수형의 프로퍼티로 정의해야 했다. 즉, 메소드를
나타내는 직접적인 표현이 없었던 것이다.

```
이름: function(args, …) {…}
```

그러나 ES2015에서는 class 블록의 구문에 따라 다음의 표기가 허용되었다. 이것은 다른 언어에
서 메소드 정의에 따른 기술로 간단 명료할 뿐만 아니라 직관적이다.

```
이름(args, …) {…}
```

리스트 5-35 **literal_method.js**

```js
let member = {
  name: '김성룡',
  birth: new Date(1970, 5, 25),
  toString() {
    return this.name + '/생일: ' + this.birth.toLocaleDateString()
  }
};

console.log(member.toString());    // 결과: 김성룡/생일: 1970/6/25
```

■ 변수를 동일 명칭의 프로퍼티에 할당하기

프로퍼티명과 그 값을 나타낸 변수명이 같은 경우에는 값의 지정을 생략할 수 있다.

리스트 5-36 **literal_prop.js**

```js
let name = '김성룡';
let birth = new Date(1970, 5, 25);
let member = { name, birth };

console.log(member);          // 결과:{name:"김성룡", birth:Thu Jun 25 1970 00:00:00 ✅
GMT+0900 (대한민국 표준시)}
```

위의 볼드체 부분은 과거에는 다음과 같이 나타낼 필요가 있었다. 단 두 개의 프로퍼티를 정의
하고 있을 뿐이지만, 보다 깔끔한 표현이 가능하게 되었음을 알 수 있다.

```
{name = name, birth = birth }
```

■ 프로퍼티를 동적으로 생성하기

프로퍼티명을 대괄호로 묶음으로써 식의 값으로부터 동적으로 프로퍼티명을 생성할 수 있다. 이를 Computed property names라고 부른다.

리스트 5-37 **literal_compute.js**

```
let i = 0;
let member = {
  name: '김성룡',
  birth: new Date(1970, 5, 25),
  ['memo' + ++i]: '정규회원',
  ['memo' + ++i]: '지부회장',
  ['memo' + ++i]: '경기'
};
console.log(member); // 결과: {name: "김성룡", birth: Thu Jun 25 1970 00:00:00 GMT+0900 ☑
(대한민국 표준시), memo1: "정규회원", memo2: "지부회장", memo3: "경기"}
```

이 예라면 변수 i를 차례로 더해나감으로써 memo1, 2, 3 ...과 같은 프로퍼티명을 생성하게 된다. 더욱 실천적인 용법에 대해서는 5.5.4절 반복자의 설명에서도 다룰 것이기 때문에 함께 참조하길 바란다.

▎5.5.3 애플리케이션을 기능 단위로 모으기 — 모듈 ES2015

애플리케이션의 규모가 커질수록 애플리케이션을 기능 단위로 분할/정리하는 모듈의 존재는 빼놓을 수 없게 되었다. 무엇보다 지금까지의 JavaScript에서는 모듈을 언어로서 지원하지 않았기 때문에 라이브러리에 의존해야 했다.

그러나 ES2015에서는 비로소 언어로서의 모듈이 지원되었다. 이제 표준 JavaScript만으로도 모듈을 이용할 소지가 갖추어진 것이다. 그러나 불행히도 집필 시점에는 모듈을 지원하는 브라우저가 없다. 따라서 본 절에서는 모듈의 기본을 해설한 뒤, 마지막으로 브라우저상에서 모듈을 동작시키는 방법을 보충 설명하기로 한다.

■ 모듈의 기본

우선 기본적인 모듈의 예를 살펴보자. 다음은 상수 AUTHOR와 Member/Area 클래스를 Util 모듈로 정리한 것이다.

리스트 5-38 lib/Util.js

```
const AUTHOR = 'YAMADA, Yoshihiro';

export class Member { … 중간 생략 …}

export class Area { … 중간 생략 …}
```

모듈은 하나의 파일로 정의하는 것이 기본이다. 이 예라면 lib/Util.js다.

모듈로서 외부에서 액세스할 수 있는 멤버에는 export 키워드를 부여한다. 여기에서는 Member/Area 클래스 정의에 export 키워드를 부여하고 있는데, 변수/상수/함수 등의 선언에도 부여할 수 있다. 모듈 안의 멤버는 기본적으로 비공개이기 때문에 주의해야 한다. 예제라면 상수 AUTHOR에는 export가 지정되어 있지 않기 때문에 모듈의 외부로부터 참조할 수 없다.

이렇게 정의된 모듈은 다음과 같이 액세스할 수 있다.

리스트 5-39 main.js

```
import { Member, Area } from './lib/Util';

var m = new Member('성룡', '김');
console.log(m.getName());     // 결과: 김성룡
```

다른 파일로 정의된 모듈을 가져 오는 것은 import 명령의 역할이다.

구문 import 명령

```
import {name, ...} from module
       name : 가져올 요소
       module : 모듈 (확장자를 뺀 경로)
```

이제 모듈 안의 Member/Area 클래스에 액세스할 수 있게 되었다.

모듈 쪽에서 명시적으로 export 선언하고 있어도 이용하는 쪽에서 가져 오지 않은 것에는 액세스할 수 없다. 예를 들어, import 명령을 다음과 같이 한 경우에는 Area 클래스에 액세스할 수 없다.

```
import { Member } from '../lib/Util'
```

■ import 명령의 다양한 표기법

import 명령은 목적에 따라 다양한 작성법이 있다. 아래에 대표적인 것을 정리해두었다.

(1) 모듈 전체를 한꺼번에 가져 오기

별표(*)로 모듈 안의 모든 요소를 가져올 수 있다. 이 경우 as 구문으로 모듈의 별명을 지정해야 한다.

리스트 5-40 **main2.js**

```
// Util 모듈에 별명 app를 부여
import * as app from './lib/Util'

var m = new app.Member('성룡', '김');
console.log(m.getName());       // 결과: 김성룡
```

이제 Util 모듈의 모든 export를 app.~의 형식으로 참조할 수 있다.

(2) 모듈 안의 개별 요소에 별명 부여하기

모듈의 각 요소에 대해 별명을 부여할 수도 있다.

리스트 5-41 **main3.js**

```
// Util 모듈에 별명 app을 부여
import { Member as MyMember, Area as MyArea } from './lib/Util'

var m = new MyMember('성룡', '김');
console.log(m.getName());                 // 결과: 김성룡
console.log(MyArea.getTriangle(10, 5));   // 결과: 25
```

(3) 디폴트의 export 가져 오기

모듈에 포함된 요소가 하나뿐이라면 디폴트의 export를 선언할 수도 있다. 이것에는 다음과 같이 default 키워드를 부여한다. 디폴트 export에서는 클래스/함수 등의 이름은 필요하지 않다.

```
export default class {
  static getTriangle(base, height) {
    return base * height / 2;
  };
}
```

이것을 가져오려면 다음과 같이 import 명령을 기술한다. 이것으로 Area 모듈의 디폴트 export
에 대해 Area라는 이름으로 액세스할 수 있게 되었다.

리스트 5-43 **main_default.js**

```
import Area from './lib/Area';
console.log(Area.getTriangle(10, 5));      // 결과: 25
```

■ 브라우저 환경에서 모듈 동작하기

집필 시점에는 import/export 명령을 그대로 실행할 수 있는 브라우저 환경이 없었다. 그러므로
모듈 기능을 이용하려면 Babel + Browserify(babelify)와 같은 도구를 사용할 필요가 있다.

Babel(8.4절)만으로는 부족하다는 점에 주의해야 한다. Babel은 내부적으로 import 명령을 Node.
js의 require 함수로 변환하기 때문에 이것을 브라우저에서도 사용할 수 있도록 Browserify로 다
시 변환해야 한다. Browserify는 명령 프롬프트에서 다음 명령으로 설치할 수 있다(사전에 8.2.2,
8.4.1절의 절차에 따라 Node.js/ Babel을 설치하길 바란다).

```
> npm install -g browserify
> npm install --save-dev babelify
```

그 다음에는 다음의 명령으로 해당하는 파일을 변환 및 결합하면 된다.

```
> browserify scripts/main.js scripts/lib/Util.js -t [ babelify --presets es2015 ] -o ↵
scripts/my.js
```

이것은 'main.js/Util.js을 변환한 결과를 my.js로 출력하라'는 의미다. 그런 다음 생성된 my.js를
웹 페이지로 가져옴으로써 브라우저상에서 작동하게 된다.

변환 후의 결과를 테스트하려면 배포한 예제에서 import_access.html로 액세스하면 된다. 마찬
가지로 리스트 5-40 ~ 42의 변환 후의 동작 확인은 import_access2.html/import_access3.html
/import_default_access.html로 액세스한다.

■ 보충 설명: private 멤버 정의하기 — Symbol

5.4.1, 5.4.2절에서는 클로저/defineProperty 메소드를 이용하여 private 멤버를 정의하는 방법을 설명하였다. ES2015는 이외에도 모듈 + Symbol(3.2.3절)을 이용하여 더욱 직관적으로 private 멤버를 정의할 수 있다.

예를 들어 다음은 MyApp 클래스 안에서 private 멤버로 SECRET_VALUE 프로퍼티를 정의하는 예다.

리스트 5-44 **lib/MyApp.js**

```
// SECRET_VALUE 프로퍼티의 이름을 심벌로 준비
const SECRET_VALUE = Symbol(); ←── ❶

export default class {
  constructor(secret) {
    this.hoge = 'hoge';
    this.foo  = 'foo';
    // SECRET_VALUE 프로퍼티도 초기화
    this[SECRET_VALUE] = secret; ←── ❷
  }

  // SECRET_VALUE 프로퍼티를 이용한 메소드
  checkValue(secret) {
    return this[SECRET_VALUE] === secret;
  }
}
```

리스트 5-45 **main_private.js**

```
import MyApp from './lib/MyApp';

let app = new MyApp('secret string');

// for...in 명령으로도 열거할 수 없다
for (let key in app) { ←
  console.log(key);
}      // 결과: hoge, foo
                                                      ←── ❸
// JSON 문자열로 변환해도 프로퍼티는 안 보인다
console.log(JSON.stringify(app));  // 결과: {"hoge": "hoge", "foo": "foo"} ←

// 메소드 경유로는 SECRET_VALUE 프로퍼티에 액세스 가능하다
console.log(app.checkValue('secret string'));    // 결과: true
```

리스트 5-44에서는 SECRET_VALUE 프로퍼티의 이름을 기호로 준비하여(❶), this[SECRET_VALUE] = ~'에서 프로퍼티로 정의하고 있다(❷).

심벌 SECRET_VALUE 값은 MyApp 모듈 밖에서는 모르기 때문에 'SECRET_VALUE' 프로퍼티에 직접 액세스할 수 없다. for…in 명령에 의한 열거와 JSON.stringify 메소드에서 생성된 JSON 문자열에도 심벌로 생성된 프로퍼티는 나타나지 않는다는 점에 주목해야 한다(❸).

> **N O T E** **심벌 프로퍼티는 완전하게 은폐되지는 않는다**
>
> 단, 심벌로 정의된 프로퍼티가 완전히 은폐될 수는 없다. Object.getOwnPropertySymbols 메소드를 이용하면 심벌 프로퍼티에 액세스할 수 있다.
>
> ```
> let id = Object.getOwnPropertySymbols(app)[0];
> console.log (app[id]        // 결과: secret string
> ```
>
> 또한 심벌의 값을 은폐하는 것은 어디까지나 모듈의 외부에서만이다. 모듈 안이라면 상수 SECRET_VALUE를 통해 프로퍼티에 액세스할 수 있다는 점에 유의해야 한다.
>
> ```
> console.log(app[SECRET_VALUE]);
> ```

5.5.4 열거 가능한 객체 정의하기 — 반복자 `ES2015`

반복자(Iterator)는 객체의 내용을 열거하기 위한 구조를 갖춘 객체다. 예를 들어 Array, String, Map, Set 등의 내장 객체는 모두 디폴트로 반복자를 갖추고 있기 때문에 for…of 명령으로 내부의 요소를 열거할 수 있다.

리스트 5-46 **iterator.js**

```
let data_ary = ['one', 'two', 'three'];
let data_str = '가나다라마';
let data_map = new Map([['MON', '월요일'], ['TUE', '화요일'], ['WED', '수요일']]);

for(let d of data_ary) {
  console.log(d);        // 결과: one, two, three
}

for(let d of data_str) {
  console.log(d);        // 결과: 가, 나, 다, 라, 마
}

for(let [key, value] of data_map) {
  console.log(`${key}:${value}`);          // 결과: MON:월요일, TUE:화요일, WED:수요일
}
```

반복자를 사용하는 것을 더 명확하게 하기 위해 좀 더 배열을 열거하는 코드를 원시적으로 표현하면 다음과 같다.

리스트 5-47 **iterator_array.js**

```javascript
let data_ary = ['one', 'two', 'three'];
let itr = data_ary[Symbol.iterator]();    ←── ❶
let d;
while(d = itr.next()){
  if (d.done) { break; }    ←── ❸
  console.log(d.done);     // 결과: false, false, false    ── ❷
  console.log(d.value);    // 결과: one, two, three
}
```

[Symbol.iterator] 메소드는 배열 내의 요소를 열거하기 위한 반복자(Iterator 객체)를 반환한다 (❶). 반복자는 배열의 다음의 요소를 꺼내기 위한 next 메소드를 갖는다(❷). 단, next 메소드의 반환값은 요소의 값 자체가 아니라 다음과 같은 프로퍼티를 가진 객체이므로 주의해야 한다.

● next 메소드의 반환값

프로퍼티	개요
done	반복기가 끝에 도달했는가(= 다음의 요소가 없는가)
value	다음 요소의 값

이 예에서는 done 프로퍼티가 true를 반환하기(❸)까지 while 루프를 반복함으로써 배열의 내용을 출력하고 있다. for...of 명령은 내부적으로는 '반복자의 취득부터 done 메소드에 의한 판정과 value 프로퍼티에 의한 값의 취득까지'를 함께 조달해주는 간편 표기법이라고도 할 수 있다.

> **N O T E** **Symbol.iterator 프로퍼티**
>
> Symbol.iterator 프로퍼티는 객체의 디폴트 반복자를 특정하는 심벌을 나타낸다. Symbol.iterator를 대괄호([...])로 묶고 있는 것은 Symbol.iterator에서 반환된 심벌을 키로 하여 Array 객체의 멤버를 호출하는 것을 의미한다(여기서 사용하는 대괄호는 2.3.2절에서도 다루었던 대괄호 구문이다). Array.Symbol.iterator가 아니므로 실수하지 않도록 주의해야 한다.

■ 자체 제작 클래스에 반복자 구현하기

리스트 5-46에서 보았듯이 for...of 명령은 내부적으로 [Symbol.iterator] 메소드를 통해 반복자를 추출하고 있다. 그렇기 때문에 열거 가능한 객체를 직접 제작하는 경우에도 [Symbol.iterator] 메소드를 구현하면 된다는 뜻이다.

예를 들어, 다음은 자체 제작한 MyIterator 클래스에 반복자를 내장하여 생성자를 통해 전달된 배열을 열거 가능하게 한다.

리스트 5-48 **iterator_my.js**

```javascript
class MyIterator {
  // 인수를 통해 전달된 배열을 data 프로퍼티에 설정
  constructor(data) {
    this.data = data;
  }

  // 디폴트 반복자를 취득하기 위한 메소드를 정의
  [Symbol.iterator](){
    let current = 0;
    let that = this; ←── ❹
    return {
      // data 프로퍼티의 다음 요소를 취득
      next() { ←
        return current < that.data.length ?
          {value: that.data[current++], done: false} : ←── ❷ ──── ❶
          {done: true}; ←── ❸
      } ←
    };
  }
}

// MyIterator 클래스에 보관된 배열을 열거
let itr = new MyIterator(['one', 'two', 'three']);
for(let value of itr) {
  console.log(value);  // 결과: one, two, three
}
```

[Symbol.iterator]에서 대괄호로 감싼 것은 Computed property names 구문이다.

[Symbol.iterator] 메소드가 반환하는 반복자(Iterator 객체)의 조건은 next 메소드를 갖는 것이었다(❶). 이 예에서는 현재 위치(current)를 체크하고, 배열 크기 미만이면 아래와 같은 객체를 반환한다(❷).

{ value: 요소의 값, done: false }

current++하고 있는 것은 '인덱스 번호를 하나 증가시키는 –즉 다음의 요소를 검색하라'는 의미다. 변수 current가 배열 크기에 도달하면 다음과 같이 끝에 도달했음을 알린다(❸).

{done : true}

next 메소드 안의 this는 자기 자신(반복자)을 나타낸다. 따라서 이 예제에서는 [Symbol.iterator] 메소드 안의 this를 일단 변수 that으로 대피시켜둠으로써(❹) MyIterator 객체의 멤버에 액세스할 수 있도록 하고 있다.

5.5.5 열거 가능한 객체를 더욱 간단하게 구현하기 — 발생자 `ES2015`

열거 가능한 객체는 발생자(Generator)를 이용하여 더욱 쉽게 구현할 수 있다. 우선 가장 기본적인 발생자의 예를 살펴보자.

리스트 5-49 gen.js

```javascript
function* myGenerator() {
  yield '가나다라마';
  yield '바사아자차';
  yield '타카파하갸';
}

for(let t of myGenerator()) {
  console.log(t);
}      // 결과: 가나다라마, 바사아자차, 타카파하갸
```

발생자는 언뜻 보면 보통의 함수처럼 보이지만 다음과 같은 점에서 다르다.

1. function* {...}로 정의 (function의 뒤에 "*")
2. yield 명령으로 값을 반환

yield는 return과 비슷한 명령으로 함수의 값을 호출자에게 반환한다. 그러나 return 명령은 그 자리에서 함수를 종료하는 반면, yield 명령은 처리를 일시 중지할 뿐이다. 즉 다음에 호출될 때는 그 시점부터 처리를 재개할 수 있다.

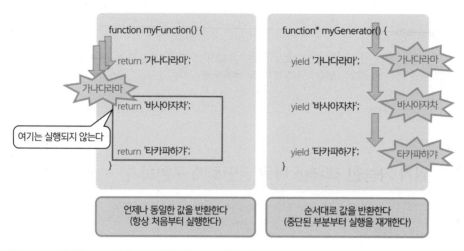

● return 명령과 yield 명령의 차이(동일 함수를 3번 호출하는 경우)

따라서 정의된 myGenerator를 for...of 명령에 전달함으로써 루프가 돌 때마다 차례로 yield 명령에 의한 값 – '가나다라마' '바사아자차' '타카파하갸'가 반환된다.

■ 소수를 구하는 발생자

발생자의 기본을 이해했으므로 조금 더 실용성 있는 예를 살펴보자. 다음은 소수를 구하는 발생자의 예다.

리스트 5-50 gen_prime.js

```javascript
// 소수를 구하기 위한 발생자
function* genPrimes() {
  let num = 2;          // 소수의 시작값
  // 2부터 순서대로 소수 판정하여 소수인 경우에만 yield(무한 루프)
  while (true) {
    if (isPrime(num)) { yield num; }
    num++;
  }
}

// 인수 value가 소수인지를 판정
function isPrime(value) {
  let prime = true;         // 소수인지를 나타내는 플래그
  // 2~Math.sqrt(value)이고, value를 딱 나누어 떨어지는 값인지 판정한다.
  for (let i = 2; i <= Math.floor(Math.sqrt(value)); i++) {
    if (value % i === 0) {
      prime = false;   // 딱 나누어 떨어진다면 소수가 아니다
      break;
    }
  }
  return prime;
```

```
    }
for(let value of genPrimes()) {
    // 소수가 101 이상이 되면 종료 (이것이 없으면 무한 루프가 되므로 주의!)
    if (value > 100) { break; }
    console.log(value);
}     // 결과: 2,3,5,7,11,13,17,19,23,29,31,37,41,43,47,53,59,61,67,71,73,79,83,89;97
```

소수의 판정에는 '에라토스테네스의 체(2부터 시작하여 모든 정수의 배수를 체로 거르는 방법)'가 유명하지만, 여기에서는 간단하게 2부터 순서대로 약수가 존재하는지의 여부를 판정하고 있다.

> **N O T E** **for 명령의 상한은 Math.sqrt(value)**
>
> for 명령의 상한은 판정의 대상이 되는 값(value) 자체가 아니라 그 제곱근으로 충분하다. 예를 들어 대상의 값이 24라면 그 약수는 1, 2, 3, 4, 6, 8, 12, 24다. 약수는 4×6, 3×8, 2×12...처럼 서로 곱함으로써 원래 수가 되는 조합이 있다. 제곱근(이 예에서는 4.89...)은 그 조합의 전환점이 되는 포인트다. 따라서 전환점 이전 값만 체크하면 이후에는 약수가 없는 것을 확인할 수 있다.

이러한 예에서는 결과가 무한히 존재한다. 이를 기존의 함수로 나타낼 수 없는데, 왜냐하면 모든 결과를 얻을 때까지 값을 반환할 수 없기 때문이다.

만일 상한을 구분하여 1만 개까지의 소수를 요구해도 1만 개의 값을 저장하는 배열을 마련해야 한다. 이것은 메모리의 소비 또한 커서 바람직한 상태가 아니다.

그러나 발생자를 이용함으로써 값은 yield 명령으로 매번 반환된다. 즉, 메모리 소비도 그때그때의 상태를 관리하기 때문에 최소한으로 할 수 있다. 뭔가 규칙에 따라 반복하는 값을 생성하는 용도로는 발생자가 효과적인 수단이다.

■ 반복자로 구현한 클래스를 발생자로 다시 작성하기

마지막으로 앞의 리스트 5-48에서 만든 MyIterator 클래스를, 발생자를 만들어서 다시 작성해 보자.

리스트 5-51 gen_iterator.js

```
class MyIterator {
    // 인수를 통해 전달된 배열을 data 프로퍼티에 설정
    constructor(data) {
        this.data = data;
        this[Symbol.iterator] = function*() {
            let current = 0;
            let that = this;
```

```
      while(current < that.data.length) {
        yield that.data[current++];
      }
    };
  }
}
```

발생자 함수의 반환값은 내부적으로는 Iterator 객체다. 따라서 [Symbol.iterator] 메소드의 구현으로 사용할 수 있다. 나머지는 배열 data를 끝까지 읽어 들일 때까지 yield 명령을 반복한다.

5.5.6 객체의 기본적인 동작을 사용자 정의하기 — Proxy 객체 `ES2015`

Proxy는 (예를 들어) 프로퍼티의 설정/취득/삭제, for...of/for...in 명령에 의한 열거와 같이 객체의 기본 동작을 애플리케이션 독자적인 동작으로 교체하기 위한 객체다.

Proxy를 이용함으로써, 예를 들어 '객체를 조작한 타이밍에 로그를 출력한다', '프로퍼티 값의 설정 및 취득 시에 값의 검증 및 변환 등의 부수적 처리를 구현한다'는 처리를 기존의 객체에 손을 대지 않고 구현할 수 있다.

구체적인 예를 살펴보자. 다음은 존재하지 않는 프로퍼티에 액세스할 때 디폴트로 '?'를 반환하는 예다.

리스트 5-52 **proxy.js**

```
let data = { red: '빨간색', yellow: '노란색' };
var proxy = new Proxy(data, {
  get(target, prop) {
    return prop in target ? target[prop] : '?';          ❷        ❶
  }
});

console.log(proxy.red);     // 결과: 빨간색
console.log(proxy.nothing);   // 결과: ?                          ❸
```

※ Proxy 객체는 Internet Explorer/Safari에서는 트랜스 컴파일한 경우에도 지원되지 않는다.

Proxy 생성자 구문은 다음과 같다(❶).

구문 **Proxy 생성자 구문**

```
new Proxy (target, handler)
      target : 조작을 끼워 넣어야 할 대상이 되는 객체(타깃)
      handler : 타깃의 조작을 정의하기 위한 객체(핸들러)
```

Proxy 객체의 세계에서는 조작을 끼워 넣을 대상의 객체를 타깃, 타깃에 대한 조작을 나타내는 객체를 핸들러라고 한다.

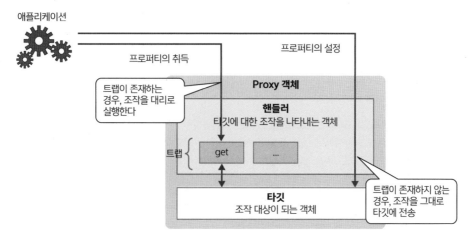

● Proxy 객체

핸들러에서 정의할 수 있는 메소드에는 다음과 같은 것들이 있다. 핸들러 메소드를 트랩이라고 도 한다.

● 핸들러로 정의할 수 있는 주요 메소드(boolean값은 조작의 성공 여부를 나타냄)

메소드(트랩)	반환값	타깃에 대한 조작
getPrototypeOf(target)	객체/null	프로토타입의 취득
setPrototypeOf(target, prototype)	–	프로토타입의 설정
get(target, prop, receiver)	임의의 타입	프로토타입의 설정(receiver는 프록시)
set(target, prop, val, receiver)	boolean값	프로토타입의 설정
has(target, prop)	boolean값	in 연산자에 의한 멤버의 존재 확인
deleteProperty(target, prop)	boolean값	delete 명령에 의한 프로퍼티의 삭제
construct(target, args)	객체	new 연산자를 사용하여 인스턴스화
apply(target, thisArg, args)	임의의 타입	apply 메소드에 의한 함수 호출

❷에서는 get 메소드를 구현하여 타깃(target)의 프로퍼티(prop)가 존재하고 있으면 그 값 (target[prop])을 반환하고, 그렇지 않으면 기본값으로 '?'를 반환한다. 실제로 존재하는 red 프로 퍼티를 올바르게 참조할 수 있는 것과 존재하지 않는 nothing 프로퍼티가 '?'를 반환하는지 확인 해보자(❸).

또한 프록시에 대한 조작은 타깃에도 그대로 반영된다.

리스트 5-53 proxy.js(추가분)

```
proxy.red = '레드';
console.log(data.red);  // 결과: 레드
console.log(proxy.red); // 결과: 레드
```

'JavaScript의 대체 언어' altJS

본문에서도 살펴보았듯이, JavaScript는 겉으로 봤을 때는 쉬워 보이나 다른 언어에 비해 특유의 버릇(?)을 지니고 있어 개발 생산성을 높일 수 있다고는 말할 수 없다. 하지만 그렇다고 해도 브라우저에서 동작하는 실질적인 표준 프로그래밍 언어는 JavaScript뿐이며, 이를 이제 와서 새로운 언어로 바꾸는 것은 현실적이지 않다.

그래서 최근에는 JavaScript 위에 또 다른 하나의 얇은 껍질(언어)을 씌워 JavaScript 특유의 버릇을 은폐해 버리자는 의견이 있다. 그런 언어를 JavaScript의 대체 언어라는 의미에서 altJS라고 총칭한다.

altJS는 일반적으로 컴파일러에 의해 JavaScript로 변환된 후 실행되기 때문에 동작 환경을 가리지 않는다.

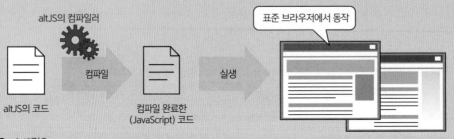

● altJS란?

altJS로 분류되는 언어는 다음과 같다.

● **altJS로 분류되는 주요 언어**

언어	개요
TypeScript (http://www.typescriptlang.org/)	Microsoft에서 개발한 altJS. 이름과 형식 선언이 있는 것이 특징
CoffeeScript (http://coffeescript.org/)	Ruby on Rails 3.1 이상에서 표준 탑재. 구문은 Ruby, Python과 유사
Dart (https://www.dartlang.org/)	Google에서의 altJS. 구문은 Java와 유사하며 JavaScript로 변환하고 실행하는 것 외에 전용 가상 머신에서 실행도 가능

또한 최근에는 유사한 방식으로 ES2015 코드를 ES5 코드로 변환하는 Babel(1.2.1절)도 주목을 받고 있다. 그러나 이것은 정확하게는 대체 언어가 아닌 JavaScript 트랜스 컴파일러로 분류된다.

6

HTML과 XML 문서 다루기

— DOM

6.1 | DOM의 기본 파악하기

지금까지 JavaScript가 언어로 가지고 있는 표준적인 기능(객체)에 대해 소개하였다. JavaScript는 다양한 실행 환경에서 사용할 수 있는데, 여기까지 배운 내용은 그 모든 실행 환경에서 공통적으로 사용할 수 있다.

그러나 이 장 이후의 내용은 브라우저 환경(클라이언트 측 JavaScript)을 전제로 한 내용이다. 브라우저 이외의 환경에서는 사용할 수 없으므로 주의하길 바란다.

6.1.1 마크업 언어를 사용하는 표준 방식 'DOM'

클라이언트 측 JavaScript 프로그래밍에서는 '최종 사용자와 외부 서비스에서 어떤 입력을 받아 이를 처리한 결과를 페이지에 반영시킨다'라는 흐름이 일반적이다. 페이지에 반영한다 – 즉, HTML을 JavaScript에서 편집한다는 뜻이다.

이때 물론 문자열로 편집할 수도 있다. 그러나 일반적으로 복잡한 문자열의 편집은 코드도 읽기 어려워지고 버그의 근원이 되기도 한다. <div> 요소와 앵커 태그 같은 덩어리로 객체로서 조작할 수 있는 편이 편리하다.

그래서 등장하는 것이 DOM(Document Object Model)이다. DOM은 마크업 언어(HTML, XML 등)로 작성된 문서에 액세스하기 위한 표준적인 구조로, JavaScript에 한정하지 않고 현재 주로 사용되는 언어의 대부분에서 지원하고 있다. 물론 언어에 따라 상세한 기법은 다르지만 여기서 배운 것은 다른 언어를 학습하는 데도 도움이 될 것이다.

DOM은 Web 기술의 표준화 단체인 W3C(World Wide Web Consortium)에서 표준화가 진행되어 현재는 네 개의 레벨(Level 1 ~ 4)이 있다. 레벨이 높은 것이 더 고도의 기능을 제공한다고 생각해두면 좋을 것이다.

또한, 때론 'DOM Level 0', 'DOM 0'이라는 말이 등장할 수도 있는데 이것은 DOM Level 1이 책정되기 전의 (표준화되지 않은) 브라우저 객체다. 표준 사양으로 'DOM Level 0'이 존재하는 것은 아니다.

6.1.2 문서 트리와 노드

DOM은 문서를 문서 트리로서 취급한다. 예를 들어, 리스트 6-01과 같은 코드라면 DOM의 세계에서는 그림과 같은 트리 구조로 해석된다.

리스트 6-01 dom.html

```html
<!DOCTYPE html>
<html>
<head>
<meta charset="UTF-8" />
<title>자바스크립트 마스터북</title>
</head>
<body>
  <p id="greet">이것이<strong>문서 트리</strong>다.</p>
</body>
</html>
```

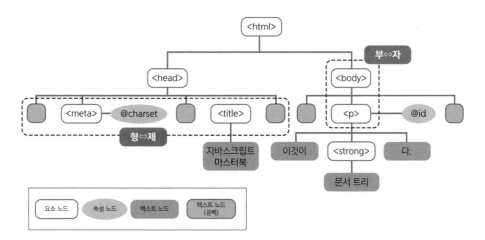

● **dom.html의 트리 구조**

DOM에서는 Document Object Model이라는 이름처럼 문서에 포함되는 요소나 속성, 텍스트를 각각 객체로 보기 때문에 '객체의 집합(계층 관계)이 문서다'라고 생각한다.

참고로 문서를 구성하는 요소나 속성, 텍스트 등의 객체를 노드라고 부르며, 객체의 종류에 따라 요소 노드, 속성 노드, 텍스트 노드 등으로 부른다. DOM은 이들 노드를 추출/추가/치환/삭제하기 위한 범용적인 수단을 제공하는 API(Application Programming Interface: 함수나 객체의 집합)라고 할 수 있다.

각각의 노드는 트리상에서의 상하 관계에 따라 다음과 같이 불리기도 한다. 이러한 호칭은 루트 노드를 제외하고는 상대적인 것이다. 어떤 노드에 대해서 자식 노드이었던 노드가 다른 노드에 대해서는 부모 노드가 될 수도 있다.

● **노드의 종류**

노드	개요
루트 노드	트리의 최상위에 위치하는 노드. 최상위 노드 모두.
부모 노드/자식 노드	상하 관계에 있는 노드. 직접 연결되어 있는 노드에서 루트 노드에 가까운 노드를 부모 노드. 먼 노드를 자식 노드라고 부른다(상하 관계에 있지만 직접 부모-자식 관계가 아닌 것을 조상 노드와 손자 노드라고도 부른다).
형제 노드	동일 부모 노드를 가진 노드들. 먼저 작성된 것을 형 노드, 나중에 작성된 것을 동생 노드로 구분하는 경우도 있다.

6.2 │ 클라이언트 측 JavaScript의 사전 지식

클라이언트 측 JavaScript(DOM)로 개발을 진행하는 데 있어서 가장 먼저 파악하고 싶은 사항이 있는데, 바로 다음의 항목이다.

- 요소 노드의 취득
- 문서 트리 간의 왕래
- 이벤트 구동 모델

위의 모든 항목은 앞으로 JavaScript로 클라이언트 측 개발을 진행하는 데 있어 꼭 필요한 지식이다. 작성 방식이 바뀌거나 라이브러리를 사용하는 경우에도 기본 개념은 활용이 가능하다. 기본적인 구조와 개념을 제대로 파악해보자.

6.2.1 요소 노드 취득하기

클라이언트 측 JavaScript에서는 무엇을 하든 문서 트리에서 요소 노드(요소)를 추출하는 단계는 빠뜨릴 수 없다. '요소를 취득해 그 값을 꺼내기', '처리한 결과를 요소에 반영하기', '새로 만든 요소를 어떤 요소 밑에 추가하기' 등 어쨌든 간에 조작의 대상이 되는 요소를 꺼낼 필요가 있을 것이다.

즉 요소를 취득한다는 행위는 코딩의 출발점이라고 해도 무방하다. JavaScript로 요소를 얻으려면 다음과 같은 방법이 있다

■ ID값을 키값으로 노드 취득하기 ─ getElementById 메소드

취득하고 싶은 요소가 명확한 경우, getElementById 메소드를 이용하는 방법이 가장 간단하다. getElementById 메소드는 지정된 ID값을 갖는 요소를 Element 객체로서 취득한다.

```
document.getElementById(id)
      id : 취득하고 싶은 요소의 id값
```

예를 들어 다음은 <span id = "result"> 요소에 현재 시간을 표시하는 예다.

리스트 6-02 element_id.html(상)/ element_id.js(하)

```
현재 시간:<span id="result"></span>
```
`HTML`

```
var current = new Date();
var result = document.getElementById('result');
result.textContent = current.toLocaleString();
```
`JS`

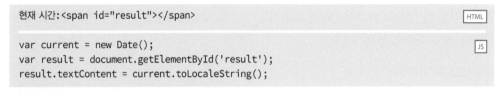

● 현재 시간을 페이지에 반영

취득한 요소(Element 객체)에 텍스트를 삽입하려면 textContent라는 프로퍼티를 이용한다. 텍스트의 조작에 대해서는 다시 6.3.3절에서 언급하겠지만 자주 사용하는 명령이므로 우선 사용법만 파악해두자.

> **N O T E id값이 중복되는 경우**
>
> id값이 중복되는 요소가 존재하는 경우에도 getElementById 메소드는 처음에 일치하는 요소를 하나만 반환한다. 그러나 이 동작은 사용하는 브라우저 및 버전 등의 환경에 따라 변동될 수 있다. 원칙적으로 페이지에서 id값은 고유하게 설정해야 한다.

■ 태그명을 키값으로 노드 취득하기 — getElementsByTagName 메소드

다음으로는 getElementsByTagName 메소드를 사용하여 태그명을 키로 하여 요소를 취득해보자.

구문 getElementsByTagName 메소드

```
document.getElementsByTagName (name)
      name : 태그명
```

id값을 키로 하는 경우와는 달리, 태그명에서는 복수의 요소가 서로 일치할 가능성이 있기 때문에 getElementsByTagName 메소드의 반환값은 요소의 집합이 된다는 점에 주의가 필요하다 (작은 것이지만, 메소드명을 보면 getElementById과는 달리 getElementsByTagName이 복수형임을 알 수 있다).

인수 name에 '*'를 지정함으로써 모든 요소를 검색할 수 있다.

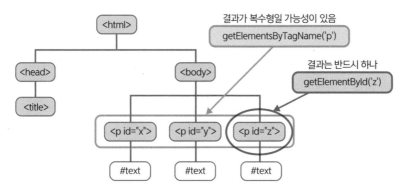

● getElementsByTagName 메소드와 getElementById 메소드

예를 들어, 어떤 페이지에 포함되어 있는 Anchor 태그를 모두 취득해서 그 링크하는 곳을 리스트로 나타내고 싶은 경우에는 다음과 같이 기술한다.

리스트 6-03 element_tag.html(상)/ element_tag.js(하)

```html
<ul>
  <li><a href="http://www.wings.msn.to/">
    서버 측 기술의 배움터 - WINGS</a></li>
  <li><a href="http://www.web-deli.com/">WebDeli</a></li>
  <li><a href="http://www.buildinsider.net/web/jqueryref">
    jQuery역방향 레퍼런스</a></li>
</ul>
```
HTML

```js
// 페이지 내의 모든 앵커 태그를 취득
var list = document.getElementsByTagName('a');
// 리스트(HTMLCollection객체)로부터 순서대로 앵커 태그를 추출하여
// 그 href 속성을 로그로 출력
for (var i = 0, len = list.length; i < len; i++) {  ←
  console.log(list.item(i).href);  ← ❷                    ❶
}  ←
```
JS

```
http://www.wings.msn.to/
http://www.web-deli.com/
http://www.buildinsider.net/web/jqueryref
```

getElementsByTagName 메소드의 반환값은 HTMLCollection 객체(요소의 집합)다. HTML
Collection 객체로부터 이용할 수 있는 멤버는 아래와 같다.

● **HTMLCollection 객체의 주요 멤버**

멤버	개요
length	리스트에 포함되는 요소 수
item(i)	i번째의 노드를 취득(i는 0〜length-1의 범위)
namedItem(name)	id 또는 name 속성이 일치하는 요소를 취득

즉, ❶에서는 인덱스 수를 0〜length-1(여기에서는 2)까지 변화시킴으로써 리스트로부터 요소 노
드(Anchor태그)를 하나씩 꺼내고 있는 것이다.

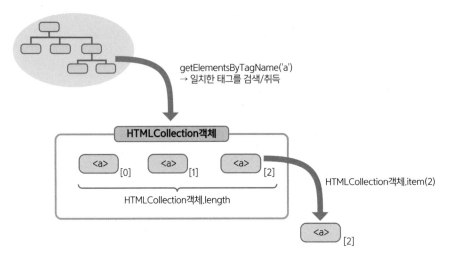

● **HTMLCollection 객체**

속성에 액세스하는 방법에 대해서는 나중에 다시 설명하겠지만, 우선은 '요소 노드.속성명'으로
액세스할 수 있음을 기억해두자(❷).

> **NOTE** **HTMLCollection 객체의 대괄호 구문**
>
> item/namedItem 메소드는 대괄호 구문으로 대체할 수도 있다. 예를 들어 리스트 6-03의 ❷의 코드는 다
> 음과 같이 대체해도 동일한 의미다.
>
> ```
> console.log(list[i].href);
> ```

■ name 속성을 키로 요소 취득하기 — getElementsByName 메소드

name 속성을 키로 요소(군)를 취득하는 getElementsByName 메소드도 있다. 일반적으로 <input>/<select> 같은 폼 요소에서의 액세스에서 이용한다. 그러나 하나의 요소를 취득하려고 한다면, 오히려 getElementById 메소드 쪽이 코드도 간단해서 좋다. 용도는 라디오 버튼/체크 박스 등 name 속성이 동일한 요소군들을 얻을 경우로 한정된다.

구문 getElementsByName 메소드

```
document.getElementsByName (name)
        name : name 속성의 값
```

구체적인 예도 살펴보자. 다음은 텍스트 상자에 초깃값으로 현재 시간을 설정하는 예다.

리스트 6-04 elment_name.html(상)/ elment_name.js(하)

```html
<form>
  <label for="time">시간:</label>
  <input id="time" name="time" type="text" size="10" />
</form>
```

```js
var current = new Date();
// <input name="time"> 요소를 취득
var nam = document.getElementsByName('time');
// 그 value 속성을 설정
nam[0].value = current.toLocaleTimeString();
```

● 텍스트 박스에 현재 시각을 설정

❶에서 nam[0]으로 한 것은 getElementsByName 메소드의 반환값이 노드의 집합(NodeList 객체)이기 때문이다. 일치하는 요소가 하나인 것은 알고 있기 때문에 지정해서 0번째(= 선두)의 요소를 꺼내고 있다. 요소(텍스트 상자)의 값을 설정하려면 value 프로퍼티(6.4.1절)를 이용한다.

다만 앞에서도 언급했듯이 하나의 요소를 취득하는 경우라면, 일단 getElementById 메소드를 사용하는 편이 자연스러울 것이다. 복수의 체크 박스 등을 취득하는 예는 6.4.5절을 참조하길 바란다.

```
var nam = document.getElementById('time');
nam.value = current.toLocaleTimeString();
```

> **N O T E   NodeList 객체**
>
> NodeList 객체는 이름 그대로 노드의 리스트를 나타내기 위한 객체다. '방금 등장한 HTMLCollection 객체와 무엇이 다른가?'라고 생각할 수도 있지만, 우선은 거의 동일한 것으로 파악해도 상관없다. 사용할 수 있는 멤버도 거의 같긴 하지만, 다른 점이라면 NodeList 객체에서는 namedItem 메소드를 사용할 수 없다는 점 정도다. 대괄호 구문도 사용할 수 있다.

■ class 속성을 키로 요소 취득하기 — getElementsByClassName 메소드

getElementsByClassName 메소드를 이용하면 class 속성(스타일 클래스의 이름)을 키로 하여 요소군(HTMLCollection객체)을 취득할 수 있다. 특정의 역할(의미)을 지닌 요소에 대해 공통의 클래스명을 부여해두면 getElementsByClassName 메소드에서 원하는 요소를 한꺼번에 꺼낼 수 있다(예를 들어, 키워드를 나타내는 요소에 대해 class 속성에 keywd와 같은 클래스명을 지정한다).

구문 getElementsByClassName 메소드

```
document.getElementsByClassName (clazz)
      clazz : class 속성의 값
```

그럼 구체적인 예를 살펴보자. 다음과 같은 리스트는 어떤 페이지로부터 class 속성이 my인 요소만을 취득해서 링크하는 곳을 리스트로 표시하는 예다.

리스트 6-05 element_class.html(상)/ element_class.js(하)

```html
<ul>
  <li><a href="http://www.wings.msn.to/" class="my">
    서버 측 기술의 배움터 - WINGS</a></li>
  <li><a href="http://www.web-deli.com/" class="my">
    WebDeli</a></li>
  <li><a href="http://www.buildinsider.net/web/jqueryref">
    jQuery역방향 레퍼런스</a></li>
</ul>
```

```js
// 'class = "my"'인 요소(앵커 태그)를 취득
var list = document.getElementsByClassName('my');
// 리스트로부터 순서대로 앵커 태그를 꺼내 그 href 속성을 로그에 출력
for (var i = 0, len = list.length; i < len; i++) {
  console.log(list.item(i).href);
}
```

```
http://www.wings.msn.to/
http://www.web-deli.com/
```

getElementsByClassName 메소드의 인수에는 'clazz1 clazz2'처럼 공백으로 구분하여(쉼표로 구분하지 않는다) 여러 클래스 이름을 나열할 수 있다. 이 경우 class 속성으로 clazz1, clazz2 쌍방이 지정된 요소만 검색한다.

■ 셀렉터 식에 일치하는 요소 취득하기 ─ querySelector/querySelectorAll 메소드

지금까지의 getXxxxx 메소드가 특정 이름/속성값을 키로 하여 요소를 검색한 것에 반하여 보다 복잡한 조건으로 검색을 가능하게 하는 것이 querySelector/querySelectorAll 메소드다. 이러한 메소드를 이용함으로써 셀렉터 식으로 문서를 검색하여 일치하는 요소를 얻을 수 있다.

구문 getSelector/querySelectorAll 메소드

```
document.querySelector (selector)
document.querySelectorAll (selector)
        selector : 셀렉터 식
```

셀렉터 식이란 원래 CSS(Cascading StyleSheet)에서 이용되고 있던 표기법으로, 스타일을 적용할 대상을 특정하기 위한 구조다. 셀렉터 식을 이용하여, 예를 들어 'id = "list"인 요소의 아래에서 class = "new"인 <img> 요소'를 검색하고 싶은 경우 복잡한 코드를 작성할 필요가 없다. '#list img.new'라는 짧은 식으로 원하는 요소를 검색할 수 있다.

아래에서 자주 사용하는 셀렉터 식을 살펴보자. 이들은 방대한 셀렉터 구문의 대표적인 것 중 일부에 지나지 않지만, 이들을 조합하는 것만으로도 대부분의 용도에 부합할 것이다.

● **querySelector/querySelectorAll 메소드에서 사용할 수 있는 주요 셀렉터 식**

셀렉터	개요	예
*	모든 요소를 취득	*
#id	지정한 ID의 요소를 취득	#main
.class	지정한 클래스명의 요소를 취득	.external
elem	지정한 태그명의 요소를 취득	li
selector1, selector2, selectorX	해당하는 셀렉터에 일치하는 요소를 모두 취득	#main, li
parent > child	parent 요소의 자식 요소 child를 취득	#main > div

● querySelector/querySelectorAll 메소드에서 사용할 수 있는 주요 셀렉터 식 (계속)

셀렉터	개요	예
ancestor descendant	ancestor 요소의 자식 요소 descendant를 모두 취득	#list li
prev + next	prev 요소의 전후의 next 요소를 취득	#main + div
prev ~ siblings	prev 요소 이후의 siblings 형제 요소를 취득	#main ~ div
[attr]	지정한 속성을 가진 요소를 취득	input[type]
[attr = value]	속성이 value값과 동등한 요소를 취득	input[type = "button"]
[attr ^= value]	속성이 value로 시작하는 값을 지닌 요소를 취득	a[href^="https://"]
[attr $= value]	속성이 value로 끝나는 값을 지닌 요소를 취득	img[src$=".gif"]
[attr *= value]	속성이 value를 포함하는 값을 지닌 요소를 취득	[title*="sample"]
[selector1] [selector2] [selectorX]	복수의 속성 필터 모두에 매치하는 요소를 취득	img[src][alt]

자, 서론이 길어져 버렸으므로 구체적인 이용 예도 살펴보자. 다음은 'id = "list"인 요소' 아래에 'class = "external"인 앵커 태그'를 꺼내 그 링크를 열거하는 예다.

리스트 6-06 element_query.html(상)/element_query.js(하)

```html
<ul id="list">
  <li><a href="http://www.wings.msn.to/" class="my">
    서버 측 기술의 배움터 - WINGS</a></li>
  <li><a href="http://www.web-deli.com/" class="my2">
    WebDeli</a></li>
  <li><a href="http://www.buildinsider.net/web/jqueryref" class="external">
    jQuery역방향 레퍼런스</a></li>
  <li><a href="http://www.buildinsider.net/web/angularjstips" class="external">
    AngularJS TIPS</a></li>
</ul>
```

```js
var list = document.querySelectorAll('#list .external');
for (var i = 0, len = list.length; i < len; i++) {
  console.log(list.item(i).href);
}
```

```
http://www.buildinsider.net/web/jqueryref
http://www.buildinsider.net/web/angularjstips
```

querySelectorAll 메소드의 반환값은 getElementsByName 메소드와 동일하게 조건에 맞는 요소를 모두 포함한 NodeList 객체다. 만약 처음부터 취득해야 할 요소가 하나라고 알고 있는 경우나 요소 그룹의 맨 처음의 하나만 취득하고 싶은 경우에는 querySelector 메소드를 이용하길 바란다. 이 경우 반환값은 Element 객체(단일 요소)가 된다.

6.2.2 문서 트리 사이 오가기 — 노드 워킹

지금까지 접해 온 getXxxxxx/queryXxxxx 메소드는 특정의 요소 노드(군)를 명확히 콕 찍어서 취득하기 위한 메소드다. 그러나 일일이 문서 전체에서 원하는 요소를 검색하는 것은 낭비가 심하기 때문에 이는 그대로 성능 저하의 원인이 된다.

그래서 DOM에서는 노드를 기점으로 상대적인 위치 관계에서 노드를 검색할 수도 있다. 트리 모양이 된 노드 사이를 가지를 따라 이동하는 모습 때문에 노드 워킹이라고도 불린다. 구체적으로는 다음 그림에 나타난 프로퍼티를 이용한다.

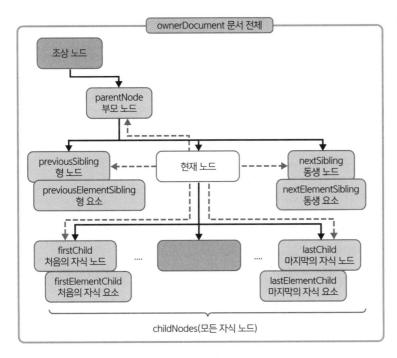

● 상대 관계로 노드를 취득하는 프로퍼티

getXxxxx/queryXxxxx 메소드와 비교하면 코드는 중복되는 경향이 있지만, 더욱 작은 단위의 조작이 가능하다는 점에서 다음과 같이 사용을 구분하는 것이 일반적이다.

getXxxxx/queryXxxxx 메소드로 특정의 요소를 취득한 뒤, 근접한 노드는 노드 워킹으로 취득한다.

■ 노드 워킹의 기본

그럼 구체적인 예를 살펴보도록 하자. 예를 들어, 다음은 <select id="food"> 요소의 아래에 포함되어 있는 <option> 요소를 추출하여 그 value 속성의 값을 열거한 예다.

리스트 6-07 child_nodes.html(상)/child_nodes.js(하)

```html
<form>
  <label for="food">가장 먹고 싶은 음식은?:</label>
  <select id="food">
    <option value="라면">라면</option>
    <option value="만두">만두</option>
    <option value="불고기">불고기</option>
  </select>
 <input type="submit" value="송신" />
</form>
```

```js
//<select id="food">를 취득
var s = document.getElementById('food');
//<select> 요소 아래의 자식 노드를 취득
var opts = s.childNodes; ←——— ❶
// 자식 노드를 순서대로 취득
for (var i = 0, len = opts.length; i < len; i++) {
  var opt = opts.item(i);
  // 자식 노드가 요소 노드인 경우에만, 그 값을 로그 표시
  if (opt.nodeType === 1) { ←
    console.log(opt.value);  ——— ❷
  } ←
}
```

```
라면
만두
불고기
```

요소 바로 아래의 자식 노드 군을 취득하는 것은 childNodes 프로퍼티의 역할이다(❶). childNodes 프로퍼티는 getElementsByName/querySelectorAll 메소드 등과 마찬가지로 취득한 노드들을 NodeList 객체로 반환한다. 그러나 리스트에 포함되는 노드는 '요소만이 아니다'라는 점에 주의해야 한다. 다음은 childNodes.html의 문서 구조를 트리 그림으로 나타낸 것이다.

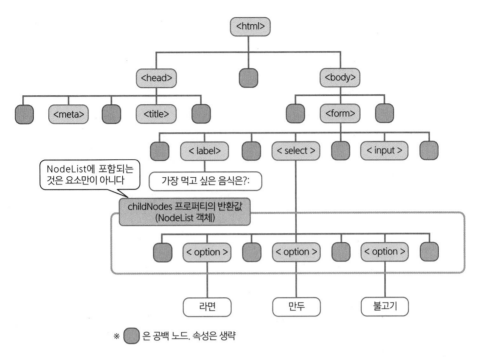

● child_nodes.html의 문서 트리

이와 같이 태그의 사이에 있는 개행이나 공백은 텍스트 노드로 간주된다. 그 때문에 childNodes 프로퍼티 또한 요소 노드와 텍스트 노드를 취득할 가능성이 있는 것이다.

이번과 같이 <option> 요소만을 꺼내고 싶은 경우에는 꺼낸 노드가 요소 노드인지를 확인할 필요가 있다.

노드의 종류를 판정하는 것은 nodeType 프로퍼티의 역할이다(❷). 다음은 nodeType프로퍼티의 반환값을 정리한 것이다.

● 노드의 종류(nodeType 프로퍼티의 반환값)

반환값	개요
1	요소 노드
2	속성 노드
3	텍스트 노드
4	CDATA 섹션
5	실제 참조 노드
6	실제 선언 노드

반환값	개요
7	처리 명령 노드
8	주석 노드
9	문서 노드
10	문서형 선언 노드
11	문서의 단편(fragment)
12	기법 선언 노드

여기에서는 nodeType 프로퍼티가 1(요소 노드)인 경우만 그 값(value 프로퍼티)을 취득하고 있다.

▌ 자식 요소 리스트를 취득하는 다른 방법

리스트 6-07에서는 childNodes 프로퍼티를 사용하고 있으나 그 외에도 다음과 같은 방법이 있다. 어떤 것을 사용할지는 그때마다의 문맥에 따라 다르겠지만, 우선 '어떤 한 가지를 구현하는데도 다양한 방법이 있다'는 점을 잘 이해해 선택의 폭을 넓혀 두면 좋을 것이다.

(1) firstChild/nextSibling 프로퍼티

firstChild/nextSibling 프로퍼티를 이용하면 다음과 같이 작성할 수도 있다(다시 작성한 부분은 리스트 6-07의 볼드체 부분).

리스트 6-08 first_child.js(다시 작성한 부분만)

```
// <select> 요소의 첫 번째 자식 노드를 취득
var child = s.firstChild;
// 자식 노드가 존재하는 동안, 루프를 반복 실행
while (child) {
  if (child.nodeType === 1) {
    console.log(child.value);
  }
  // 다음의 자식 노드(동생 노드)를 취득
  child = child.nextSibling;
}
```

여기에서는 <select> 요소 아래의 최초의 자식 노드로부터 차례대로 다음의 형제 노드를 (다음 요소가 없을 때까지) 취득하고 있다. lastChild/previousSibling 프로퍼티를 사용해도 거의 같은 요령으로 작성할 수 있기 때문에 여력이 있는 사람은 시험해보기 바란다.

(2) firstElementChild/nextElementSibling 프로퍼티

firstElementChild 프로퍼티는 밑의 자식 요소를 반환하고, nextElementSibling 프로퍼티는 다음 형제 요소를 반환한다. firstChild/nextSibling 프로퍼티와는 달리, 반환값이 Element(요소) 객체로 제한되므로 nodeType 프로퍼티에 의한 판정은 불필요하다.

앞과 동일하게 리스트 6-07의 볼드체 부분을 다시 작성한 것은 다음과 같다.

리스트 6-09 first_child.js(다시 작성한 부분만)

```
// <select> 요소의 첫 번째 자식 노드를 취득
var child = s.firstElementChild;
// 자식 노드가 존재하는 동안, 루프를 반복 실행
while (child) {
```

```
    console.log(child.value);
    child = child.nextElementSibling;
}
```

❶과 마찬가지로 lastElementChild/previousElementSibling 프로퍼티로 맨 끝의 자식 요소부터 순서대로 액세스할 수 있다.

6.2.3 이벤트를 트리거로 한 처리 실행하기 ― 이벤트 구동 모델

브라우저로 표시되는 페이지상에서는 아래와 같은 다양한 이벤트(사건)가 발생한다.

- 버튼이 (더블) 클릭되었다
- 마우스 포인터가 문자열 위에 있다(벗어났다)
- 텍스트 박스의 내용이 변경되었다

클라이언트 측 JavaScript에서는 해당 이벤트에 따라 실행하는 코드를 작성하는 것이 특징이다. 이 프로그래밍 모델을 이벤트 드리븐 모델(이벤트 구동 모델)이라고 부른다.

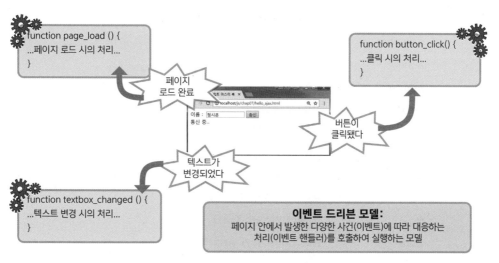

● 이벤트 드리븐(이벤트 구동형) 모델

이때 이벤트에 대응해 그 처리 내용을 정의하는 코드의 덩어리(함수)를 이벤트 핸들러라고 부른다.

클라이언트 측 JavaScript에서 이용 가능한 주요 이벤트들을 아래에 정리해 두었다. 물론 여기에서 모든 것을 이해할 필요는 없으며, 그냥 '이런 것이 있구나'라는 정도로만 봐두면 좋을 것이다.

● 클라이언트 측 JavaScript로 이용 가능한 주요 이벤트

분류	이벤트명	발생 타이밍	주된 대상 요소
읽기	abort	이미지의 로딩이 중단되었을 때	img
	load	페이지, 이미지의 로딩 완료 시	body, img
	unload	다른 페이지로 이동할 때	body
마우스	click	마우스 클릭 시	-
	dblclick	더블 클릭 시	-
	mousedown	마우스 버튼을 눌렀을 때	-
	mouseup	마우스 버튼을 떼어 놓았을 때	-
	mousemove	마우스 포인터가 이동했을 때	-
	mouseover	요소에 마우스 포인터가 올라갔을 때	-
	mouseout	요소에서 마우스 포인터가 벗어났을 때	-
	mouseenter	요소에 마우스 포인터가 올라갔을 때	-
	mouseleave	요소에서 마우스 포인터가 벗어났을 때	-
	contextmenu	context menu가 표시되기 전	body
키	keydown	키를 눌렀을 때	-
	keypress	키를 누른 상태	-
	keyup	키를 떼어 놓았을 때	-
폼	change	내용이 변경되었을 때	input(text), select
	reset	리셋 버튼이 눌렸을 때	form
	submit	서브밋 버튼이 눌렸을 때	form
포커스	blur	요소로부터 포커스가 벗어났을 때	-
	focus	요소가 포커스되었을 때	-
그 외	resize	요소의 사이즈를 변경했을 때	-
	scroll	스크롤했을 때	body

NOTE **mouseover/mouseout과 mouseenter/mouseleave의 차이**

mouseover/mouseout과 mouseenter/mouseleave는 모두 마우스 포인터가 해당 요소에 올라가 있을 때와 해당 요소에서 벗어났을 때 발생하는 이벤트인데, 그 동작은 미묘하게 다르다.

구체적으로는 요소가 중첩된 경우인데, 이때 외부의 요소(id = "parent")에서 이벤트의 발생을 감시하면 다음과 같은 차이가 있다.

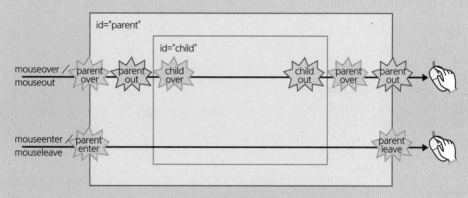

● mouseover/mouseout과 mouseenter/mouseleave의 차이

mouseenter/mouseleave 이벤트는 어디까지나 대상 요소의 출입 시에 발생하는 반면, mouseover/mouseout 이벤트는 안쪽 요소에 출입할 때 발생한다. 뜻밖의 동작에 고민하지 않기 위해서라도 양자의 차이를 제대로 이해해두자.

■ 이벤트 핸들러/이벤트 리스너 정의하기

앞서 서술한 것처럼, 이벤트 드리븐 모델의 중심이 되는 것은 '이벤트'와 '이벤트 핸들러/이벤트 리스너'다. 이벤트 드리븐 모델에서는 우선 아래의 세 가지를 정의해둘 필요가 있다.

- 어느 요소에서 발생했고
- 어떤 이벤트를
- 어느 이벤트 핸들러/이벤트 리스너에 연관시킬 것인가

클라이언트 측 JavaScript에서는 이러한 이벤트와의 연관성 부여를 실시하기 위하여 몇 가지 방법을 제공하고 있다.

1. 태그 내의 속성으로 선언하기
2. 요소 객체의 프로퍼티로 선언하기
3. addEventListener 메소드를 사용하여 선언하기

우선 DOM Level2에서 정의되고 표준화된 addEventListener 메소드를 이용해야 한다. 그러나
1~ 2 방법도 간편하고 자주 사용되기 때문에 여기서 함께 설명하겠다.

참고로 1~ 2에서 선언된 이벤트 처리를 '이벤트 핸들러'라고 부르며, 3에서 선언된 것을 '이벤트
리스너'라고 불러서 서로를 구분한다(양자의 결정적인 차이는 우선 선언의 방법 차이라고 할 수 있다).

(1) 태그 내의 속성으로 선언하기

무엇보다 가장 간단한 기법이다. 아래는 확인 버튼을 클릭한 타이밍에 경고 다이얼로그를 표시
하는 예다.

리스트 6-10 handler.html(상)/ handler.js(하)

```html
<input type="button" value="다이얼로그 표시" onclick="btn_click()" />
```

```js
function btn_click() {
  window.alert('버튼이 클릭되었다.');
}
```

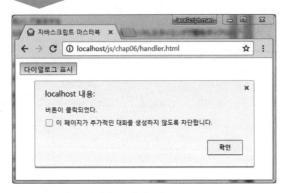

● 버튼 클릭 시 다이얼로그를 표시

포인트가 되는 것은 리스트의 볼드체 부분이다. 태그 내에서 이벤트 핸들러를 선언하는 경우에
는 다음과 같이 기술한다.

구문 이벤트 핸들러의 등록(1)

```
<태그명 on이벤트명="JavaScript의 코드">
```

일반적으로 'JavaScript의 코드'에는 리스트 6-10과 같이 이벤트 핸들러(함수)를 호출하기 위한
코드, 즉 'btn_click()'과 같은 코드를 기술한다. 그러나 처리가 극히 단순한 경우에는 처리 그 자
체를 직접 기술할 수도 있다. 즉 리스트 6-10은 다음과 같이 고쳐 쓸 수 있다.

리스트 6-11 **handler2.html**

```html
<input type="button" value="다이얼로그 표시"
onclick="window.alert('버튼이 클릭되었다.');" />
```

다만, 태그 내에서 너무 복잡한 JavaScript의 코드를 기술하는 것은 코드 가독성의 관점에서도
바람직하지 않으며, '페이지 구성과 처리(스크립트)를 명확하게 분리하는' 요즘의 트렌드에도 적합
하지 않다. 그러므로 리스트 6-11은 어디까지나 간단하고 쉬운 처리를 손쉽게 기술하기 위한 기
법이라고 생각해야 한다. 기본적으로 태그 내에서의 JavaScript 기술은 '이벤트 핸들러의 호출에
머물러야 한다'고 기억해두자.

(2) 요소 객체의 프로퍼티로 선언하기

이벤트 핸들러의 호출만이라고는 해도 본래 레이아웃을 정의해야 할 HTML 안에 JavaScript의
코드를 혼재시키는 것은 바람직하지 않다. 그래서 이벤트와의 연관성 부여와 이벤트 핸들러 그
자체의 선언을 정리하여 JavaScript 코드 내에서 기술할 수도 있다. 다음은 리스트 6-10의 코드
를 변경한 예다.

리스트 6-12 **handler3.html(상)/handler3.js(하)**

```html
<input id="btn" type="button" value="다이얼로그 표시" />
```
HTML

```js
// 페이지 로드 시에 실행되는 이벤트 핸들러를 등록
window.onload = function() {
  // 버튼(btn) 클릭 시에 실행되는 이벤트 핸들러를 등록
  document.getElementById('btn').onclick = function() {
    window.alert('버튼이 클릭되었다.');
  };
};
```
JS

구문은 아래와 같다.

구문 **이벤트 핸들러의 등록(1)**

```
obj.on event = function () {statements}
      obj : window 객체 또는 요소 객체
    event : 이벤트명      statements : 이벤트가 발생할 때 수행할 처리
```

이 예에서는 window(페이지)가 로드될 때 실행되어야 할 처리와 <input id = "btn"> 요소가 클
릭되었을 때의 처리를 정의하고 있다.

6.2 클라이언트 측 JavaScript의 사전 지식 323

익명 함수(함수 리터럴)가 아니라 아래와 같이 함수명을 기술하여 이벤트 핸들러(함수) 자체를 따로 정의할 수도 있다.

구문 **이벤트 핸들러의 등록(2)**

```
obj.on event = func
      obj : window 객체 또는 요소 객체
      event : 이벤트명      func : 함수명
```

그러나 이벤트 핸들러는 그 성질상 여러 장소에서 같이 사용하는 일이 거의 없다. 그러므로 이름이 부여된 함수로서 따로 정의하는 것보다 익명 함수로서 직접 정의하는 것이 글로벌한 네임스페이스를 깨끗하게 보존하면서 원래 코드 자체를 더욱 간단하게 기술할 수 있을 것이다.

이 기법을 이용하는 경우에는 다음 세 가지 사항에 주의하길 바란다.

- 이벤트명은 모두 소문자로 기술

  이벤트명은 반드시 '모두 소문자'로 지정하지 않으면 안 된다(태그 내에서 속성으로 기술하는 경우에는 대문자/소문자를 구별하지 않는다). 즉 'window.onLoad', '~.onClick'과 같은 기술은 불가하다.

- 프로퍼티로 설정하는 것은 함수 객체다

  프로퍼티로 설정하는 것은 어디까지나 함수 객체이지 함수 호출이 아니다. 예를 들어, onload 이벤트에 init 이벤트 핸들러를 연관 짓는 경우 아래와 같은 기술은 불가하다.

  ```
  window.onload = init();
  ```

  정확하게 말하자면 다음과 같이 기술해야 한다.

  ```
  window.onload = init;
  ```

- 개별 요소의 이벤트 핸들러는 onload 이벤트 핸들러 아래에 기술한다

  'document.getElementById.~'의 형식으로 이벤트 핸들러를 등록한 경우, 기본적으로는 onload 이벤트 핸들러 아래에 기술할 필요가 있다. onload 이벤트 핸들러를 이용함으로써 페이지 로딩이 완료된 후에 처리가 실행된다.

  전체 페이지가 로드되기 전에 getElementById 메소드를 호출해 버리면 원하는 요소를 가져올 수 없어 결과적으로 이벤트 핸들러의 설정에도 실패할 가능성이 있다.

이 책에서는 </body>의 닫는 태그 직전에 <script> 요소를 기술하고 있으므로 onload 이벤트 핸들러가 없어도 코드는 제대로 작동한다. 그러나 <script> 요소의 위치에 관계없이 코드가 제대로 작동하도록 onload 이벤트 핸들러를 명기해두는 것은 나쁜 일이 아니다.

(3) addEventListener 메소드로 선언하기

onxxxxxx프로퍼티에 의한 이벤트 핸들러의 설정은 클라이언트 측 JavaScript의 세계에서 이전부터 사용되어 온 방법이다. 그런데 여기에는 한 가지 문제가 있다. 동일한 요소/동일한 이벤트에 여러 이벤트 핸들러를 연결시킬 수 없다.

이것은 간단한 애플리케이션을 개발하고 있는 경우에는 그다지 신경이 쓰이는 제약이 아닐지도 모른다. 그러나 예를 들어 여러 라이브러리를 함께 사용하는 경우에는 어떨까? 하나의 라이브러리가 어떤 요소의 특정 이벤트를 사용했다면, 다른 라이브러리에서는 동일한 요소의 동일한 이벤트를 사용하는 처리가 동작하지 않게 되어 버린다(물론 직접 코드를 작성하는 경우에도 동일하다).

그래서 등장한 것이 이벤트 리스너다. 이벤트 리스너는 '동일 요소의 동일 이벤트에 관해 복수로 연관시킬 수 있는 이벤트 핸들러'라고 이해해두면 좋을 것이다.

이벤트 리스너를 설정하는 것은 addEventListener 메소드의 역할이다.

구문 addEventListener메소드

```
elem.addEventListener (type, listener, capture)
     elem : 요소 객체               type : 이벤트의 종류
     listener : 이벤트에 따라 수행할 작업   capture : 이벤트의 방향 (6.7.3절)
```

다음은 addEventListener 메소드를 사용해 리스트 6-12의 코드를 고쳐 쓴 예다.

리스트 6-13 handler4.html(상)/ handler4.js(하)

```html
<input id="btn" type="button" value="다이얼로그 표시" />
```
`HTML`

```js
// 페이지 로드 시 실행되는 이벤트 리스너를 등록
document.addEventListener('DOMContentLoaded', function() {
  // 버튼(btn) 클릭 시 실행되는 이벤트 리스너를 등록
  document.getElementById('btn').addEventListener('click', function() {
    window.alert('버튼이 클릭되었다.');
  }, false);
}, false);
```
`JS`

DOMContentLoaded 이벤트 리스너는 방금 전의 onload 이벤트 핸들러와 마찬가지로 '페이지가 로드된 타이밍에 처리를 수행하라'는 의미다.

그러나 onload 이벤트 핸들러와는 실행 타이밍이 미묘하게 다르다.

- onload 이벤트 핸들러 ➡ 콘텐츠 본체와 모든 이미지가 로드된 후에 실행
- DOMContentLoaded 이벤트 리스너 ➡ 콘텐츠 본체가 로드된 후에 실행(= 이미지의 로드를 기다리지 않는다)

대개의 처리는 이미지의 로드를 기다릴 필요가 없으므로 DOMContentLoaded 이벤트 리스너를 이용하여 스크립트의 시작 타이밍을 앞당길 수 있다는 의미다. 이미지와 관련된 처리 등 특별한 사유가 없는 한 페이지의 초기화 처리는 DOMContentLoaded 이벤트 리스너로 나타내는 것이 기본이다.

6.3 속성값 취득/설정하기

클라이언트 측 JavaScript의 기본을 이해했으므로 여기에서는 스크립트로 페이지를 조작하는 방법을 배워보자. 우선 취득한 요소의 속성과 그 안의 텍스트를 취득 및 설정하는 방법부터 살펴보자.

6.3.1 대부분의 속성은 '요소 노드 속 같은 이름의 프로퍼티'로 액세스 가능

리스트 6-13에서도 보았다시피, 요소 노드에만 액세스 가능해지면 속성값에 액세스 하는 것은 간단하다. 왜냐하면 대부분의 속성은 '요소 노드 속의 동일한 이름의 프로퍼티'로 액세스가 가능하기 때문이다.

예를 들어 Anchor 태그의 href 속성을 취득 및 설정하려면 다음과 같이 기술한다(변수 link는 Anchor 태그를 나타내는 것으로 한다).

```
var url = link.href; ←── 취득
link.href = 'http://www.wings.msn.to/'; ←── 설정
```

다른 속성의 경우에도 거의 비슷하지만, 일부 속성명과 프로퍼티명이 일치하고 있지 않는 경우도 있기 때문에 주의가 필요하다.

예를 들어, 요소에 적용하는 CSS 클래스를 나타내는 속성은 'class'이지만, 이에 대응하는 DOM 프로퍼티는 'className'이다. 주로 사용하는 속성에서 발견되는 차이는 이 정도라고 생각해두어도 괜찮지만, '속성과 프로퍼티는 반드시 일치하지 않는 경우도 있다'라고 어렴풋이나마 기억해두면 좋겠다.

```
<p class="summary">샘플</p>        ←── HTML
node.className = 'summary';        ←── JavaScript(DOM)
```

속성과 프로퍼티 이름의 차이를 의식하고 싶지 않다면 getAttribute/setAttribute 메소드를 쓰자.

구문 getAttribute/setAttribute 메소드

```
elem.getAttribute (name)
elem.setAttribute (name, value)
        elem : 요소 객체      name : 속성명      value : 속성값
```

예를 들어, Anchor 태그(변수 link)의 href 속성을 취득 및 설정한다면 다음과 같다.

```
var url = link.getAttribute('href');
link.setAttribute('href', 'http://www.wings.msn.to/');
```

프로퍼티로 액세스하는 것과 비교하면 약간 장황한 것이 단점이지만, 다음과 같은 장점도 있다.

- HTML와 JavaScript의 사이에서 이름의 차이를 의식할 필요가 없다
- (문자열로서 지정할 수 있으므로) 취득/설정하는 속성명을 스크립트에서 동적으로 변경할 수 있다

각각의 상황에 따라 잘 구분하여 사용하면 좋을 것이다.

6.3.2 불특정 속성 취득하기

특정의 요소 노드에 속하는 모든 속성을 취득하고 싶은 경우에는 attributes 프로퍼티를 사용한다. 다음은 취득한 <img> 태그에 포함되는 모든 속성을 리스트 표시하는 코드다.

리스트 6-14 attributes.html(상)/attributes.js(하)

```
<img id="logo" src="http://www.wings.msn.to/image/wings.jpg"    HTML
  height="67" width="215" border="0"
  alt="WINGS(Www INtegrated Guide on Server-architecture)" />
```

```
document.addEventListener('DOMContentLoaded', function() {    JS
  // <img id="logo">를 취득
  var logo = document.getElementById('logo');
  // <img> 태그에 포함되는 속성 리스트를 취득
  var attrs = logo.attributes;←── ❶
  // 속성 리스트로부터 순서대로 속성을 꺼내, 그 이름/값의 세트를 출력
  for (var i = 0, len = attrs.length; i < len; i++) {
    var attr = attrs.item(i);                              ❷
    console.log(attr.name + ':' + attr.value); ←── ❸
  }
}, false);
```

```
id:logo
src:http://www.wings.msn.to/image/wings.jpg
height:67
width:215
border:0
alt:WINGS(Www INtegrated Guide on Server-architecture)
```

attributes 프로퍼티는 요소 노드에 포함되는 전체 속성의 리스트를 NamedNodeMap 객체로 반환한다(❶). NamedNodeMap은 앞서 설명한 HTMLCollection과도 닮은 객체지만, '개별의 노드에 이름과 인덱스 번호 중 어떠한 것을 사용해도 액세스할 수 있다'는 특징이 있다.

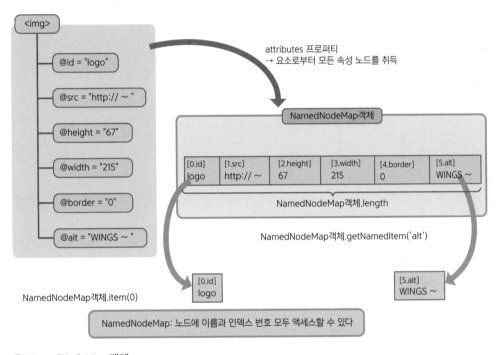

● **NamedNodeMap 객체**

NamedNodeMap 객체에 포함되는 속성(Attr 객체)을 순서대로 취득하는 흐름은 HTMLCollection 객체의 경우와 같다. 인덱스 수를 '0~length-1'까지 변화시킴으로써 리스트로부터 속성 노드를 하나씩 꺼내고 있다(❷).

꺼낸 속성 노드의 이름/값에 액세스하려면 ❸과 같이 name/value 프로퍼티를 사용하길 바란다.

6.3.3 텍스트 취득 및 설정하기

요소 아래의 텍스트를 취득 및 설정하려면 innerHTML/textContent라는 속성을 이용한다.

양자의 성질을 이해하기 위해 우선 구체적인 예를 살펴보자. 다음은 <div> 요소에 지정된 텍스트(Anchor 태그)를 삽입하는 예다.

리스트 6-15 text.html(상)/text.js(하)

```html
<div id="result_text">
  <p style="color: Red;">설정되어 있지 않다!</p>
</div>
<div id="result_html">
  <p style="color: Red;">설정되어 있지 않다!</p>
</div>
```

```js
document.addEventListener('DOMContentLoaded', function() {
  document.getElementById('result_text').textContent =
    '<a href="http://www.wings.msn.to/">WINGS프로젝트</a>';
  document.getElementById('result_html').innerHTML =
    '<a href="http://www.wings.msn.to/">WINGS프로젝트</a>';
}, false);
```

● id = "result_text", "result_html"인 요소의 텍스트를 설정

먼저 어떤 속성에도 공통되는 점은 '해당 요소 밑의 자식 요소/텍스트를 완전히 대체하고 있다'라는 점이다. 위의 예라면 원래 있던 <p> 요소는 남아 있지 않다는 사실에 주의해야 한다.

한편, 결정적으로 다른 점은 '주어진 텍스트를 HTML 문자열로 인식하는지의 여부'다. innerHTML 속성은 HTML로 텍스트를 삽입하기 때문에 분명히 링크가 활성화되어 있다. 반면 textContent 속성은 일반 텍스트로 포함하기 때문에 태그 문자열이 그대로 표시되는 것을 확인할 수 있다.

일반적으로는 HTML 문자열을 포함하지 않는다면 일단, textContent 속성을 우선적으로 이용하는 것을 추천한다. 텍스트의 해석이 불필요한 만큼 textContent 속성 쪽이 빠르고, 또한 보안 문제도 발생하기 어렵기 때문이다. 보안 위험에 대해서는 이후에 재차 설명하겠다.

> **N O T E** innerHTML 프로퍼티
>
> innerHTML 프로퍼티는 원래 브라우저 확장으로 구현된 기능으로 나중에 HTML5로 사양화되었다. 그러나 오래 전부터 주요 브라우저에서 구현되어 있어 대부분의 일반 브라우저에서 문제없이 사용할 수 있다.

■ 텍스트 취득 시의 동작 차이

innerHTML/textContent 프로퍼티는 텍스트를 취득하는 경우의 동작 또한 다르다.

리스트 6-16 text_get.html(상)/text_get.js(하)

```html
<ul id="list">
  <li><a href="http://www.wings.msn.to/">
    서버 측 기술의 배움터 - WINGS</a></li>
  <li><a href="http://www.web-deli.com/">
    WebDeli</a></li>
  <li><a href="http://www.buildinsider.net/web/jqueryref">
    jQuery역방향 레퍼런스</a></li>
</ul>
```

```js
document.addEventListener('DOMContentLoaded', function() {
  var list = document.getElementById('list');
```

```
    console.log(list.innerHTML);
    console.log(list.textContent);
}, false);
```

```
<li><a href="http://www.wings.msn.to/">
  서버 측 기술의 배움터 - WINGS</a></li>
<li><a href="http://www.web-deli.com/">
  WebDeli</a></li>
<li><a href="http://www.buildinsider.net/web/jqueryref">
  jQuery역방향 레퍼런스</a></li>

서버 측 기술의 배움터 - WINGS
WebDeli
jQuery역방향 레퍼런스
```

innerHTML 프로퍼티는 대상 요소 아래를 HTML 문자열로 반환한다. 반면 textContent 속성은 자식 요소 각각에서 텍스트만 추출하여 연결한 것을 반환한다.

■ innerHTML 프로퍼티의 주의

innerHTML 프로퍼티를 이용하는 경우 사용자의 입력값을 비롯해 외부로부터의 입력을 그대로 전달하지 않도록 해야 한다.

예를 들어 다음은 입력된 이름에 따라 '안녕하세요, ○○씨!'와 같은 인사 메시지를 표시하는 가장 기본적인 예제다. 그러나 이 기본적인 코드는 보안상 바람직하지 않은 코드를 포함하고 있다.

리스트 6-17 text_ng.html(상)/text_ng.js(하)

```
<form>
  <label for="name">이름: </label>
  <input id="name" name="name" type="text" size="30" />
  <input id="btn" type="button" value="송신" />
</form>
<div id="result"></div>
```
```
document.addEventListener('DOMContentLoaded', function() {
  // 버튼 클릭 시 인사 메시지를 반영
  document.getElementById('btn').addEventListener('click', function() {
    var name = document.getElementById('name');
    var result = document.getElementById('result');
    result.innerHTML = '안녕하세요, ' + name.value + '씨!';
  }, false);
}, false);
```

샘플을 시작한 후 텍스트 상자에 '<div onclick = "alert('호게')">호게호게</div>'와 같은 텍스트를 입력하고 버튼을 클릭한다. 그리고 나서 페이지 하단에 표시된 '호게호게'라는 단어를 클릭하면 다음 그림과 같이 대화상자가 표시된다.

● 입력한 스크립트가 실행되어 버렸다!

사용자가 입력한 스크립트가 웹 페이지에서 실행되어 버린 것이다. 이 예라면 사용자가 입력한 코드를 그냥 실행했을 뿐이다. 그러나 외부 서비스에서 취득한 콘텐츠에 부정한 문자열이 들어 있으면 어떨까? 이것은 불특정 사용자의 브라우저에서 웹 페이지의 제공자가 의도하지 않은 코드를 마음대로 실행하게 될 가능성이 있다. 이것은 아주 큰 문제다!

이러한 취약점을 크로스 사이트 스크립팅(XSS) 취약점이라고 부른다.

XSS 취약점을 방지하는 첫 번째 방법은 사용자의 입력값 등 외부 입력값을 innerHTML 프로퍼티로 출력하지 않는 것이다. 이 예라면 볼드체 부분을 'textContent'로 전환해서 문제를 해결할 수 있다. HTML 문자열을 포함하지 않는다면 우선 이것으로 충분하다.

그러나 '입력값을 바탕으로 HTML 문자열을 조립하여 페이지에 반영시키고 싶은' 경우에는 textContent 속성은 사용할 수가 없다. 이 경우 createElement/createTextNode 메소드를 이용해야 한다. 이를 통해 안전하게 HTML 문자열을 조작할 수 있다. createXxxxx 방법에 대해서는 6.5절에서 설명하겠다.

6.4 | 폼 요소에 액세스하기

클라이언트 측 JavaScript에서 폼(Form)은 사용자의 입력을 받는 대표적인 수단이다. JavaScript의 화제에서는 약간 벗어나지만 우선 웹 페이지에서 사용할 수 있는 주요 폼 요소(입력 요소)를 정리해두자.

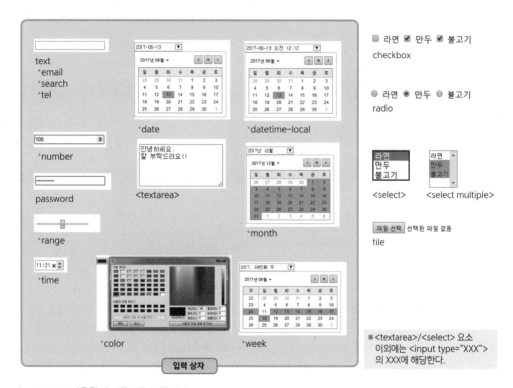

● HTML로 이용할 수 있는 주요 폼 요소

'*'로 표시된 요소는 HTML5에서 추가된 것이다. 브라우저에 따라 대응이 안 된 것도 있지만, 그런 경우에도 표준 텍스트 상자가 표시되기 때문에 특별히 문제가 있는 것은 아니다. 가능한 한 목적에 따라 폼 요소를 이용하도록 하자.

여기서는 이러한 폼 요소로부터 값을 취득하는 방법에 대해 설명하겠다.

6.4.1 입력 상자/선택 상자의 값 취득하기

입력 상자/선택 상자의 값을 취득하는 것은 아주 간단하다. value 프로퍼티에 액세스하기만 하면 된다. 다음은 버튼 클릭 시에 폼 값을 로그에 열거하는 예다.

리스트 6-18 **text_select.html(상)/text_select.js(하)**

```html
<form>
  <label for="name">이름:</label>
  <input id="name" name="name" type="text" size="30" />
  <input id="btn" type="button" value="송신" />
</form>
<div id="result"></div>
```

```js
document.addEventListener('DOMContentLoaded', function() {
  document.getElementById('btn').addEventListener('click', function() {
    var name = document.getElementById('name');
    console.log(name.value);
  }, false);
}, false);
```

여기에서는 입력 상자의 예로 간단한 <input type = "text">의 예를 들고 있는데, 앞의 그림에서 '입력 상자'로 분류하고 있는 요소와 <select> 요소(단일 선택)는 모두 같은 방법으로 얻을 수 있다.

또한 이러한 요소는 값을 설정하는 경우에도 다음과 같이 value 프로퍼티에 값을 대입하기만 하면 된다.

```js
name.value = '정시온';
```

6.4.2 체크 상자의 값 취득하기

체크 상자/라디오 버튼에 대한 액세스는 입력 상자/선택 상자와는 달리 다소 복잡하다.

우선 구체적인 예제부터 살펴보자. 다음은 화면상에서 선택한 체크 박스의 값을 Submit하는 타이밍에 다이얼로그 표시하고 있다.

리스트 6-19 **check.html(상)/check.js(하)**

```html
<form>
  <div>
    좋아하는 음식은?
    <label><input type="checkbox" name="food" value="라면" />
```

```
      라면</label>
    <label><input type="checkbox" name="food" value="만두" />
      만두</label>
    <label><input type="checkbox" name="food" value="불고기" />
      불고기</label>
    <input id="btn" type="button" value="송신" />
  </div>
</form>
```

```
document.addEventListener('DOMContentLoaded', function() {              JS
  // 버튼 클릭 시에 체크 항목의 값을 다이얼로그 표시
  document.getElementById('btn').addEventListener('click', function() {
    // 선택값을 보관하기 위한 배열
    var result = [];
    var foods = document.getElementsByName('food');

    // 체크 박스를 검색하여 체크 상태에 있는지 확인
    for(var i = 0, len = foods.length; i < len; i++) {  ←┐
      var food = foods.item(i);                          │
      // 체크되어 있는 항목의 값을 배열에 추가             │
      if (food.checked) {  ←┐                          ─┤─ ❶
        result.push(food.value);  ─ ❷                    │
      }  ←─────────────────┘                             │
    }  ←───────────────────────────────────────────────┘
    // 배열의 내용을 다이얼로그에 출력
    window.alert(result.toString());
  }, false);
}, false);
```

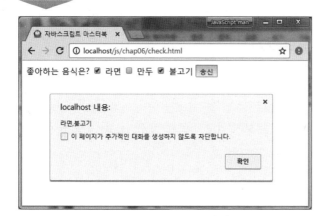

● 체크된 항목의 값을 다이얼로그 표시

체크 상자처럼 'id 속성은 다르지만, name 속성은 공통인' 요소들을 취득하려면 getElementsBy Name 메소드를 이용하는 것이 편리하다. 이 경우 getElementsByName 메소드는 체크 상자의 리스트를 NodeList 객체로 반환하기 때문에 예제처럼 for 블록에서 개별 요소를 순서대로 꺼낸 다(❶).

라디오 버튼이 체크되어 있는지의 여부를 나타내는 것은 checked 프로퍼티다(❷). value 프로퍼티도 사용할 수 있지만, 라디오 버튼/체크 상자에서는 value 프로퍼티는 선택 유무에 관계없이 value 프로퍼티에 지정된 값을 반환한다.

즉 value 프로퍼티를 참조해도 라디오 버튼/체크 상자의 선택 상태는 확인할 수 없다.

❷에서는 checked 프로퍼티가 true인(=체크가 되어 있는) 경우에 그 value 속성을 배열 result에 추가하고 있다. 이로써 체크되어 있는 체크 상자의 값만 얻을 수 있게 된다.

NOTE 단일 체크 상자를 조작하려면

체크 상자는 단일 선택으로 온/오프를 나타내는 용도로도 이용된다. 이런 경우에 체크 박스에 액세스하려면 다음과 같이 하자.

리스트 check_onoff.js

```
var onoff = document.getElementById('onoff')
// 체크 상자의 onoff 상태에 따라 로그를 출력한다

if(onoff.checked) {
  console.log(onoff.value);
} else {
  console.log('체크되지 않았어요');
}
```

6.4.3 라디오 버튼의 값 취득하기

라디오 버튼에 대해서도 마찬가지로 선택값을 취득하는 코드를 살펴보자. 거의 체크 상자와 동일한 흐름이므로 더욱 범용성을 갖도록 라디오 버튼 액세스를 위한 코드를 getRadioValue 함수로 외부화하고 있다. 여력이 있는 독자는 코드를 보지 말고 스스로 바꾸어 보는 것도 좋은 공부가 될 것이다.

리스트 6-20 radio.html(상)/radio.js(하)

```html
<form>
  <div>
    좋아하는 음식은?:
    <label><input type="radio" name="food" value="라면" />
      라면</label>
    <label><input type="radio" name="food" value="만두" />
      만두</label>
    <label><input type="radio" name="food" value="불고기" />
```

```
    불고기</label>
    <input id="btn" type="button" value="송신" />
  </div>
</form>
```

```
document.addEventListener('DOMContentLoaded', function() {
  // 지정된 라디오 버튼(name)의 값을 취득
  var getRadioValue = function(name) {
    var result = '';
    var elems = document.getElementsByName(name);

    // 라디오 버튼을 검색하여 체크 상태에 있는지 확인
    for(var i = 0, len = elems.length; i < len; i++) {
      var elem = elems.item(i);
      // 체크되어 있는 항목의 값을 배열에 추가
      if (elem.checked) {
        result = elem.value;
        break;
      }
    }
    return result;
  };

  // 버튼 클릭 시에 선택 항목의 값을 다이얼로그 표시
  document.getElementById('btn').addEventListener('click', function() {
    window.alert(getRadioValue('food'));
  }, false);
}, false);
```

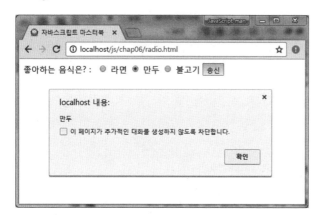

● 선택된 항목을 다이얼로그 표시

선택값을 취득하는 로직이 getRadioValue 함수로 외부화된 것 외에는 리스트 6-19와 거의 같은 요령으로 기술되어 있는 것을 알 수 있다.

다만 한 가지, 볼드체 부분에 주목하기 바란다. 라디오 버튼은 단일 선택이므로 체크 상태에 있는 것이 발견된 타이밍에 바로 루프를 빠져 나오고 있다. 이 처리가 없어도 결과는 같으나 쓸데 없는 루프를 반복할 필요는 없기 때문에 이와 같이 기술하는 것을 추천한다.

▌ 6.4.4 라디오 버튼/체크 상자의 값 설정하기

라디오 버튼/체크 상자의 값을 설정하는 경우에도 'NodeList 객체를 취득 → for 루프에서 개별 요소에 액세스'라는 흐름은 취득의 경우와 동일하다. 개별 요소를 추출하면 나머지는 설정하고자 하는 값과 동일한 value값을 가진 라디오 버튼/체크 상자를 찾아서 일치하는 요소의 checked 프로퍼티를 true로 설정한다.

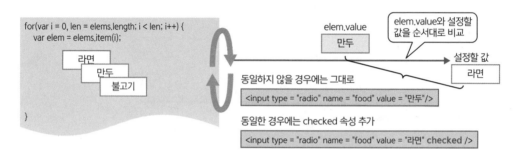

● 라디오 버튼/체크 상자의 값을 설정

■ 라디오 버튼의 설정

구체적인 코드를 살펴보자. 우선 라디오 버튼의 예부터 살펴보자.

리스트 6-21 **radio_set.html(상)/radio_set.js(하)**

```html
<form>
  <div>
    좋아하는 음식은?:
    <label><input type="radio" name="food" value="라면" />
      라면</label>
    <label><input type="radio" name="food" value="만두" />
      만두</label>
    <label><input type="radio" name="food" value="불고기" />
      불고기</label>
    <input id="btn" type="button" value="송신" />
  </div>
</form>
```

```
document.addEventListener('DOMContentLoaded', function() {
  // 지정된 라디오 버튼(name)의 값을 설정
  var setRadioValue = function(name, value) {
    var elems = document.getElementsByName(name);

    // 라디오 버튼을 검색하여 값이 동등한 것을 검출
    for(var i = 0, len = elems.length; i < len; i++) {
      var elem = elems.item(i);
      // 인수 value와 동등한 값을 갖는 항목을 선택 상태로
      if (elem.value === value) {
        elem.checked = true;
        break;  ←── ❶
      }
    }
  };

  // 라디오 버튼 food의 초기값을 '만두'에
  setRadioValue('food', '만두');
}, false);
```

● 라디오 버튼 food의 초기값을 설정

동일 이름(=동일 그룹에 속하는)의 라디오 버튼에서는 그중 하나를 체크 상태로 하면 다른 버튼의 체크는 해제된다. 따라서 이 코드에서도 일치된 요소가 발견된 곳에서 for 루프를 탈출하고 있다(❶).

■ 체크 상자의 설정

동일하게 체크 상자에 대해서도 예제로 살펴보자.

리스트 6-22 check_set.html(상)/check_set.js(하)

```html
<form>
  <div>
    좋아하는 음식은?:
    <label><input type="checkbox" name="food" value="라면" />
      라면</label>
    <label><input type="checkbox" name="food" value="만두" />
      만두</label>
```

```html
      <label><input type="checkbox" name="food" value="불고기" />
      불고기</label>
      <input id="btn" type="button" value="송신" />
    </div>
</form>
```

```javascript
document.addEventListener('DOMContentLoaded', function() {
  // 지정된 체크 상자(배열name)의 값을 설정
  var setCheckValue = function(name, value) {
    var elems = document.getElementsByName(name);

    // 체크 상자를 탐색하여 해당하는 값을 갖는 것을 검출
    for(var i = 0, len = elems.length; i < len; i++) {
      var elem = elems.item(i);
      // 배열 value에 value 속성과 동등한 값이 포함되는 경우는 선택 상태로
      if (value.indexOf(elem.value) > -1) {   ❶
        elem.checked = true;
      }
    }
  };

  // 체크 상자 food 초기값을 '만두', '불고기'로
  setCheckValue('food', ['만두', '불고기']);
}, false);
```

● 체크 상자 food의 초기값을 설정

체크 상자의 값을 설정하는 setCheckValue 함수에서는 인수 value에 배열을 전달한다. 왜냐하면 체크 상자는 여러 값을 설정할 수 있어야 하기 때문이다.

따라서 ❶에서도 Array.indexOf 메소드로 배열 value 요소의 value 속성과 동일한 것이 있는지 확인하고 있다. indexOf 메소드는 배열에 지정된 요소가 존재하지 않는 경우에 –1을 반환하기 때문에 여기에서는 –1보다 큰지의 여부를 판정함으로써 존재하는지 확인한다.

일치하는 요소의 checked 프로퍼티는 true로 한다. 라디오 버튼과 달리 하나가 일치한 후에도 루프를 끝내지 않고 탐색을 계속한다.

6.4.5 복수 선택할 수 있는 리스트 상자의 값 취득하기

복수 선택할 수 있는 리스트 상자를 조작하는 방법은 체크 상자를 조작하는 방법과 매우 비슷하다. 선택 상자(단일 선택)와는 달리, <select> 요소의 value 프로퍼티를 참조해도 선택된 값의 첫 번째에 있는 한 개만 가져올 수 있으므로 주의하길 바란다.

리스트 6-23 list.html(상)/list.js(하)

```html
<form>
  <div>
    <label for="food">좋아하는 음식은?:</label>
    <select id="food" multiple>
      <option value="라면">라면</option>
      <option value="만두">만두</option>
      <option value="불고기">불고기</option>
    </select>
    <input id="btn" type="button" value="송신" />
  </div>
</form>
```

```js
document.addEventListener('DOMContentLoaded', function() {
  // 지정된 리스트 상자(name)의 값을 취득
  var getSelectValue = function(name) {
    // 선택값을 보관하기 위한 배열
    var result = [];
    var opts = document.getElementById(name).options;    ← ❶

    // <option> 요소를 탐색하여 체크 상태에 있는지 확인
    for(var i = 0, len = opts.length; i < len; i++) {     ←
      var opt = opts.item(i);
      // 선택되어 있는 항목의 값을 배열로 추가           ── ❷
      if (opt.selected) {
        result.push(opt.value);
      }
    }    ←
    return result;
  };

  // 버튼 클릭 시 선택 항목의 값을 다이얼로그 표시
  document.getElementById('btn').addEventListener('click', function() {
    window.alert(getSelectValue('food'));
  }, false);
}, false);
```

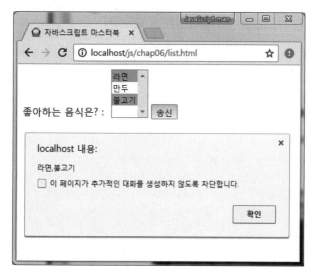

● 선택된 옵션 열거

리스트 상자의 선택값을 판정하려면 먼저 <select> 요소 아래의 <option> 요소들을 취득한다.
여기에는 취득한 Element 객체(<select> 요소)에서 options 프로퍼티에 액세스할 뿐이다(❶).

options 프로퍼티는 반환값으로 <option> 요소들(HTMLOptionsCollection 객체)을 반환한다. 따
라서 ❷에서도 for 루프에서 순서대로 <option> 요소를 꺼내 선택 상태를 확인하고 있다. 단,
<option> 요소가 선택되어 있는지의 여부를 확인하려면 (checked 프로퍼티가 아닌) selected 프로
퍼티를 확인한다.

■ 리스트 상자의 설정

리스트 상자의 값을 설정하는 예에 대해서도 설명하겠다. 지금까지의 내용에 대한 복습이므로,
제대로 이해했는지 확인하기 위해 주석을 단서로 코드의 흐름을 본인이 직접 읽어서 이해하도록
하자.

리스트 6-24 list_set.html(상)/list_set.js(하)

```html
<form>
  <div>
    <label for="food">좋아하는 음식은?:</label>
    <select id="food" multiple>
      <option value="라면">라면</option>
      <option value="만두">만두</option>
      <option value="불고기">불고기</option>
    </select>
    <input id="btn" type="button" value="송신" />
```

```js
    </div>
</form>
```

```js
document.addEventListener('DOMContentLoaded', function() {
  // 지정된 리스트 상자(배열name)의 값을 설정
  var setListValue = function(name, value) {
    var opts = document.getElementById(name);

    // <option> 요소를 검색하여 값이 동등한 것을 검출
    for(var i = 0, len = opts.length; i < len; i++) {
      var opt = opts.item(i);
      // 배열 value에 value 속성과 동등한 값이 포함된 경우에는 선택 상태로
      if (value.indexOf(opt.value) > -1) {
        opt.selected = true;
      }
    }
  };

  // 리스트 상자 food의 초기값을 '만두', '불고기'로
  setListValue('food', ['만두', '불고기']);
}, false);
```

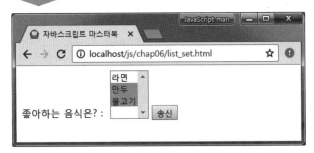

● 리스트 상자 food의 초기값을 설정

6.4.6 업로드된 파일의 정보 취득하기 IE9

파일 선택 상자로부터 지정된 파일의 정보를 취득해보자. 이것에는 files 프로퍼티를 이용한다.

리스트 6-25 file_info.html(상) / file_info.js(하)

```html
<form>
  <label for="file">파일:</label>
  <input id="file" name="file" type="file" multiple />
</form>
```

```js
window.addEventListener('DOMContentLoaded', function() {
  document.getElementById("file").addEventListener('change', function(e) {
```

```
    var inputs = document.getElementById("file").files;
    for (var i = 0, len = inputs.length; i < len; i++) {
      var input = inputs[i];
      console.log('파일명:' + input.name);
      console.log('종류:' + input.type);
      console.log('사이즈:' + input.size / 1024 + 'KB');
      console.log('최종갱신일:' + input.lastModifiedDate);
    }
  }, true);
});
```

```
파일명:iphone-ipod개발의 시작_26-28.pdf
종류:application/pdf
사이즈:2182.8076171875KB
최종 갱신일:Sun Mar 13 2011 05:19:33 GMT+0900 (대한민국 표준시)
```
※ 결과는 업로드한 파일에 따라 틀립니다.

files 프로퍼티는 반환값으로 업로드된 파일들(FileList 객체)을 반환한다. 따라서 ❶처럼 for 루프로 순서대로 파일(File 객체)을 추출하고 있다.

단, 여러 파일을 선택하려면 '<input type = "file"> 요소에서 multiple 속성을 부여해야 한다'는 점에 주목해야 한다. 또한 multiple 속성을 부여하지 않은 경우에도 files 속성의 반환값은 FileList 객체다.

File 객체를 취득하였다면 나머지는 간단하다. 참조하고 싶은 정보에 액세스만 하면 된다(❷). 다음은 File 객체에서 사용할 수 있는 주요 프로퍼티를 정리한 것이다.

● **File 객체의 주요 프로퍼티**

프로퍼티	개요
name	파일명
type	콘텐츠 타입
size	사이즈(바이트 단위)
lastModifiedDate	최종 갱신일

■ 텍스트 파일의 내용 취득하기

FileReader 객체를 이용하여 취득한 File 객체의 내용을 가져올 수 있다. 우선 파일의 내용이 텍스트라고 전제하고 내용을 읽어 들여 그 결과를 페이지에 반영해보자.

리스트 6-26 file_reader.html(상)/file_reader.js(하)

```html
<form>
  <label for="file">파일:</label>
  <input id="file" type="file" />
</form>
<hr/>
<pre id="result"></pre>
```
`HTML`

```js
window.addEventListener('DOMContentLoaded', function() {
  document.getElementById("file").addEventListener('change', function(e) {
    // 선택한 파일 취득(단일 선택이므로 0으로 했음)
    var input = document.getElementById("file").files[0];
    var reader = new FileReader();
    reader.addEventListener('load', function() {
      document.getElementById("result").textContent = reader.result;
    }, true);
    reader.addEventListener('error', function() {  ←
      console.log(reader.error.message);
    }, true);  ←                                        ❶
    reader.readAsText(input, 'UTF-8');  ← ❷
    // reader.abort();
  }, true);
});
```
`JS`

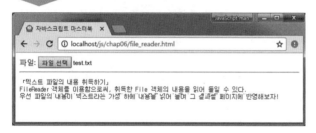

● 선택된 텍스트 파일의 내용 표시

FileReader 객체를 사용하려면 먼저 load 이벤트 리스너를 정의한다(❶). load 이벤트 리스너는 파일 읽기를 성공한 시간에 실행된다. load 이벤트 리스너 안에서는 FileReader.result 프로퍼티를 이용하여 읽어 들인 텍스트에 액세스할 수 있다. 여기에서는 result 프로퍼티의 반환값을 그대로 <pre id = "result"> 요소에 반영하고 있다.

참고로 ❶에서는 이벤트 리스너를 정의하고 있을 뿐, 아직 파일 로딩이 실시되지 않았다. 마지막으로, readAsText 메소드로 파일을 읽어보자(❷).

```
reader.readAsText (file [, charset])
      reader : FileReader 객체                    file : 읽어 들일 파일 (File 객체)
      charset : 문자 코드(기본값은 UTF-8)
```

인수 charset의 기본값은 UTF-8이므로 예제라면 생략해도 상관없다.

■ 파일 읽어 들이기에 실패한 경우

FileReader 객체는 error 이벤트 리스너를 등록해둠으로써, 파일 로드에 실패하면 오류 메시지의 표시 등 오류 처리를 구현할 수 있다.

다음은 앞 예제에 오류 처리를 추가한 예다(볼드체가 추가 기술한 부분).

리스트 6-27 **file_reader.js**

```
// 파일 로딩 시 에러가 발생한 경우, 그 결과를 로그 표시
reader.addEventListener('error', function() {  ←
  console.log(reader.error.message);                        ❶
}, true);  ←
reader.readAsText(input, 'UTF-8');
// 에러를 발생시키기 위해, 로딩 직후에 처리를 중지
reader.abort();  ←  ❷
```

error 이벤트 리스너의 안에서는 FileReader 객체의 error.message 프로퍼티에 액세스함으로써 오류의 원인을 취득할 수 있다(❶). 이 예에서는 abort 메소드로 일부러 로드를 중단시키고 있기 때문에(❷) 오류로서 'An ongoing operation was aborted, typically with a call to abort()'(진행 중인 작업이 abort 메소드의 호출에 의해 중단되었다)라고 출력되는 것을 확인할 수 있다.

■ 바이너리 파일의 내용 취득하기

거의 같은 방식으로 바이너리 파일의 내용을 읽어 들일 수도 있다.

예를 들어 다음은 지정된 이미지 파일을 읽어 들여 그 내용을 페이지에 반영하는 예다.

리스트 6-28 **file_image.html(상)/file_image.js(하)**

```
<form>
  <label for="file">파일:</label>
  <input id="file" name="file" type="file" />
</form>
<hr />
```
`HTML`

```html
<img id="result" />
```

```js
window.addEventListener('DOMContentLoaded', function() {
  document.getElementById("file").addEventListener('change', function(e) {
    var input = document.getElementById("file").files[0];
    var reader = new FileReader();
    reader.addEventListener('load', function(e) {
      document.getElementById("result").src = reader.result;
    }, true);
    reader.readAsDataURL(input);
  }, true);
});
```

● 지정된 파일을 페이지 하부에 반영

바이너리 파일을 읽어 들이려면 readAsText 메소드 대신에 readAsDataURL 메소드를 이용한다
(❶). 이것에 의해 바이너리 파일을 Data URL이라는 형식으로 취득할 수 있다. Data URL 형식이
란 URL에 직접 이미지/음성 등의 데이터를 포함하는 표현으로, 일반적으로는 다음과 같이 나타
낼 수 있다.

● Data URL 형식이란

Data URL 형식의 데이터는 <img> 요소의 src 속성이나 <a> 요소의 href 속성에 그대로 삽입할
수 있기 때문에 데이터를 일일이 파일로 보관할 필요가 없다.

```html
<img id="result" src="data:image/gif;base64,R0lGODlhWAAfAOYAAP/MM5kzAP...">
```

❷에서도 읽어 들인 이미지 파일(reader.result)을 그대로 src 속성에 삽입함으로써 파일의 내용을 표시하고 있다.

여기에서는 이미지 파일을 표시하고 있을 뿐이지만, 당연히 Ajax(7.4절) 등의 기술을 이용하여 취득한 데이터를 데이터베이스에 저장할 수도 있다.

NOTE **폼에서 자주 이용하는 메소드**

폼에는 지금까지 소개한 것 이외에도 다양한 메소드/프로퍼티가 준비되어 있다. 이 책에서 이들을 모두 소개할 수는 없으므로 아래에 주요한 것들을 정리해두겠다. 기능을 대략적으로 파악해두길 바란다.

● 폼 요소에서 이용할 수 있는 주요 멤버

요소	멤버	개요
폼	submit()	폼의 내용을 submit
	reset()	폼의 내용을 리셋
폼의 요소	focus()	요소에 포커스를 이동
	blur()	요소에서 포커스가 벗어난다
	select()	텍스트를 선택 상태로
	disabled	폼의 입력/선택을 금지한다
	form	요소가 속한 폼을 취득
	validity	요소의 검증 결과를 취득

NOTE **폼 조작의 주의점**

폼 관련의 정보 조작에는 원칙적으로 getAttribute/setAttribute 메소드를 사용해서는 안 된다. 6.3.1절에서는 편의상 속성과 프로퍼티를 동일한 것처럼 설명했지만, 엄밀하게는 둘이 서로 다른 것이기 때문이다. 예를 들어 다음은 텍스트 상자의 현재 값을 취득하는 것을 목적으로 한 코드인데, 의도한 대로 작동하지 않는다.

```
<input id="txt" type="text" value="hoge" />
...중간 생략...
txt.value = 'foo';
console.log(txt.value); // 결과:foo
console.log(txt.getAttribute('value')); // 결과:hoge
```

value 프로퍼티는 현재 값을 나타내지만, value 속성은 어디까지나 초깃값을 반환하기 때문이다. 동일한 이유로 사용자의 입력을 getAttribute 메소드로 받을 수 없다.

6.5 | 노드를 추가/치환/삭제하기

이 장의 서두에서도 언급했듯이, DOM의 역할은 기존의 노드를 참조하는 것만이 아니다. 문서 트리에 대해 새 노드를 추가하거나 기존의 노드를 대체 또는 삭제할 수 있다.

6.5.1 innerHTML 프로퍼티와 어떻게 구분하여 사용할 것인가?

HTML의 편집에는 앞서 기술한 innerHTML 프로퍼티를 이용할 수도 있다. 그러나 innerHTML 프로퍼티는 콘텐츠를 문자열로 조작해야 할 필요가 있기 때문에 다음과 같은 문제가 있다.

- 콘텐츠가 복잡한 경우에 코드의 가독성이 떨어진다.
- 사용자로부터의 입력값을 토대로 콘텐츠를 작성할 경우, 임의의 스크립트가 실행될 가능성이 있다 (6.3.3절).

이에 반해, 이번 절에서 소개하는 방법은 이러한 문제를 해소할 수 있다.

- 객체 트리로서 조작이 가능하기 때문에 대상 콘텐츠가 복잡하게 되어도 코드의 가독성이 떨어지지 않는다.
- 요소/속성과 텍스트를 구별해서 취급하므로 사용자의 입력에 의한 스크립트 삽입이라는 위험을 회피 하기 쉽다.

반면 약간의 콘텐츠를 삽입해도 객체에 의한 조작이 필요하게 되므로 코드가 중복되기 쉽다. 따라서 기본적으로는 다음과 같이 구분하면 좋을 것이다.

- 심플한 콘텐츠의 편집 ➡ innerHTML 프로퍼티
- 복잡한 콘텐츠의 편집 ➡ 이번 절의 접근법

6.5.2 신규 노드 작성하기

우선, 구체적인 예제부터 살펴보자. 다음은 폼에 입력한 내용을 기초로 웹 페이지의 하부에 대응하는 링크(앵커 태그)를 추가하는 예다.

리스트 6-29 append_child.html(상)/append_child.js(하)

```html
<form>
  <div>
    <label for="name">사이트명:</label><br />
    <input id="name" name="name" type="text" size="30" />
  </div>
  <div>
    <label for="url">URL:</label><br />
    <input id="url" name="url" type="url" size="50" />
  </div>
  <div>
    <input id="btn" type="button" value="추가" />
  </div>
</form>
<div id="list"></div>
```

```js
document.addEventListener('DOMContentLoaded', function() {
  document.getElementById('btn').addEventListener('click', function() {
    // 텍스트 상자를 취득
    var name = document.getElementById('name');
    var url = document.getElementById('url');

    // <a> 요소를 생성
    var anchor = document.createElement('a');  ←
    // <a> 요소의 href 속성을 설정
    anchor.href= url.value;  ← ❸
    // 텍스트 노드를 생성해, <a> 요소 밑에 추가
    var text = document.createTextNode(name.value);
    anchor.appendChild(text);  ← ❷
    // <br> 요소를 생성
    var br = document.createElement('br');  ←
    // <div id="list">를 취득
    var list = document.getElementById('list');
    // <div> 요소의 밑에 <a>/<br> 요소의 순서로 추가
    list.appendChild(anchor);  ←
    list.appendChild(br);  ←  ❷
  }, false);
}, false);
```

● 폼에 입력된 내용에 따라 페이지 밑에 링크 추가

코드의 대략적인 흐름에 대해서는 리스트 안의 주석을 참조하길 바란다. 여기에서는 세 가지 포인트로 구분하여 노드 추가의 흐름을 살펴보도록 하자.

❶ 요소/텍스트 노드 작성하기

콘텐츠를 추가하려면 우선 createElement/createTextNode 메소드를 이용하여 새롭게 삽입할 요소/텍스트 노드를 생성한다.

구문 createElement/createTextNode 메소드

```
document.createElement(name)
document.createTextNode(text)
        name : 요소 이름              text : 텍스트
```

createXxxxx 메소드에는 이외에도 생성할 노드에 따라 다음과 같은 메소드가 있다.

● 주요 createXxxxxx 메소드

메소드	생성하는 노드
createElement(요소명)	요소 노드
createAttribute(속성명)	속성 노드
createTextNode(텍스트)	텍스트 노드
createCDATASection(텍스트)	CDATA 섹션
createComment(텍스트)	주석 노드
createEntityReference(실체명)	실체 참조 노드
createProcessingInstruction(타깃명, 데이터)	처리 명령 노드
createDocumentFragment()	문서의 단편

createXxxxx 메소드에서 노드를 생성하는 시점에는 아직 서로의 계층 관계를 의식할 필요가 없다. 생성된 개개의 노드는 퍼즐 조각처럼 어디에도 관련 지을 수 없어 모두 뿔뿔이 흩어져 있는 상태다.

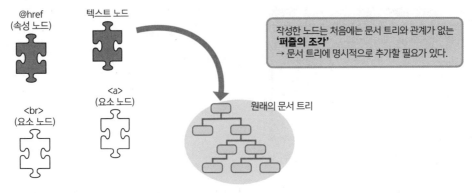

작성한 노드는 처음에는 문서 트리와 관계가 없는
'퍼즐의 조각'
→ 문서 트리에 명시적으로 추가할 필요가 있다.

● 작성한지 얼마 안 된 노드는 퍼즐의 조각

❷ 노드끼리 조립하기

그 다음으로, 이 뿔뿔이 흩어진 노드군을 조립해 문서에 추가하는 작업이 필요하다. append
Child 메소드는 이러한 작업을 실시하는 역할을 한다. appendChild 메소드는 추가된 순서대로
'제일 마지막 자식 요소로서' 지정된 요소를 추가한다.

구문 appendChild 메소드

```
elem.appendChild (node)
      elem : 요소 객체          node : 추가할 노드
```

여기에서는 우선 텍스트 노드 name을 요소 노드 anchor에 추가한 다음, 이 요소 노드 anchor
와 br을 문서 트리 내의 요소 노드 list 아래에 추가하고 있다.

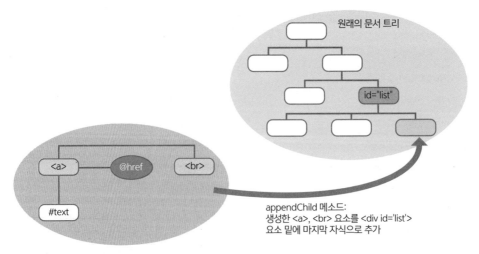

appendChild 메소드:
생성한 \<a>, \
 요소를 \<div id='list'>
요소 밑에 마지막 자식으로 추가

● **appendChild 메소드로 트리 조립하기**

참고로, appendChild 메소드는 insertBefore 메소드로 대체할 수도 있다. 예를 들어 아래의 두 문장은 같은 의미다.

```
list.appendChild(anchor);
list.insertBefore(anchor, null);
```

insertBefore 메소드에서는 제1인수로 지정한 노드를, 제2인수로 지정한 자식 노드 앞에 삽입한다. appendChild 메소드처럼 맨 끝에 노드를 추가하고 싶은 경우에는 제2 인수를 null로 지정한다.

반대로, 맨 앞의 자식 노드로 추가하고 싶은 경우에는 다음과 같이 고쳐 쓸 수도 있다.

```
list.appendChild(anchor);
list.appendChild(br);
```

```
list.insertBefore(br, list.firstChild);
list.insertBefore(anchor, br);
```

❸ 속성 노드 추가하기

6.3.1절에서도 다루었듯이, 속성 노드를 설정하는 것은 속성과 동일한 이름의 프로퍼티를 설정하기만 하면 된다. 여기에서도 그 방법을 이용하고 있긴 하지만, createAttribute 메소드로 속성 노드를 생성할 수도 있다. 프로퍼티를 경유하는 경우에 비하면 코드는 중복되긴 하지만 속성명을 문자열로 지정할 수 있으므로 '스크립트로부터 동적으로 속성명을 변경할 수 있다'라는 장점이 있다. 더욱 범용적인 코드를 기술하는 경우에는 이용할 수도 있을 것이라고 생각하기 때문에 리스트 6-29의 아래의 부분을 createAttribute 메소드로 바꾸어 작성해보자.

```
anchor.href= url.value;
```

바꾸어 작성한 코드는 다음과 같다.

```
var href = document.createAttribute('href');
href.value = url.value;
anchor.setAttributeNode(href);
```

속성 노드의 값을 설정하려면 value 프로퍼티를 사용한다.

또, 속성 노드를 요소 노드에 연관시키려면 appendChild/insertBefore 메소드가 아니라 setAttributeNode 메소드를 사용한다는 점에 주의해야 한다. 속성 노드는 요소 노드의 '자식' 노드가 아니라, '속성'이라고 하는 취급상의 차이 때문이다.

■ 보충 설명: 텍스트 노드는 자동적으로 이스케이프된다

앞의 예제에서 '사이트명'란에 '<h1>테스트</h1>'과 같은 HTML 문자열을 입력해보면 어떻게 될까?

폰트 크기가 큰 문자열이 표시될까? 아니다. '<h1>테스트</h1>'라는 문자열이 그대로 표시된다.

● HTML 문자열도 그대로 표시된다

createTextNode 메소드에 의해 작성된 텍스트 노드는 (요소가 아닌) 일반 텍스트이므로 HTML 태그가 포함되어 있다 해도 그대로 텍스트로 취급된다.

이것이 6.3.3절에서 '입력 값을 바탕으로 HTML 문자열을 조립하는 경우에는 createElement/createTextNode 메소드를 이용해야 한다'고 말했던 이유다.

■ 주의: 복잡한 콘텐츠를 작성할 경우

예를 들어, 배열 books의 내용을 바탕으로 도서 리스트를 작성하는 예를 생각해보자.

리스트 6-30 append_complex.html(상)/append_complex.js(하)

```html
<ul id="list"></ul>
```

```js
document.addEventListener('DOMContentLoaded', function() {
  var books = [
    { title: '자습 PHP 제3판', price: 32000 },
    { title: 'Java포켓 레퍼런스', price: 26800 },
    { title: '앱을 만들자!Android입문', price: 20000 }
  ];

  var list = document.getElementById('list');

  // 배열 books의 내용을 순서대로 <li> 요소로 성형
  for(var i = 0, len = books.length; i < len; i++) {
    var b = books[i];
    var li = document.createElement('li');
    var text = document.createTextNode(b.title + ':'+ b.price + '원');
    li.appendChild(text);
    list.appendChild(li); ⟵ ❶
  }
}, false);
```

- 자습 PHP 제3판 : 32000원
- Java포켓 레퍼런스 : 26800원
- 앱을 만들자 ! Android입문 : 20000원

● 배열 books로부터 리스트를 성형

이 코드는 제대로 작동하지만 성능 면에서는 바람직하지 않다. 왜냐하면 ❶에서 문서 트리에 <li> 요소를 추가하는 타이밍에 콘텐츠를 다시 그려야 하기 때문이다. 다시 그리기는 꽤 오버헤드가 높은 처리이기 때문에 자주 발생하는 것은 바람직하지 않다.

이러한 상황에서는 일단 DocumentFragment 객체상에서 콘텐츠를 조립한 후에 함께 문서 트리에 추가해야 한다. DocumentFragment 객체란, 이름 그대로 '문서의 조각'이며 '조립한 노드를 일시적으로 보관하기 위한 그릇'이라고 생각하면 이해하기 쉬울 것이다.

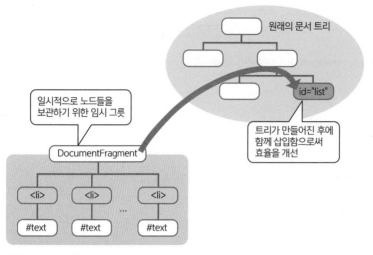

● DocumentFragment 객체란?

다음의 수정한 코드도 함께 살펴보자.

리스트 6-31 append_complex2.js

```javascript
document.addEventListener('DOMContentLoaded', function() {
  … 중간 생략….
  // 콘텐츠를 보관하기 위한 DocumentFragment 객체를 생성
  var frag = document.createDocumentFragment();

  // 배열 books의 내용을 순서대로 <li> 요소로 성형
  for(var i = 0, len = books.length; i < len; i++) {
    var b = books[i]
    var li = document.createElement('li');
    var text = document.createTextNode(b.title + ':'+ b.price + '원');
    li.appendChild(text);
    frag.appendChild(li);
  }

  // <li> 요소들을 정리해서 문서 트리에 추가
  document.getElementById('list').appendChild(frag);  ←── ❶
}, false);
```

이번에는 문서 트리 그 자체의 갱신이 ❶의 한 번뿐이므로 다시 그리기에 걸리는 오버헤드를 최소화할 수 있다.

6.5.3 기존 노드 치환/삭제하기

다음은 기존의 노드를 치환 또는 삭제하는 방법에 대해 알아보자. 다음은 도서명 리스트를 클릭하면 해당 서적의 표지 이미지를 표시하는 예제다. [삭제] 버튼을 클릭함으로써 표지 이미지를 표시하지 않을 수도 있다.

리스트 6-32 replace.html(상)/replace.js(하)

```html
<ul id="list">
  <li><a href="JavaScript:void(0)" data-isbn="978-4-7981-3547-2">
    개정3판 기초PHP</a></li>
  <li><a href="JavaScript:void(0)" data-isbn="978-4-7741-8030-4">
    Java포켓 레퍼런스</a></li>
  <li><a href="JavaScript:void(0)" data-isbn="978-4-7741-7984-1">
    Swift포켓 레퍼런스</a></li>
  <li><a href="JavaScript:void(0)" data-isbn="978-4-7981-4402-3">
    개정5판 ASP.NET입문</a></li>
  <li><a href="JavaScript:void(0)" data-isbn="978-4-8222-9644-5">
    앱을 만들자! Android입문</a></li>
</ul>
<input id="del" type="button" value="삭제" disabled />
<div id="pic"></div>
```

```javascript
document.addEventListener('DOMContentLoaded', function() {
  var list = document.getElementById('list');
  var pic = document.getElementById('pic');
  var del = document.getElementById('del');

  // <ul id="list">(링크)를 클릭했을 때의 처리
  list.addEventListener('click', function(e) {
    // data-isbn 속성으로부터 앵커 태그에 연결된 isbn값을 취득
    // (e.target은 6.7.2절 참조)
    var isbn = e.target.getAttribute('data-isbn');

    // isbn값이 취득된 경우에만 처리를 실행
    if (isbn) {
      // <img> 요소를 생성
      var img = document.createElement('img');
      img.src = 'http://www.wings.msn.to/books/' + isbn + '/' + isbn + '.jpg';
      img.alt = e.innerHTML;
      img.height = 150;
      img.width = 108;
      // <div> 요소 밑에 <img> 요소가 존재하는지(이미지를 표시하는 중인지)를 확인
      if(pic.getElementsByTagName('img').length > 0){
        // <img> 요소가 존재하는 경우, 새로운 <img> 요소로 치환
        pic.replaceChild(img, pic.lastChild); // ❶
      } else {
        // <img> 요소가 존재하지 않는 경우, 새롭게 추가해서 [삭제] 버튼을 유효로
        del.disabled = false;
```

```
      pic.appendChild(img);
    }
  }
}, false);

// [삭제] 버튼이 클릭되었을 때의 처리
del.addEventListener('click', function() {
  // <div id="pic"> 밑의 자식 요소를 삭제하고 [삭제] 버튼을 무효로 한다
  pic.removeChild(pic.lastChild); ←── ❷
  del.disabled = true;
}, false);
}, false);
```

● 링크 리스트를 클릭하면 해당하는 이미지를 표시

코드의 대략적인 흐름에 대해서는 코드 내의 주석을 참조하길 바라며, 여기에서는 노드의 치환/삭제를 실시하고 있는 부분만 주목해보자.

❶ 노드 치환하기

자식 노드를 치환하는 것은 replaceChild 메소드의 역할이다.

구문 replaceChild 메소드

```
elem.replaceChild (after, before)
      elem : 요소 객체      after : 치환 후의 노드      before : 치환 대상의 노드
```

```
pic.replaceChild(img, pic.firstChild);
```

리스트 6-32에서는 치환 후의 노드로 새롭게 작성한 <img> 요소를 지정한다. 그리고 치환 대상의 노드로서 <div id = "pic"> 아래의 <img> 요소를 지정하고 있다.

치환 대상의 노드는 현재 노드의 자식 노드여야 한다는 점에 주의하길 바란다. 자식 노드 이외의 것을 지정했을 경우에는 오류가 발생한다.

또한 본 예제에서는 firstChild 프로퍼티로 <div> 요소의 첫 번째 자식 노드를 취득하고 있는데, <div> 요소 밑에는 하나밖에 자식 노드가 없는 것을 알고 있기 때문에 lastChild 프로퍼티로도 결과는 동일하다.

❷ 노드 삭제하기

자식 노드를 삭제하는 것은 removeChild 메소드의 역할이다.

구문 removeChild 메소드

```
elem.removeChild (node)
     elem : 요소 객체          node : 삭제 대상의 노드
```

```
pic.removeChild(pic.lastChild);
```

리스트 6-32에서는 삭제 대상의 노드로 <div id = "pic"> 아래의 <img> 요소를 지정하고 있다.

replaceChild 메소드의 경우와 동일하게 삭제 대상의 노드는 현재 노드에 대해 자식 노드여야 한다는 점에 주의해야 한다.

본 예제에서는 자식 노드를 취득하기 위해 lastChild 프로퍼티를 사용하고 있는데, 앞과 동일한 이유로 firstChild 프로퍼티로 치환해도 결과는 동일하다.

> **NOTE 속성 노드를 삭제하려면 removeAttribute 메소드를 이용**
>
> 6.5.2에서도 말한 것처럼 속성은 요소의 '자식' 노드가 아니다. 따라서 속성을 삭제해야 하는 경우에는 removeChild 메소드가 아니라 전용의 removeAttribute 메소드를 이용할 필요가 있다. 서식은 다음과 같다.
>
> ```
> 요소 노드.removeAttribute(속성명);
> ```

■ 자유롭게 설정할 수 있는 data-xxxxx 속성이란?

data-xxxxx 속성은 앱 개발자가 목적에 따라 자유롭게 값을 설정할 수 있는 특별한 값이다(❸). 갑자기 '자유'라는 말이 나와서 당황스러울지도 모르겠지만, '주로 스크립트(이벤트 리스너)에서 사용하기 위한 파라미터를 삽입하기 위한 속성'이라고 이해해두면 좋을 것이다.

여기에서는 도서를 식별하는 isbn값을 나타내기 위해 data-isbn 속성을 앵커 태그마다 준비하고 있다. 이와 같이, 가변적인 정보(파라미터)와 기능(이벤트 리스너)을 분리해두면 나중에 코드를 재사용하기 쉬워진다는 장점이 있다.

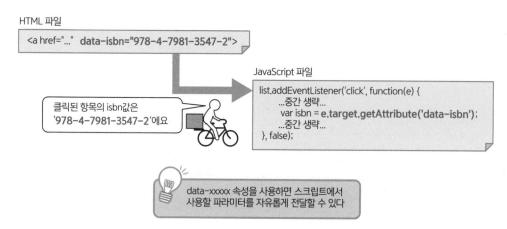

● data-xxxxx 속성으로 이벤트 리스너에 파라미터를 전달한다

'xxxxx'의 부분은 알파벳 소문자, 하이픈, 밑줄 등의 문자를 사용하여 자유롭게 명명할 수 있다. 사용자 정의 데이터 속성이라고도 한다.

NOTE **void 연산자**

리스트 6-32의 ❸에서 앵커 태그의 href 속성에 주목해보자. JavaScript 의사 프로토콜(2.1.2절)로 'void(0)'을 호출하는 것은 앵커 태그 본래의 동작(링크)을 억제하기 위해서다. void 연산자(2.4.6절)는 '아무것도 반환하지 않는' 것을 나타내는 연산자로, 이처럼 '링크 형식으로 텍스트를 표시하고 싶지만, 처리 자체는 스크립트에게 맡기고 싶은'(=링크로 작동시키고 싶지 않은) 경우에 자주 이용한다.

6.5.4 HTMLCollection/NodeList를 반복 처리할 때 주의점

getElementsByTagName/getElementsByName/getElementsByClassName 메소드는 반환값으로서
HTMLCollection 또는 NodeList 객체를 반환하였다. 그러나 이 HTMLCollection/NodeList 객
체는 '살아있는 (Live) 객체'라는 점에 주목해야 한다.

'살아있다'라는 의미는 '객체가 문서 트리를 참조하고 있어 문서 트리로의 변경이 있으면 HTML
Collection/NodeList 객체에도 실시간으로 반영된다'는 의미다.

예를 들어 다음의 코드를 살펴보자.

리스트 6-33 **live.html(상)/live.js(하)**

```html
<ul id="list">
  <li>개정3판 기초PHP</li>
  <li>Java포켓 레퍼런스</li>
  <li>Swift포켓 레퍼런스</li>
  <li>개정5판 ASP.NET입문</li>
  <li>앱을 만들자! Android입문</li>
</ul>
```

```js
document.addEventListener('DOMContentLoaded', function() {
  var li = document.getElementsByTagName('li');
  console.log('변경전:' + li.length);        // 결과: 변경전:5

  var ul = document.getElementById('list');
  ul.appendChild(document.createElement('li'));
  console.log('변경후:' + li.length);        // 결과: 변경후:6
}, false);
```

위 소스를 통해 appendChild 메소드로 <li> 요소를 추가했을 경우 HTMLCollection 객체 list의
내용이 '5 → 6'로 변화하고 있는 것을 확인할 수 있다. 이것이 HTMLCollection 객체가 살아있
는 객체라는 의미다.

HTMLCollection 객체의 이러한 성질은 언뜻 편리해 보일 수도 있지만 주의할 점도 있다. 예를
들어 다음은 <ul id = "first"> 요소에서 꺼낸 <li> 요소와 동일한 것을 <ul id = "second"> 요소
에 추가하는 예다.

리스트 6-34 **live_ng.html**

```html
<ul id="first">
  <li>개정3판 기초PHP</li>
  <li>Java포켓 레퍼런스</li>
  <li>Swift포켓 레퍼런스</li>
```

```
    <li>개정5판 ASP.NET입문</li>
    <li>앱을 만들자! Android입문</li>
  </ul>
  <ul id="second"></ul>
```

```js
document.addEventListener('DOMContentLoaded', function() {
  var second = document.getElementById('second');
  var li = document.getElementsByTagName('li');

  for(var i = 0; i < li.length; i++) { ←── ❷
    var item = li.item(i);
    var new_li = document.createElement('li');
    var new_text = document.createTextNode(item.textContent);
    new_li.appendChild(new_text);
    second.appendChild(new_li); ←── ❶
  }
}, false);
```

<ul id = "first"> 요소 아래의 <li> 요소를 <ul id = "second"> 요소에 복사하는 것을 기대한 코
드지만, 이 코드는 제대로 동작하지 않는다. HTMLCollection 객체는 살아 있는 객체이므로 1
에 의해 for 루프할 때마다 노드의 개수(li.length)도 변화하기 때문이다. 이에 따라 for 블록의 종
료 조건 'i < li.length'가 false 되는 일이 없어져 무한 루프가 된다.

이 문제는 ❷의 코드를 다음과 같이 바꿈으로써 피할 수 있다.

```
  for(var i = 0 ,len = li.length; i < len; i++) {
```

초기화 식에서 length 프로퍼티의 값을 변수 len에 보관함으로써, length 프로퍼티의 변화가 종
료 조건에 영향을 끼치지 않게 된다.

또한 2.5.6절에서 다룬 것처럼, 본래 length 프로퍼티로의 액세스는 꽤 오버헤드가 큰 처리다. 종
료 조건식에서 매번 평가하는 것보다도 초기화 식에서 한 번만 액세스하는 편이 성능의 관점에
서도 유효하므로 우선 이런 작성법을 기본으로 기억해두자.

> **N O T E** **querySelectorAll 메소드의 반환값**
>
> querySelectorAll 메소드도 취득한 노드들을 NodeList 객체로 반환한다. 그러나 이러한 NodeList 객체는
> '정적인 NodeList'라고 불리며, 문서 트리로의 변화가 객체에 영향을 미치지 않는다. 관련 노드 모두를 복
> 사해서 갖고 있기 때문이다.

6.6 | JavaScript로 스타일 시트 조작하기

예전에는 HTML만으로 문서의 구조부터 외형(스타일)까지 무엇이든 기술하는 경우가 있었다. 그러나 요즘에 HTML은 어디까지나 문서의 구조를 나타내는 역할에 역점을 두고 스타일의 설정은 스타일 시트에 맡기는 것이 일반적이다. 이로 인해, 문서의 전체적인 조망도 좋아지고 디자인의 변경이 필요한 경우에도 변경이 용이하게 되었다.

지금까지는 주로 문서 구조(HTML)를 조작하는 방법에 대하여 소개하였지만, DOM을 이용하면 스타일 시트를 조작할 수도 있다. DOM으로 스타일 시트를 조작하는 방법에는 다음과 같은 것들이 있다.

- 인라인 스타일로 액세스하기(style 프로퍼티)
- 외부의 스타일 시트를 적용하기(className 프로퍼티)

6.6.1 인라인 스타일로 액세스하기 — style 프로퍼티

JavaScript로 스타일을 조작하는 경우, 인라인 스타일로 액세스 하는 방법이 가장 간단하다. 인라인 스타일이란 개개의 노드에 대해 설정된 스타일이다. 예를 들어, 아래는 <div> 요소에 적용된 인라인 스타일의 예다.

```
<div style="color:Red">붉은 문자입니다. </div>
```

인라인 스타일로 액세스하려면 , style 프로퍼티를 사용한다.

구문 style 프로퍼티

```
elem.style.prop [= value]
      elem: 요소 객체    prop: 스타일 프로퍼티    value: 설정값
```

예를 들어 다음의 코드는 <div> 요소에 마우스 포인터를 올려 놓은 타이밍에는 배경색을 노란

색으로 전환하고, 벗어난 타이밍에는 원래의 백색으로 전환하기 위한 코드다.

리스트 6-35 style.html(상)/style.js(하)

```html
<div id="elem">마우스 포인터를 올리면 색이 변합니다.</div>
```
HTML

```js
document.addEventListener('DOMContentLoaded', function() {
  var elem = document.getElementById('elem');

  // 마우스 포인터가 올라간 타이밍에 배경색을 변경
  elem.addEventListener('mouseover', function() {
    this.style.backgroundColor = 'Yellow';
  }, false);

  // 마우스 포인터가 벗어난 타이밍에 배경색을 되돌림
  elem.addEventListener('mouseout', function() {
    this.style.backgroundColor = '';
  }, false);
}, false);
```
JS

● 마우스를 올려놓으면 배경색이 노란색으로 변함

5.1.5절에서도 다루었듯이, 이벤트 리스너의 아래에서 this는 이벤트의 발생원을 나타내고 있다. 이 예에서라면, mouseover/mouseout 이벤트가 발생한 <div id = "elem"> 요소를 나타낸다.

그러나 스타일 프로퍼티명의 지정에 대해서는 주의가 필요하다. 왜냐하면 스타일 프로퍼티의 이름에는 하이픈을 포함하는 것(예를 들어 background-color)이 있는데, 이러한 프로퍼티명은 JavaScript에서 '하이픈을 없앤 다음, 두 번째 단어 이후의 머리 글자는 대문자로 해야 한다'는 것을 꼭 알아둘 필요가 있기 때문이다. 예를 들어 다음과 같다.

· background-color ➡ backgroundColor
· border-top-style ➡ borderTopStyle

다만 float 프로퍼티(CSS)만은 예외로, styleFloat가 되는 점에 주의해야 한다.

아래는 JavaScript로 이용 가능한 주요 스타일 프로퍼티다.

● **자주 이용하는 스타일 프로퍼티**

분류	프로퍼티명	개요
테두리 선	border	테두리 선 전체(width, style, color의 순서로 설정)
	borderXxxxx	상하좌우의 한 변의 테두리 선(width, style, color의 순서로 설정※)
	borderColor	테두리 선 전체의 색(칼라명 | 칼라 코드)
	borderXxxxxColor	상하좌우의 한 변의 색(칼라명 | 칼라 코드※)
	borderStyle	테두리 선 전체의 스타일 (none | dotted | dashed | solid | double | groove | ridge | inset | outset※)
	borderXxxxxStyle	상하좌우의 한 변의 스타일 (none | dotted | dashed | solid | double | groove | ridge | inset | outset※)
	borderWidth	테두리 선 전체의 폭(medium | thin | thick | 단위가 붙은 값)
	borderXxxxxWidth	상하좌우의 한 변의 폭(medium | thin | thick | 단위가 붙은 값※)
배경	background	배경(color, image, repeat, attachment, position의 순서로 설정)
	backgroundAttachment	표시 방법(scroll | fixed)
	backgroundColor	배경색(칼라명 | 칼라 코드)
	backgroundImage	배경 이미지(url)
	backgroundPosition	표시 위치(X/Y 좌표. top | center | bottom | left | right | 단위가 붙은 값)
	backgroundRepeat	반복 표시(repeat | no-repeat | repeat-x | repeat-y)
텍스트 표시	direction	표시의 방향(ltr | rtl | inherit)
	clear	흐름 표시를 없앤다(none | left | right | both)
	styleFloat	흐름 표시 위치(none | left | right)
	lineHeight	행의 높이(normal | 값 | 단위값)
	textAlign	행 정렬(left | right | center | justify | inherit)
	textDecoration	장식(none | underline | overline | line-through)
	textIndent	인덴트(단위값)
	verticalAlign	수직 위치(auto | baseline | top | bottom | middle | super | sub | text-top | text-bottom)
폰트	font	폰트 전반(fontStyle, fontVariant, fontWeight, fontSize, lineHeight, fontFamily의 순서로 설정)
	fontFamily	서체(서체명 | 서체 패밀리명)
	fontSize	사이즈(단위값)
	fontStyle	스타일(normal | italic | oblique)
	fontWeight	굵기(normal | bold | bolder | lighter | 100~900의 값)
	color	문자색(컬러명 | 컬러 코드)

분류	프로퍼티명	개요
표시와 배치	position	배치 방식(absolute | fixed | relative | static)
	top/left/right/bottom	상/좌/우/하 위치. position로 지정된 상/왼쪽/우하변을 부모 요소로부터 얼마나 떼어 놓을까(auto | 단위값)
	clip	표시 범위(auto | 값 | 단위값)
	display	표시 형식 (none | block | inline | list-item | inline-table | table-row | table-row-group | table-header-group | marker | run-in | compact | table | table-column | table-column-group | table-caption | table-cell)
	height	박스의 높이(auto | 값 | 단위값)
	width	박스의 가로폭(auto | 값 | 단위값)
	zIndex	position으로 지정된 요소의 겹쳐진 순서. 깊이(auto | 값)
	overflow	초과한 부분의 표시(auto | visible | hidden | scroll)
	visibility	표시 상태(visible | hidden | inherit)
리스트	listStyle	리스트 전반(type, position, image의 순서로 설정)
	listStyleImage	줄머리의 마크 화상(none | url)
	listStylePosition	줄머리 마크의 위치(outside | inside)
	listStyleType	줄머리 마크의 스타일 (none | disc | circle | square | decimal | decimal-leading-zero | lower-roman | upper-roman | lower-greek | lower-alpha | lower-latin | upper-latin 등)
여백 (마진)	margin	여백(top, right, bottom, left의 순서로 설정)
	marginXxxxx	상하좌우의 한 변의 여백(auto | 단위값※)
여백(패딩)	padding	범위 내의 여백(top, right, bottom, left의 순서로 설정)
	paddingXxxxx	범위 내의 상하좌우의 한 변의 여백(auto | 단위값※)
커서	cursor	커서의 형상 (auto | crosshair | default | hand | help | pointer | move | text | wait 등)

※ 'Xxxxx'의 부분에는 Top(위), Bottom(아래), Left(왼쪽), Right(오른쪽)가 들어가 상하좌우 각각을 의미한다.
   (예: marginBottom=아래의 여백, paddingLeft=왼쪽의 범위 내의 여백 등)

6.6.2 외부 스타일 시트 적용하기 — className 프로퍼티

style 프로퍼티에 의한 스타일의 설정은 '간단하게 기술할 수 있다'는 의미에서는 편리하지만 한 가지 문제가 있다. 그도 그럴 것이, 스타일 정의가 스크립트와 혼재되어 버리기 때문에 디자인의 변경 등에 대응하기 어렵다. 애플리케이션의 유지보수성을 고려하면 스타일의 정의는 어디까지 나 스타일 시트(.css파일)로 정리하고, 스크립트 측에서는 스타일과 관련된 부분만을 바꿀 수 있도록 해두는 것이 바람직하다고 할 수 있다.

외부 스타일 시트로 정의된 스타일(=스타일 클래스)에 액세스하는 것은 className 프로퍼티의 역할이다(6.3.1절에서도 말한 것처럼 HTML에서 대응하는 것은 class 속성이다).

구문 className 프로퍼티

```
elem.className [= clazz]
      elem : 요소 객체       clazz : 스타일 클래스
```

예를 들어 아래의 예제는 방금 전의 리스트 6-35를 className 프로퍼티를 사용해 바꾼 것이다.

리스트 6-36 style_class.html(상)/style.css(중)/style_class.js(하)

```html
<link rel="stylesheet" href="css/style.css" />
… 중간 생략 …
<div id="elem">마우스 포인터를 올리면 색이 변합니다.</div>
```

```css
.highlight {
  background-color: Yellow;
}
```

```js
document.addEventListener('DOMContentLoaded', function() {
  var elem = document.getElementById('elem');

  // 마우스 포인터가 올라온 타이밍에 배경색을 변경
  elem.addEventListener('mouseover', function() {
    this.className = 'highlight';
  }, false);

  // 마우스 포인터가 벗어난 타이밍에 배경색을 되돌림
  elem.addEventListener('mouseout', function() {
    this.className = '';
  }, false);
}, false);
```

어떠한가? 이 정도의 스타일 시트라면 외부화하는 것이 오히려 장황하게 보일지도 모르겠으나 스타일 프로퍼티나 그 설정값이 스크립트로부터 제거됨으로써 스타일의 변경을 모두 .css 파일로 실시할 수 있게 된 것을 알 수 있다. 또 스타일 설정이 더욱 복잡하게 되었을 경우에도 스크립트 측에서는 어디까지나 하나의 클래스로서 조작할 수 있기 때문에 코드에 영향을 미치지 않는다.

참고로 className 프로퍼티에는 복수의 클래스를 연관시킬 수도 있다. 그런 경우는 다음과 같이 스타일 클래스명을 반각 스페이스 단락으로 지정해주길 바란다.

```
elem.className = 'clazz1 clazz2';
```

■ 스타일 클래스를 붙이거나 떼어내기

className 속성을 이용하여 특정 스타일 클래스를 붙이거나 떼어낼 수 있다. 예를 들어 다음은 <div id = "elem"> 요소를 클릭할 때마다 배경색을 교대로 노란색⇔투명으로 전환하는 코드다.

리스트 6-37 style_toggle.html(상)/style_toggle.js(하)

```html
<link rel="stylesheet" href="css/style.css" />
… 중간 생략 ….
<div id="elem">클릭하면 배경색이 변한다.</div>
```

```js
document.addEventListener('DOMContentLoaded', function() {
  var elem = document.getElementById('elem');

  // 클릭한 타이밍에 배경색을 변경
  elem.addEventListener('click', function() {
    this.className = (this.className === 'highlight' ? '' : 'highlight'); ←── ❶
  }, false);
}, false);
```

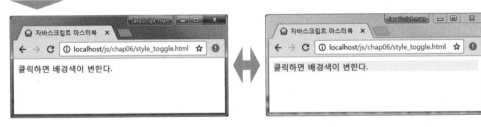

● 클릭할 때마다 배경색을 노란색⇔투명으로 전환

❶처럼 조건 연산자를 이용하여 현재의 class 속성이 highlight라면 비우고, 비어 있으면 highlight를 설정한다. 단 className 프로퍼티는 복수의 스타일 클래스가 적용되는 경우에는 'clazz1 clazz2'처럼 공백으로 구분된 문자열을 반환한다. 이런 경우에는 split 메소드로 분할한 후 비교해야 한다.

리스트 6-38 style_toggle2.html(상)/ style_toggle2.css(중)/ style_toggle2.js(하)

```html
<link rel="stylesheet" href="css/style_toggle2.css" />
```

```
...중간 생략...
<div id="elem" class="line">클릭하면 배경색이 변한다.</div>
```

```css
.highlight {                                                            CSS
  background-color: Yellow;
}

.line {
  border: 1px solid Red;
}
```

```js
document.addEventListener('DOMContentLoaded', function() {             JS
  var elem = document.getElementById('elem');

  elem.addEventListener('click', function() {
    // 공백 구분의 문자열 분할
    var classes = this.className.split(' ');
    // highlight가 존재하는 위치 검출
    var index = classes.indexOf('highlight');
    if(index === -1) {
      // 존재하지 않으면, 새롭게 추가
      classes.push('highlight');
    } else {
      // 존재하는 경우에는 highlight 제거
      classes.splice(index, 1);
    }
    // 배열을 공백 구분의 문자열로
    this.className = classes.join(' ');
  }, false);
}, false);
```

6.6.3 스타일 클래스를 더 간단하게 조작하기 — classList 프로퍼티 IE9

classList 프로퍼티를 이용하여 class 속성의 값(공백으로 구분된 문자열)을 DOMTokenList 객체로 취득할 수 있다. DOMTokenList 객체로 사용할 수 있는 멤버에는 다음과 같은 것들이 있다.

● classList 프로퍼티(DOMTokenList 객체)의 주요 멤버

멤버	개요
length	리스트의 길이
item(index)	인덱스 번호의 클래스를 취득
contains(clazz)	지정한 클래스가 포함되어 있는가?
add(clazz)	리스트에 클래스 추가
remove(clazz)	리스트로부터 클래스 삭제
toggle(clazz)	클래스의 On/Off를 전환

이 멤버들을 사용하여 className 프로퍼티보다 직관적으로 class 속성의 값을 조작할 수 있다. 그러나 Internet Explorer는 버전 10 이상에서만 사용할 수 있으므로 주의해야 한다.

다음은 앞의 리스트 6-37를 classList 프로퍼티로 재작성한 것이다.

리스트 6-39 class_list.html(상)/class_list.js(하)

```html
<link rel="stylesheet" href="css/style.css" />
… 중간 생략 ….
<div id="elem" class="line">클릭하면 색이 변한다.</div>
```

```js
document.addEventListener('DOMContentLoaded', function() {
  var elem = document.getElementById('elem');

    // 클릭한 타이밍에 배경색을 변경
  elem.addEventListener('click', function() {
    this.classList.toggle('highlight'); ←── ❶
  }, false);
}, false);
```

toggle 메소드를 이용하면 조건 연산자에 의한 판정도 필요 없어지므로 코드를 더욱 쉽게 이해할 수 있을 것이다. 이 예제에서는 하나의 스타일 클래스를 ON/OFF하고 있을 뿐이지만, 여러 스타일 클래스가 연관된 경우에는 문자열의 분할이 불필요하기 때문에 그 위력을 더 실감할 수 있을 것이다.

6.7 | 더 높은 수준의 이벤트 처리

이벤트 리스너/이벤트 핸들러에 대해서는 6.2.3절에서 배웠다. 이 절에서는 이에 대한 이해를 전제로 더 섬세한 이벤트 처리에 대해 설명하겠다.

6.7.1 이벤트 리스너/이벤트 핸들러 삭제하기

한 번 설정한 이벤트 리스너/이벤트 핸들러는 삭제할 수도 있다. 각각의 경우에 대해 예를 들어 보겠다.

■ 이벤트 핸들러 삭제

이벤트 핸들러를 삭제하려면 onxxxxx 메소드에 대해 null값을 설정하기만 하면 된다.

리스트 6-40 handler_remove.html(상)/handler_remove.js(하)

```html
<form>
  <input id="btn" type="button" value="대화상자 표시" />
</form>
```

```js
window.onload = function() {
  var btn = document.getElementById('btn');

  // 이벤트 핸들러 등록
  btn.onclick = function() {
    window.alert('안녕하세요, 자바스크립트!');
  };

  // 이벤트 핸들러 파기
  btn.onclick = null; ← ❶
};
```

분명히 버튼을 클릭했지만 대화상자가 표시되지 않는다는 점에 주목하길 바란다. ❶을 주석 처리함으로써 대화상자가 표시되는 것도 확인해두자.

이벤트 리스너를 삭제하려면 removeEventListener 메소드를 이용해야 한다.

구문 removeEventListener 메소드

```
elem.removeEventListener (type, listener, capture)
      elem : 요소 객체    type : 이벤트의 종류    listener : 삭제할 이벤트 리스너
      capture : 이벤트의 전달 방향(6.7.3절. 디폴트는 false)
```

removeEventListener 메소드를 사용해 방금 살펴본 리스트 6-40을 바꿔보자.

리스트 6-41 listener_remove.html(상)/listener_remove.js(하)

```html
<form>
  <input id="btn" type="button" value="대화상자 표시" />
</form>
```
```js
document.addEventListener('DOMContentLoaded', function() {
  var btn = document.getElementById('btn');
  var listener = function() {
    window.alert('안녕하세요, 자바스크립트!');
  };

  // 이벤트 리스너 등록
  btn.addEventListener('click', listener, false);

  // 이벤트 리스너 파기
  btn.removeEventListener('click', listener, false);←── ❶
}, false);
```

리스트 6-40과 마찬가지로 이벤트 리스너가 파기된 결과, 버튼을 클릭하여 대화상자가 표시되지 않는 것에 주목하자. ❶을 제거하여 대화상자가 표시되는 것도 확인해두자.

또한 removeEventListener 메소드를 이용하는 경우에는 인수 listener로 삭제해야 하는 리스너를 지정해야 한다. 따라서 addEventListener 메소드로 정의하는 경우에도 나중에 참조할 수 있도록 이름을 붙여 두도록 한다(이 예제에서는 listener).

6.7.2 이벤트에 관련된 정보 취득하기 — 이벤트 객체

이벤트 리스너/이벤트 핸들러는 인수로 이벤트 객체를 받는다. 이벤트 리스너/이벤트 핸들러 안에서는 이벤트 객체의 프로퍼티에 액세스함으로써 이벤트 발생 시 다양한 정보에 액세스할 수 있다.

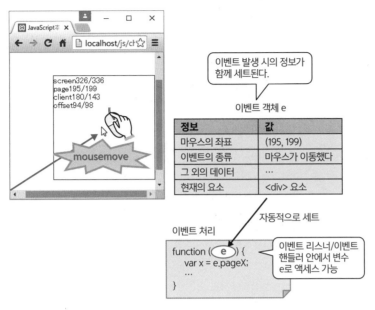

이벤트 발생 시의 정보가 함께 세트된다.

이벤트 객체 e

정보	값
마우스의 좌표	(195, 199)
이벤트의 종류	마우스가 이동했다
그 외의 데이터	…
현재의 요소	\<div\> 요소

자동적으로 세트

이벤트 처리

```
function ( e ) {
    var x = e.pageX;
    ...
}
```

이벤트 리스너/이벤트 핸들러 안에서 변수 e로 액세스 가능

● 이벤트 객체란?

■ 이벤트 객체의 기본

우선 구체적인 예제를 살펴보자. 다음은 버튼을 클릭했을 때 이벤트의 발생원/종류/발생 시간을 로그로 출력하는 예다.

리스트 6-42 event.html(상)/event.js(하)

```html
<form>
  <input id="btn" type="button" value="클릭" />
</form>
```
HTML

```js
document.addEventListener('DOMContentLoaded', function() {
  document.getElementById('btn').addEventListener('click', function(e) {
    var target = e.target;
    console.log('발생원: ' + target.nodeName + '/' + target.id);
    console.log('종류: ' + e.type);
  }, false);
}, false);
```
JS

```
발생원: INPUT/btn
종류: click
```

이벤트 객체를 받으려면 이벤트 리스너에 인수를 지정하기만 하면 된다. 인수명은 관례적으로 이벤트를 나타내는 'e', 'ev'로 하는 것이 일반적이다. 이벤트 객체를 이용하지 않는 경우에는 인수는 생략해도 상관없다(지금까지의 예에서는 이벤트 객체를 무시하고 있던 것이다).

이벤트 객체에서 사용할 수 있는 멤버에는 다음과 같은 것들이 있다.

● 이벤트 객체의 주요 멤버

분류	멤버	개요
일반	bubbles	이벤트가 버블링인가?
	cancelable	이벤트가 취소 가능한가?
	currentTarget	이벤트 버블에서 현재 요소를 취득
	defaultPrevented	preventDefault 메소드가 호출되었는가?
	eventPhase	이벤트의 흐름이 어느 단계에 있는가?
	target	이벤트 발생원의 요소
	type	이벤트의 종류(click, mouseover 등)
	timeStamp	이벤트의 작성 일시를 취득
좌표	clientX	이벤트의 발생 좌표(브라우저상에서의 X좌표)
	clientY	이벤트의 발생 좌표(브라우저상에서의 Y좌표)
	screenX	이벤트의 발생 좌표(스크린상에서의 X좌표)
	screenY	이벤트의 발생 좌표(스크린상에서의 Y좌표)
	pageX	이벤트의 발생 좌표(페이지상의 X좌표)
	pageY	이벤트의 발생 좌표(페이지상의 Y좌표)
	offsetX	이벤트의 발생 좌표(요소상의 X좌표)
	offsetY	이벤트의 발생 좌표(요소상의 Y좌표)
키보드/마우스	button	마우스의 어느 버튼이 눌리고 있는가? | 버튼의 종류	반환값 | |---|---| | 좌측 버튼 | 0 | | 우측 버튼 | 2 | | 가운데 버튼 | 1 |
	key	눌린 키의 값
	keyCode	눌린 키의 코드
	altKey	alt 키가 눌린 상태인가
	ctrlKey	ctrl 키가 눌린 상태인가
	shiftKey	shift 키가 눌린 상태인가
	metaKey	meta 키가 눌린 상태인가

이벤트 객체에 액세스할 수 있는 멤버는 발생한 이벤트에 따라 변화한다.

예를 들어 storage 이벤트 리스너(7.3.5절)는 스토리지 조작에 관한 정보(변경 전후의 값, 변경된 스토리지 등)를 이벤트 객체를 통해 얻을 수 있다.

그 외 이벤트 객체의 주요 사용법에 대해서는 구체적인 예와 함께 설명하고자 한다.

■ 이벤트 발생 시 마우스 정보 취득하기

xxxxxX/xxxxxY 프로퍼티를 이용하여 click/mousemove 등의 이벤트가 발생할 때 마우스 포인터의 좌표를 얻을 수 있다.

다음은 구체적인 코드다. 특정 영역 내에서 마우스 포인터를 이동했을 때의 좌표를 표시한다.

리스트 6-43 event_xy.html(상)/event_xy.js(하)

```html
<div id="main" style="position:absolute; margin:50px;
 top:50px; left:50px; width:200px; height:200px;
 border:1px solid Black"></div>
```

```js
document.addEventListener('DOMContentLoaded', function() {
  var main = document.getElementById('main');
  main.addEventListener('mousemove', function(e) {
    main.innerHTML = 'screen' + e.screenX + '/' + e.screenY + '<br />'
      + 'page' + e.pageX + '/' + e.pageY + '<br />'
      + 'client' + e.clientX + '/' + e.clientY + '<br />'
      + 'offset' + e.offsetX + '/' + e.offsetY + '<br />';
  }, false);
}, false);
```

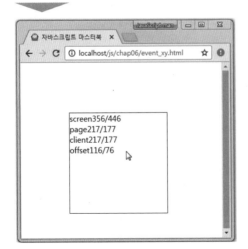

● <div id = "main"> 요소에서 마우스 포인터를 이동했을 때의 좌표를 표시

각각의 좌표는 어디를 기점으로 하는지에 따라 다르다.

● 이벤트 객체에서의 좌표 관련 프로퍼티

프로퍼티	개요
screenX/screenY	스크린상의 좌표
pageX/pageY	페이지상의 좌표
clientX/clientY	표시 영역상의 좌표
offsetX/offset	요소 영역상의 좌표

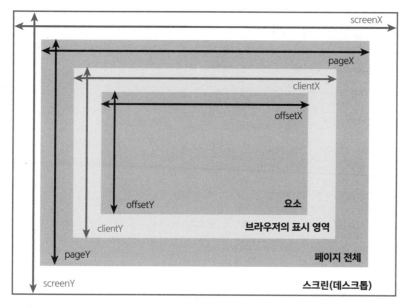

● 좌표 관련 프로퍼티

■ 이벤트 발생 시 키 정보 취득하기

keypress/keydown 등의 키 이벤트는 눌린 키의 종류를 얻을 수 있다.

리스트 6-44 event_key.html(상)/event_key.js(하)

```html
<form>
  <label for="key">키 입력:</label>
  <input type="text" id="key" size="10" />
</form>
```
HTML

```js
document.addEventListener('DOMContentLoaded', function() {
  document.getElementById('key').addEventListener('keydown', function(e) {
    console.log('키 코드:' + e.keyCode);
```
JS

```
  }, false);
}, false);
```

여기에서는 keyCode 프로퍼티로 눌린 키 코드를 출력하고 있을뿐이지만, 실제 애플리케이션에서는 누른 키에 따라 어떠한 작업을 수행하게 될 것이다. 또한 altKey, shiftKey 등의 프로퍼티를 이용함으로써 특정 키가 눌렸는지의 여부를 true/false로 얻을 수 있다.

6.7.3 이벤트 처리 취소하기

이벤트 객체의 stopPropagation/stopImmediatePropagation/preventDefault 메소드를 사용하여 이벤트 처리를 도중에 취소할 수 있다. 이번 절에서는 이러한 메소드의 사용법 및 구분에 대해 설명하겠다.

■ 이벤트의 전달

이벤트 처리의 취소에 대해 설명하기 전에 이벤트 처리가 호출될 때까지의 과정에 대해 좀 더 자세하게 살펴보자. 지금까지는 '이벤트가 발생하면 해당하는 이벤트 리스너가 호출된다'라고만 설명했지만, 실은 이벤트가 특정 요소에 도달할 때까지는 다음과 같은 단계를 거치고 있다.

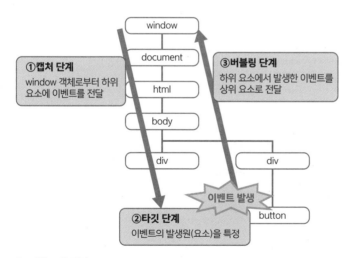

● 이벤트의 전달

먼저 캡처 단계에서 최상위의 window 객체로부터 문서 트리를 따라 하위 요소에 이벤트가 전달되어 간다. 그리고 타깃 단계에서 이벤트의 발생원(요소)을 특정한다.

버블링 단계는 이벤트의 발생원으로부터 루트 요소를 향해 이벤트가 전달되는 단계다. 결국에는 다시 최상위 window 객체까지 이르러 이벤트의 전달은 종료한다. 이벤트가 부모 노드에 전해지는 모습이 거품(bubble)이 떠오르는 모습과 닮아 버블링 단계라고 부른다.

여기서 파악해야 할 것은 '이벤트 리스너는 이벤트를 발생시킨 요소에서만 실행되는 것이 아니'라는 점이다. 캡처/버블링 단계의 과정에서 해당하는 이벤트 리스너가 존재하는 경우에는 그것들도 순서대로 실행된다.

구체적인 예도 함께 살펴보자.

리스트 6-45 propagation.html(상)/propagation.js(하)

```html
<div id="outer">
  <p>outer요소</p>
  <a id="inner" href="http://www.wings.msn.to">inner요소</a>
</div>
```

```js
document.addEventListener('DOMContentLoaded', function() {
  // <a id="inner"> 요소의 click 이벤트 리스너
  document.getElementById('inner').addEventListener('click', function(e) {
    window.alert('#inner리스너가 발생하였다.');
  }, false);

  document.getElementById('inner').addEventListener('click', function(e) {
    window.alert('#inner리스너2가 발생하였다.');
  }, false);

  // <div id="outer"> 요소의 click 이벤트 리스너
  document.getElementById('outer').addEventListener('click', function(e) {
    window.alert('#outer리스너가 발생하였다.');
  }, false);
}, false);
```

중첩 관계에 있는 <div>/<a> 요소에 대해 각각 click 이벤트 리스너가 설정되어 있다. 이 상태에서 링크를 클릭하면 다음과 같은 순서로 처리가 수행된다.

1. 대화상자 표시 (#inner 리스너가 발생하였다)

2. 대화상자 표시 (#inner 리스너 2가 발생하였다)

3. 대화상자 표시 (#outer 리스너가 발생하였다)

4. 링크에 의해 페이지 이동

이벤트의 발생원을 기점으로 상위 노드로 향해가는 순서로 이벤트 리스너가 실행되고 있는 것이다. '버블링 단계에서 이벤트가 처리되고 있다'고 바꿔 말해도 좋다. 동일 요소에 대해 여러 이

벤트 리스너가 설정되어 있는 경우에는 기술한 순서대로 실행된다.

이 순서는 addEventListener 메소드의 제3인수로 변경할 수도 있다. 예제의 볼드체 부분을 true 로 해보자. 이번에는 다음의 결과를 얻을 수 있다.

1. 대화상자 표시 (#outer 리스너가 발생하였다)
2. 대화상자 표시 (#inner 리스너가 발생하였다)
3. 대화상자 표시 (#inner 리스너2가 발생하였다)
4. 링크에 의해 페이지 이동

상위 노드로부터 이벤트의 발생원을 향해 이벤트 리스너가 실행되고 있다. 캡처 단계에서 이벤트가 처리되고 있는 것이다.

■ 이벤트의 전달 취소하기

이 이벤트들의 전달이나 이벤트 처리에 따른 브라우저 본래의 동작을 취소하고 싶은 경우가 있다. 예를 들어, 앞의 예제라면 '<a id = "inner"> 요소에 연결된 이벤트 리스너만을 실행하고 상위 노드의 이벤트 리스너는 무시하고 싶다'는 식의 경우다.

이러한 경우에는 stopPropagation 메소드를 이용하자.

예를 들어 다음은 방금 전의 리스트 6-45에서 <a id = "inner"> 요소에 대해 stopPropagation 메소드를 추가한 예다.

리스트 6-46 event_cancel.js

```
document.addEventListener('DOMContentLoaded', function() {
  // <a id="inner"> 요소의 click 이벤트 리스너
  document.getElementById('inner').addEventListener('click', function(e) {
    window.alert('#inner리스너가 발생하였다.');
    e.stopPropagation(); ←── ❶
  }, false);

  document.getElementById('inner').addEventListener('click', function(e) {
    window.alert('#inner리스너2가 발생하였다.');
  }, false);

  // <div id="outer"> 요소의 click 이벤트 리스너
  document.getElementById('outer').addEventListener('click', function(e) {
    window.alert('#outer리스너가 발생하였다.');
  }, false);
}, false);
```

예제를 기동하고 링크를 클릭하면 다음과 같은 결과를 얻을 수 있다.

1. 대화상자 표시 (#inner 리스너가 발생하였다)
2. 대화상자 표시 (#inner 리스너2가 발생하였다)
3. 링크에 의해 페이지 이동

부모 노드로의 버블링이 취소된 것이다. 물론 캡처 단계에서 이벤트 리스너가 실행되는 경우에
도 상위 노드에서 stopPropagation 메소드를 호출함으로써 마찬가지로 이벤트의 전달을 취소할
수 있다.

■ 이벤트의 전달을 즉시 취소하기

stopPropagation 메소드가 상위/하위 요소에 전파를 취소하는 반면, 그 자리에서 전파를 취소
하려면(=동일 요소에 등록된 리스너도 실행하지 않도록 하려면) stopImmediatePropagation 메소드를
이용한다.

리스트 6-46의 ❶을 다음과 같이 바꾸어 똑같이 실행하자.

리스트 6-47 event_cancel.js

```
e.stopImmediatePropagation();
```

다음은 실행 결과다.

1. 대화상자 표시 (#inner 리스너가 발생하였다)
2. 링크에 의해 페이지 이동

분명히 <a id = "inner"> 요소에 대해 2번째에 등록된 click 이벤트 리스너가 실행되지 않는 것으
로 확인할 수 있다.

■ 이벤트 본래의 동작을 취소하기

이벤트 본래의 동작이란, 예를 들어 앵커 태그의 클릭하면 '페이지를 이동하기', 텍스트 상자에
서의 키 누르기라면 '문자를 반영하기' 등 브라우저 표준으로 정해진 동작이다. 이벤트 객체의
preventDefault 메소드를 이용하여 이 동작을 취소할 수 있다.

마찬가지로 리스트 6-46의 ❶을 다음과 같이 바꾸어 실행해보자.

```
e.preventDefault();
```

다음은 실행 결과다.

1. 대화상자 표시 (#inner 리스너가 발생하였다)

2. 대화상자 표시 (#inner 리스너2가 발생하였다)

3. 대화상자 표시 (#outer 리스너가 발생하였다)

모든 전달을 마친 후 페이지가 이동하지 않는 것을 확인할 수 있다.

N O T E **취소할 수 없는 이벤트도 있다**

이벤트에 따라서는 preventDefault 메소드라도 취소할 수 없는 것도 있다. 취소 가능한 이벤트인지의 여부는 동일하게 이벤트 객체의 cancelable 프로퍼티로 확인할 수 있다. cancelable 프로퍼티는 취소 가능한 이벤트의 경우 true를 반환한다.

N O T E **이벤트 핸들러로 취소하고 싶은 경우**

이벤트 핸들러는 반환값으로 false를 반환함으로써 이벤트 본래의 동작을 취소할 수 있다. 예를 들어, 다음은 contextmenu 이벤트를 취소하여 컨텍스트 메뉴를 표시할 수 없도록 하는 예다. 앱 자체의 컨텍스트 메뉴를 구현할 때는 이렇게 브라우저 표준 메뉴를 무효로 해둘 필요가 있을 것이다.

```
<div oncontextmenu="return false;">...</div>
```

자 그럼, 취소 계의 메소드를 모두 나열하였으므로 머릿속을 정리한다는 의미로 이 메소드들의 차이를 표로 정리해두자.

● **이벤트의 취소**

메소드	전달	다른 리스너	디폴트 동작
stopPropagation	정지	–	–
stopImmediatePropagation	정지	정지	–
preventDefault	–	–	정지

즉, 이후의 이벤트 전달 및 표준 동작을 모두 취소하려면 stopImmediatePropagation/ preventDefault 메소드를 호출하면 된다는 뜻이다.

6.7.4 이벤트 리스너/이벤트 핸들러 아래의 this 키워드

5.1.5절에서 언급했듯이, this 키워드는 문맥에 따라 변화하는 불가사의한 객체다(잊어 버린 사람은 여기서 다시금 5.1.5절의 표를 복습해두자). 그리고 이벤트 리스너/이벤트 핸들러 아래의 this 키워드는 이벤트의 발생원(요소)을 나타내는 것이었다. 이를 이용한 코드는 6.6.1절에서 이미 살펴본 대로다.

여기까지는 아무런 문제가 없을 것이다. 그럼 다음과 같은 코드는 어떨까?

리스트 6-49 this_bind.js

```
document.addEventListener('DOMContentLoaded', function() {
  var data = {
    title: 'Java포켓 레퍼런스',
    price: 26800,
    show: function() {
      console.log(this.title + '/' + this.price + '원');   ←── ❶
    }
  };

  document.getElementById('btn').addEventListener(←
    'click', data.show, false);  ←                              ❷
}, false);
```

이 코드는 버튼 btn이 클릭되면 data.show 메소드가 호출되어 문자열 'Java포켓 레퍼런스/26800원'이 로그에 표시되는 것을 기대하고 있다.

그러나 결과는 '/undefined원'이다. 이것은 이벤트 리스너(data.show) 아래의 this.title/this.price (❶)가 의도한 값(data.title/data.price)을 가리키지 않기 때문에 일어나는 현상이다. 언뜻 보면 메소드 아래의 this는 객체 자신을 가리키는 듯하지만 이벤트 리스너 밑에서의 this는 이벤트의 발생원(여기에서는 버튼)을 가리키고 있다.

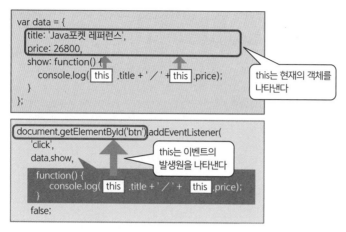

```
var data = {
    title: 'Java포켓 레퍼런스',
    price: 26800,
    show: function() {
        console.log( this .title + ' / ' + this .price);
    }
};
```

> this는 현재의 객체를 나타낸다

```
document.getElementById('btn').addEventListener(
    'click',
    data.show,
    function() {
        console.log( this .title + ' / ' + this .price);
    }
    false;
```

> this는 이벤트의 발생원을 나타낸다

● this의 내용이 변화한다

이 같은 문제를 해결하는 것이 Function 객체의 bind 메소드다. ❷를 다음과 같이 바꾸어보자.

```
document.getElementById('btn').addEventListener(
    'click', data.show.bind(data), false);
```

bind 메소드의 구문은 다음과 같다.

구문 bind 메소드

```
func.bind (that [, arg1 [, arg2 [...]]])
     func : 함수 객체        that : 함수 안에서 this 키워드가 나타내는 것
     arg1, arg2 ... : 함수에 전달할 인수
```

bind 메소드를 이용하여 함수 func 안의 this가 인수 that에 연결된다. 이 예에서라면 this가 객체 data를 가르키기 때문에 이번에는 제대로 'Java포켓 레퍼런스/26800원'이라는 결과를 얻을 수 있다.

■ 이벤트 리스너에 EventListener 객체 지정하기

addEventListener 메소드의 두 번째 인수는 지금까지 함수(Function 객체)를 지정했지만 객체를 지정할 수도 있다. 이벤트 리스너로 지정하는 객체(EventListener 객체)의 조건은 다음과 같다.

handleEvent 메소드를 갖고 있을 것

EventListener 객체는 내부의 this가 (요소의 발생원이 아닌) EventListener 객체를 나타내기 때문에 bind 메소드에 의존하지 않고 방금 전과 같은 문제를 회피할 수 있다.

시험 삼아 handleEvent 메소드를 사용하여 리스트 6-49를 다시 작성해보자.

리스트 6-50 **this_listener.js**

```
document.addEventListener('DOMContentLoaded', function() {
  var data = {
    title: 'Java포켓 레퍼런스',
    price: 26800,
    handleEvent: function() {  ←
      console.log(this.title + '/' + this.price + '원');  ── ❶
    }  ←
  };

  document.getElementById('btn').addEventListener(
    'click', data, false);  ←── ❷
}, false);
```

EventListener 객체(여기에서는 data)는 이벤트 리스너로 handleEvent 메소드(❶)를 최소한으로 가지고 있으면, 그 외에 어떤 프로퍼티/메소드를 가지고 있어도 상관이 없다.

addEventListener 메소드로 추가할 때도 메소드(data.handleEvent)가 아닌 객체(data) 자체를 설정하고 있다는 점에 주목해야 한다(❷).

앞에서도 언급했듯이, EventListener 객체를 이용한 경우에는 handleEvent 메소드 안의 this는 EventListener 객체 자신으로 고정된다. 따라서 이번에는 bind 메소드를 통하지 않고 this.title/this.price가 올바른 값을 참조하기 때문에 'Java포켓 레퍼런스/26800원'이라는 결과를 얻을 수 있는 것을 확인할 수 있다.

■ 애로우 함수에 의한 this의 고정 `ES2015`

this 변화에 따른 또 다른 예를 들어보자. 다음은 전달된 요소(elem)가 몇 번 클릭되었는지를 계산해 로그로 출력하는 Counter 클래스의 예다.

리스트 6-51 **this_arrow.js**

```
document.addEventListener('DOMContentLoaded', function() {
  // 지정된 요소 elem이 클릭된 횟수를 계산하는 Counter 클래스
  var Counter = function(elem) {
    this.count = 0;
```

```
    this.elem = elem;
    elem.addEventListener('click', function() {
      this.count++;
      this.show();
    }, false);

  // 카운터 정보를 표시하기 위한 show 메소드
  Counter.prototype.show = function() {
    console.log(this.elem.id + '는' + this.count + '회 클릭되었다.');
  }

  // <button> 요소 btn에 카운터를 연결
  var c = new Counter(document.getElementById('btn'));
}, false);
```

❶

'버튼 btn를 클릭하면 어떻게 될까?'라고 묻는다면 바보 같은 질문으로 볼 수 있다. 이벤트 리스너 안에서의 this는 요소의 발생원을 나타내기 때문에 this.count/this.show 등도 의도한 Counter 객체의 멤버를 나타내지 않는다. 그 결과 'this.show is not a function'(this.show는 함수가 아니다)라는 오류를 반환한다.

이러한 경우 bind 메소드를 이용해도 상관없지만 이벤트 리스너를 애로우 함수(4.1.4절)로 선언하는 편이 훨씬 더 쉽다. ❶의 경우 다음과 같이 한다.

```
elem.addEventListener('click', () => {
  this.count++;
  this.show();
}, false);
```

애로우 함수에서 this는 애로우 함수 자신이 선언된 장소에 따라 결정된다. 즉, 이 예에서라면 생성자가 나타내는 this(인스턴스 그 자체)를 가리키게 된다. 그 결과 이번에는 'btn는 1회 클릭되었다.'와 같은 로그가 버튼을 클릭하는 타이밍에 표시된다.

JavaScript의 슈퍼 세트, 정적형 시스템을 갖춘 altJS 'TypeScript'

altJS(302쪽)는 역사도 짧고 현재 상황으로는 특정 언어가 사실상 표준으로 확립되었다고 말하기도 어렵다. 그러나 요즘에는 Microsoft에서 나온 altJS인 TypeScript(https://www.typescriptlang.org/)의 기세가 강해 다른 것들에 비해 눈에 띄는 분위기다.

TypeScript는 이름 그대로 정적 타입 시스템에 대응하고 있어 제대로된 일정 이상의 규모인 애플리케이션을 개발하기가 쉽다. 또한 JavaScript(ES2015)의 슈퍼 세트로 되어 있어 본래의 JavaScript 코드가 거의 그대로 작동하고, TypeScript 구문으로 쉽게 재작성할 수도 있다. 구체적인 코드를 살펴보자.

```
// MyApp 모듈의 정의
module MyApp {
  // Member 클래스의 정의
  export class Member {
    // 생성자(firstName/lastName 프로퍼티를 준비)
    constructor(private firstName: string,
      private lastName: string) { }

    // getName 메소드
    public getName() : string {
      return this.lastName + this.firstName;
    }
  }
}

let m = new MyApp.Member('시온', '정');
console.log(m.getName());        // 결과: 정시온
```

어떠한가? 여기서는 자세한 설명을 생략했지만, 5.5절에서 배운 ES2015 클래스 구문에 타입 부여를 추가한 것과 비슷한 구문이므로 이해하기 쉬울 것이다.

또한 TypeScript는 Google이 만든 차세대 JavaScript 프레임 워크 Angular 2(https://angular.io/)에서도 표준 채택되었으므로 향후 소프트웨어 세계의 양대 산맥이라 불리는 Microsoft/Google에서 강력하게 지원해줄 것이라고 기대하고 있다. 앞으로 altJS을 배우려고 한다면 선택지로 TypeScript를 검토해보는 것도 좋을 것이다.

클라이언트 측
JavaScript 개발 마스터하기

7.1 | 브라우저 객체에서 알아두어야 할 기본 기능

브라우저 객체란 브라우저 조작을 위한 기능을 모아둔 객체들의 총칭이다. 예전부터 Google Chrome이나 Internet Explorer 등 대부분의 브라우저에 구현되어 있지만, 이전에는 이렇다 할 만한 표준 규격이 존재하지 않았다. 따라서 과거에는 크로스 브라우저 문제(=각 브라우저의 사양 차이로 인해 발생하는 문제)가 거론되는 일도 많았지만, 요즘은 표준화 진행으로 인해 상당 부분 해소되고 있다.

이 장에서는 수많은 브라우저 객체 중에서도 특히 중요한 기능에 한정하여 설명하겠다. 우선 이 절에서는 비교적 작은 단위의 기능에 대해 언급한 뒤, 중반 이후에는 더 큰 주제를 살펴보겠다.

▋ 7.1.1 브라우저 객체의 계층 구조

브라우저 객체는 다음의 그림과 같은 계층 구조로 되어 있다.

최상위에 위치하는 것이 Window 객체로, 클라이언트 측 JavaScript가 기동하는 타이밍에 자동으로 생성되어 글로벌 변수나 글로벌 함수에 액세스하기 위한 수단을 제공한다. '클라이언트 측 JavaScript의 글로벌 객체'라고 바꿔 말해도 좋을 것이다.

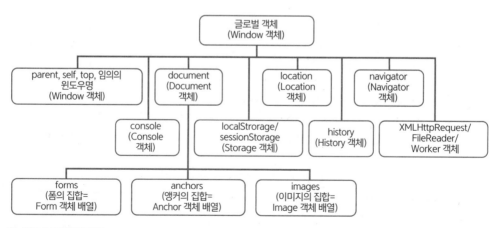

● 주요 브라우저 객체

모든 브라우저 객체에는 최상위에 위치하는 Window 객체를 통해 액세스한다. 그림을 주목해 보자. Window 객체의 아래에 document나 history, location, navigator라고 하는 프로퍼티가 있다. 이들을 경유함으로써 윈도우에 표시된 문서를 나타내는 Document 객체나 이력을 나타내는 History 객체, URL 정보를 나타내는 Location 객체를 취득할 수 있다.

■ 브라우저 객체에 액세스하려면

3.7절에서 말한 것처럼 글로벌 객체는 기본적으로 애플리케이션 개발자가 의식할 필요가 없는 (또한 직접 액세스할 수 없는) 객체다. 즉, 클라이언트 측 JavaScript에서는 기본적으로 Window 객체를 의식할 필요가 없다. 예를 들어 location 객체의 reload 메소드에 액세스하고자 한다면, 다음과 같이 직접 location 프로퍼티를 호출하면 된다.

```
location.reload();
```

아래와 같은 기술은 불가하므로 주의하기 바란다.

```
Window.location.reload();
```

단, 앞의 그림을 보면 알겠지만 Window 객체는 자기 자신을 참조하는 window 프로퍼티를 가지고 있다. window 프로퍼티를 개입시킴으로써 다음과 같이 기술할 수 있지만 이러한 기술은 장황하기만 하므로 그다지 의미가 없다.

```
window.location.reload();   ←── 선두는 소문자
```

참고로, 이와 같이 기술하였을 때 location은 (지겨울지 모르겠으나) 객체명이 아니라 프로퍼티명을 나타낸다. location은 어디까지나 'Location 객체를 참조하는 프로퍼티'다.

그러나 location 프로퍼티는 실체로서 객체를 나타내고 있으므로 편의상 location 객체라고 표기하는 일이 자주 있다(물론 다른 history나 location에 대해서도 동일하다). 너무 어렵게 생각하지 말고 document, history, location 객체라고 기억해도 상관없으니 혼동했을 때는 이를 잠시 생각해보면 정리가 될 것이다.

7.1.2 확인 대화상자 표시하기 — confirm 메소드

여기서부터는 이러한 브라우저 객체들이 제공하는 메소드 중에서도 특히 기본적인 메소드를 소개하고자 한다. 모두 작은 주제지만 자주 사용하는 것이므로 여기서 제대로 파악해두자.

우선 확인 대화상자를 표시하는 confirm 메소드다. 지금까지 등장한 alert 메소드가 단지 메시지를 표시하기만 할 뿐이라면, confirm 메소드는 사용자에게 무언가 확인 의사 표시를 요구하는 역할을 한다.

리스트 7-01 confirm.html(상)/ confirm.js(하)

```html
<form id="fm">
  <input type="submit" value="송신" />
</form>
```

```js
document.addEventListener('DOMContentLoaded', function() {
  document.getElementById('fm').addEventListener('submit', function(e) {
    if (!window.confirm('페이지를 송신해도 좋겠습니까?')) {
      e.preventDefault();
    }
  }, false)
}, false);
```

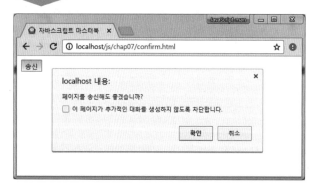

● [송신] 버튼 클릭 시 확인 대화상자 표시

confirm 메소드는 클릭한 버튼에 따라 아래의 반환값을 돌려준다.

- [확인] 버튼을 클릭했을 경우 ➡ true
- [취소] 버튼을 클릭했을 경우 ➡ false

여기에서는 confirm 메소드의 이러한 성질을 이용하여 [취소] 버튼을 클릭했을 경우, preventDefault 메소드(6.7.3절)를 호출하여 본래의 서브밋 이벤트를 취소하고 있다.

7.1.3 타이머 기능 구현하기 — setInterval/setTimeout 메소드

'일정 시간마다 혹은 일정 시간이 경과한 후에 어떠한 처리를 실시하고 싶은' 경우가 자주 있다. 이러한 경우에 이용할 수 있는 것이 setInterval/setTimeout 메소드다. 우선은 구체적인 예를 보자.

리스트 7-02 interval.html(상)/interval.js(하)

```html
<! -- 버튼 클릭 시 타이머 처리를 중지 -->
<input id="btn" type="button" value=" 타이머 정지" />
<div id="result"></div>
```

```js
document.addEventListener('DOMContentLoaded', function() {
  // 타이머 설치
  var timer = window.setInterval((
  // 현재의 시각을 <div id='result'> 요소에 표시(5000밀리초마다 갱신)
    function() {
      var dat = new Date();
      document.getElementById('result').textContent = dat.toLocaleTimeString();
    }, 5000);                                                                    ❶

  // 버튼 클릭 시 타이머 처리 중지
  document.getElementById('btn').addEventListener('click', function() {
    window.clearInterval(timer);   ❷
  }, false);
}, false);
```

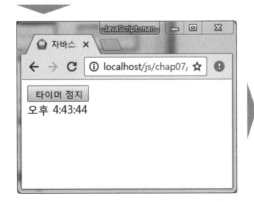

● 5000밀리초마다 시간 표시를 갱신

setInterval/setTimeout 메소드의 구문은 다음과 같다.

구문 setInterval/setTimeout 메소드

```
window.setInterval (func, dur)
window.setTimeout (func, dur)
        func : 실행되는 처리        dur : 시간 간격 (단위는 밀리초)
```

이 둘은 서로 비슷해 보이지만 다음과 같은 차이가 있다.

- setInterval   ➡ 결정된 시간 간격으로 반복 처리를 실행한다
- setTimeout   ➡ 지정된 시간이 경과했을 때 처리를 한 번만 실행한다

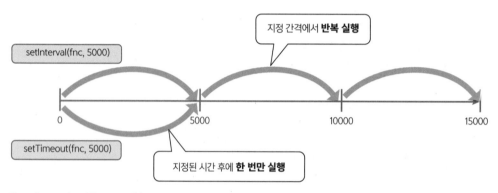

● setInterval/setTimeout 메소드

시험 삼아 예제의 볼드체 부분을 'setTimeout'으로 대체해보자(❶). 이번에는 5000밀리초 후에 한 번만 현재 시간이 표시되는 것을 확인할 수 있다.

setInterval/setTimeout 메소드는 모두 타이머를 식별하기 위한 고유의 id값을 반환한다. 이 id값을 clearInterval 메소드(setInterval의 경우)/clearTimeout 메소드(setTimeout의 경우)에 건넴으로써 타이머를 파기할 수 있다(❷). 예제에서, '타이머 정지' 버튼을 클릭하여 시간의 업데이트가 멈추는 것을 확인해두자.

🔳 setTimeout/setInterval 메소드의 주의점

setTimeout/setInterval 메소드는 간단하고 사용하기 쉬운 기능인데 반해, 이용 시 주의해야 할 점도 있다. 다음은 주요 포인트를 세 가지로 정리하였다.

(1) 인수 func에 문자열을 사용하지 않는다

setTimeout/setInterval 메소드의 인수 func에는 문자열로 코드를 지정할 수도 있다.

```
setTimeout ('console.log("실행되었다!")', 500);
```

그러나 이러한 기법은 eval 메소드(3.7.3절)와 같은 이유로 피해야 한다. 인수 func는 반드시 함수 리터럴로 지정해야 한다.

(2) 지정한 시간(간격)으로 실행되는 것은 아니다

'타이머'라는 말에서 실행 시간의 정확성을 기대할 수 있겠지만, setTimeout/setInterval 메소드의 인수 dur(시간 간격)은 그 시간에 처리가 실행되는 것을 보장하지는 않는다. setTimeout/setInterval 메소드는 어디까지나 지정된 시간에 큐(처리를 실행하기 위한 대기 행렬)에 처리를 등록할 뿐이다. 큐에 수행할 작업이 남아있는 경우에는 선행 처리가 끝날 때까지 기다려야 한다는 의미다.

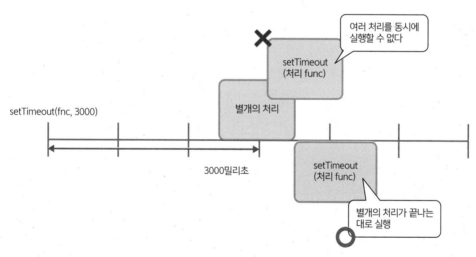

● setTimeout 메소드는 실행 시간을 보증하지 않는다

(3) 인수 dur이 0인 경우

다음의 코드는 어떠한 로그를 얻을 수 있을까?

리스트 7-03 interval_async.js

```
function hoge() {
  console.log('가나다라마');
  setTimeout(function() {
```

```
    console.log('바사아자차');
  }, 0);
  console.log('타카파하갸');
}

hoge();  // 결과: ???
```

"인수 dur가 0이기 때문에 setTimeout 메소드의 내용도 즉시 실행되어, '가나다라마', '바사아자차', '타카파하갸'가 될 것"이라고 생각하기 쉽지만 정답은 '가나다라마', '타카파하갸', '바사아자차'가 된다.

setTimeout 메소드가 주어진 작업을 타이머로 인도하는 동안, JavaScript는 그대로 후속 코드를 실행한다. 이러한 작업을 비동기 처리라고 한다.

이를 이용함으로써 다음과 같은 코드도 작성할 수 있다.

```
setTimeout(function() { heavy(); }, 0);
// 후속 처리
```

heavy 함수는 무언가 무거운 처리를 한다고 가정해보자. 이것을 그대로 호출한 경우에 후속 처리는 heavy 함수가 끝날 때까지 기다려야 한다. 그러나 setTimeout 메소드로 비동기화함으로써 heavy 함수를 기다리지 않고 후속 처리를 먼저 끝마칠 수 있기 때문에 결과적으로 체감 속도를 개선할 수 있다는 것이다.

> **NOTE** **setTimeout 메소드의 제약**
>
> 타이머에는 정확하게 최소 지연 제약이 있어 호출 간격의 최솟값은 4ms로 정해져 있다(그 이하의 설정값의 경우, 타이머는 최소 지연을 이용한다).
>
> 비동기 처리를 위해 0ms 타이머를 사용할 경우, 클라이언트가 일반 브라우저로 한정할 수 있다면 postMessage 메소드(7.4.5 절)로 대체하는 것이 더 적절할 것이다.

▌ 7.1.4 표시 페이지의 어드레스 정보 취득/조작하기 — location 객체

예를 들어 버튼을 클릭함으로써 별도의 페이지로 이동하거나 현재의 페이지를 리로드하고 싶은 상황이 자주 발생한다. 그러한 경우에 이용하는 것이 location 객체다.

location 객체(Location 객체)에서 이용 가능한 주요 프로퍼티/메소드는 아래와 같다. 반환값의 예에 나타낸 결과는 현재의 URL이 다음과 같을 때다.

```
http://www.wings.msn.to:8080/js/sample.html#gihyo?id=12345
```

● **location 객체의 주요 프로퍼티/메소드(*는 읽기 전용)**

멤버	개요	반환값의 예
hash	앵커명 (#~)	#gihyo?id=12345
host	호스트 (호스트명 + 포트번호. 단, 80의 경우는 포트번호 생략)	www.wings.msn.to:8080
hostName	호스트명	www.wings.msn.to
href	링크하는 장소	http://www.wings.msn.to: 8080/js/sample.html#gihyo?id=12345
* pathname	패스명	js/sample.html
* port	포트 번호	8080
* protocol	프로토콜명	http:
search	쿼리 정보	?id=12345
reload()	현재의 페이지를 리로드함	–
replace(url)	지정 페이지에 이동	–

이중에서도 자주 이용하는 것이 JavaScript로부터 페이지를 이동하는 href 프로퍼티인데, 구체적인 예도 함께 살펴보자. 다음은 선택 상자에서 이동 대상의 페이지를 선택하면 자동으로 해당 페이지로 이동하는 예제다.

리스트 7-04 href.html(상)/ href.js(하)

```html
<form>
  <label for="isbn">서적:</label>
  <select id="isbn" name="isbn">
    <option value="">---서적명을 선택해주세요---</option>
    <option value="978-4-7741-8030-4">Java포켓 레퍼런스</option>
    <option value="978-4-7741-7984-1">Swift포켓 레퍼런스</option>
    <option value="978-4-7981-3547-2">제3판 기초PHP</option>
    <option value="978-4-7981-4402-3">제5판 ASP.NET입문</option>
    <option value="978-4-8222-9644-5">앱을 만들자! Android입문</option>
  </select>
</form>
```

```js
document.addEventListener('DOMContentLoaded', function() {
  document.getElementById('isbn').addEventListener('change', function() {
    location.href = 'http://www.wings.msn.to/index.php/-/A-03/' + this.value;
```

```
  }, false);
}, false);
```

선택 박스에서 선택된 값을 취득하는 방법에 대해서는 6.4.1절에서 소개했다. 여기에서는 change 이벤트가 발생한 타이밍에 선택 박스의 선택값을 취득해 다음과 같은 URL을 생성하고 있다.

```
http://www.wings.msn.to/index.php/-/A-03/선택값
```

그런 다음 이것을 location.href 프로퍼티에 건넴으로써 목적의 페이지로 이동할 수 있다.

> **N O T E 페이지 이동의 이력을 남기지 않으려면**
>
> href 프로퍼티로 페이지를 이동했을 경우에는 브라우저에 이동한 이력이 남으므로 [돌아가기] 버튼으로 이전의 페이지로 되돌아갈 수 있다. 이러한 이력을 남기고 싶지 않은 경우에는 replace 메소드를 사용하면 된다. 본문의 예라면 볼드체 부분을 아래와 같이 바꿔 쓰자.
>
> ```
> location.replace('http://www.wings.msn.to/index.php/-/A-03/' + this.value);
> ```

▎7.1.5 이력에 따라 페이지를 전후로 이동하기 — history 객체

이력에 따라 전후 페이지로의 이동을 제어하고 싶을 때는 브라우저의 페이지 이력을 관리하고 있는 history 객체를 이용한다. 다음과 같이 back/forward 메소드를 이용함으로써 페이지 이력상의 전후 페이지로 이동할 수 있다.

리스트 7-05 **history.html**

```
<a href="JavaScript:history.back()">되돌아가기</a>|
<a href="JavaScript:history.forward()">앞으로가기</a>
```

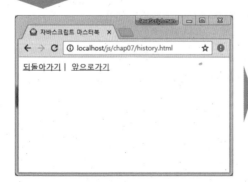
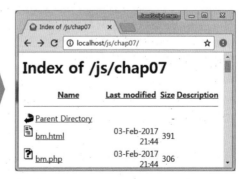

● [되돌아가기] 링크를 클릭하면 바로 앞의 페이지로 이동

참고로 이 리스트에서는 이용하고 있지 않지만, history.go 메소드를 이용하면 지정된 페이지 수만큼 진행하는(음수의 경우는 되돌아감) 것도 가능하다.

```
history.go(-3);  // 3페이지 앞으로 되돌아간다
```

7.1.6 JavaScript에 의한 조작을 브라우저의 이력에 남기기 — pushState 메소드 [IE9]

JavaScript로 페이지를 갱신한 경우에는 그대로 페이지의 상태를 유지할 수 없다. 예를 들어 버튼을 클릭하여 JavaScript로 페이지를 갱신한 후 클릭 이전의 상태로 복원하고 싶어서 [뒤로] 버튼을 누르면 어떻게 될까? 기대한 대로 동작하지 않고 그대로 바로 앞의 페이지로 되돌아가 버릴 것이다.

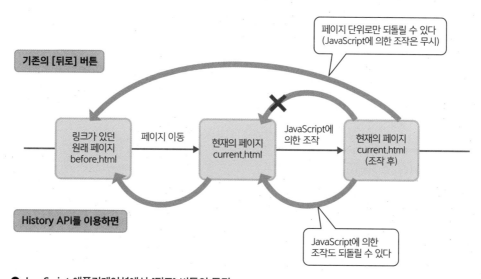

● JavaScript 애플리케이션에서 [뒤로] 버튼의 동작

여기에 이용할 수 있는 것이 pushState 메소드(History API라는 것도 있다)인데, 이 메소드를 사용하면 JavaScript에서 언제라도 브라우저의 기록을 추가할 수 있다.

우선 예제에서 구체적인 움직임을 살펴보자. [카운트 업] 버튼을 클릭하면 브라우저의 이력이 추가되는 예제다. [카운트 업] 버튼을 여러 번 클릭할 때 브라우저의 주소 표시 줄이 변화하는 것과 그후에 브라우저의 [뒤로] 버튼을 클릭하면 페이지의 상태가 되돌아가는 것을 확인해보자.

리스트 7-06 history_push.html(상)/ history_push.js(하)

```html
<input id="btn" type="button" value="카운트 업" />
<span id="result">-</span>번 클릭되었다.
```
`HTML`

```js
var count = 0;
var result = document.getElementById('result');

// [카운트 업] 버튼을 클릭했을 때 이력을 추가
document.getElementById('btn').addEventListener('click', function() {
  result.textContent = ++count;
  history.pushState(count, null, '/js/chap07/count/' + count); // ←── ❶
});

// [뒤로] 버튼으로 페이지의 상태를 앞으로 되돌림
window.addEventListener('popstate', function(e) { // ←
  count = e.state;                                 //   ❷
  result.textContent = count;                      //
}); // ←
```
`JS`

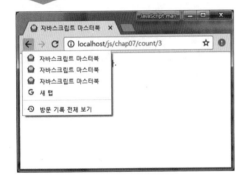

● [카운트 업] 버튼을 누른 횟수만큼 이력이 남는다

우선 브라우저에 이력을 추가하는 것은 history.pushState 메소드의 역할이다(❶).

구문 pushState 메소드

```
history.pushState (data, title [, url])
        data : 이력에 관련된 데이터      title : 식별 제목(미사용)
        url : 이력에 관련된 URL
```

인수 data에는 나중에 당시의 상태로 복원하는 데 필요한 정보를 설정한다. 여기에서는 현재의
카운트값(변수 count)을 세트하고 있는데, Ajax 통신(7.4절) 등으로 페이지의 내용을 취득하는 경
우에는 요청 시 키가 되는 정보를 저장하게 될 것이다.

[뒤로] 버튼으로 이력을 거슬러 올라갈 때의 동작은 popState 이벤트 리스너를 통해 포착할 수 있다(❷). pushState 메소드로 추가한 데이터(인수 data)에는 이벤트 객체 e의 state 프로퍼티로 액세스할 수 있다. 여기에서는 state 프로퍼티에서 얻은 카운트 값을 변수 count로 옮긴 후에 그 값을 페이지에 반영하고 있다.

▌ 7.1.7 애플리케이션에 크로스 브라우저 대책 실시하기 — navigator 객체

JavaScript로 클라이언트 측 개발을 진행할 때마다 브라우저 점유율을 무시할 수는 없다. 애플리케이션을 개발하거나 테스트할 때 브라우저를 어디까지 지원하느냐에 따라 공정이 크게 좌우되기 때문이다.

브라우저 점유율에 대해서는 'StatCounter Global Stats'(http://gs.statcounter.com/)와 같은 페이지가 있다. 애플리케이션 개발에 있어서 하나의 참고로 검토해보면 좋을 것이다.

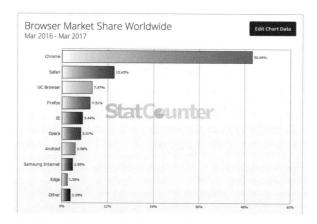

● 2017년 4월의 데스크톱 브라우저 점유율(출처: StatCounter)

지원해야 하는 브라우저가 정해졌다면 애플리케이션이 어떤 환경에서도 동일하게 작동할 수 있도록 대책을 실시해야 한다. 최근에는 표준화가 많이 진행되어 있다 해도 동일 객체라도 브라우저에 따라 미묘하게 동작이 다를 수 있기 때문이다. 이 같은 대책을 크로스 브라우저 대책이라고 한다.

크로스 브라우저 대책에는 크게 다음과 같은 방법이 있다.

- 브라우저 종류/버전에 따라 코드를 분기한다

• 특정 기능의 유무에 따라 코드를 분기한다

이러한 방법에 대해 구체적인 예를 살펴보자.

■ 브라우저의 종류/버전에 따라 판정하기

브라우저의 종류/버전 등 클라이언트의 종류를 식별하기 위한 정보를 사용자 에이전트라고 한다. 사용자 에이전트는 navigator 객체의 userAgent 프로퍼티에서 얻을 수 있다.

다음은 주요 브라우저의 사용자 에이전트다. 사용자 에이전트는 사용하는 플랫폼과 버전에 따라 미묘하게 다르므로 주의해야 한다.

● **주요 브라우저의 사용자 에이전트(예)**

브라우저	사용자 에이전트
Google Chrome	Mozilla/5.0 (Windows NT 10.0; WOW64) AppleWebKit/537.36 (KHTML, like Gecko) Chrome/51.0.2704.103 Safari/537.36
Microsoft Edge	Mozilla/5.0 (Windows NT 10.0; Win64; x64) AppleWebKit/537.36 (KHTML, like Gecko) Chrome/46.0.2486.0 Safari/537.36 Edge/13.10586
Internet Explorer 9	Mozilla/5.0 (compatible; MSIE 9.0; Windows NT 6.1; WOW64; Trident/5.0)
Internet Explorer 11	Mozilla/5.0 (Windows NT 10.0; WOW64; Trident/7.0; Touch; .NET4.0C; .NET4.0E; .NET CLR 2.0.50727; .NET CLR 3.0.30729; .NET CLR 3.5.30729; Tablet PC 2.0; InfoPath.3; MAFSJS; rv:11.0) like Gecko
Firefox	Mozilla/5.0 (Windows NT 10.0; WOW64; rv:47.0) Gecko/20100101 Firefox/47.0
Opera	Mozilla/5.0 (Windows NT 10.0; WOW64) AppleWebKit/537.36 (KHTML, like Gecko) Chrome/51.0.2704.84 Safari/537.36 OPR/38.0.2220.31
Safari	Mozilla/5.0 (Macintosh; Intel Mac OS X 10_11_3) AppleWebKit/601.4.4 (KHTML, like Gecko) Version/9.0.3 Safari/601.4.4

다음은 userAgent 프로퍼티를 사용하여 현재 이용하고 있는 Google Chrome을 판정하기 위한 코드다.

리스트 7-07 navigator.js

```
var agent = window.navigator.userAgent.toLowerCase();
...중간 생략...
var chrome = (agent.indexOf('chrome') > -1) && (agent.indexOf('edge') === -1)  && ☑
(agent.indexOf('opr') === -1);
console.log('Chrome:' + chrome);    // 결과: Chrome:true (Google Chrome에서 액세스한 경우)
```

사용자 에이전트에 'chrome'이라는 문자열이 들어 있고, 'edge/opr'가 들어 있지 않은 것을 확인하고 있다. 뒷부분의 조건에는 Microsoft Edge와 Opera 사용자 에이전트에 'chrome'이라는 문자열이 들어 있기 때문에 이를 삭제해야 한다.

그 외의 판정에 대해서도 위의 파일 navigator.js에 포함되어 있으므로 자세한 사항은 직접 소스 코드를 참조하길 바란다. 참고로 Internet Explorer의 판정은 중요하다. 왜냐하면 버전 11에서 'msie'라는 문자열이 제거되어 있기 때문이다. 따라서 Internet Explorer 11을 확인하려면 'trident/7'이라는 문자열이 있는지를 살펴볼 필요가 있다.

NOTE **Navigator 객체의 주요 멤버**

userAgent 프로퍼티 외에도 navigator 객체에서는 다음과 같은 멤버를 제공하고 있다.

● **navigator 객체의 주요 멤버**

멤버	개요
appCodeName	브라우저의 코드명
appName	브라우저명
appVersion	브라우저의 버전
geolocation	물리적인 장소의 정보. Geolocation 객체
language	사용하는 제1언어
languages	사용하는 순서대로 나열한 언어(배열)
oscpu	OS의 식별명
platform	플랫폼명

단 appName/appCodeName 등의 프로퍼티를 이용해도 제대로 브라우저를 판별할 수 없다. 예를 들어 Google Chrome, Firefox는 모두 appName/appCodeName 프로퍼티의 반환값으로 'Mozilla/Netscape'를 반환한다. 브라우저의 판별은 우선 userAgent 프로퍼티를 이용하길 바란다.

■ 특정 기능의 유무에 따라 판정하기

또 한 가지, 각 브라우저의 기능 차이를 메우기 위한 방법으로 기능 테스트라는 방법이 있다. 기능 테스트란 어떤 프로퍼티/메소드를 이용하기 전에 '시험 삼아 호출해보고 존재하는 것이 확인되면 그 기능을 실제로 호출한다'는 방법이다.

예를 들어 다음의 경우, 브라우저가 File 객체(6.4.6 절)를 제공하고 있는지를(=그 반환 값이 undefined가 아닌지를) 확인하고 제공하는 경우에만 후속 작업을 실행한다. File 객체는 Internet Explorer 10 미만에서는 지원하지 않기 때문에 오류가 되지 않도록 호출하기 앞서 미리 가능 여부를 확인하여 두는 것이 안전하다.

```
if (window.File) {
  ...File 객체를 이용한 코드...
} else {
  window.alert('File API는 이용할 수 없다.');
}
```

이상으로 크로스 브라우저 대책을 위한 두 가지 방법을 살펴보았는데, '결국 어느 것을 이용해야 하는가'라는 의문을 가질 수도 있겠다. 결론부터 말하자면, 기능 테스트를 우선해서 이용해야 한다.

왜냐하면 userAgent 프로퍼티에 의한 분기에서는 '새로운 브라우저나 새로운 버전이 등장할 때마다 분기를 추가해야 한다'는 문제가 있기 때문이다. 이것은 유지보수성의 의미에서 바람직하지 않다. userAgent 프로퍼티를 이용하는 것은 어디까지나 '특정 브라우저/버전에 의존하는 버그를 회피하는' 상황에 그치는 것이 무난하다.

7.2 | 디버그 정보 출력하기
— Console 객체

현재 일반적으로 사용하는 대부분의 브라우저는 클라이언트 측 개발에서 사용할 수 있는 개발자 도구를 제공하고 있다. console(Console) 객체는 이 개발자 도구의 콘솔에 로그 등을 출력할 수 있는 기능을 제공한다. 간단한 디버깅을 하는 데 편리한 객체다.

브라우저에 따라 동작/표시가 다른 것도 있지만 주로 개발/디버깅 용도의 객체이므로, 크로스 브라우저 대응에 그다지 신경 쓰지 말고 편리한 기능을 적극적으로 활용해 나갈 것을 추천한다.

7.2.1 콘솔에 로그 출력하기

console 객체는 지금까지 몇 번이고 이용해온 log 메소드 외에도 다음과 같은 메소드가 준비되어 있다.

● 기본적인 로그 출력을 위한 메소드

메소드	개요
log(str)	일반적인 로그
info(str)	일반 정보
warn(str)	경고
error(str)	에러

일반적으로는 log 메소드만으로도 충분하지만 info/warn/error 메소드를 이용하면 다음과 같은 이점이 있다.

- 메시지에 아이콘과 색상이 붙기 때문에 로그를 눈으로 확인하기 쉬워진다
- 콘솔에서 [Errors], [Warnings], [Info], [Logs] 등의 버튼을 ON/OFF함으로써 (Google Chrome의 경우) 표시할 로그를 추려 나갈 수 있다

복잡한 애플리케이션에서 로그의 개수가 많이 늘어난 경우에는 목적에 따라 메소드를 구분하여 사용할 것을 추천한다. 다음의 구체적인 예도 살펴보자.

리스트 7-08 **log.js**

```
console.log('로그');
console.info('정보');
console.warn('경고');
console.error('오류');
```

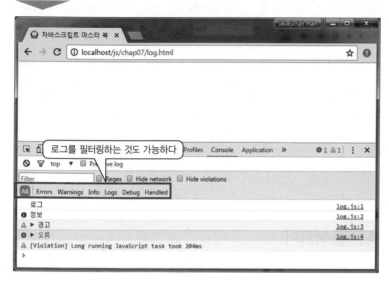

● console 객체로부터 출력된 로그

어떤 메소드라도 인수는 복수 지정할 수 있다. 이 경우 console 객체는 지정된 인수를 순서대로 출력한다.

■ 서식에 따라 문자열 출력하기

log/info/warn/error 메소드에는 다음과 같은 구문도 있다(다음은 log 메소드의 구문을 나타내고 있지만 다른 방법도 이와 같다).

구문 log 메소드

```
console.log (format, args ...)
      format : 서식 문자열
      args, ... : 서식 문자열에 삽입할 값
```

인수 format에는 다음과 같은 서식 지정자를 삽입할 수 있다.

서식 지정자	개요
%s	문자열을 출력
%d, %i	정수값을 출력(%.2d로 두 자리의 정수를 나타낸다)
%f	부동 소수점 수를 출력(%.2f로 소수점 이하 두 자리의 소수점 수를 나타낸다)
%o, %O	JavaScript 객체를 출력(콘솔상에서는 상세히 출력 가능)

%d/%i, %f는 '%.*n*d'와 같은 표현으로 나타내서 출력할 숫자의 자릿수를 지정할 수 있다(Firefox 전용). 그럼 구체적인 코드를 살펴보자.

리스트 7-09 log_format.js

```
console.log('처음 뵙겠습니다. 나는 %s입니다. %d세입니다.', '김과장', 30);
// 결과: 처음 뵙겠습니다. 나는 김과장입니다. 30세입니다.
console.log('오늘의 기온은 %.2f도입니다.', 22.5);
// 결과: 오늘의 기온은 22.50도입니다. (Firefox의 경우)
```

7.2.2 알아두면 편리한 로그 메소드

이전 절에서 보여준 것 외에도 console 객체에는 로그를 정리해 보기 편하게 하거나 특정 조건/형식으로 로그를 출력하기 위한 메소드를 준비해 놓고 있다. 용도에 따라 사용을 구분함으로써 로그를 이용한 디버깅을 더 효율적으로 사용할 수 있다.

여기에서는 주요 메소드들을 정리해보자.

■ 로그를 그룹화하기

group/groupEnd 메소드를 이용하여 group 메소드를 호출하고 나서부터 groupEnd 메소드를 호출할 때까지의 로그를 그룹화할 수 있다. 대량의 로그가 발생하는 경우에도 메소드, 루프 등의 단위로 정리함으로써 로그의 전체적인 조망을 개선할 수 있다. group/groupEnd 메소드는 중첩해서 사용할 수도 있다.

구문 group/groupEnd 메소드

```
console.group (label)
console.groupEnd ()
      label : 레이블 문자열
```

예를 들어 다음은 바깥쪽의 for 루프에서 로그 전체를 그룹화하고, 안쪽의 for 루프에서 각 하위 그룹을 작성하는 예다.

리스트 7-10 **log_group.js**

```javascript
// 부모 그룹 시작
console.group('상위 그룹');
for (var i = 0; i < 3; i++) {
  // 자식 그룹 시작
  console.group('하위 그룹' + i);
  for (var j = 0; j < 3; j++) {
    console.log(i, j);
  }
  // 자식 그룹 종료
  console.groupEnd();
}
// 부모 그룹 종료
console.groupEnd();
```

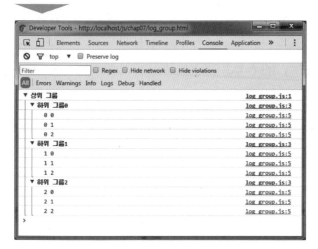

● **부모-자식 관계의 그룹 생성**

※ 단, Internet Exploer/Microsoft Edge에서는 그룹이 제대로 작동하지 않고 모든 로그가 그냥 한 그룹으로 표시된다.

또한 group 메소드와 유사한 메소드로 groupCollapsed 메소드도 있다. group 메소드와 다른 점은 출력된 그룹이 접혀서 축소된 상태로 표시된다는 점이다(물론 수동으로 확장할 수 있다). 로그 그룹이 많아지거나 전체를 파악하고자 할 경우에는 groupCollapsed 메소드를 이용하는 편이 보기에 더 좋을 것이다.

다음은 리스트 7-10의 볼드체 부분을 groupCollapsed 메소드로 대체했을 때의 결과다.

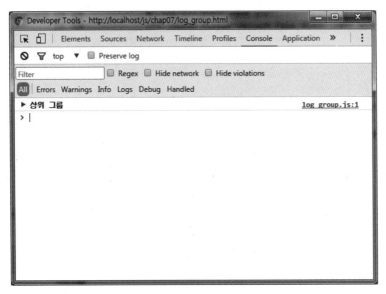

● groupCollapsed 메소드는 그룹이 접혀서 축소된 상태로 출력한다

■ 특정 코드가 몇 번 실행되었는지 카운트하기

count 메소드를 이용하여 그 행이 몇 번 호출되었는지 로그에 출력할 수 있다.

구문 count 메소드

```
console.count (label)
      label : 레이블 문자열
```

다음은 루프 안에서 count 메소드를 호출한 예다.

리스트 7-11 log_count.js

```
for (var i = 0; i < 3; i++) {
  for (var j = 0; j < 3; j++) {
    console.count('LOOP'); ←── ❶
  }
}
console.count('LOOP'); ←── ❷
```

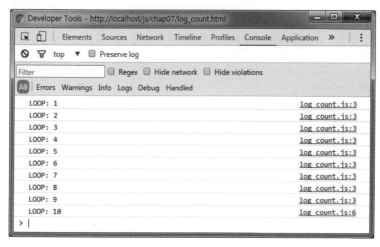

● 'LOOP' 레이블이 몇 번 호출되었는지 확인

인수 label이 동일한 것에 대해서는 몇 번 호출되었는지 알 수 있도록 '레이블: 횟수'의 형식으로 출력된다. 같은 레이블의 count 메소드를 다른 장소에서 호출해도 카운터는 제대로 작동한다.

인수 label은 생략할 수도 있지만, 그럴 경우 여러 곳에서 호출된 count 메소드는 별개로 간주되므로 주의해야 한다. 다음은 ❶❷를 'console.count();'(인수 label을 생략)로 고쳐 쓴 결과다. 분명히 ❷의 카운트가 초기화되어 있는 것을 확인할 수 있다.

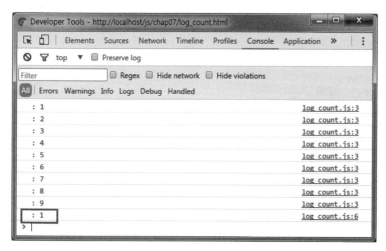

● 빈 레이블의 count 메소드를 여러 장소에서 호출한 결과

단, Internet Explorer/Microsoft Edge에서는 레이블을 지정하는 것처럼 ❷에서 카운트가 초기화되지 않고 그대로 값이 카운트 업된다.

실행 시 스택 트레이스 출력하기

trace 메소드를 사용하여 실행 시 스택 트레이스를 출력할 수 있다. 스택 트레이스란 해당 장소에 이르기까지 거쳐온 메소드(함수)의 호출 계층을 나타내는 정보다.

다음과 같이 '함수1 안에서 다른 함수2를 호출하고, 또 함수2에서 함수3을 호출하는...... ' 식으로 여러 함수가 관련하여 동작하고 있는 상황에서는 서로의 관계를 쉽게 확인할 수 있다.

리스트 7-12 **log_trace.js**

```javascript
function call1() {
  call2();
}

function call2() {
  call3();
}

function call3() {
  console.trace();
}

call1();
```

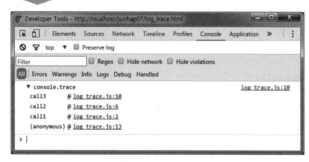

● 호출한 순서를 추적하여 표시

스크립트의 실행 시간 측정하기

time/timeEnd 메소드를 이용하여 time 메소드를 호출하고 나서부터 timeEnd 메소드를 호출할 때까지의 실행 시간을 측정할 수 있다.

```
console.time (label)
console.timeEnd (label)
        label : 레이블 문자열
```

인수 label은 타이머를 식별하기 위한 문자열이므로 time/timeEnd 메소드에서 대응 관계여야 한다. 타이머는 한 번에 여러 개를 동작하게 할 수 있다.

예를 들어 다음은 대화상자가 표시된 후 닫힐 때까지의 시간을 측정하고 있다.

리스트 7-13 **log_timer.js**

```
console.time('MyTimer');
window.alert('확인해주세요.');
console.timeEnd('MyTimer');
```

● 대화상자를 닫을 때까지의 경과 시간을 표시

■ 조건식이 false인 경우에만 로그 출력하기

assert 메소드를 사용하여 지정한 조건식이 false인 경우에만 로그를 출력한다.

구문 **assert 메소드**

```
console.assert (exp, message)
        exp : 조건식
        message : 로그 문자열
```

예를 들어, 함수에 대한 잘못된 값이 전달된 경우를 체크 및 경고할 때 assert 메소드를 이용하면 편리하다.

리스트 7-14 **log_assert.js**

```
function circle(radius) {
  console.assert(typeof radius === 'number' && radius > 0,
```

```
    '인수radius는 양수이어야 한다.');
  return radius * radius * Math.PI;
}

console.log(circle(-5));
```

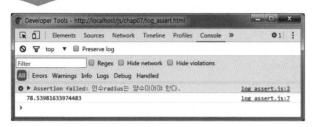

● 잘못된 인수가 건네진 경우는 에러 로그를 출력

circle 함수는 인수 radius(반지름)에 근거하여 원의 면적을 구하는 함수다. 이 예라면 인수 radius 가 '숫자이며 양수'이어야 한다. 이에 반하는 경우에는 assert 메소드에서 에러 로그를 출력한다.

■ 객체를 보기 쉬운 형식으로 출력하기

dir 메소드를 이용하여 객체의 내용을 보기 쉬운 형식으로 출력할 수 있다. 이 정도의 설명으로 는 log 메소드와의 차이를 이해하기 어려울지도 모르겠다.

예를 들어 다음 코드는 모두 동일한 window 객체의 프로퍼티를 로그 출력한다.

```
console.log(window);
console.dir(window);
```

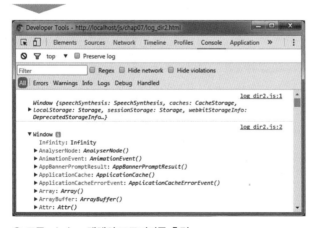

● 모두 window 객체의 프로퍼티를 출력

양자의 차이는 Element(요소) 객체를 출력하는 경우에 분명해진다. 다음 예제에서 확인해보자.

리스트 7-15 **log_dir.html(상)/log_dir.js(하)**

```html
<div id="main">
  <p>WINGS프로젝트</p>
  <img src="http://www.wings.msn.to/image/wings.jpg" />
</div>
```

```js
document.addEventListener('DOMContentLoaded', function() {
  var d = document.getElementById('main');
  console.log(d);
  console.dir(d);
}, false);
```

● log 메소드와 dir 메소드의 출력 차이

log 메소드는 Element 객체를 HTML 형식으로 출력하는 반면, dir 메소드는 객체 트리로 출력하고 있다는 점에 주목해야 한다.

7.3 | 사용자 데이터 저장하기
— Storage 객체

JavaScript의 세계에서는 원칙적으로 스크립트로부터 컴퓨터에 마음대로 데이터를 쓰는 일은 허용되지 않았다. 사용자가 사이트에 액세스했을 때 컴퓨터 안의 파일을 다시 작성해버리면 큰일이 나기 때문에 이것은 당연한 것이다.

그 예외가 되는 수단으로 브라우저에서는 초기부터 '쿠키(Cookie)'라는 메커니즘을 제공하고 있다. 웹 애플리케이션은 쿠키를 이용하여 클라이언트에 관한 소규모의 텍스트를 저장할 수 있다.

문제는 이 쿠키라는 것이 JavaScript에서 조작하기 어렵고 크기도 제한되어 있다는 것이다. 따라서 현재는 그 대안으로 Web Storage(스토리지)를 이용하는 것을 추천한다.

스토리지란, 브라우저에 내장된 데이터 스토어(저장소)다. 데이터를 특정하는 키와 값의 쌍으로 데이터를 저장하기 때문에 Key-Value형 데이터 스토어라고도 불린다.

Key(키)	Value(값)
fruit1	사과
fruit2	귤
fruit3	포도
...	...

간단한 데이터를 관리할 수 있다

키에 따라 값이 고유하게 결정된다

● Web Storage란?

아래에 쿠키와 스토리지의 차이도 정리해두었다.

● 스토리지와 쿠키의 차이

항목	스토리지	쿠키
데이터 사이즈의 상한	크다(5MB)	작다(4KB)
데이터의 유효 기한	없음	있음
데이터 통신	존재하지 않는다	요청마다 서버에도 송신

다음으로 스토리지의 기본적인 사용법을 예제와 함께 소개하고자 한다.

7.3.1 스토리지에 데이터 보관/취득하기

우선 스토리지에 데이터를 저장하고 꺼내보자.

리스트 7-16 storage.js

```
var storage = localStorage; ←——— ❶
storage.setItem('fruit1', '사과'); ←
storage.fruit2 = '귤';                              ❷
storage['fruit3'] = '포도'; ←
console.log(storage.getItem('fruit1'));    // 결과: 사과 ←
console.log(storage.fruit2);          // 결과: 귤          ❸
console.log(storage['fruit3']);       // 결과: 포도 ←
```

스토리지는 로컬 스토리지(Local Storage)와 세션 스토리지(Session Storage)로 분류되며, 각각 localStorage/sessionStorage 프로퍼티로 액세스할 수 있다. 양자는 데이터의 유효 기간/범위에서 다음과 같은 차이가 있다.

- 로컬 스토리지 ➡ 오리진 단위로 데이터를 관리한다. 창/탭 전반에 걸쳐 데이터 공유가 가능하며 브라우저를 닫더라도 데이터는 유지된다
- 세션 스토리지 ➡ 현재 세션(=브라우저가 열려있는 동안)에서만 유지되는 데이터를 관리한다. 브라우저를 클로즈한 타이밍에 데이터는 삭제되고 창/탭 간에 데이터를 공유할 수 없다

물론 양자는 용도에 따라 구분해야 하지만 일반적으로는 그다지 문제가 없다면 세션 스토리지를 우선적으로 사용할 것을 추천한다. 로컬 스토리지는 다음과 같은 문제도 있기 때문이다.

- 명시적으로 데이터를 삭제하지 않는 한 데이터가 사라지지 않는다(=쓰레기가 쌓이기 쉽다)
- 동일한 오리진에서 여러 애플리케이션을 실행하는 경우 변수명이 충돌하기 쉽다

> **NOTE 오리진이란?**
> 오리진(origin)은 'http://www.wings.msn.to:8080'처럼 '스키마://호스트명: 포트 번호'의 조합으로 나타내는 단위를 말한다. 스토리지에서는 오리진 단위로 데이터를 관리하기 때문에 현재의 호스트에서 저장된 데이터를 다른 호스트의 애플리케이션에서 읽을 수 없다.

로컬 스토리지/세션 스토리지는 액세스를 위한 프로퍼티가 다를 뿐 이후의 조작 방법은 같다.

따라서 처음에는 locatStorage/sessionStorage 프로퍼티의 반환값(Storage 개체)을 변수에 저장할 것을 추천한다(❶). 이에 따라 '나중에 스토리지를 전환하겠다'고 하는 경우에도 ❶만 바꿔주면 되기 때문이다.

데이터 설정/취득은 ❷❸처럼 한다. 여러 구문이 있기 때문에 다음의 표로 정리하였다.

● 스토리지에 데이터를 설정/취득하는 방법

기법	구문
프로퍼티 구문	storage.키명
대괄호 구문	storage['키명']
메소드 구문(취득)	storage.getItem('키명')
메소드 구문(설정)	storage.setItem('키명', '값')

일반적으로 간단하게 표현할 수 있는 프로퍼티 구문이 편리하다. 그러나 '123'과 같이 식별자로 사용할 수 없는 이름은 프로퍼티 구문으로는 이용할 수 없다. 이런 경우나 이름을 문자열로 지정하고 싶은(=입력 값에 따라 변경하고 싶은) 경우에는 대괄호 구문을 사용한다. 메소드 구문도 같은 용도로 사용할 수 있지만, 약간 기술이 중복되기 때문에 필자는 대괄호 구문을 우선적으로 이용하고 있다.

■ 개발자 도구로 스토리지의 내용 확인하기

스토리지의 내용은 개발자 도구에서 확인할 수 있다. Google Chrome이면 [Application] 탭의 [Local Storage](또는 [Session Storage]) – [<IP 주소 또는 localhost>]에서 스토리지의 내용을 확인할 수 있다. 각 행에서 데이터를 삽입/수정/삭제할 수 있다.

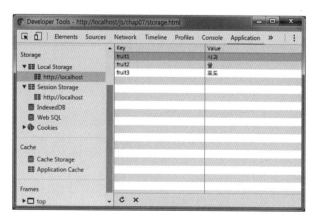

● 스토리지의 내용 확인(Google Chrome의 경우)

7.3.2 기존 데이터 삭제하기

스크립트에서 기존 데이터를 삭제하려면 removeItem 메소드나 delete 연산자를 이용한다. 예를 들어 다음 세 줄의 코드는 모두 같다.

```
storage.removeItem('fruit1');
delete storage.fruit1;
delete storage['fruit1'];
```

무조건적으로 모든 데이터를 삭제하고자 한다면, clear 메소드를 이용해도 상관없다.

```
storage.clear();
```

방금 전 언급했듯이, 로컬 스토리지는 명시적으로 데이터를 삭제하지 않는 한 영원히 데이터를 계속 유지한다. 우선은 세션 스토리지를 이용해야 하지만 로컬 스토리지를 이용할 경우에는 어디에서 데이터를 삭제할지 미리 규칙화하고 있어야 한다.

7.3.3 스토리지로부터 모든 데이터 추출하기

다음과 같은 코드를 작성하여 스토리지에서 모든 데이터를 추출할 수 있다.

리스트 7-17 **storage_all.js**

```
var storage = localStorage;
for (var i = 0, len = storage.length; i < len; i++) {  ←— ❶
  var k = storage.key(i);  ←— ❷
  var v = storage[k];  ←— ❸
  console.log(k + ':' + v);
}
```

```
fruit1 : 사과
fruit2 : 귤
fruit3 : 포도
```

length 프로퍼티(❶)는 스토리지에 저장되어 있는 데이터의 개수를 나타낸다. 여기에서는 for 루프를 사용하여 0~storage.length-1개째의 데이터를 스토리지에서 꺼내고 있다.

i번째 데이터의 키를 얻으려면 key 메소드를 이용한다(❷).

```
console.key (index)
      index : 인덱스 번호(시작은 0)
```

키명을 취득할 수 있으면 나머지는 앞에서도 언급한 대괄호 구문으로 값에 액세스할 수 있다
(❸). 다른 해법으로 getItem 메소드를 이용해도 상관없다.

7.3.4 스토리지에 객체 보관/취득하기

스토리지에 저장할 수 있는 형식은 문자열을 전제로 한다(브라우저 사양상 객체도 저장할 수 있어야
하지만, 현재의 브라우저에서는 지원하지 않는다). 객체를 저장해도 오류가 발생하지는 않지만, 내부
적으로는 toString 메소드로 문자열화 되기 때문에 나중에 객체로 복원할 수 없다.

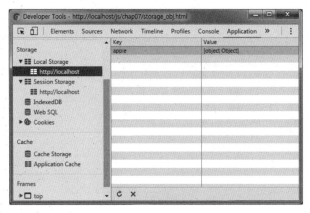

● 스토리지에 객체를 그대로 보관했을 때의 결과

그러므로 객체를 스토리지에 저장하는 경우에는 '복원 가능한 문자열'로 변환해야 한다. 구체적
으로는 다음과 같다.

리스트 7-18 **storage_obj.js**

```
var storage = localStorage;
var apple = { name: '사과', price: 150, made: '아오모리' };
storage.setItem('apple', JSON.stringify(apple)); ←── ❶
var data = JSON.parse(storage.getItem('apple')); ←── ❷
console.log(data.name); // 결과: 사과 ←── ❸
```

객체를 복원할 수 있는 문자열로 변환하는 것은 JSON.stringify 메소드(3.7.3절)의 역할이다(❶). 변환 후의 값은 다음과 같이 객체 리터럴과 비슷한 기법으로 쓰인 문자열이므로 그대로 스토리지에 저장할 수 있다.

```
{ name: '사과', price: 150, made: '아오모리' }
```

데이터를 추출할 때는 문자열을 JSON.parse 메소드에 전달하여 객체로 복원할 수 있다(❷). ❸ 과 같이 data.name처럼 개별 프로퍼티에 액세스할 수 있음을 확인할 수 있다.

■ 스토리지에서 이름 충돌 방지하기

아까도 언급했듯이, 로컬 스토리지는 오리진 단위로 데이터를 관리한다. 특히 하나의 오리진에서 복수의 애플리케이션이 실행되는 경우에는 이름 충돌의 위험을 방지하기 위해 하나의 애플리케이션에서 사용할 데이터는 최대한 하나의 객체에 넣어둘 것을 추천한다.

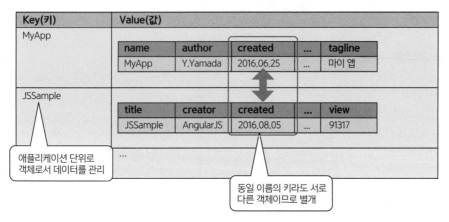

● 애플리케이션 단위로 데이터 보존하기

단, 값이 들어가고 나가는 것 때문에 객체의 변환을 의식하는 것은 귀찮으므로 다음과 같은 MyStorage 클래스를 준비하는 것이 편리하다.

리스트 7-19 **MyStorage.js**

```javascript
var MyStorage = function(app) {
  // 애플리케이션명
  this.app = app;
  // 이용할 스토리지의 종류(여기서는 로컬 스토리지)
  this.storage = localStorage;
  // 스토리지로부터 읽어 들인 객체
```

```
  // 해당하는 데이터가 없는 경우는 빈 객체를 생성
  this.data = JSON.parse(this.storage[this.app] || '{}');
};

MyStorage.prototype = {
  // 지정된 키로 값을 취득
  getItem: function(key) {
    return this.data[key];
  },
  // 지정된 키/값으로 객체를 고쳐 쓰기
  setItem: function(key, value) {
    this.data[key] = value;
  },
  // MyStorage 객체의 내용을 스토리지에 보관
  save: function() {
    this.storage[this.app] = JSON.stringify(this.data);
  }
};
```

MyStorage 객체를 이용하려면 다음과 같이 한다.

리스트 7-20 storage_call.js

```
var storage = new MyStorage('JSSample');
storage.setItem('hoge', '호게');
console.log(storage.getItem('hoge'));      // 결과: 호게
storage.save();
```

MyStorage 객체는 setItem 메소드만으로는 스토리지에 값이 반영되지 않는다는 점에 주목해야한다. 마지막으로 save 메소드를 호출하면 스토리지에 반영된다.

개발자 도구에서 확인하면 분명히 JSSample라는 객체 안에 hoge라는 키값이 저장되어 있을 것이다.

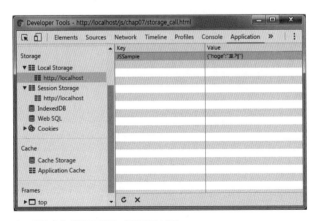

● 애플리케이션 단위로 데이터를 보존

7.3.5 스토리지의 변경 감시하기

스토리지를 이용하다 보면, '다른 창/탭에서 발생한 스토리지의 변화를 감지하여 현재 페이지에 반영시키고 싶다'는 상황도 생긴다. 이러한 경우에는 storage 이벤트를 이용한다.

예를 들어 다음은 스토리지에 대한 변경을 감시하여 변경 내용을 로그로 출력하는 예다. 일반적인 애플리케이션에서는 스토리지의 내용에 기초하여 생성되어 있는 콘텐츠를 갱신할 것이다.

리스트 7-21 **storage_ev.js**

```javascript
window.addEventListener('storage', function (e) {
  console.log('변경된 키:' + e.key);
  console.log('변경 전의 값:' + e.oldValue);
  console.log('변경 후의 값:' + e.newValue);
  console.log('발생원 페이지:' + e.url);
}, false);
```

```
변경된 키 : fruit1
변경 전의 값 : 사과
변경 후의 값 : 없음
발생원 페이지 : http://localhost/js/chap07/storage_up.html
```

※ 예제를 테스트하려면 storage_ev.html을 시작한 상태로 다른 창에서 storage_up.html에 액세스하면 된다.

storage 이벤트 리스너에서는 이벤트 객체 e를 통해 다음과 같은 정보에 액세스할 수 있다.

● **이벤트 객체 경유로 취득할 수 있는 주요 정보**

프로퍼티	개요
key	변경된 키
oldValue	변경 전 값
newValue	변경 후 값
url	변경 발생원의 페이지
storageArea	영향을 받은 스토리지(localStorage/sessionStorage 객체)

7.4 | 서버 연계로 고급 UI 구현하기 ─ Ajax

Ajax(Asynchronous JavaScript + XML)를 한마디로 정의하면, 'JavaScript(XMLHttpRequest 객체)를 이용해 서버 측과 비동기 통신을 실시한 후 응답받은 결과를 DOM(DocumentObjectModel) 경유로 페이지에 반영하는 구조라고 할 수 있다. 다음의 그림을 참조하면 개념을 파악하는 데 도움이 될 것이다.

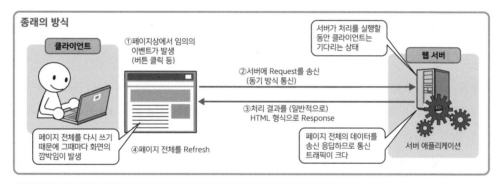

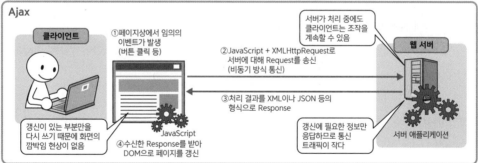

● 종래의 웹 애플리케이션과 Ajax 애플리케이션의 비교

종래의 웹 애플리케이션(동기 통신)이라면 사용자는 서버 통신을 실시할 때마다 결과가 반환되는 것을 기다려야 했다. 그에 반해 Ajax(비동기 통신)는 서버가 처리 중인 상황에서도 클라이언트 측에서 조작을 계속할 수 있다.

또 종래의 애플리케이션에서는 서버와 통신할 때마다 페이지 전체를 리프레쉬할 필요가 있었으나 Ajax에서는 페이지의 필요한 부분만을 부분적으로 갱신하기 때문에 종래에 흔히 있었던 통신 시 페이지의 깜박임 현상을 억제할 수 있다. 동일한 이유로 클라이언트/서버 간의 트래픽 양을 최소화할 수 있기 때문에 퍼포먼스의 향상을 기대할 수 있다.

'보다 직관적인 데스크톱 애플리케이션과 매우 유사한 사용자 인터페이스를 제공할 수 있다'는 선전으로 Ajax 기술은 2005년에 등장한 이후 급속히 보급되었다. 현재는 관련 라이브러리 및 프레임워크도 당연한 것처럼 지원하고 있어 클라이언트 측 JavaScript를 다루는 데 필수적인 기술 중 하나가 되었다.

7.4.1 PHP의 'Hello, World'와 Ajax의 'Hello, World' 비교하기

서론은 이 정도로 하고, 이제부터는 구체적인 애플리케이션을 통해 실제의 Ajax 개발을 체험해보기로 하자.

다음에 소개할 것은 지극히 간단한 Hello, World 애플리케이션이다. 참고로 여기에서는 서버 측과 연계해야 하는 이유로 인해, 서버 측 기술로 PHP(PHP:Hypertext Preprocessor)를 사용하고 있다. Ajax는 서버 측에서 사용하는 기술을 제한하지는 않는다. 예를 들어 ASP.NET나 JSP(JavaServer Pages)&서블릿, Ruby와 같은 기술을 이용할 수도 있다.

> **N O T E 서버 측 환경을 구축하려면**
>
> PHP를 이용하기 위한 환경 설정의 순서에 대해서는 필자의 사이트 '서버 측 기술의 배움터– WINGS (http://www.wings.msn.to/)' – '서버 측 환경 구축 설정' 등을 참고하기 바란다.

종래의 애플리케이션과 Ajax 대응 애플리케이션의 차이를 이해하기 위해 우선 PHP만을 사용해서 구현한 Hello, World 애플리케이션부터 보기로 하자.

다시 말하지만 이 책은 PHP를 이해하는 것이 목적이 아니기 때문에 PHP에 대한 설명은 코드의 흐름을 대략적으로 파악해두는 정도로만 하고, 상세한 부분에 대해서는 이 책에서 설명하지 않겠다. PHP에 관한 상세한 사항은 다른 관련 서적을 참고하기 바란다.

리스트 7-22 hello.php

```php
<form method="POST" action="hello.php">
  <label for="name">이름:</label>
  <input type="text" name="name" size="15" />
  <input type="submit" name="submit" value="송신" />
</form>
<?php
if ($_REQUEST['submit'] !== null) {
  // 3초간 처리를 중단(서버 처리를 체감하기 위한 더미 지연)
  sleep(3);
  print('안녕하세요, '. htmlspecialchars($_POST['name'], ENT_QUOTES | ENT_HTML5, 🗹
'UTF-8').'씨!');
}
?>
```

● 입력된 이름에 따라 인사 메시지 생성

hello.php를 서버에 배치한 후 실제로 브라우저에서 액세스해보자. 텍스트 박스에 적당한 이름을 입력해 [송신] 버튼을 클릭하면, 몇 초 후 폼 하부에 '안녕하세요, 00씨!'와 같은 메시지가 표시될 것이다.

동작에서 주목해야 할 것은 다음의 두 가지다.

(1) 결과를 표시할 때 페이지 전체가 다시 작성된다

본래 여기서 갱신이 필요한 것은 '안녕하세요, 00씨!'라고 하는 메시지 부분만이다. 그러나 종래의 웹 애플리케이션에서는 페이지의 일부를 고쳐 쓰는 경우에도 항상 페이지 전체를 리프레쉬할 필요가 있다. 그 결과 클라이언트/서버 간의 트래픽 양은 쓸데없이 많아지고, 다시 작성됨에 따른 화면의 깜박임 현상도 발생한다. 또 텍스트 박스에 입력한 문자열도 초기 상태로 돌아와 버린다(물론, 입력값을 유지할 수도 있으나 그러한 처리를 위해서는 서버 측에서 그에 상응하는 처리를 마련할 필요가 있다).

(2) 서버와 통신하고 있는 동안 클라이언트 측은 조작을 계속 할 수 없다

기존의 웹 애플리케이션은 동기 통신이 기본이다. 즉, 클라이언트 측의 처리와 서버 측의 처리는 서로 동기 상태이기 때문에 클라이언트 측은 서버 측에 요구를 보낸 후, 서버 측에서 응답이 있을 때까지 그 다음의 조작을 실시할 수 없다.

위와 같은 문제점을 이해한 다음, 리스트 7-22의 내용을 Ajax 기술을 사용해 바꿔 써 보기로 하자. Ajax 애플리케이션을 구현하는 경우 크게 아래의 두 가지가 필요하다.

- 클라이언트 측에서 동작하는 파일(HTML 파일)
- 서버 측에서 동작하는 파일(여기에서는 PHP 스크립트)

리스트 7-23 hello_ajax.html(상)/hello_ajax.js(중)/hello_ajax.php(하)

```html
<form>
  <label for="name">이름:</label>
  <input id="name" type="text" name="name" size="15" />
  <input id="btn" type="button" name="submit" value="송신" />
</form>
<div id="result"></div>
```

```js
document.addEventListener('DOMContentLoaded', function() {
  document.getElementById('btn').addEventListener('click', function() {
    var result = document.getElementById('result');
    var xhr = new XMLHttpRequest();
    xhr.onreadystatechange = function() {
      if (xhr.readyState === 4) { // 통신이 완료되었을 때
        if (xhr.status === 200) { // 통신이 성공했을 때
          result.textContent = xhr.responseText;
        } else { // 통신이 실패하였을 때
          result.textContent = '서버 에러가 발생하였습니다.';
        }
      } else {      // 통신이 완료되기 전
        result.textContent = '통신 중...';
      }
    };
    // 서버와의 비동기 통신을 시작
    xhr.open('GET', 'hello_ajax.php?name=' +
      encodeURIComponent(document.getElementById('name').value), true);
    xhr.send(null);
  }, false);
}, false);
```

```php
<?php
// 3초간 처리를 중단(서버 처리를 체감하기 위한 더비 지연)
sleep(3);
print('안녕하세요'.$_REQUEST['name'].'씨!');
```

● 입력된 이름에 따라 인사 메시지 생성

코드의 상세한 내용은 나중에 설명하기로 하고 우선은 파일들을 서버에 배치한 다음, 브라우저를 통해 실행해보자.

실행 결과만을 보면, 방금 전의 결과와 달라 보이지 않을지도 모른다. 그러나 동작의 모습을 주의 깊게 보면 다음과 같은 차이가 보일 것이다.

- 결과를 표시할 때 페이지의 '필요한 부분만' 고쳐 쓴다
- 서버 통신 중에도 클라이언트 측은 계속 조작할 수 있다

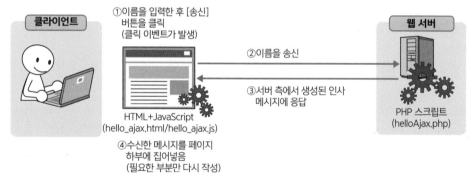

● 본 예제의 처리 흐름

■ Ajax의 세 가지 이점

여기서 다시 한 번 Ajax 기술의 이점을 정리해보자.

(1) 조작성의 개선

- 통신마다 발생하고 있던 페이지의 깜박임을 해소
- 서버가 처리 중일 때도 클라이언트 측에서는 처리를 계속해서 실행할 수 있다

(2) 퍼포먼스의 향상

- 페이지의 필요한 부분만 갱신하므로 통신량을 최소한으로 억제할 수 있다
- 서버의 처리 종료를 기다릴 필요가 없기 때문에 본래의 체감 속도가 향상된다

(3) 개발 생산성/운용성의 향상

- 고품격의 유저 인터페이스를 브라우저 표준의 기술만으로 구축할 수 있다(새로운 기술을 습득할 필요가 없다)
- 동작을 위한 별도의 특수 플러그인을 필요로 하지 않기 때문에 도입이 용이하다

게다가 종래의 기술에서는 실현될 수 없었던(하기 어려웠던) 기능도 Ajax 기술을 이용하면 쉽게 구현이 가능하다. 예를 들어, 블로그 투고란에서 '편집 중의 내용을 정기적으로 자동 보존하고 싶다'고 생각해도 예전에는 실현하기 어려운 것이었다(할 수 없는 것은 아니지만, 자동 보존 시 사용자의 조작은 중단되기 때문에 오히려 조작성은 저하되었다). 그러나 이제는 Ajax 기술을 이용하여 사용자들이 굳이 이러한 일들에 신경쓰지 않도록 배후에서 이러한 처리를 할 수 있게 되었다.

▌ 7.4.2 Ajax 애플리케이션 구현의 기본

Ajax 애플리케이션을 구현하는 기본 순서는 다음과 같다.

- XMLHttpRequest 객체를 생성
- 서버 통신 시의 처리를 정의
- 비동기 통신을 개시

요즘에는 Ajax의 구현에 라이브러리를 이용하는 것이 일반적이다. 그러나 우선은 실제 JavaScript에서의 구현을 이해하여 Ajax에 의한 처리의 흐름을 파악해두는 것이 중요하다.

그럼 순서대로 살펴보자.

■ XMLHttpRequest 객체 생성하기

비동기 통신을 관리하는 것은 XMLHttpRequest 객체의 역할이다. XMLHttpRequest 객체를 이용함으로써 지금까지 브라우저가 실행해온 서버와의 통신 부분을 JavaScript가 제어할 수 있게 된다.

XMLHttpRequest 객체로 이용 가능한 멤버는 다음과 같다.

분류	멤버	개요
프로퍼티	*response ▣	응답 본체를 취득
	*readyState	HTTP 통신 상태를 취득
	*responseText	응답 본체를 plaintext로 취득
	responseType ▣	응답의 타입
	*responseXML	응답 본체를 XML(XMLDocument 객체)로 취득
	*status	HTTP Status 코드를 취득
	*statusText	HTTP Status의 상세 메시지를 취득
	timeout	요청을 자동적으로 종료할 때까지의 시간
	withCredentials ▣	크로스 오리진 통신 시 인증 정보를 송신할 것인가
	onreadystatechange	통신 상태가 변화된 타이밍에 호출되는 이벤트 핸들러
	ontimeout	요청이 타임아웃 하는 타이밍에 호출되는 이벤트 핸들러
메소드	abort()	현재의 비동기 통신을 중단
	**getAllResponseHeaders()	수신한 모든 HTTP 응답 헤더를 취득
	**getResponseHeader(header)	지정한 HTTP 응답 헤더를 취득
	open(...)	HTTP 요청을 초기화(구문의 상세 설명은 나중에)
	setRequestHeader(header, value)	HTTP 요청 시 송신하는 헤더를 추가
	send(body)	HTTP 요청을 송신(인수 body는 요청 본체)

'XMLHttpRequest'라는 이름임에도 불구하고 통신에 이용하는 데이터 형식/프로토콜은 XML, HTTP에 한정되는 것이 아니다. 예를 들어 responseText 프로퍼티를 이용함으로써 '일반 텍스트', 'HTML 문자열', 'JSON 문자열'을 받을 수도 있다. 오히려 현재는 '나중 처리가 중복되기 쉽다', '데이터 크기가 팽창하기 쉽다'는 이유로 XML을 이용하는 경우가 줄어든 상황이다. XMLHttpRequest는 '어디까지나 클라이언트/서버 간의 일반적인 통신을 담당하는 객체다'라고 이해해두자.

■ 서버 통신 시 처리 정의하기

XMLHttpRequest 객체를 생성했으면 onreadystatechange 프로퍼티로 통신 시작부터 종료까지 실행해야 할 처리를 정의한다. onreadystatechange는 통신 상태가 변화한 타이밍에 호출되는 이벤트 핸들러다. onreadystatechange 이벤트 핸들러를 이용함으로써, 예를 들어 다음과 같은 처리를 구현할 수 있다.

- 서버로부터 정상적인 응답을 받아들인 타이밍에 페이지의 갱신 처리를 실시한다
- 서버로부터 에러가 반환되었을 경우에 에러 메시지를 표시한다
- 서버에서의 통신을 시작한 타이밍에 '통신 중 … ' 메시지를 표시한다

onreadystatechange 이벤트 핸들러의 일반적인 처리 흐름은 다음과 같다.

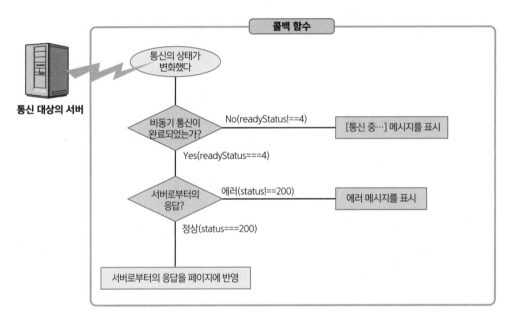

● 콜백 함수에서의 처리 흐름

우선 readyState/status 프로퍼티로 통신 상태나 응답 Status를 확인한다. readyState/status 프로퍼티의 반환값은 다음과 같다.

● readyState 프로퍼티의 반환값

반환값	개요
0	미초기화(open 메소드가 호출되지 않음)
1	로드 중(open 메소드는 호출됐지만, send 메소드는 호출되지 않음)
2	로드 완료(send 메소드는 호출됐지만, 응답 스테이터스/헤더는 미취득)
3	일부 응답을 취득(응답 Status/헤더만 취득, 본체는 미취득)
4	모든 응답 데이터 취득 완료

반환값	개요
200	OK(처리 성공)
401	Unauthorized(인증이 필요)
403	Forbidden(액세스가 거부되었다)
404	Not Found(리퀘스트 된 자원이 존재하지 않는다)
500	Internal Server Error(내부 서버 에러)
503	Service Unavailable(요구한 서버 이용 불가)

여기에서는 'readyState 프로퍼티가 4(=모든 응답 데이터를 취득)'이며 'status 프로퍼티가 200(=처리가 성공)'인 경우에 서버로부터의 응답을 취득해 이것을 <div id = "result"> 요소에 반영하고 있다.

서버로부터 응답을 취득하는 프로퍼티에는 responseText/responseXML/response 프로퍼티 세 가지가 있는데, 일반적인 텍스트를 취득하려면 responseText 프로퍼티를 사용하면 된다. 응답에 따라 각각 아래와 같은 메시지를 표시한다.

· 서버로부터 응답이 반환되지 않는(readyState 프로퍼티가 4 이외인) 경우
   ➡ '통신 중 ... '이라는 진행 중임을 알리는 메시지

· 응답은 취득했으나 서버 측에서 무언가 에러가 발생하고 있는(status 프로퍼티가 200 이외인) 경우
   ➡ 에러 메시지

NOTE 진행 중임을 알리는 메시지를 나타내는 것은 개발자의 책임

동기 통신(Ajax 기술을 이용하지 않는 통상의 포스트백)인 경우에 브라우저는 그 아이콘이나 프로그레스 바 등을 통해 통신 상태를 나타낸다.

한편, 비동기 통신에서는 이처럼 통신의 상황을 눈에 보이도록 하는 것이 없다. 그 때문에 정상적인 처리 중이라 해도 최종 사용자는 '통신 중인가' 아니면 '다운되었나' 혹은 '클릭 등의 액션을 인식하지 못한 것인가'와 같은 판별이 어렵다. 결과적으로, 최종 사용자가 버튼을 두 번 눌러 버리거나 페이지를 리로드 하는 등 불필요한 조작(처리)이 발생하는 원인이 될지도 모른다.

Ajax 애플리케이션에 있어서 사용자에게 현재의 통신 상태를 명시적으로 나타내는 것은 애플리케이션 개발자의 책임임을 명심하자.

■ 서버 통신 시 처리 정의하기 ▣█

XMLHttpRequest 객체에는 다음과 같은 이벤트가 준비되어 있어 이들을 이용하여 통신 시의 처리를 정의할 수도 있다.

● **XMLHttpRequest 객체의 주요 이벤트**

이벤트	발생 타이밍
loadstart	요청을 송신했을 때
progress	데이터를 송수신하고 있는 중
timeout	요청이 타임 아웃했을 때
abort	요청이 취소되었을 때
load	요청이 성공했을 때
error	요청이 실패했을 때
loadend	정상/비정상에 상관없이 요청이 완료되었을 때

이러한 이벤트를 이용함으로써 readyState/status 프로퍼티에 의한 판정이 불필요하므로 더욱 코드를 작성하기가 쉬워진다. 그러나 이러한 이벤트는 Internet Explorer에서는 버전 10 이상에서만 동작하므로 주의해야 한다(load 이벤트만 버전 9에도 대응하고 있다).

다음은 이 이벤트를 이용하여 리스트 7-23의 볼드체 부분을 고쳐 쓴 것이다.

리스트 7-24 hello_ajax.js (변경된 부분만)

```javascript
xhr.addEventListener('loadstart', function() {
  result.textContent = '통신 중...';
}, false);

xhr.addEventListener('load', function() {
  result.textContent = xhr.responseText;
}, false);

xhr.addEventListener('error', function() {
  result.textContent = '서버 에러가 발생하였습니다.';
}, false);
```

■ 서버와의 통신을 시작하기

이로써 비동기 통신을 실행하기 위한 준비가 완료되었다. 이제는 실제로 요청 데이터(request)를 서버에 송신해보자. 요청을 송신하려면, 우선 open 메소드로 요청을 초기화한다.

```
xhr.open (method, url [, async [, user [, passwd]]])
        xhr : XMLHttpRequest 객체
        method : HTTP 메소드 (GET / POST / PUT / DELETE)
        url : 액세스된 URL        async : 비동기 통신 여부 (디폴트는 true)
        user : 인증시 사용자명      passwd : 인증 시 암호
```

```
xhr.open('GET', 'hello_ajax.php?name=' +
encodeURIComponent(document.getElementById('name').value), true);
```

인수 method로 자주 이용하는 것은 'GET'과 'POST'다. GET은 데이터의 취득을 주된 목적으로 하는 메소드다. 수백 바이트 이내의 데이터를 송신하는 경우에는 GET으로도 무난하게 사용할 수 있지만 그 이상의 큰 데이터를 송신하고 싶은 경우에는 POST를 사용한다.

GET 메소드로 데이터를 송신하려면 URL의 말미에 다음과 같은 형식으로 데이터를 추가한다 (이러한 형식의 정보를 쿼리 정보라고 부른다).

```
?키명=값& ...
```

참고로 값은 멀티바이트 문자나 그 외의 예약어가 포함되어 있는 경우를 대비하여, encodeURIComponent 함수로 encode 처리해두는 것이 좋다.

인수 async에는 통신을 비동기로 실시할지를 지정한다. 지금까지 여러 번 반복하였듯이, Ajax는 기본적으로 비동기 통신을 전제로 한 기술이므로 일반적으로는 기본값인 true(비동기 통신)로 한다. false(동기 통신)로 해야 하는 것은 아니다.

> **NOTE 크로스 오리진 지정은 불가**
>
> 보안상의 이유로 원칙적으로는 XMLHttpRequest.open 메소드에 다른 오리진을 지정할 수 없다(예외적인 수법에 대해서는 나중에 다루겠다). 기존 브라우저에서는 (동일 오리진이라 할지라도) 호스트명을 명시하는 것 자체만으로 올바르게 처리할 수 없는 것도 있기 때문에 주의해야 한다. open 메소드의 URL은 반드시 상대 패스로 지정해야 한다.

요청 준비가 되면 마지막으로 send 메소드를 이용해 요청을 송신한다. send 메소드의 인수는 open 메소드의 제1인수로서 POST를 지정했을 경우에만 요청 본체를 지정할 수 있다. 이번에는 GET 메소드를 지정했으므로 null을 지정해두자.

반복해서 말하지만 send 메소드에 의한 리퀘스트의 결과는 onreadystatechange 프로퍼티에 지정한 콜백 함수로 처리가 가능하다.

이상으로, XMLHttpRequest 객체를 이용한 비동기 통신의 기본적인 절차는 완료했다.

■ 포스트 데이터 처리하기

GET 메소드는 약간의 데이터를 송신하는 데 편리하지만 송신할 수 있는 정보량에 제한이 있다. 구체적인 사이즈 제한은 사용하고 있는 환경에 따라 다르지만, 수백 바이트를 넘는 데이터를 송신하는 경우에는 통상적으로 (GET이 아닌) POST를 이용하는 것이 좋다.

POST 메소드를 사용하는 경우에는 리스트 7-23의 요청 송신 부분을 아래와 같이 고쳐 쓸 필요가 있다.

```
xhr.open('GET', 'hello_ajax.php?name=' +
  encodeURIComponent(document.getElementById('name').value), true);
xhr.send(null);
```

```
xhr.open('POST', 'hello_ajax.php', true);
xhr.setRequestHeader('content-type',
 'application/x-www-form-urlencoded;charset=UTF-8');
xhr.send('name=' +
 encodeURIComponent(document.getElementById('name').value));
```

여기에서 포인트는 두 가지다.

(1) Content-Type 헤더에 'application/x-www-form-urlencoded; charset=UTF-8'을 지정한다

Content-Type 헤더는 리퀘스트 데이터의 형태를 나타내기 위한 정보다. Content-Type 헤더를 명시하고 있지 않는 경우에는 사용하고 있는 브라우저에 따라 제대로 데이터를 송신할 수 없게 될 가능성도 있기 때문에 주의가 필요하다.

(2) 요구 데이터는 send 메소드의 인수로 지정한다

GET 메소드에서는 URL의 말미에 쿼리 정보로 부여하고 있지만, POST 메소드에서는 이 방법을 사용할 수 없다. GET 메소드의 경우와 같이 형식은 '키명=값& ... ' 값도 미리 encodeURIComponent 함수로 인코딩해둘 필요가 있다.

7.4.3 Ajax 애플리케이션에서 구조화 데이터 다루기

지금까지는 서버로부터의 응답 데이터가 단순한 텍스트인 예를 소개하였다. 그러나 더 복잡한 애플리케이션이 되면 이러한 단순한 데이터뿐만 아니라 배열이나 객체와 같은 구조화 데이터를 취급하고 싶은 경우도 나올 것이다. 그래서 여기에서는 이러한 구조화 데이터를 Ajax 애플리케이션으로 취급하는 방법에 대해 알아보기로 하자.

■ Ajax로 이용할 데이터 형식

Ajax(Asynchronous JavaScript + 'XML')라는 이름을 보고 'Ajax로 데이터를 전송하려면 XML이 필수다'라고 생각할지도 모르겠다. 하지만 Ajax에 XML은 필수가 아니다. 오히려 요즘에는 Ajax 통신에 XML을 이용하는 경우가 별로 없다. 왜냐하면 다음과 같은 이유 때문이다.

- 태그 묶음의 특성상 데이터양이 늘어나기 쉽다
- 데이터를 조작하기 위한 DOM 프로그래밍 코드가 중복되기 쉽다

그래서 최근의 Ajax 통신에서 가장 많이 사용되는 것은 JSON(JavaScript Object Notation)이라는 형식이다. 예를 들어 다음은 서적 정보를 JSON 형식으로 나타낸 예다.

```
{
  "isbn": "978-4-7741-8030-4",
  "title": "Java 포켓 레퍼런스",
  "publish": "기술 평론사",
  "price": 26800
}
```

위의 예를 보면 알겠지만, JSON은 JavaScript의 객체 리터럴을 근간으로 한 데이터 형식이다. 그 때문에 다음과 같은 장점이 있다.

- JSON.parse 메소드(3.7.3절)를 이용하면 객체 그대로 사용 가능하다
- XML에 비하면 데이터 사이즈가 작다

또한, JSON은 이미 Ajax 기술의 일부로 정착되었다는 점에서 JavaScript뿐만 아니라 주요 언어(라이브러리)에서 채택하고 있다. 따라서 객체에서 JSON 형식으로의 변환 수단을 제공하고 있다는 점은 작업에 있어 기뻐할 만한 포인트다.

어디까지나 간단하고 쉬운 데이터 교환을 목적으로 한 포맷이므로 표현할 수 있는 구조에는 약간의 제약도 있긴 하지만 Ajax에서의 이용으로 한정하면 그것이 제약이 되는 일은 거의 없을 것이다.

■ '하테나 북마크 검색 기능' 구현하기

서론이 길어졌다. 여기서부터는 구체적인 예를 살펴보도록 하자. 여기에서 소개하는 것은 '하테나 북마크 엔트리 정보 취득 API(http://developer.hatena.ne.jp/ja/documents/bookmark/apis/getinfo)'를 이용하여 지정된 페이지에 기재되어 있는 북마크 정보를 리스트로 표시하는 예다.

● 지정된 페이지에 대응하는 북마크 정보를 리스트로 표시

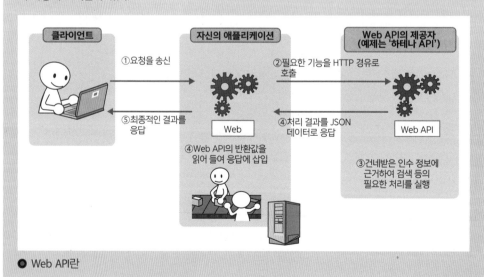

NOTE   Web API란

'하테나 북마크 엔트리 정보 검색 API'처럼 인터넷을 통해 호출할 수 있는 서비스를 Web API라고 한다. Web API를 이용함으로써 네트워크상의 어딘가에서 공개되는 고급 기능(또는 데이터베이스)을 마치 자신이 제공하고 있는 서비스인 것처럼 활용할 수 있다. 예를 들어, '하테나 북마크 엔트리 정보 검색 API'라면 하테나가 제공하는 방대한 북마크 정보를 마치 자신의 데이터베이스인 것처럼 검색하여 얻은 결과를 자유롭게 가공해 표시할 수 있다.

● Web API란

그럼, 구체적인 구현 순서를 살펴보자.

(1) 서버 측에서 '하테나 북마크 엔트리 정보 검색 API'(이하 '하북 API')에 액세스하기

우선 PHP 스크립트로 하테나 API에 액세스하기 위한 코드를 준비한다.

리스트 7-25 bm.php

```php
<?php
  // 출력 문자 코드, 내부 문자 코드를 선언
  mb_http_output('UTF-8');
  mb_internal_encoding('UTF-8');
  // 응답 콘텐츠 타입을 선언
  header('Content-Type: application/json;charset=UTF-8');

  // 하테나 API에 질의할 URL을 조립
  $url = 'http://b.hatena.ne.jp/entry/jsonlite/?url='.$_GET['url'];
  // 질의 결과를 그대로 출력
  print(file_get_contents($url, false, stream_context_create(['http' =>
   ['header' => 'User-Agent: MySample']])));
```

PHP 스크립트에 대한 자세한 내용은 생략한다. 여기에서는 다음과 같은 흐름만 이해하면 된다.

입력된 URL을 기초로 질의 URL을 작성하고 그 결과를 JSON 데이터로 출력한다.

file_get_contents 함수는 지정된 URL에 액세스한 결과를 문자열로 취득한다. bm.php를 서버에 배치한 후 다음과 같은 URL로 브라우저에서 실행해보자(URL은 배치한 곳에 따라 다르다). 쿼리 정보의 'url=' 다음에는 북마크 정보를 취득하고 싶은 페이지의 URL을 지정한다.

다음은 브라우저에서 다운로드한 것을 의미가 변하지 않는 범위에서 보기 쉬운 형태로 가공한 것이다.

```
http://localhost/js/chap07/bm.php?url=http://www.wings.msn.to/
```

```json
{
  "count":157,        // 북마크 수
  "bookmarks":        // 북마크 정보
  [
    {
      "timestamp":"2016/06/19 15:41:37",  // 북마크 일시
      "comment":"",        // 주석
      "user":"risadon",  // 사용자명
      "tags":["server","JavaScript"]       // 태그
    },
    ...
  ]
}
```

위와 같이, 하북 API에서 취득한 검색 결과를 JSON 형식으로 얻을 수 있으면 우선은 성공이다.

(2) 클라이언트 페이지 작성하기

서버 측의 동작을 확인했으므로 서버 측에서 얻은 결과를 클라이언트 측에서 받아 페이지에 리스트 표시해보자.

리스트 7-26 bm.html(상)/bm.js(하)

```html
<form>
  <label for="url">URL:</label>
  <input id="url" type="text" name="url" size="50"
    value="http://www.wings.msn.to/" />
  <input id="btn" type="button" value="검색" />
</form>
<hr />
<div id="result"></div>
```

```js
document.addEventListener('DOMContentLoaded', function() {
  // [검색] 버튼 클릭 시 실행되는 코드
  document.getElementById('btn').addEventListener('click', function() {
    var result = document.getElementById('result');
    var xhr = new XMLHttpRequest();
    // 비동기 통신 시 처리를 정의
    xhr.onreadystatechange = function() {
      if (xhr.readyState === 4) {  // 통신이 완료된 때
        if (xhr.status === 200) {  // 통신이 성공한 때
          var data = JSON.parse(xhr.responseText);   ← ❶
          // 결과로부터 bookmarks 키에 액세스
          if (data === null) {
            // 북마크가 없는 경우 에러 메시지 표시
            result.textContent = '북마크가 존재하지 않습니다.';
          } else {
            // 북마크가 취득한 경우 사용자를 리스트 표시
            var bms = data.bookmarks;
            var ul = document.createElement('ul');
            for (var i = 0; i < bms.length; i++) {   ←
              // <li>, <a> 요소, 텍스트를 생성(<a> 요소에는 href 속성을 설정)
              var li = document.createElement('li');
              var anchor = document.createElement('a');
              anchor.href = 'http://b.hatena.ne.jp/' + bms[i].user;   ❷
              var text = document.createTextNode(
                bms[i].user + ' ' + bms[i].comment);
              // 텍스트 → <a> → <li> → <ul>의 순으로 노드를 조립
              anchor.appendChild(text);
              li.appendChild(anchor);
              ul.appendChild(li);
            }   ←
            // <div id="result">의 안을 <ul> 요소로 치환
            result.replaceChild(ul, result.firstChild);
          }
```

```
      } else {   // 통신이 실패했을 때
        result.textContent = '서버 에러가 발생하였습니다.';
      }
    } else {   // 통신을 완료하기 전
      result.textContent = '통신중...';
    }
  };

  // 서버와의 비동기 통신을 시작
  xhr.open('GET', 'bm.php?url=' +
    encodeURIComponent(document.getElementById('url').value), true);
  xhr.send(null);
}, false);
}, false);
```

복잡한 코드로 생각할 수도 있지만 포인트가 되는 것은 볼드체 부분이다. 서버에서 반환된
JSON 데이터는 리스트 7-23과 마찬가지로 responseText 프로퍼티에서 얻을 수 있다. 단, 그대로
는 단순한 텍스트이므로 JSON.parse 메소드를 사용해 JavaScript 객체(배열)로 변환해둔다(❶).

다음은 변환 후의 객체 bms를 분해하여 <ul>/<li> 리스트를 조립한다. 문서 트리의 조립에 대해
서는 6.5절에서도 언급하고 있으므로 여기에서는 JavaScript 객체와 문서 트리의 관계를 그림으
로 이해하는 데 치중하겠다. 리스트 안의 주석도 같이 살펴보자.

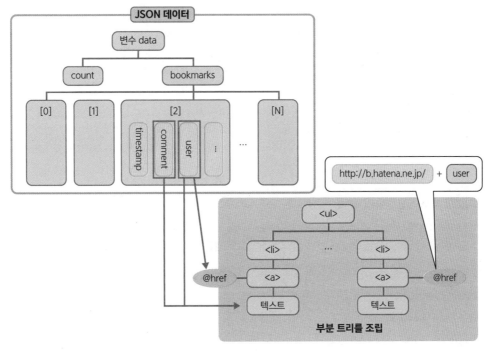

● 결과 JSON의 로딩~부분 트리 조립의 흐름

생성된 <ul>/<li> 리스트를 replaceChild 메소드를 사용하여 <div> 요소에 추가하면 완료다. 마지막으로 생성된 <ul> 리스트의 예를 살펴보자.

```
<ul>
  <li>
    <a href="http://b.hatena.ne.jp/kazuha0411">
    kazuha0411
    </a>
  </li>
  ...중간 생략...
  <li>
    <a href="http://b.hatena.ne.jp/ccchh7">
    ccchh7 네이버
    </a>
  </li>
</ul>
```

이를 이해했다면, bm.html을 bm.php와 동일한 폴더에 배치하고 브라우저에서 실행하자. 436쪽의 그림과 같이 적절한 URL을 입력하고 해당하는 북마크 리스트를 얻을 수 있으면 성공이다.

> **NOTE** **외부에 공개되어 있는 서비스에 액세스 하려면 – 크로스 오리진의 제한 –**
>
> 실은 bm.php의 역할은 단순히 하북 API에 액세스해서 그 결과를 그대로 출력하고 있을 뿐이다. 그럼 'bm.html에서 직접 하북 API에 액세스해도 좋지 않을까?'라고 생각하는 사람도 있을지 모르겠다.
>
> 그러나 이것은 불가능하다. 왜냐하면 XMLHttpRequest 객체에서는 보안상의 이유로 다른 오리진으로의 액세스를 인정하지 않기 때문이다. 이 예와 같이, 외부에 공개된 서비스에 액세스할 필요가 있는 경우에는 서비스에 액세스하기 위한 애플리케이션을 별도로 서버 측에서 준비해 클라이언트 측에서 그에 대한 액세스를 할 필요가 있다.
>
> 이와 같이, 클라이언트를 대신해 외부 서비스에 액세스를 하는 서버 측의 코드를 프록시라고도 부른다. 이것은 크로스 도메인을 실현하는 고전적인 수단의 하나다.

> **NOTE** **XML 기반의 Web API를 처리하려면**
>
> Web API가 XML 형식의 응답을 반환하는 경우에는 responseText 프로퍼티 대신에 responseXML 프로퍼티를 사용하기 바란다. responseXML 프로퍼티는 응답으로 얻은 XML 문서를 Document 객체로 반환한다.
>
> 얻은 Document 객체를 조작하려면 제6장에서 설명한 DOM을 이용한다. 예를 들어, 다음은 취득한 XML 문서에서 첫 번째 <title> 요소를 취득하는 예다.
>
> 리스트 **xhr_xml.js**
>
> ```
> var doc = xhr.responseXML;
> console.log(doc.getElementsByTagName('title')[0].textContent);
> ```

7.4.4 클라이언트 측에서 크로스 오리진 통신 가능하게 하기
— JSONP

방금 전에도 말한 것처럼, Ajax(자세히는 그 기반이 되는 XMLHttpRequest 객체)에서는 보안상의 이유로 크로스 오리진 통신을 제한하고 있다. 즉, 원칙적으로 JavaScript의 코드로부터 다른 사이트에서 제공되고 있는 서비스와 직접 통신할 수 없다.

그 때문에 종래에는 동일 도메인의 서버에서 외부 서비스에 액세스하기 위한 구조(프록시)를 마련해두고, 클라이언트 측에서는 프록시 경유로 외부 서비스에 액세스 하는 방법을 채택해왔다. 이는 앞 절에서 다루었던 예다.

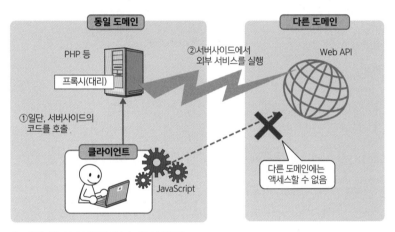

● 외부 서비스로의 액세스(프록시 경유)

그러나 외부 서비스에 액세스하려는 이유만으로 서버 측의 코드를 준비해야 하는 것은 귀찮은 일이다. 그래서 고안된 것이 JSONP(JSON with Padding)다. JSONP를 한마디로 표현하자면, <script> 태그라면 외부 서버에서도 스크립트를 읽어 들일 수 있다라는 것을 이용한 구조. 크로스 오리진을 극복하는 데는 다양한 방법이 있지만, JSONP는 그중에서도 고전적인 부류에 속하는 기술이다.

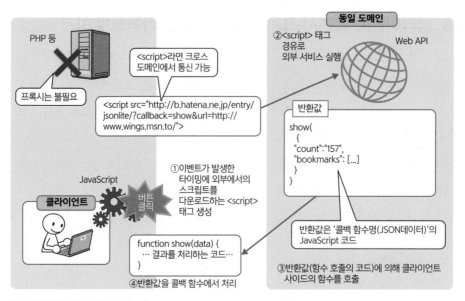

 내부 텍스트:
- 동일 도메인
- PHP 등
- 프록시는 불필요
- <script>라면 크로스 도메인에서 통신 가능
- <script src="http://b.hatena.ne.jp/entry/jsonlite/?callback=show&url=http://www.wings.msn.to/">
- ②<script> 태그 경유로 외부 서비스 실행
- Web API
- 반환값
- show({ "count":"157", "bookmarks": [...] })
- 반환값은 '콜백 함수명(JSON데이터)'의 JavaScript 코드
- JavaScript
- 클라이언트
- 버튼 클릭
- ①이벤트가 발생한 타이밍에 외부에서의 스크립트를 다운로드하는 <script> 태그 생성
- function show(data) { … 결과를 처리하는 코드… }
- ③반환값(함수 호출의 코드)에 의해 클라이언트 사이드의 함수를 호출
- ④반환값을 콜백 함수에서 처리

● JSONP(JSON with Padding)

JSONP에서는 버튼 클릭 등의 이벤트가 발생한 타이밍에 외부 서버의 스크립트를 인클루드하기 위한 <script> 요소를 생성한다. 그리고 이렇게 생성한 <script> 요소를 통해 외부 서버에 처리를 요청하고, 외부 서버는 JSON 데이터를 포함한 함수 호출의 코드를 클라이언트에 응답한다.

그런 다음, 외부 서버로부터의 지시에 따라 호출되어야 할 함수(JSON 데이터를 처리하는 함수: 콜백 함수)를 클라이언트 측에 준비해두면, 외부 서버로부터 송신된 JSON 데이터를 처리할 수 있게 된다.

'외부 서버에서 생성한 스크립트에 의해서 클라이언트 측의 함수를 호출한다'는 것은 지금까지와는 다른 생각이므로 조금 이해하기 어려울지도 모르겠다. 앞 페이지의 그림과 아울러 처리의 흐름을 잘 따라가 보길 바란다.

■ '하테나 북마크 검색 기능' 구현하기(JSONP판)

서론이 길어졌다. 구체적인 구현 예를 같이 살펴보도록 하자. 리스트 7-25~7-26에서 구현한 북마크 검색 기능을 JSONP 판으로 이식해보겠다.

(1) 하테나 북마크 엔트리 정보 취득 API의 동작 확인하기

JSONP에 대응하려면 하북 API에도 다음과 같은 파라미터를 건넬 필요가 있다.

- · url   ➡ 북마크 수를 취득하고 싶은 URL

· callback   ⇒ 나중에 호출할 JavaScript 함수의 이름

url 파라미터는 앞의 예제에서도 전달된 것이다. JSONP 대응으로 새롭게 필요한 것은 callback 파라미터다. 이것에 의해 결과 데이터가 함수 호출로 묶이게 된다.

다음은 질의 URL의 예와 그 결과다.

```
http://b.hatena.ne.jp/entry/jsonlite/?url=http://www.wings.msn.to&callback=show
```

```
show({
  {
    "count":157,
    "bookmarks": [...]
  }
})
```

클라이언트 측에서는 이것을 <script> 요소로 읽어 들임으로써 미리 준비해 둔 콜백 함수에 JSON 데이터를 건네주는 셈이 된다.

(2) 클라이언트 페이지 작성하기

(1)의 동작을 염두에 두고 클라이언트 측의 코드를 작성해보자.

리스트 7-27 **jsonp.html(상)/jsonp.js(하)**

```html
<form>
<label for="url">URL:</label>
  <input id="url" type="text" name="url" size="50"
    value="http://www.wings.msn.to/" />
<input id="btn" type="button" value="검색" />
</form>
<hr />
<div id="result"></div>
```

```js
document.getElementById('btn').addEventListener('click', function() {
  // 서비스로의 질의 URL을 생성
  var url = 'http://b.hatena.ne.jp/entry/jsonlite/?callback=show&url='
    + encodeURIComponent(document.getElementById('url').value);
  // 서비스로부터 JavaScript의 코드를 받기 위한 <script> 요소를 생성
  var scr = document.createElement('script');
  scr.src = url;
  document.getElementsByTagName('body').item(0).appendChild(scr);
}, false);
```

❶

```
function show(data) {
  if (data === null) {
    result.textContent = '북마크가 존재하지 않습니다.';
  } else {
  … 중간 생략(P.403을 참조)
    result.appendChild(ul);
  }
}
```

show 함수 안에는 취득한 JSON 데이터를 기초로 <ul> 리스트를 조립하기만 할 뿐임으로 리스트 7-26과 동일하다. 여기서는 ❶의 코드에 주목하길 바란다.

❶에서는 서비스에 질의한 후, 그 결과(JavaScript의 코드)를 임포트하기 위해서 다음과 같은 script 태그를 생성하고 있다.

```
<script src="http://b.hatena.ne.jp/entry/jsonlite/?callback=show&url=🔽
http://www.wings.msn.to/"></script>
```

방금 전에 말한 것처럼 하북 API는 쿼리 정보 callback으로 지정한 함수명과 북마크의 검색 결과를 가지고, 'show({ … })'와 같은 JavaScript의 코드를 돌려준다.

즉 '버튼 클릭의 타이밍에 <script> 태그가 내장된다'고 하는 것은 '버튼 클릭의 타이밍에 show 함수가 불려진다'라는 뜻도 된다. 이로써 442쪽의 그림에서 나타낸 JSONP의 개념이 구체적으로 머릿속에 이미지화될 것이다.

어떠한가? '<script> 태그를 경유하여 콜백 함수를 호출한다'고 하는 흐름은 약간 안 좋은 점도 있긴 하지만, 서버 측의 프록시를 준비하지 않아도 되는 만큼 애플리케이션의 구조가 상당히 시원해졌다고 생각한다. 다만, 서비스 측에서 JSONP에 대응하고 있을 필요가 있기 때문에 어디서든지 대응 가능하다고는 말할 수 없다. 하지만 적재적소에 활용하면 더욱 간편하게 외부 서비스를 이용할 수 있다.

7.4.5 크로스 도큐먼트 메시징을 통한 크로스 오리진 통신

크로스 도큐먼트 메시징이란 다른 윈도우/프레임에 있는 문서에서 메시지를 교환하는 구조다. 'JSONP', 'Access-Control-Allow-Origin 헤더(XMLHttpRequest 객체)'와 함께 안전한 크로스 오리진 통신을 구현하는 기술이다.

크로스 도큐먼트 메시징을 이용함으로써, 예를 들어 '서로 다른 오리진에서 제공되는 가젯을 iframe으로 페이지에 삽입해 메인 애플리케이션에서 조작하거나 가젯에서의 처리 결과를 수신하는' 등의 조작도 간편하게 구현할 수 있다.

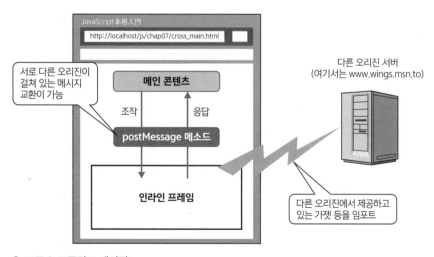

● 크로스 도큐먼트 메시징

그럼 구체적인 예제를 살펴보자. 다음은 메인 페이지(localhost에서 실행)에 입력된 값을 인라인 프레임으로 표시된 다른 도메인(www.wings.msn.to에서 실행)의 페이지에 반영하는 예다.

● 입력한 문자열을 인라인 프레임에 반영

■ 메시지 송신하기

우선 메시지 송신 측의 코드다.

리스트 7-28 cross_main.html(상)/cross_main.js(하)

```html
<form>
  <input id="message" type="text" size="80" />
  <input id="btn" type="button" value="송신" />
</form>
<iframe id="frame" src="http://www.wings.msn.to/tmp/it/cross_other.html"
height="200" width="350"></iframe>
```

```js
document.addEventListener('DOMContentLoaded', function() {
  var target = 'http://www.wings.msn.to';

  document.getElementById('btn').addEventListener('click', function() {
    document.getElementById('frame').contentWindow.postMessage( ←
      document.getElementById('message').value, target); ←            ❶
  }, false);

  ...중간 생략...
}, false);
```

지정한 오리진에 대해 메시지를 송신하는 것은 postMessage 메소드의 역할이다(❶).

구문 postMessage 메소드

```
other.postMessage (message, target)
      other : 송신 대상의 윈도우   message : 보내는 메시지
      target : 송신 대상의 윈도우의 생성 오리진
```

인라인 프레임의 window 객체에는 contentWindow 프로퍼티로 액세스할 수 있다.

또한 볼드체 부분(프레임 안의 경로와 postMessage 메소드의 인수 target)은 예제를 배치한 환경에 따라 변경해야 한다(예제 그대로 작동하지 않는다!).

■ 메시지 수신하기(인라인 프레임)

메인 윈도우에서 보낸 메시지를 수신하는 것은 다음의 코드다. 메인 윈도우(여기에서는 localhost)와는 다른 오리진(여기에서는 www.wings.msn.to)에 배치한다.

리스트 7-29 cross_other.html(상)/cross_other.js(하)

```html
<div id="result"></div>
```
HTML

```js
document.addEventListener('DOMContentLoaded', function() {
  window.addEventListener('message', function(e) {
    var origin = 'http://localhost';
    if (e.origin !== origin) { return; }  ← ❶
    document.getElementById('result').textContent = e.data;  ← ❷
  }, false);
}, false);
```
JS

postMessage 메소드로부터 전송된 메시지를 취득하려면 message 이벤트 리스너를 사용한다. 이때 의도하지 않은 오리진에서 데이터를 전송하지 못하도록 ❶처럼 origin 프로퍼티에서 송신원의 오리진을 확인해둔다(localhost 이외에 메인 윈도우 측의 예제를 배치한 경우에는 볼드체 부분을 다시 작성한다). 오리진이 일치하지 않는 경우에는 그대로 처리를 종료한다.

수신된 데이터는 이벤트 객체의 data 프로퍼티로 액세스할 수 있다(❷).

■ 메시지 응답하기

물론 인라인 프레임(여기에서는 cross_other.js)에서 메인 윈도우로 메시지를 반송할 수 있다. 그러기 위해서는 message 이벤트 리스너의 아래에 다음과 같은 코드를 작성해야 한다.

리스트 7-30 cross_other.js

```js
document.addEventListener('DOMContentLoaded', function() {
  window.addEventListener('message', function(e) {
    ….중간 생략 …
    // 현재의 날짜를 반송
    var current = new Date();
    e.source.postMessage(current, origin);
  }, false);
}, false);
```

이벤트 객체 e의 source 프로퍼티로 메시지를 전송해온 부모 윈도우를 취득할 수 있으므로 나머지는 아까처럼 postMessage 메소드를 호출할 뿐이다.

> **N O T E** **message 이벤트 리스너 밖에서 응답하려면**
>
> message 이벤트 리스너 밖에서라면 parent 프로퍼티로 메인 윈도우(부모 윈도우)를 취득할 수 있다.
>
> ```
> parent.postMessage(current, origin);
> ```

반송된 결과를 메인 창에서 수신하려면 마찬가지로 message 이벤트 리스너를 구현하면 된다. 여기에서는 받은 날짜를 로그로 출력한다.

리스트 7-31 **cross_main.js**

```javascript
document.addEventListener('DOMContentLoaded', function() {
  …중간 생략…
  window.addEventListener('message', function(e) {
    if (e.origin !== target) { return; }
    console.log(e.data);
  }, false);
}, false);
```

7.5 | 비동기 처리 간단하게 표현하기
— Promise 객체

JavaScript로 비동기 처리를 실시하는 경우 고전적인 방법 중 하나로 콜백 함수(4.6.3절)가 있다. 이 책에서도 setTimeout/setInterval 메소드와 XMLHttpRequest 객체를 비롯한 다양한 상황에서 콜백 함수를 이용하였다. 이른바 JavaScript 관용구라고도 할 수 있다.

그러나 비동기 작업이 여러 번 이어지는 경우 콜백 함수로는 중첩이 너무 많아져 하나의 함수가 비대화되는 경향이 있다. 이러한 문제를 콜백 지옥이라고 한다.

```
first (function (data) {
  ... 먼저 실행할 처리 ...
  second (function (data) {
    ... first 함수가 성공했을 때 실행할 처리 ...
    third (function (data) {
      ... second 함수가 성공했을 때 실행할 처리...
      fourth (function (data) {
        ... 마지막으로 실행할 처리 ...
      });
    });
  });
});
```

이러한 문제를 해결하는 것이 Promise 객체의 역할이다. Promise 객체를 이용하면, 위와 같은 코드를 마치 동기 처리처럼 1개의 경로의 코드로 작성할 수 있다.

```
first().then(second).then(third).then(fourth);
```

어디까지나 개념적인 코드지만 중첩이 많아지는 콜백 식의 기술 방식에 비하면 훨씬 가독성이 좋아진 것을 알 수 있다.

물론 이미 jQuery와 AngularJS와 같은 라이브러리와 프레임워크에서 이러한 기능을 제공하고 있다. 그러나 ES2015에서 Promise 객체로 표준화함으로써 외부 라이브러리에 의존할 필요가 없어졌다.

Promise 객체는 정확히는 (브라우저 객체가 아니라) JavaScript 표준의 내장 객체다. 그러나 Ajax 통신 등과 함께 이용하는 경우가 많기 때문에 설명의 편의상 이 장에서 함께 다루고자 한다.

7.5.1 Promise 객체의 기본 파악하기 `ES2015`

곧바로 구체적인 예를 살펴보겠다. 다음은 문자열이 전달되면 500밀리초 후에 '입력값 : ○○'이라는 성공 메시지를 반환하고, 문자열이 비어 있는 경우에는 '오류 : 입력이 비어 있다'라는 오류 메시지를 반환하는 비동기 처리의 예다.

리스트 7-32 **promise.js**

```javascript
function asyncProcess(value) {
  return new Promise((resolve, reject) => {
    setTimeout(() => {
      // 인수 value가 미정의인지의 여부에 따라 성공인지 실패인지 판정
      if (value) {
        resolve(`입력값: ${value}`);
      } else {
        reject('입력이 비어 있다');
      }
    }, 500);
  });
}

asyncProcess('토크맨').then(
  // 성공했을 때 실행되는 처리
  response => {
    console.log(response);
  },
  // 실패했을 때 실행되는 처리
  error => {
    console.log(`오류: ${error}`);
  }
);     // 결과: 입력값: 토크맨
```

❷ **❶**

❸

Promise 객체를 이용하는 경우에는 우선 비동기 처리를 함수로 정리해둔다(이 예에서라면 **❶**의 asyncProcess). asyncProcess 함수가 반환값으로 반환하는 것은 Promise 객체다.

Promise는 비동기 처리의 상태를 감시하기 위한 객체로, 생성자에는 실행해야 할 비동기 처리를 함수 리터럴이나 애로우 함수로 기술한다(**❷**).

```
new Promise ((resolve, reject) => {statements})
      resolve : 처리의 성공을 통지하기 위한 함수
      reject : 처리의 실패를 통지하기 위한 함수
      statements : 처리 본체
```

함수의 인수인 resolve/reject는 각각 비동기 처리의 성공과 실패를 통지하기 위한 함수다. Promise 객체가 전달하는 것이므로 애플리케이션 개발자는 비동기 처리 결과를 해당 함수를 이용하여 통지하면 된다.

이 예에서는 setTimeout 메소드 안에서 인수 value가 undefined이면 reject 함수(실패)를 호출하고, 그렇지 않으면 resolve 함수(성공)를 호출하게 된다. resolve/reject 함수의 인수는 각각 성공했을 때의 결과와 오류 메시지 등을 임의의 객체로 전달할 수 있다(문자열이 아니어도 상관없다).

물론 비동기 통신 등을 동반하는 처리라면 setTimeout 메소드의 부분은 XMLHttpRequest 객체를 호출하게 될 것이다.

Promise 객체(resolve/reject 함수)의 결과를 받는 것은 then 메소드다(❸).

구문 **then 메소드**

```
promise.then (succcess, failure)
      promise : Promise 객체
      success : 성공 콜백 함수(resolve 함수에 의해 호출)
      failure : 실패 콜백 함수(reject 함수에 의해 호출)
```

인수 success/failure는 각각 resolve/reject 함수로 지정된 인수를 받아서 성공/실패 시의 처리를 실행한다. 리스트 내의 굵은 글씨를 삭제하고 결과가 다음과 같이 변화하는 것을 확인해둔다.

오류 : 입력이 비어 있다

7.5.2 비동기 처리 연결하기 ES2015

무엇보다도 지금까지의 설명으로는 Promise 객체의 고마움을 느끼기는 어려울지도 모르겠다. 단일 비동기 처리라면 오히려 Promise 객체를 통한 만큼 기술이 중복되어 버린다. Promise 객체가 진가를 발휘하는 것은 여러 비동기 처리를 연결하는 경우다.

다음은 첫 번째 asyncProcess 함수가 성공한 후에 두 번째 asyncProcess 함수를 실행하는 예다.

리스트 7-33 promise2.js

```
// 첫 번째 asyncProcess 함수 호출
asyncProcess('토크맨') ←── ❶
.then(
  response => {
    console.log(response);
    // 첫 번째 실행에 성공하면 두 번째 asyncProcess 함수를 실행
    return asyncProcess('패널들'); ←── ❷
  }
)
.then(
  response => {
    console.log(response);
  },
  error => {
    console.log('오류: ${error}');
  }
);
```

```
입력값: 토크맨
입력값: 패널들
```

여러 비동기 처리를 연결하려면 then 메소드 안에 새로운 Promise 객체를 반환한다.

이 예에서라면 ❶에서 첫 번째 asyncProcess 함수를 실행하고 그것의 성공 콜백 함수 안에서 두 번째 asyncProcess 함수를 호출한다(❷).

즉, 이에 따라 여러 then 메소드를 닷(.) 연산자로 열거할 수 있게 된다. 이것이 앞에서 언급한 'Promise 객체를 이용하여 비동기 처리를 동기 처리처럼 작성할 수 있다'고 말한 이유다. 이 기술은 중첩이 많은 콜백 함수에 비해 훨씬 알기 쉽다.

만약 ❶의 asyncProcess 함수 호출에서 인수가 비어 있을 경우에는 다음과 같은 결과를 얻을 수 있다.

```
입력값: 토크맨
오류: 입력이 비었다
```

이번에는 첫 번째 성공 콜백 함수가 실행되고, 그 후 두 번째 then 메소드에서 준비한 실패 콜백 함수가 호출된다.

7.5.3 여러 비동기 처리를 병행하여 실행하기 ES2015

앞의 절에서는 비동기 처리를 직렬로 연결하는 방법에 대해 배웠다. 여기에서는 여러 비동기 처리를 병렬로 실행하는 방법에 대해 설명하겠다.

■ 모든 비동기 처리가 성공한 경우에 콜백하기 ― all 메소드

Promise.all 메소드를 이용해서 여러 비동기 처리를 병렬로 실행하고, 그것이 모두 성공한 경우 처리를 실행한다.

리스트 7-34 **promise_all.js**

```
Promise.all([
  asyncProcess('토크맨'),  ←
  asyncProcess('패널들'),  ───────── ❸
  asyncProcess('링링')  ←
]).then(
  response => {  ←
    console.log(response);
  },  ←                              ❶
  error => {  ←
    console.log(`오류: ${error}`);
  }  ←                              ❷
);    // 결과: ["입력값: 토크맨", "입력값: 패널들", "입력값: 링링"]
```

Promise.all 메소드의 구문은 다음과 같다.

구문 **Promise.all 메소드**

```
Promise.all (promises)
     promises : 감시할 Promise 객체들(배열)
```

Promise.all 메소드는 인수 promises에 전달된 모든 Promise 객체가 resolve(성공)한 경우에만 then 메소드의 성공 콜백을 실행한다(❶). 그때 인수 response에는 모든 Promise에서 전달된 결과값이 배열로 전달된다는 점에 주목해야 한다.

Promise 객체 중 하나가 reject(실패)한 경우에는 실패 콜백이 호출된다(❷). asyncProcess 함수 호출(❸)의 인수 중 하나를 비워서 '오류 : 입력이 비었다'라는 결과가 반환되는 것도 확인해보자.

■ 비동기 처리 중 어떤 하나가 완료된 경우 콜백하기 — race 메소드

병행해서 실행한 비동기 처리 중 하나가 먼저 완료된 경우에 성공 콜백을 호출하는 Promise.
race 메소드도 있다. 다음의 결과는 어떤 asyncProcess 함수 호출이 먼저 종료했는지에 따라 변
경될 가능성이 있다.

리스트 7-35 promise_race.js

```javascript
Promise.race([
  asyncProcess('토크맨'),
  asyncProcess('패널들'),
  asyncProcess('링링')
]).then(
  response => {
    console.log(response);
  },
  error => {
    console.log(`오류: ${error}`);
  }
);      // 결과: 입력값: 토크맨(결과는 변화할 가능성이 있다)
```

7.6 백그라운드로 JavaScript 코드 실행하기
— Web Worker

JavaScript의 기본은 싱글 스레드다. 즉 JavaScript는 한 번에 하나의 작업밖에 할 수 없다. 따라서 JavaScript에서 이른바 무거운 처리가 발생하면 페이지의 동작이 중간중간 끊기는 일이 자주 발생한다.

그러나 Web Worker라는 기능을 사용하면 JavaScript 코드를 백그라운드에서 병렬로 실행할 수 있다. 그러므로 이 기능을 사용하면 무거운 처리를 실행하는 동안에도 사용자는 브라우저에서 계속 조작할 수 있다.

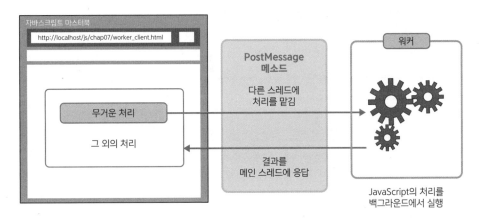

● Web Worker란?

또한 'setTimeout 메소드 등을 이용하면 동일한 병렬 처리가 가능하지 않을까'라고 생각할지도 모르겠지만 이것은 오해다. setTimeout 메소드에 지정된 작업은 일단 접어두고 있을 뿐, 결국 하나의 스레드상에서 순서대로 처리되고 있다(그것이 앞서 'setTimeout 메소드로 지정된 시간은 정확하지 않다'고 말한 이유다). setTimeout 메소드에서 실현할 수 있는 것은 어디까지나 유사적인 병렬 처리다.

> **N O T E** 스레드란?
>
> 스레드(thread)는 프로그램을 실행하는 처리의 최소 단위다. '실'이라는 뜻의 영어로 일반적인 프로그램은 이 스레드(실)를 여러 개 합쳐서 하나의 튼튼한 실(기능)을 구현하고 있다고 생각하면 이해하기 쉬울 것이다.
>
> 'JavaScript는 싱글 스레드다'라는 의미는 이 스레드가 기본적으로 하나밖에 없다(= 1개의 실에서 동작하고 있다)는 뜻이다. 싱글 스레드에 반해 여러 개의 스레드를 실행하는 처리를 멀티 스레드 처리라고 한다. Web Worker는 JavaScript에 의한 처리를 멀티 스레딩화 하는 방식이다.

▌ 7.6.1 워커 구현하기 🔟

그럼 구체적인 예제와 함께 Web Worker의 기초를 이해해보자. 다음은 1~target 범위에서 x의 배수가 몇 개 있는지 구하는 예제다.

● 배수 계산을 Web Worker로 별도의 스레드에 위임하기

우선, 배수의 개수를 구하기 위한 코드를 워커로 잘라낸다. 워커란 백그라운드에서 실행하는 JavaScript 코드를 말한다. 워커는 메인의 JavaScript 코드와는 다른 별개의 .js 파일로 준비한다.

리스트 7-36 **worker.js**

```
self.addEventListener('message', function(e) {
  var count = 0;
  for (var i = 1, len = e.data.target; i < len; i++) {
    if (i % e.data.x === 0) { count++; }
  }
  postMessage(count);
});
```

message 이벤트는 메인 스레드에서 메시지를 받은(=워커를 기동한) 타이밍 발생한다(❶). 워커의 처리는 message 이벤트 리스너 안에서 나타내는 것이 기본이다(즉, 볼드체 부분은 워커의 정형적인 틀이다).

message 이벤트 리스너 안에서는 다음과 같이 이벤트 객체 e의 data 프로퍼티를 통해 메인 스레드에서의 파라미터를 취득할 수 있다.

```
e.data.파라미터명
```

여기에서는 받은 값 target/x를 기준으로 1~target 범위에서 x의 배수가 몇 개인지 계산한다(❷). for 루프의 결과로 얻은 개수(count)는 결과적으로는 postMessage 메소드로 메인 스레드에 응답한다.

> **NOTE** **스크립트 재이용하기**
>
> 예제에서는 이용하지 않지만 importScripts 메소드를 이용하여 워커 내에서 또 다른 .js 파일을 임포트할 수도 있다.
>
> ```
> importScripts('worker_other.js');
> ```

7.6.2 워커 기동하기 IE9

워커를 준비했으므로 이것을 호출하는 메인 스레드 측의 코드를 만들어보자.

리스트 7-37 worker_client.html(상)/worker_client.js(하)

```html
<form>
  <input id="target" type="number" value="1000000" />이하:
  <input id="x" type="number" value="7" />의 배수 개수=
  <span id="result">-</span>
  <input id="btn" type="button" value="계산" />
</form>
```

```js
document.addEventListener('DOMContentLoaded', function() {
  document.getElementById('btn').addEventListener('click', function() {
    var worker = new Worker('scripts/worker.js'); ←── ❶

    worker.postMessage({ ←
      'target': document.getElementById('target').value,
      'x': document.getElementById('x').value               ❷
    }); ←
    document.getElementById('result').textContent ='계산 중...';

    worker.addEventListener('message', function(e) { ←
      document.getElementById('result').textContent = e.data;     ❸
    }, false); ←
```

```
    worker.addEventListener('error', function(e) { ←
      document.getElementById('result').textContent = e.message; ────── ❹
    }, false); ←
  }, false);
}, false);
```

워커를 호출하려면 Worker 객체를 이용한다(❶).

구문 Worker 생성자

```
new Worker (path)
      path : 워커의 경로
```

Worker를 인스턴스화할 수 있으면, 나머지는 postMessage 메소드로 워커에게 메시지를 송신하기만 하면 된다. postMessage 메소드에는 임의의 타입의 값을 건네 줄 수 있지만, 일반적으로는 ❷처럼 '파라미터명 : 값...'의 해시 형식으로 건넬 것을 추천한다.

워커로부터의 결과를 처리하는 것은 message 이벤트 리스너의 역할이다(❸). 반환값은 data 프로퍼티로 액세스할 수 있으므로 여기에서는 그대로 페이지에 반영한다.

❹는 워커의 오류 처리다. 워커 측에서 예외가 발생했을 경우에는 그 사후 처리를 실행한다. 오류 정보는 이벤트 객체의 message(오류 메시지)/filename(파일 이름)/lineno(행 번호) 프로퍼티 등으로 얻을 수 있다. 워커 측에서는 console.log 등의 메소드를 호출할 수 없기 때문에 error 이벤트 리스너를 통해 메인 스크립트 측에 통지하도록 하고 있다.

> **NOTE** **워커에서는 문서 트리를 조작할 수 없다**
>
> 워커는 메인 스레드(UI스레드)와는 다른 스레드로 동작하기 때문에 문서 트리(UI)를 조작할 수 없다. 따라서 워커에서의 처리 결과는 일단 메인 스레드로 돌아와 메인 스레드 측의 message 이벤트 리스너를 통해 페이지에 반영할 필요가 있다.

또한 예제에서는 이용하고 있지 않지만 실행 중인 워커를 중단하려면 terminate 메소드를 이용한다. 워커 스스로 처리를 종료하고자 한다면 close 메소드를 이용한다.

```
worker.terminate (); ➡ 메인 스레드
self.close (); ➡ 워커 자신
```

CHAPTER

8

현장에서 바로
대응할 수 있는 지식

8.1 | 단위 테스트 — Jasmine

애플리케이션의 품질 향상에 테스트는 빠뜨릴 수 없는 작업이다. JavaScript의 세계에서도 이것은 예외가 아니다. 요즘에는 클라이언트 측 기능의 비중이 높아짐에 따라 JavaScript에서도 본격적으로 객체지향으로 코딩을 하게 되었으므로 작성되는 스크립트 또한 더욱 복잡하게 되었다. 스크립트의 품질을 유지하기 위해서 JavaScript에서도 테스트의 실시 및 테스트를 지원하는 테스팅 프레임워크의 도입이 필수적인 상황이라고 말할 수 있다.

테스트는 다음과 같이 크게 나눌 수 있다.

- 단위 테스트 ➡ 함수/클래스(메소드) 단위의 동작을 체크한다
- 결합 테스트 ➡ 복수의 함수/클래스(메소드)를 결합했을 때 동작을 체크한다
- 시스템 테스트 ➡ 애플리케이션 전체의 동작을 체크한다

테스팅 프레임워크는 그중에서도 단위 테스트(Unit Test)의 부분을 지원하기 위해서 고안된 구조다. JavaScript에서 이용할 수 있는 테스팅 프레임워크에는 다음과 같은 것이 유명한데, 이 책에서는 현시점에서 점유율이 높고 관련 문서도 충실한 Jasmine을 사용하겠다.

- Jasmine(http://jasmine.github.io/)
- Mocha(http://mochajs.org/)
- QUnit(http://qunitjs.com/)

테스팅 프레임워크를 사용함으로써 테스트 코드를 간단하고 통일된 규칙에 따라 만들 수 있다.

8.1.1 Jasmine의 인스톨 방법

Jasmine 본체는 다음 사이트에서 다운로드할 수 있다.

```
https://github.com/jasmine/jasmine/releases
```

다운로드한 jasmine-standalone-X.X.X.zip(X.X.X는 버전 번호)의 압축을 풀었다면 그 안의 폴더/파일을 정리하여 애플리케이션 폴더(.html /.js 파일이 있는 폴더)에 복사한다.

이 책은 /chap08/jasmine 폴더 아래에 Jasmine을 복사했다는 전제로 설명을 진행한다.

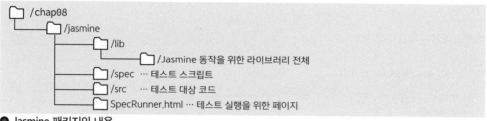

● **Jasmine 패키지의 내용**

/spec, /src 폴더에는 기본적으로 예제 코드가 포함되어 있는데, 이것들은 삭제해도 상관없다.

8.1.2 테스트의 기본

그럼 Jasmine을 이용하여 객체의 단위 테스트를 실행해보자. 테스트 대상은 다음과 같이 MyArea.js에 정의된 MyArea 클래스다. MyArea 클래스에는 다음의 항목이 준비되어 있다고 가정한다.

- base(아랫변), height(높이) 프로퍼티
- 프로퍼티의 값을 기초로 삼각형의 면적을 요구하는 getTriangle 메소드, 사각형의 면적을 요구하는 getSquare 메소드

리스트 8-01 src/MyArea.js

```javascript
// 생성자(base/ height 프로퍼티의 정의)
var MyArea = function(base, height) {
  this.base = base;
  this.height = height;
};

// getTriangle/getSquare 메소드를 정의
MyArea.prototype = {
  getTriangle : function() {
    return this.base * this.height / 2;
  },
  getSquare : function() {
    return this.base * this.height;
  }
```

```
};
```

테스트를 실시하기 위한 코드(테스트 케이스)를 정의하고 있는 것은 MyArea_spec.js다. 테스트 케이스의 파일 이름은 테스트 대상과의 대응 관계를 알기 쉽도록 원칙적으로 다음과 같이 표기한다.

테스트 대상의 파일 이름_spec.js

리스트 8-02 **spec/MyArea_spec.js**

```
describe('Jasmine의 기본', function() {  ←────────────────────┐
  var area;                                                  │
                                                             │
  beforeEach(function() {  ←──────────────────┐              │
    area = new MyArea(10, 5);                 │──❷           │
  });  ←──────────────────────────────────────┘              │
                                                             │
  afterEach(function() {  ←───────────────────┐              │──❶
    // 종료 처리                               │──❸           │
  });  ←──────────────────────────────────────┘              │
                                                             │
  it('getTriangle메소드의 테스트', function() {  ←─────┐     │
    expect(area.getTriangle()).toEqual(25);  ←──❻     │──❹  │
  });  ←─────────────────────────────────────────────┘     │
                                                             │
  it('getSquare메소드의 테스트', function() {  ←────────┐    │
    expect(area.getSquare() === 50).toBeTruthy();  ←──❼ │──❺ │
  });  ←──────────────────────────────────────────────┘    │
});  ←───────────────────────────────────────────────────────┘
```

Jasmine에 의한 테스트 코드는 먼저 전체를 describe 메소드로 감싼다(❶).

구문 **describe 메소드**

```
describe (name, specs)
      name : 테스트 스위트의 이름      specs : 테스트 케이스(군)
```

테스트 스위트란 관련 테스트를 정리해 놓은 그릇과 같은 것이다. 구체적인 테스트 케이스는 인수 specs(함수 객체) 안에 선언한다.

❷의 beforeEach 메소드는 개별 테스트 케이스가 실행되기 전에 호출되는 초기화 처리를 나타낸다. 여기에서는 테스트 케이스에서 사용할 수 있도록 MyArea 클래스를 인스턴스화하고 있다. 초기화 처리가 불필요하다면 생략해도 상관없다.

❸처럼 사후 처리용의 afterEach 메소드도 있다. 동일하게 생략이 가능하다.

❹❺의 it 메소드가 개별 테스트 케이스다. 테스트 스위트 안에서 테스트 케이스는 필요에 따라 얼마든지 열거할 수 있다.

구문 it 메소드

```
it(name, test)
      name : 테스트 케이스의 이름      test : 테스트 내용
```

인수 test 안에서는 다음의 구문으로 임의의 코드 결과를 검증해 나간다(❻❼).

구문 테스트 검증

```
expect (result_value) .matcher (expect_value)
      result_value : 테스트 대상의 코드 (식)      matcher : 확인 메소드
      expect_value : 기대하는 값
```

이 예에서는 다음의 두 가지 사항을 확인하고 있다.

- getTriangle 메소드의 반환값이 25와 같다(toEqual)
- 조건식 'area.getSquare () === 50'이 true다(toBeTruthy)

toEqual/toBeTruty는 Matcher라고도 불리는 Assert 메소드(결과 확인을 위한 메소드)다. Jasmine은 표준으로 다음과 같은 Matcher를 준비하고 있다.

● **Jasmine에 표준으로 준비되어 있는 주요 Matcher**

Matcher	개요
toBe(expect)	기대치 expect와 동일한 객체인가?
toEqual(expect)	기대치 expect와 동일한 값인가?
toMatch(regex)	정규 표현 regex에 매치하는가?
toBeDefined()	정의된 것인가?
toBeNull()	null인가?
toBeTruthy()	true라고 간주할 수 있는 값인가?
toBeFalsy()	false로 간주할 수 있는 값인가?
toContain(expect)	기대치 expect가 배열에 포함되어 있는가?

Matcher	개요
toBeLessThan(compare)	비교값 compare보다 작은가?
toBeGreaterThan(compare)	비교값 compare보다 큰가?
toBeCloseTo(compare, precision)	정밀도 precision으로 반올림한 값이 비교값 compare와 같은가?
toThrow()	예외가 발생했는가?

참고로 부정(예를 들어 '같지 않음')을 표현하고 싶다면 다음과 같이 not 메소드를 이용하길 바란다. 영문 같은 표기로 표현할 수 있는 것이 Jasmine의 좋은 점이다.

```
expect(1 + 1).not.toEqual(2);
```

Matcher는 'Jasmine-Matchers'(https://github.com/JamieMason/Jasmine-Matchers)와 같은 라이브러리를 이용하면 확장할 수도 있다.

8.1.3 테스트 스위트 실행하기

Jasmine에는 테스트 스위트를 실행하기 위한 유틸리티가 준비되어 있다. 미리 패키지에 포함되어 있던 SpecRunner.html이 그것이다.

디폴트의 SpecRunner.html에는 예제 코드를 테스트하기 위한 코드가 기술되어 있기 때문에 자신이 만든 코드를 테스트하도록 고쳐 보자. 다음 볼드체 부분이 다시 고쳐 쓴 부분이다.

리스트 8-03 **SpecRunner.html**

```
<!DOCTYPE html>
<html>
<head>
  <meta charset="utf-8">
  <title>Jasmine Spec Runner v2.4.1</title>

  <link rel="shortcut icon" type="image/png" href="lib/jasmine-2.4.1/jasmine_favicon.png">
  <link rel="stylesheet" href="lib/jasmine-2.4.1/jasmine.css">

  <script src="lib/jasmine-2.4.1/jasmine.js"></script>
  <script src="lib/jasmine-2.4.1/jasmine-html.js"></script>
  <script src="lib/jasmine-2.4.1/boot.js"></script>

  <!-- include source files here... -->
  <script src="src/MyArea.js"></script> ←── ❶
```

```
<!-- include spec files here... -->
<script src="spec/MyArea_spec.js"></script> ←── ❶
</head>
<body>
</body>
</html>
```

❶에 테스트 대상 파일을 지정하고, ❷에 테스트 코드를 지정한다. 물론 테스트 대상/테스트 코드가 여러 파일로 나누어져 있는 경우에는 열거하기 바란다. 그 외의 <script>/<link> 요소는 Jasmine 동작에 필요한 파일이므로 원칙적으로 편집하지 않는다.

다음은 이것을 브라우저에서 실행하면 된다. 테스트에 성공하면 다음과 같은 결과를 얻을 수 있다.

● SpecRunner.html의 실행 결과

2개의 테스트 케이스(specs)서 실패(failures)가 없었다는 것을 보고하고 있다.

시험 삼아 방금 전의 리스트 8-02를 일부러 테스트에 실패하도록 다음과 같이 수정해보자.

리스트 8-04 **MyArea_spec.js**

```
it('getTriangle메소드의 테스트', function() {
  expect(area.getTriangle()).toEqual(24);
});
```

SpecRunner.html를 다시 실행해보면 다음과 같이 하나의 테스트 케이스가 실패하고 있음을 확인할 수 있다. 실패한 테스트 케이스에 대한 자세한 오류 메시지 'Expected 25 to equal 24'도 같이 표시된다.

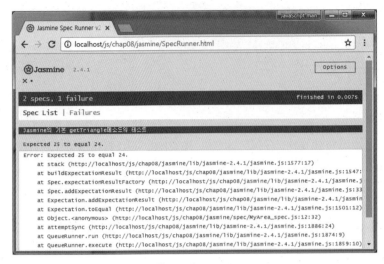

● SpectRunner.html의 실행 결과(실패 시)

8.2 | 문서화 주석으로 코드 내용 알기 쉽게 하기 — JSDoc

장기적인 유지보수를 필요로 하는 코드에 대해서는 나중에 봐도 그 내용을 알 수 있도록 적절한 주석을 남겨 놓는 것이 중요하다. 다만, '적절한 주석'이라고 했으나 적절한 주석을 기술하는 것 자체가 꽤 어렵다고 하는 사람도 많을 것이다.

이러한 사람들에게 기준이 될 수 있는 문서화 주석의 규칙을 제공하는 것은 중요하다. 문서화 주석(Documetation Comment)이란, 클래스나 그 멤버의 선언 직전에 그 역할을 설명하는 주석을 특정의 규칙에 준거하여 작성한 것을 말한다. JSDoc이라 불리는 전용의 툴을 사용하면 자동적으로 필요한 정보를 추출해 API 문서(사양서)를 자동 생성할 수 있다.

다음은 JSDoc(JavaScript Documentation Tool)가 자동 생성한 사양서의 예다.

● JSDoc가 자동 생성한 문서

문서화 주석은 소스 코드 안에서 관리하고 있기 때문에 다음과 같은 장점이 있다.

- 소스 코드의 수정과 동시에 관리하기 쉽다
- 소스 코드와 문서 사이에 모순이 일어나기 어렵다

소스 코드에 변경이 있을 경우에도 커맨드를 하나 실행하는 것만으로도 문서를 최신 상태로 갱신할 수 있다는 점도 장점이라고 할 수 있다.

8.2.1 문서화 주석의 기술 규칙

문서화 주석은 '/**… */' 안에 일정한 규칙으로 나타낸 주석을 말한다. 다음은 Member 클래스에 문서화 주석을 부여한 것이다.

리스트 8-05 Member.js

```js
/**
 * @constructor
 * @classdesc 멤버에 대한 정보를 관리한다.
 * @param {string} firstName 명
 * @param {string} lastName 성
 * @throws {Error} firstName이나 lastName이 부족합니다.
 * @author Yoshihiro Yamada
 * @version 1.0.0
 */
var Member = function(firstName, lastName){
  if (firstName === undefined || lastName === undefined) {
    throw new Error('firstName이나 lastName이 부족합니다.');
  }
  this.firstName = firstName;
  this.lastName = lastName;

};

/**
 * 멤버에 관한 상세 정보를 나타낸다.
 * @return {String} 멤버의 성명
 * @deprecated {@link Member#toString}메소드를 대신해서 이용해주세요.
 */
Member.prototype.getName = function() {
  return this.lastName + ' ' + this.firstName;
};

/**
 * Member 클래스의 내용을 문자열화한다.
 * @return {String} 멤버의 성명
```

```
 */
Member.prototype.toString = function() {
  return this.lastName + ' ' + this.firstName;
};
```

문서화 주석에서는 다음 두 종류의 태그를 사용하여 문서화해야 할 정보를 표현할 수 있다.

- 「@tag」의 형식으로 기술할 수 있는 Standalone 태그
  - ➡ 줄머리의 아스타리스크/공백/단락 문자 등을 제외하고, 행의 선두에 두어야 한다
- 「{@tag}」의 형식으로 기술할 수 있는 인라인 태그
  - ➡ 주석 내 또는 Standalone 태그의 설명 내에 넣을 수 있다

문서 생성 툴에서는 이러한 태그 정보로부터 문서 생성에 필요한 정보를 추출/정형화하는 것이다.

아래에 주요 태그를 모아 두었다. 구체적인 기법에 대해서는 JSDoc의 문서(http://usejsdoc.org/)를 참조하길 바란다.

● **문서화 주석으로 이용 가능한 주요 태그**

태그	개요
@author	작자명
@classdesc	클래스의 개요
@constructor	생성자 함수
@copyright	저작권 정보
@default	디폴트값
@deprecated	비추천
@example	사용 예
{@link}	관련 정보의 링크

태그	개요
@namespace	네임스페이스
@param	파라미터 정보
@private	프라이빗 멤버
@return	반환값
@since	대응 버전

8.2.2 문서화 생성 툴 — JSDoc

그럼 JSDoc를 사용하여 준비한 문서화 주석으로 API 문서를 작성해보자. 다음은 JSDoc의 인스톨에서 문서 생성까지의 순서에 대한 설명이다.

(1) Node.js를 인스톨한다.

JSDoc는 그 자체가 JavaScript로 작성된 도구다. 이용하려면 JavaScript의 실행 환경으로 Node. js(https://nodejs.org/)를 설치할 필요가 있다.

공식 사이트에서 설치 패키지(이 책 검증 시에는 node-v6.10.2-x64.msi)를 다운로드 한 후 이를 실행한다. 기본적으로 디폴트 설정으로 마법사를 진행해 나가면 설치가 완료된다

(2) JSDoc를 인스톨한다

JSDoc를 인스톨하려면 명령 프롬프트에서 다음 명령을 실행한다. npm은 Node.js의 패키지 관리 도구다. Node.js상에서 동작하는 도구와 라이브러리를 설치하거나 제거할 때 사용한다.

```
> npm install -g jsdoc
```

(3) 문서를 생성한다

그런 다음, 커맨드 프롬프트부터 다음과 같은 커맨드를 실행하기만 하면 된다.

```
> cd C:\xampp\htdocs\js\chap08\jsdoc
> jsdoc Member.js
```

현재 폴더 아래에 /out 폴더가 생성되므로 거기에 있는 index.html을 기동한다. 화면 오른쪽의 'Member' 링크를 클릭해 467쪽 그림과 같은 페이지가 표시되면 문서화는 성공한 것이다.

8.3 | 빌드 툴로 정형 작업 자동화하기
— Grunt

JavaScript는 인터프리터형의 언어이므로 본래 컴파일이 필요 없었다. 그저 소스 코드를 배치하기만 해도 그대로 동작하는 간편함이 특징이었다. 그러나 최근에는 JavaScript에 의한 개발도 점차 복잡해지고 있다. 예를 들어 JavaScript 코드를 동작하려면 다음과 같은 작업을 수반한다.

- altJS(302쪽)를 사용하는 경우에는 그것을 컴파일해야 한다.
- 단위 테스트(8.1절) 실시
- JSLint(http://www.jslint.com/)로 '좋지 못한' 코드 체크
- 소스 코드 압축(미니 수정판)

물론 이러한 작업 하나하나가 어려운 것은 아니다. 그러나 개발 과정에서 여러 번 수행해야 한다면 작업을 빼먹거나 오류의 원인이 되기도 한다. 그래서 이러한 작업을 자동화하는 빌드 도구인 Grunt가 등장하였다(테스크 러너라고도 한다). 다른 언어로 개발한 경험이 있다면 'Ant/Maven(Java), make와 같은 것'이라고 하면 쉽게 떠올릴 수 있을 것이다. JavaScript에도 비슷한 도구로 Gulp(http://gulpjs.com/)가 있다.

8.3.1 Grunt에 의한 소스 코드의 압축

이 절에서는 미리 준비한 소스 코드를 압축하는 방법을 통해 Grunt의 기본적인 사용법을 설명하겠다. 또한 다음 단계를 실행하려면 미리 Node.js를 설치할 필요가 있으므로, 아직 설치하지 않은 사람은 8.2.2절의 절차를 참조하길 바란다.

> **NOTE 소스 코드의 압축**
>
> 브라우저상에서 실행되는 JavaScript는 스크립트 코드를 일단 클라이언트에 다운로드하여 실행해야 한다. 따라서 코드 크기가 커질수록 다운로드 시간도 오래 걸려 결과적으로 애플리케이션 전체의 성능을 저하시키는 원인이 되기도 한다. 그래서 릴리즈 시에는 'JavaScript 코드에서 불필요한 주석과 공백, 줄 바꿈을 제거하고 코드 크기를 최소화하는' 작업을 실시한다. 이것을 코드의 압축(미니 수정판)이라고 한다.

(1) grunt-cli 인스톨하기

grunt-cli는 Grunt를 조작하기 위한 커맨드 라인 툴이다. 다음과 같이 npm에서 -g 옵션을 사용하여 인스톨한다.

```
> npm install -g grunt-cli
```

> **N O T E 배포 샘플을 그대로 사용하는 경우**
>
> 배포 샘플을 그대로 사용하는 경우에는 다음 (2)~(4) 단계는 필요하지 않다. /chap08/grunt 폴더로 이동한 후 다음 명령을 실행한다.
>
> ```
> >npm install
> ```
>
> npm install 명령은 'package.json에 기록된 패키지를 함께 설치하라'는 의미다.

(2) package.json 준비하기

npm에서는 현재의 애플리케이션(프로젝트)에 인스톨한 패키지의 정보와 의존성을 package.json 라는 파일로 관리한다. 나중에 Grunt에서 사용하는 플러그인을 설치하는데, 이 라이브러리들도 package.json에서 관리한다. package.json에서 라이브러리를 관리하고 유지함으로써 '나중에 다른 환경에서 필요한 라이브러리를 준비하고 싶을 때도 한 번의 명령으로 재현할 수 있다'는 장점이 있다.

package.json의 템플릿은 npm init 명령으로 만들 수 있다. 명령을 실행하면 프로젝트명/버전 번호 등 몇 가지 질문을 받는다. 용도에 따라 적절한 값을 입력 및 선택하면 된다. 외부에 공개할 애플리케이션이 아니라면 우선은 기본값 그대로 [Enter] 키를 눌러 진행해도 상관없다.

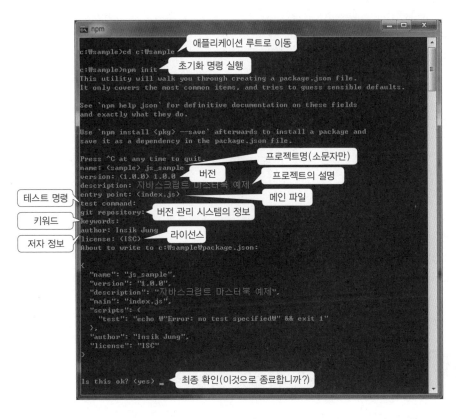

애플리케이션 루트 경로는 환경에 따라 적절히 바꾸기 바란다. 마법사를 종료하면 애플리케이션 루트 아래에 package.json이 생성된다. 코드의 내용은 위의 명령으로 나타낸 대로다.

(3) Grunt/Grunt 플러그인 인스톨하기

Grunt 본체와 코드 압축을 위한 grunt-contrib-uglify 플러그인을 인스톨한다. Grunt 본체는 어디까지나 태스크를 실행하기 위한 엔진으로, 표준으로 제공되는 기능은 제한되어 있다. 일반적으로 따로 준비된 플러그인에서 필요한 것을 함께 사용한다. 집필 시점에서는 약 6100개에 달하는 플러그인이 공개되어 있었다.

● Grunt PlugIns(http://gruntjs.com/plugins)

이 플러그인들을 인스톨하려면 다음의 명령어를 실행하면 된다.

```
> npm install grunt --save-dev
> npm install grunt-contrib-uglify --save-dev
```

설치 패키지의 정보를 package.json에 기록하려면 --save/ --save-dev 옵션을 지정한다. --save 는 애플리케이션 자체의 실행에서 사용하는 패키지로 지정하고, --save-dev는 애플리케이션 개발에 이용하는 도구로 지정한다. Grunt 의 용도로 npm install 명령을 사용하는 경우에는 '기본적으로 --save-dev 옵션을 지정한다'고 이해해두면 좋을 것이다.

작업을 마치면 다음 두 가지 사항을 확인한다.

- /node_modules 폴더 아래에 /grunt 폴더, /grunt-contrib-uglify 폴더가 생성되어 있다
- package.json에 리스트 8-06과 같은 devDependencies 블록이 추가되어 있다

리스트 8-06 **package.json**

```
{
    ...중간 생략...
    "license": "ISC",
    "devDependencies": {
        "grunt": "^1.0.1",
        "grunt-contrib-uglify": "^1.0.1"
    }
}
```

(4) Gruntfile 준비하기

Gruntfile은 로드해야 하는 Grunt 플러그인이나 Grunt에 실행시켜야 하는 태스크를 정의하는 파일이다. package.json과 동일한 폴더에 저장하고 파일 이름은 Gruntfile.js로 한다.

리스트 8-07 Gruntfile.js

```
// Grunt 코드의 테두리
module.exports = function(grunt) { ◄─────────────────────────────
  // 초기화 정보(태스크의 정의)
  grunt.initConfig({ { ◄────────────────────────────
    uglify: {    // grunt-contrib-uglify의 태스크
      myTask: {  // 임의의 자식 태스크
        // 압축 규칙
        files: {
          'scripts/app.min.js' :    // 출력 파일명
          [
            'src/Member.js',
            'src/MyArea.js',
            'src/MyStorage.js'
          ]        // 입력(압축 대상) 파일명    ❷
        }
      }
    }
  });  ◄──────────────────────────────────                    ❶

  // grunt-contrib-uglify 플러그인을 로드
  grunt.loadNpmTasks('grunt-contrib-uglify'); ◄─── ❸
  // default 태스크에 uglify를 등록
  grunt.registerTask('default', [ 'uglify' ]); ◄─── ❹
}; ◄───
```

❶의 'module.exports = function(grunt) {...};'는 Gruntfile.js의 테두리다. Grunt 코드는 모두 이 아래에 기술해야 한다. 인수 grunt(Grunt 객체)에 대해 Grunt의 태스크 정보를 정의한다.

grunt.initConfig 메소드는 Grunt를 초기화하는 메소드다(❷). 여기에서는 그 밑에 'uglify-myTask 태스크'를 정의하고 있다. 'uglify'는 grunt-contrib-uglify 플러그인에서 정해진 태스크 이름이고, 'myTask'는 그 밑에 임의로 명명할 수 있는 서브 태스크다. myTask 서브 태스크 아래의 files는 'src 폴더 밑의 Member.js/MyArea.js/MyStorage.js를 압축하고 정리한 것을 scripts/app.min.js에 출력하라'는 의미다.

다음은 ❸에서 grunt-contrib-uglify 플러그인을 로드하고 ❹에서 default 태스크에 정의된 uglify 태스크를 등록한다. default에 태스크을 등록해둠으로써 특별한 지정 없이 여러 태스크를 실행할 수 있다.

(5) 태스크 실행하기

이상으로 Grunt(grunt-contrib-uglify 플러그인)를 이용하기 위한 준비가 완료되었다. 나머지는 명령 프롬프트에서 다음 명령을 실행하기만 하면 된다.

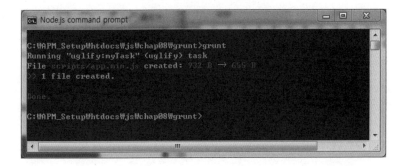

이것으로 default 태스크(에 등록된 uglify 태스크)가 실행되고, Member.js/MyArea.js/MyStorage.js 를 압축한 결과가 scripts/app.min.js에 출력되어 있으면 성공이다.

● 상: 압축 전의 코드 / 하: 압축 후의 코드

참고로 특정 태스크(서브 태스크)만 실행하려면 다음과 같이 한다.

```
grunt uglify    ◄ uglify의 전체 태스크를 실행

> grunt uglify:myTask    ◄ uglify – myTask 태스크만 실행
```

8.4 | 지금 바로 ECMAScript 2015 실전 활용하기 — Babel

1.2.1절에서도 언급한 바와 같이 현재 모든 브라우저가 ES2015에 대응하고 있는 것은 아니다. 당분간 ES2015를 이용하려면 Babel과 같은 트랜스 컴파일러의 사용이 필수다.

여기서는 Babel의 인스톨에서 트랜스 컴파일(변환)까지의 순서를 몇 가지 설명한다.

8.4.1 코드를 수동으로 변환하기

이것은 Babel의 표준 사용 방법이다. babel 명령을 사용하여 명령 프롬프트에서 코드를 트랜스 컴파일(변환)한다. 참고로 Babel을 인스톨하려면 미리 Node.js(8.2.2절)을 설치해야 한다.

(1) Babel 인스톨하기

Babel 본체는 npm에서 인스톨할 수 있다. 명령 프롬프트에서 다음 명령을 실행한다. -g 옵션은 '라이브러리를 글로벌하게 인스톨하라'는 의미다.

```
> C:\xampp\htdocs\js\chap08\babel ◀── 애플리케이션 루트로 이동
> npm install -g babel-cli
> npm install --save-dev babel-preset-es2015
```

※ 애플리케이션 루트는 환경에 따라 변경하길 바란다.

babel-cli는 Babel을 명령 프롬프트에서 조작하기 위한 도구다. 또한 babel-preset-es2015는 Babel에서 ES2015 코드를 트랜스 컴파일하기 위한 플러그인이다.

(2) 코드를 트랜스 컴파일&실행하기

Babel을 인스톨함으로써 babel/ babel-node 등의 명령을 사용할 수 있게 된다. ES2015의 코드를 트랜스 컴파일하려면 다음의 babel 명령을 호출한다.

```
> babel src/begin.es6.js -o lib/begin.js --presets es2015
```

이것을 통해 'ES2015로 작성된 src/begin.es6.js를 변환해 그 결과를 lib/begin.js로 출력하라'는 의미가 된다. -w 옵션(다음의 볼드체 부분)을 부여함으로써 begin.es6.js의 변경을 감시하여 변경될 때마다 변환 처리를 자동 실행할 수도 있다.

```
> babel -w src/begin.es6.js -o lib/begin.js --presets es2015
```

트랜스 컴파일한 것을 그 자리에서 실행하고자 한다면 다음의 babel-node 명령을 사용한다.

```
> babel-node src/begin.es6.js --presets es2015
```

(3) Polyfill 라이브러리 활성화하기

babel/babel-node 명령이 변환 대상으로 하는 것은 class/export와 같은 새로운 문법이 중심이다. Map/Set과 같은 새로운 임베디드 객체/메소드를 기존의 브라우저 환경에서 사용하려면 Polyfill 라이브러리(polyfill.js)를 활성화해야 한다. Polyfill 라이브러리란, 실행 시 ES2015 코드를 ES5 환경에서도 실행할 수 있도록 보조하기 위한 라이브러리다.

polyfill.js는 다음의 명령으로 인스톨할 수 있다.

```
> npm install --save babel-polyfill
```

그런 다음에는 아래와 같이 인스톨한 polyfill.js를 개별 페이지에 임포트함으로써 Polyfill이 활성화된다.

```
<script src="node_modules/babel-polyfill/dist/polyfill.js"></script>
```

8.4.2 Grunt 경유로 Babel 실행하기

현장 개발에서 ES2015를 이용할 경우 일일이 명령으로 변환 작업을 실행하는 것은 번거롭다. 그럴 때는 Grunt(앞 절)와 같은 태스크 러너에 변환 처리를 맡겨 자동화할 수 있다.

(1) grunt-babel 인스톨하기

Grunt에서 Babel을 이용하려면 8.3.1절과 같이 Grunt 준비를 마친 후, npm에서 grunt-babel 플러그인을 인스톨해야 한다.

```
> npm install --save-dev grunt grunt-babel load-grunt-tasks
```

(2) Gruntfile.js 준비하기

grunt-babel을 실행하기 위해 다음과 같이 Gruntfile.js를 준비한다.

리스트 8-08 **Gruntfile.js**

```javascript
module.exports = function(grunt) {
  require('load-grunt-tasks')(grunt);
  grunt.initConfig({
    // Babel의 설정 정보
    babel: {
      options: {
        // 소스 맵(변환 전후의 대응 정보) 생성
        sourceMap: true,
        // ES2015의 프리셋 활성화
        presets: ['es2015']
      },
      dist: {
        files: {
          // begin.es6.js를 begin.js로 변환
          'lib/begin.js': 'src/begin.es6.js'
        }
      }
    }
  });
  grunt.registerTask('default', ['babel']);
};
```

(3) 태스크 수행하기

이상으로 준비가 완료되었다. 다음은 Gruntfile.js를 grunt 명령으로 실행하면 된다.

```
> grunt
Running "babel:dist" (babel) task
Done, without errors.
```

참고로 브라우저 환경에서 동작할 때는 8.4.1절과 같이 Polyfill 라이브러리를 임포트해야 한다.

8.4.3 간이 인터프리터 이용하기

'일단 ES2015에 접해보고 싶다', '최신 기능을 배우고 싶다'는 사람들에게 Babel을 일일이 설치해야 하는 것은 번거로운 일이 될 수도 있다. Babel 공식 사이트에서는 '우선 짧은 코드를 작성해서 동작을 시험해보고 싶다'는 사람들을 위해 간이 인터프리터를 제공하고 있다. 인터프리터는 브라우저에서 동작하기 때문에 특별한 준비가 필요 없다.

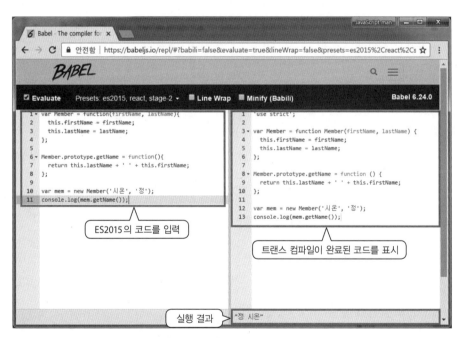

● Babel의 간이 인터프리터(https://babeljs.io/repl/)

윈도우의 왼쪽 창에서 ES2015의 코드를 입력하면 오른쪽 창에 트랜스 컴파일된 코드가 표시되고 오른쪽 하단에 출력이 표시된다.

8.5 | 읽기 쉽고, 유지보수가 쉬운 코드 작성하기 — 코딩 규약

웹 애플리케이션에서 클라이언트 JavaScript가 차지하는 비중이 높아지면서 JavaScript에서도 비교적 대규모의 코드를 작성하는 기회가 많아졌다. 그에 따라 프로그램을 단 한 번만 작성해서 '자, 이걸로 마지막!'이라고 하는 일은 점차 사라지게 되었다. 애플리케이션을 운용해 나가는 상황에서 버그가 발견되면 수정하거나 나중에 발생한 요구 사항에 따라 코드를 추가/갱신하는 등 프로그램은 항상 변경될 가능성에 노출되어 있다.

그리고 프로그램을 변경할 때 우선 필요로 하는 것은 '코드를 읽어 이해하는' 분석 작업이다. 이 '읽고 이해하는' 작업은 때로는 '작성하기'보다 큰 일인 경우도 있다. 자신이 작성한 코드라 해도 시간이 지난 후에 읽어 보면 의외로 뭐가 뭔지 알지 못하는 경우가 많은데, 그것이 타인의 코드라면 더욱 그럴 것이다. 그러므로 일상적으로 발생할 수 있는 변경을 생각하면 '깔끔한(=읽기 쉬운)' 코드를 기술하는 것이 중요하다.

깔끔한 코드라는 것이 어떤 것인지 이미지가 좀처럼 떠오르지 않을 수도 있다. 그런 사람들에게 코딩 규약이라는 것을 추천한다. 코딩 규약이란, 이른바 변수의 명명 규칙에서부터 스페이스나 인덴트를 넣는 방법, 주석을 쓰는 법 등 통일성을 취한 코드를 기술하는 데 있어 필요한 룰을 정한 것이다. 규약에 따라 코드를 기술함으로써 최소한 '더럽지 않은' 코드를 기술할 수 있게 된다.

8.5.1 JavaScript의 주요 코딩 규약

JavaScript에서도 이러한 코딩 규약이 공개되어 있다. 다음의 URL은 읽기 쉽도록 한국어판(비공식 포함)을 우선 게재하고 있다. 정확성을 요구하는 경우에는 영어 원문도 같이 참조하길 바란다.

- JavaScript style guide(MDN)

    https://developer.mozilla.org/en-US/docs/Mozilla/Developer_guide/Coding_Style
- Google JavaScript Style Guide

    https://google.github.io/styleguide/jsguide.html

- Airbnb JavaScript Style Guide

  https://github.com/tipjs/javascript-style-guide
- Node.js Style Guide

  https://github.com/felixge/node-style-guide
- JavaScript Style Guide(jQuery)

  https://contribute.jquery.org/style-guide/js/

물론, 여기에 정해져 있는 규약이 전부라는 것은 아니다. 때로는 규약끼리 충돌하는 항목도 있다. 어디까지나 하나의 가이드라인으로 삼길 바라며, 실제 코딩 시에는 참여하고 있는 개발 프로젝트의 규칙에 따르길 바란다.

8.5.2 JavaScript style guide(MDN)의 주요 규약

다음은 'JavaScript style guide(MDN)'에서 제시하고 있는 주요 포인트들이다(어디까지나 규약이며, 구문 규칙이 아닌 점에 주의하길 바란다).

(1) 기본

- 1행당 자릿수는 80문자 이하로 할 것
- 파일의 말미는 개행할 것
- 콤마/세미콜론의 후방에는 공백을 넣을 것
- 함수나 객체 등 정의 블록의 전후는 공백 행으로 단락지을 것

(2) 공백

- 인덴트는 스페이스 2개로 표현할 것(탭은 사용하지 않는다)
- 2항 연산자는 공백으로 단락지을 것
- 콤마/세미콜론, 키워드의 후방에는 공백을 포함할 것(다만 줄 끝의 공백은 불필요)

(3) 명명 규칙

- 변수/함수명은 선두 소문자의 camelCase 형식
- 상수명은 모두 대문자의 언더스코어 형식
- 생성자/클래스명은 선두 대문자의 CamelCase 형식
- 프라이빗 멤버는 '_'로 시작할 것
- 이벤트 핸들러 함수는 'on'으로 시작할 것

(4) 그 외

- 모든 변수는 선언, 초기화할 것
- 변수의 선언이 중복되지 않을 것
- 배열, 객체의 생성에는 [...], { ... } 등의 리터럴 구문을 이용할 것
- 논리값을 true/false와 비교하지 않을 것

8.5.3 Google의 표준 코딩 스타일

'Google JavaScript Style Guide'에 대해서도 앞의 것과 중복되지 않는 범위 내에서 중요한 것을 정리해두었다.

- . js 파일의 이름은 소문자로 통일
- 세미콜론은 생략하지 않는다
- 문자열의 괄호에는 " 보다 ' 를 우선 이용한다
- 기본 데이터형(string이나 number, boolean 등)의 래퍼 객체는 사용하지 않는다
- 네임스페이스를 이용하고, 글로벌 레벨의 이름은 최소한으로 억제한다
- 블록을 나타내는 { ... }의 전에 개행은 넣지 않는다
- 빌트인 객체의 프로토타입은 고쳐 써선 안 된다
- with/eval 명령은 이용하지 않는다
- for ... in 명령은 연상 배열/해시에서만 이용한다

여기서 이야기하고 있는 가이드라인은 코드를 읽기 쉽게 할 뿐만 아니라 '안전한' 코드를 기술한다는 의미에서도 중요하다.

찾아보기